“互联网+”时代 艺术类大学生创新创业基础教程

刘晓莹　杨诗源◎主　编

厦门大学出版社
XIAMEN UNIVERSITY PRESS
国家一级出版社
全国百佳图书出版单位

图书在版编目(CIP)数据

"互联网+"时代艺术类大学生创新创业基础教程/刘晓莹,杨诗源主编.—厦门:厦门大学出版社,2019.5

ISBN 978-7-5615-7278-8

Ⅰ.①互… Ⅱ.①刘… ②杨… Ⅲ.①大学生—创业—高等学校—教材 Ⅳ.①G647.38

中国版本图书馆 CIP 数据核字(2018)第 289740 号

出 版 人 郑文礼
责任编辑 文慧云

出版发行 厦门大学出版社
社　　址 厦门市软件园二期望海路 39 号
邮政编码 361008
总 编 办 0592-2182177　0592-2181406(传真)
营销中心 0592-2184458　0592-2181365
网　　址 http://www.xmupress.com
邮　　箱 xmup@xmupress.com
印　　刷 厦门集大印刷厂

开本 787 mm×1 092 mm　1/16
印张 23.5
字数 469 千字
印数 1～1 000 册
版次 2019 年 5 月第 1 版
印次 2019 年 5 月第 1 次印刷
定价 68.00 元

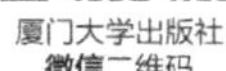
厦门大学出版社
微信二维码

厦门大学出版社
微博二维码

前　言

创新创业教育是随着知识经济时代的发展而产生的一种新的教育思想，萌发于美国，并在全球广泛兴起。继 2002 年教育部开始在清华大学、武汉大学等 9 所知名大学试点以来，经过 10 余年的发展，“大众创业、万众创新”的理念在我国已经深入人心。面向大学生积极开展创新创业教育，将大学生培养成为国家创新驱动发展的生力军，是摆在高等教育面前的重要任务。地方高校艺术专业发展是文化驱动发展的重要阵地，文化创新关系到社会精神文明的发展，因此如何结合高校自身情况开展好艺术类大学生的创新创业教育值得深究。

《“互联网＋”时代艺术类大学生创新创业基础教程》结合艺术类大学生创业实践，深入浅出地分析“互联网＋”对艺术教育领域的影响，精心梳理国内外艺术教育行业最具前景的创新方向，对未来艺术类创新创业教育发展做出展望。本书分为四篇共 18 章。第一篇为导论篇，主要进行大学生创新创业概述与“互联网＋”背景下的创新创业现状分析，让学生理解创新创业的内涵、特征、意义及现状，更好地促进大学生在“互联网＋”时代背景下的创新创业活动。第二篇为创新篇，主要介绍创新者的素质、创新意识及培育、创新思维及训练、创新模式及过程、创新方法及训练、创新成果保护与转化、创新能力提升等内容，帮助学生更好地理解创新的关键要素。第三篇为创业篇，主要介绍创业者与创业团队、创业环境与政策、创业机会与创业风险、创业资源、创业计划书和新创企业的设立与管理等内容，帮助学生熟悉如何创业。第四篇为艺术类大学生创新创业篇，主要介绍艺术教育与大学生创新创业教育、艺术类专业大学生创新创业概述、艺术类专业大学生创业指南等内容，提升艺术类大学生创新创业能力。

本书主题明确，有较强的针对性和实用性，是通俗易懂、理论与实践相结合的创新创业教育教材，可作为艺术教育本科及高职高专学生创新创业教材。本书旨在通过向艺术类大学生普及创新创业知识，提高其创新创业意识，帮助有创业愿望的艺术类大学生实现理想。

本书是2017年度泉州师范学院创新创业立项教材，是福建省教育科学“十三五”规划2016年度项目(FJJKCG16-271)的研究成果之一，同时也是2018年度福建省在线开放课程“设计思维与创新创业”的辅助教材。本书的出版得到了泉州师范学院音舞创新创业工作室和城乡规划设计双创工作室的支持。

编　者

2019年2月

目　录

第一篇　导论篇

第二篇　创新篇

第三篇　创业篇

第一篇

导论篇

DAOLUNPIAN

第一章

大学生创新创业概述

【学习目标】

1.了解创新创业的内涵和特征，厘清创新与创业的关系。

2.了解创新创业的类型，初步寻找适合自己的创业类型。

3.了解国内外大学生创新创业的现状和发展趋势，认识大学生创业过程中可能面临的问题及相关解决建议。

4.了解大学生创新创业教育的理念，明晰学习创新创业课程的意义。

【学习指南】

1.通过对案例、资料、视频的欣赏与分析，了解创新创业的内涵。

2.通过收集、整理不同类型创新创业的典型案例，找出自己感兴趣的创业类型，记录灵感并与同学探讨，初步寻找适合自己的创业类型。

3.从创新创业困惑、创新创业学习需求等方面设计调研问卷，了解身边大学生在创新创业中遇到的问题和相关对策，以及对创新创业教育的需求。

4.通过阅读名人名言、新闻资讯、政策文件等材料，了解当下大学生创新创业教育的新理念，明确学习本课程的理论和实践意义。

联合国教科文组织在《21世纪的高等教育：展望与行动世界宣言》和《高等教育改革与发展的优先行动框架》中提出，必须把培养学生的创业技能和创新精神作为高等教育的基本目标。教育部在《关于大力推进高等学校创新创业教育和大学生自主创业工作的意见》中指出，大学生是最具创新、创业潜力的群体之一，要在高等学校中大力开展创新创业教育。培养大学生和更多青年成为具备创新思维、创业精神与创新创业核心能力的未来领导人才，已成为当代大学教育的重要使命，是大学内涵式发展的重要目标。因此，“创新创业人才培养”一直是各大高校关注和热议的话题，创新创业教育成了高等教育适应经济社会和国家发展战略需要的一种教学理念与模式，成为高等教育国际化的新趋势。

第一节　创新创业的内涵和特征

一、创新的内涵和特征

（一）创新的内涵

1.创新的概念

创新即“创造新事物”，是近几年使用频繁的词之一。创新是人类社会的普遍现象，是正兴起的知识经济的特征，是当代经济学的一个重要概念，具有十分丰富的内涵。对创新的概念，各位学者的观点不一，表1-1是关于创新的几个定义。

表1-1　创新的定义

定义来源	定　　义
《现代汉语词典》	创新就是抛开旧的，创造新的。
《新加坡国家创新计划》	创新是将工作中的创意用新方法透过新产品、新流程、新服务、新事业来创造价值的过程。
熊彼特	创新是将已发明的事物发展为社会可以接受并具商业价值之活动。
K.Holt	创新是一种创造和采用新知识的过程。
F.Damanpour 与 W.M.Evan	创新是响应环境而改变或在组织中带来新的手段。
吴思华	创新可以是新产品、新服务、新的材料、新的流程，创新基本的表征有三个：新颖，价值，贴心、令人惊奇。
Webster Dictionary	创造新的东西，包括新的想法、方法、装置。
贝蒂塔・范・斯塔姆	真正的创新包括以下三个核心要素，即技术上的创新力、产品规划上的创新力以及市场营销方面的创新力。
《奥斯陆手册》	创新是指实现新的或有重大改进的产品（商品或服务）、工艺、营销方式，或在经营策略、工作场所组织或外部关系中新的组织方式等，分为产品创新、工艺创新、营销创新和组织创新。
易杰雄	创新是指人们在实践中通过研究发现了关于自然、社会和人本身及它们之间的相互作用的新过程、新本质和新的规律，以及运用这种新的认识发明了新的技术，首创了新的实践方法，创造出了新的事物与过程，是就其过程更是就其最终成果而言的。

一般地,人们比较认同美籍奥地利经济学家约瑟夫·阿罗斯·熊彼特(Joseph Alois Schumpeter)的观点,即创新是把一种新的生产要素和生产条件“新组合”引入生产体系。这主要是从经济学的角度给创新下的定义。熊彼特认为创新包含以下五种情况:(1)采用一种新的产品,即消费者还不熟悉的产品或某种产品的一种新品质。(2)采用一种新的生产方法,即制造部门在实践中尚未知悉的生产方法,这种新的方法不需要建立在科学新发现的基础之上;并且,它可以存在于商业上对一种商品进行新的处理。(3)开辟一个新的销售市场,也就是相关国家的相关制造部门以前不曾进入的市场,这个市场以前可能存在,也可能不存在。(4)获得原材料或半制成品的一种新的供应来源,不论这种供应来源是否已存在(过去没有注意到或者认为无法进入),还是需要创造出来。(5)实现一种新的组织,如造成一种垄断地位(如通过“托拉斯化”),或打破一种垄断地位。人们之所以要进行这些方面的创新,乃是出于经济原因,即强烈的利润动机和潜在的利润前景的驱使。综上所述,本书将创新的定义归纳为:在前人基础之上,以新思维、新发明和新描述为特征的一种概念化过程,包含更新、改变和创造。例如,提出思想、产生技术、创新产品等行为活动都属于创新。

在熊彼特创新概念的基础上,人们进一步演绎提出技术创新、产品创新、过程创新、营销创新、市场创新、制度创新、体制创新和金融创新等一系列概念,并将企业的微观创新活动上升到国家宏观层次,把各种创新活动看作是一个系统和整体,进而提出国家创新体系的概念。

我国国民经济和社会发展第十个五年计划纲要首次提出:“建设国家创新体系”;“建立国家知识创新体系,促进知识创新工程”;实施“跨越式发展”的宏伟战略。在《迎接知识经济时代,建设国家创新体系》的报告中,提出了关于中国国家创新体系的概念:“国家创新体系是由与知识创新和技术创新相关的机构和组织构成的网络系统,其主要组成部分是企业(大型企业集团和高技术企业为主)、科研机构(包括国家科研机构、地方科研机构和非营利科研机构)和高等院校等;广义的国家创新体系还包括政府部门、其他教育培训机构、中介机构和起支撑作用的基础设施等。”这表明中国创新体系是知识创新和技术创新并举的系统。目前,我国已基本形成了政府、企业、高校及科研院所、技术创新支撑服务体系四角相倚的创新体系。在整个国家创新体系中,企业作为经济活动的主体,也是创新的主体,其关键是进行技术创新。技术创新不仅是一种生产技术活动,还是一种经济活动,其实质是为企业生产经营系统引入新的技术要素,以获得更多的利润。技术创新的关键是研究与开发成果的商品化。技术创新的内容包括产品创新、过程创新和服务创新。企业创新需要政府和教育、科研机构等为之提供各种支持与帮助。国民经济的发展需要依靠为其基本生产单位的企业不断创新和发展来实现。

2.创新的本质

(1)创新是一种能力

国内学者对创新能力的理解基本上可以分为三种观点:第一种观点认为创新能力是个体运用一切已知信息,包括已有的知识和经验等,产生某种独特、新颖、有社会或个人价值的产品的能力。它包括创新意识、创新思维和创新技能三部分,核心是创新思维。第二种观点认为创新能力表现为两个相互关联的部分,一部分是对已有知识的获取、改组和运用;另一部分是对新思想、新技术、新产品的研究与发明。第三种观点从创新能力应具备的知识结构着手,认为创新能力应具备的知识结构包括基础知识、专业知识、工具性知识或方法论知识以及综合性知识四类。

【案例分享】

日本清酒的问世过程

创新是一种能力,这在日本清酒问世过程中得到了充分的体现。日本清酒和中国江南的黄酒类似,都是大众喜欢的普及型米酒,但其在明治之前是比较浑浊的。在大孤有一位商人叫善右卫门,以制作米酒为生。一天,他与仆人闹僵,仆人在晚间将炉灰倒入米酒中。第二天,善右卫门发现倒入炉灰的米酒变得清亮了,细看桶底有炉灰。善右卫门具有极强的创新意识,他带着创新思维研究发现,炉灰具有过滤作用,能够解决米酒的浑浊问题,终于凭借较强的创新能力研究出日本清酒。

(2)创新是一种人格特征

创新人格是指有利于创新活动顺利开展的个性品质,它具有高度的自觉性和独立性,是一个人的品质与德行问题。创新作为一种人格特征,具体表现为:开放性、好奇心、挑战性和自信心,不满足已有结论,不相信唯一正确解释,不迷信权威,不屈服于任何外在压力而放弃自己的主张。创新人格是创新主体进行创新活动的心智基础和能力基础。

(3)创新是一种精神

创新精神是指要具有能够综合运用已有知识、信息、技能和方法,提出新方法、新观点的思维能力和进行发明创造、改革、革新的意志、信心、勇气和智慧。创新精神是一种勇于抛弃旧思想、旧事物而创立新思想、新事物的精神。例如:不满足已有认识(掌握的事实、建立的理论、总结的方法),不断追求新知;不满足现有的生活、生产方式、方法工具、材料、物品,根据实际需要或新的情况,不断进行革新;不墨守成规(规则方法、理论说法、习惯),敢于打破原有框框,探索新的规律、新的方法;不迷信书本、权威,敢于根据事实和自己的思考,对书本和权威提出质疑:不盲目效仿别人(想法、说法、做法)。创新是一个国家和民族发展的不竭动力,也是一个现代人应该具备的素质。

【小贴士】

在五大发展理念中，创新发展理念是方向，是钥匙，要瞄准世界科技前沿，全面提升自主创新能力，力争在基础科技领域作出大的创新、在关键核心技术领域取得大的突破。

——习近平

延伸阅读

何谓再创新？

再创新是指在技术引进基础上，沿既定技术轨道，通过消化吸收，取得突破性成果的创新。再创新有如下特点：一是目的性，再创新大多始于有目的的引进，引进技术的主体能够站在技术的较高点上，进行消化、吸收、再创新；二是开放性，市场、经济、技术环境都是多变的，引进技术的主体也应根据自身的能力及引进技术所处阶段而适时、动态引进；三是渐进性，引进主体的技术能力和研发能力受所引进技术范式的制约，引进主体是通过“掌握运用技术→掌握生产技术和原理→掌握设计技术→掌握设计原理→开发改进型产品和工艺”而实现渐进式积累的；四是成本低，再创新在技术上和市场上的风险比较低，开发成本低，有可能有效避免低水平重复研发。

按照技术体系发展的进化过程，再创新又可以分解为创造性模仿、改进型创新和R&D型创新等三种路径。

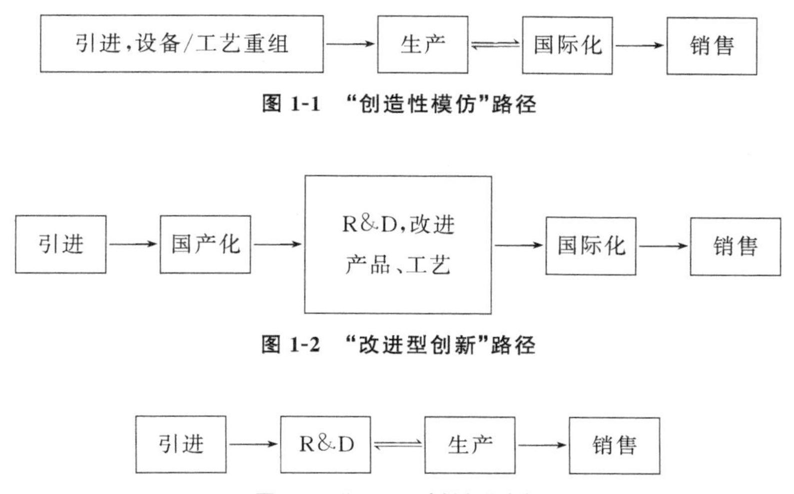

图 1-1　“创造性模仿”路径

图 1-2　“改进型创新”路径

图 1-3　“R&D型创新”路径

(二)创新的特征

创新是人类特有的活动,创新成果是人类在意识支配下进行的创造性活动所取得的成效。在人类社会之外,其他动植物只是进化、演化,而不是创新。

创新是有规律的实践活动。它以扎实的专业知识为基础,以艰苦卓绝的精神劳动为途径,以敏锐的观察力、丰富的想象力、深刻的洞察力为导向,反馈符合事物发展要求的基本规律,是一种有规律的实践活动。

创新是突破性的实践活动。它不是一般的重复劳动,更不是对原有内容的简单修补,而必须是突破性的发展、根本性的变革、综合性的创造。创新是继承的升华,继承是创新的基础。创新具有以下特征:

1.人人可创新

创新,不分年龄大小、正常人和不正常人,也不分智商高低,更没什么内外行、条件好坏之分。但是人们在实际生活中常常因为自身条件不完整而认为无法创新,以下是几个常见的误区。

(1)生理残疾,无法创新。事实上有些生理残疾的人,往往会有惊人的创新成果,常常令生理健全的人为之汗颜。例如,自幼失聪、失明的美国残疾女孩海伦·凯勒,以坚韧不拔的毅力,学会了说话、读书和写作,成为著名的教育家和作家。我国家喻户晓的张海迪,胸部以下都瘫痪了,但她以坚强的毅力和百折不挠的进取精神,克服了人们难以想象的困难和阻力,发表了大量著作和译作,成为青年人的楷模。这样的实例不胜枚举。

(2)智商不高,难以创新。不少人认为自己智商不高,与创新无缘。事实上,影响创新的最主要、最关键的因素并不是人的智力因素,而是人的非智力因素,如情商与逆商。我们承认智商,但不把它当作唯一,即"承认天赋,不唯天赋"。智力并不等于创新能力,高智力更不等于高强的创新能力。

(3)文化水平不高,难以创新。具备一定的知识当然是创新的基础,但高学历者未必能创新,过多的知识有时反而会抑制人的创新能力。

【案例分享】

一孔值百万

20世纪40年代,美国有许多制糖公司向南美洲出口方糖。方糖在海运中会有受潮现象,这给制糖公司带来巨大损失。制糖公司花了不少钱请专家研究,但始终未解决这个问题。后来,有一位名叫科鲁索的制糖工人,想出一个简单的防潮方法:只要在包装纸上开一个小孔,使空气能够对流,方糖就不会受潮了。其原理就像是大厅里开个排气孔和人们穿留有适当孔隙材质的衣服比较舒适一样。它虽然十分简单,但不容易被人想到。科鲁索为自己的"打孔"发明申请了专利。后来，一家制糖公司得知后，出价100万美元买下了这项专利的使用权。一个小孔100万美元，很多人在获悉了科鲁索由一个普通工人成为百万富翁只是源于一个小孔后，纷纷扼腕，甚至有的人觉得不公平。这个世界上的智慧从来就没有专家和贫民、大师和百姓之分，敢于梦想是成功必不可少的一根羽毛。①

灵犀一点：戳个小孔就值100万美元，这是投机吗？并不是，这就是创新的力量。

(4)岁数大了，不能创新。创新与年龄没有直接关系。许多大器晚成的事例告诉我们，创新、成功与年龄无关！有一个人，他一生中经历了1009次失败，但他却说："一次成功就够了。"这个人就是"肯德基爷爷"——桑德斯上校。他在65岁时才开始从事这项事业，随之他便思量起自己的所有，试图找出可为之处。头一个浮上他心头的答案是："很好，我拥有一份人人都会喜欢的炸鸡秘方，不知道餐馆要不要？我这么做是否划算？"随即他又想到："要是我不仅卖这份炸鸡秘方，同时还教他们怎样才能炸得好，这会怎么样呢？如果餐馆的生意因此而提升的话，那又该如何呢？如果上门的顾客增加，且指名要点炸鸡，或许餐馆会让我从中抽成也说不定。"好点子固然人人都会有，但桑德斯上校跟大多数人不一样，他不但会想，而且知道怎样付诸行动。

(5)外行，不可能创新。淘宝创始人马云曾是英语老师，发明电话的贝尔是语言教师，发明电机的莫尔是个画家，发现天体运动规律的开普勒是个职业编辑，近代遗传学的奠基人孟德尔是神职人员……这些例子都告诉我们，创新并不一定直接受行业知识的影响，有时外行人的创新更令行家惊叹。

2.时时可创新

创新本身不受时间和空间的限制，或许是一次闲谈，或许是在看剧，或许是在聊天、逛街……只要保持一份善于联想的思维，创意随时可能到来。产生最佳创意的时间，或许就是让自己暂时休息一下，离开桌子去倒杯水；走到别的部门；放下手头的学习任务，改做另一件积压已久但很容易完成的工作；翻翻杂志；看看窗外的景致……南西·贝朵，福特汽车公司执行中心总裁，习惯在上下班开车时放松自己。她说："在开车时，我会有意识地让大脑浮想，漫无边际地想。我不开收音机，不去想那些还没做完的工作。时间飞逝，很难找到时间让自己完全自在。我在开车时就达到那种状态，我发现那是我最有创造力的时刻。"

---

① 一个价值百万的小孔.(2007-05-16)[2017-12-18]. http://bnuyjs.blog.163.com/blog/static/126140476200972023027510/.

【案例分享】

垃圾堆里拣来的发明——不锈钢

英国科学家亨利·布里尔利,研究一种不易磨损的合金钢用来制造枪炮。他在钢中加入各种金属进行实验,但一直没有成功,产生的废钢铁一大堆。一天在倒废钢铁时,发现有几块钢铁没有锈,他感到很奇怪。他把这些钢铁拣起来进行分析,发现含碳0.24%、铬12.8%的铬钢,在任何情况下都不易生锈。虽然它太贵、太软不能用来做枪炮,但用它制造餐具却太合适了。因而他与别人合伙办了一间餐具厂,轰动欧洲,获得了不锈钢发明专利。①

灵犀一点:发明与创造不一定都源自实验,也可能存在于工作与生活的每时每刻。

3.处处可创新

日常生活中,处处可见创新。例如,书报上的字太小,老年人看不方便,就借助放大镜来看。放大镜的作用,就是把字"扩一扩"。于是,放大镜诞生了。再如,原来的电视屏幕较小,看电视节目费力,所以大屏幕彩电问世,其作用是把屏幕的面积和电视的体积"扩一扩"。在生活中,我们也经常使用一些袖珍物品,如袖珍小电筒、折叠雨伞、iPad mini 等,它们都是通过"缩一缩"技法研制出来的。缩小后的东西体积小、造价低、便于携带,给人们生活带来了很大方便。"缩一缩""减一减",这也是一种可行的发明思路。

(三)创新的类型

经济合作与发展组织(Organization for Economic Co-operation and Development,OECD)、欧盟统计署《创新测度手册》(2007)把创新分为四类:产品创新、工艺创新、营销创新和组织创新。随着经济水平和科学技术不断提高和发展,创新的类型划分方式日渐多样,有技术创新和非技术创新,也有原始创新与模仿创新,还有封闭式创新和开放式创新等。

1.产品创新、工艺创新、营销创新和组织创新

(1)产品创新可分为全新产品创新和改进产品创新。全新产品创新是指产品用途及原理有显著的变化。改进产品创新是指在技术原理没有重大变化的情况下,基于市场需要对现有产品进行功能上的扩展和技术上的改进所取得的成果。

(2)工艺创新是指企业通过研究和运用新的方式、方法和规则体系等,提高企业

---

① 不锈钢的发明.(2016-12-09)[2017-12-18]. https://www.weixin765.com/doc/crjuonqf.html.

的生产技术水平、产品质量和生产效率的活动。工艺创新的方法主要有：应用信息化手段，使用先进设备，使用集成技术，使用优化理论。工艺创新成果包括技术、设备和软件上有重大改变的成果。

(3)营销创新是指新的营销方式的实现，包括产品的设计、包装、分销渠道、促销方式以及定价等方面的重大变革。营销创新成果旨在更好地满足消费需求，开辟新市场，或重新配置企业在市场上的产品，以提高企业的销售额。

(4)组织创新是指企业的运营策略、工作场所组织或外部关系等方面新的组织方式的实现。组织创新成果可以用于减少管理成本或交易成本，提高工作的满意度(或劳动生产力)，获得不可交易资产(如未被编撰的外部知识)或减少供应成本以提高企业的绩效。[①]

2.原始创新与模仿创新

原始创新是基于前所未有的重大科学发现、技术发明、原理性技术等的出现，在产业界所发生的技术创新。原始创新意味着在研究开发方面，特别是在基础研究和高技术研究领域取得独有的发现或发明，并取得商业化的成功。原始创新是最为根本的创新，是最能体现智慧的创新，是对人类文明进步做出领先贡献的最为重要的体现形式。原始创新一般有三大特点：一是首创性，前所未有、与众不同。二是突破性，原理、技术、方法等某个或多个方面实现了重大变革。三是带动性，在对科技自身发展产生重大牵引作用的同时，在宏观层面上有可能引发一国经济结构和产业形态的重大变革，导致社会财富的增长、竞争格局的变化；在微观层面上则可能引发企业竞争地位的提升。例如，最早进入知识经济的美国在知识含量高的诸多领域(诸如生物工程、生物制药、微电子器件、新兴信息技术、新型武器装备等领域)有大量原始创新，无疑是其诸多产业具有领先的国际竞争力的重要源泉。比尔·盖茨的微软公司在软件技术领域有诸多原始创新，故其成了软件行业当之无愧的霸主，甚至锁定了全球个人电脑用户。北京汉王科技公司在汉字识别技术领域有很多原始创新，因而成为中国汉字识别领域领先的国家级创新型企业。

一个国家或企业要想有更多的自主创新，至少应具备以下条件：一是要有足够的基础研究成果积累和产业技术积累，这类积累要超越一定的阈值；二是要有足够高的研发经费投入，研发经费投入应占 GDP 或企业营收的一定比例；三是要建立一套有效的激励自主创新的制度化机制和社交文化氛围；四是要通过法制化的机制来保护自主创新实现者的精神利益和物质利益。现在我国实施了自主创新战略，将自主创新分为原始创新、消化吸收再创新、集成创新，并为此出台了一系列政策和法律、法规，以激励自主创新。

---

① 张治河，赵刚，谢忠泉.创新的前沿与测度框架：《奥斯陆手册》(第三版)述评[J].中国软科学，2007(3)：153-156.

模仿创新多数情况下是在创新者已有创新成果基础上的"模仿",甚至是在他人已有创新成果上所作的改进。模仿创新也是一种学习过程,是创新能力不断积累和提高的过程。例如,日本之所以在20世纪用40年时间发展成为经济发达国家,就是在发达国家已有技术的基础上,结合市场需求和本国实际再创造,创造了模仿创新赶超先进国家的范例。模仿创新至少有两种方式:一种是完全模仿,即对市场上现有的技术进行仿制。一项新技术从诞生到市场饱和需要一定的时间,创新产品投放市场后还存在一定的市场空间,这就使得模仿有机可乘、有利可图,故不少企业的创新是从模仿开始的。另一种是模仿后再创新,即在学习他人技术后,通过创新而超过他人。此类情况要求模仿者首先掌握被模仿产品的技术诀窍,再进行产品功能、外观和性能等方面的改进,使产品更具市场竞争力。模仿创新的优势在于可节约大量研发及市场培育费用,规避新产品市场成长初期的不稳定性,降低市场开发的风险。但模仿创新者难免在技术上受制于人,因为模仿创新者是新技术的跟随者,有可能遇到技术领先者的技术壁垒和市场壁垒以及法律制度方面的障碍,而且新技术也并不总是能够轻易模仿的。业界知识产权保护意识在不断增强,专利制度在不断完善,要获得效果显著的新技术也是不容易的。

模仿创新是发展中国家进行技术积累、加快技术进步的重要途径之一,它有三个特点:一是技术的跟随性。模仿创新者不是新技术的开拓探索者和率先使用者,而是有价值的新技术的追随学习者和改进者。二是市场上的跟随式开拓性。模仿创新者不必独自去开辟全新的市场,却可以充分利用率先创新者所开辟的市场。但要使模仿创新的成果有更大市场效果,模仿创新者就需要对他人开发的市场空间进行进一步的拓展。三是"看中学"的积累性。率先创新者的技术积累主要依赖于自我探索,大部分相关知识和专业技能都是他们"干中学"的结果。而模仿创新者的技术积累,开始主要是通过"看中学",即观察、选择、模仿率先创新者,从他们的成功经验和失败教训中学习,在模仿中吸取大量外部知识,进而提高自身的创新技能。

3.技术创新与非技术创新

技术创新也被称为"技术革新"[①],是将发明转化为应用的实践活动,或者说,是将发明中的新思想和新原理创造性地运用于生产经营活动中。对技术创新活动的描述可分为两个方面:一是创新的性质,二是创新的内容。按照创新性质的不同,技术创新可分为渐进性创新和根本性创新,克拉克把技术创新分为渐进性创新、根本性创新、结构性创新和模块化创新;按照创新内容的不同,技术创新可分为产品创新和工艺创新,这种创新的分类方式在制造业技术创新研究中起到了非常重要的作用。与技术创新相比,非技术创新缺乏范式化,包括的内容也比较宽泛。因此可以说,在生产经营活动中,技术创新之外的创新活动都可以视为非技术创新。有关非技术创新

① 雍兰利,叶微波.简论技术创新以及非技术创新[J].科技进步与对策,2016(4):159-161.

的内容，研究者论及的有商业模式创新、价值创新、管理创新、组织创新、文化创新、体制创新、制度创新、服务创新、流程创新、供应链创新、渠道创新等诸多方面。一些研究者曾对以上创新进行整合，将非技术创新归纳为商业模式创新、管理创新、组织创新、文化创新、体制创新等几个方面。

我国自20世纪80年代至今，虽然综合国力大增，已称得上经济大国，但还称不上经济强国，其中重要的原因是我国企业的技术创新能力还不够强，这说明我国还不是技术强国。另外，我国企业的非技术创新也有待强化。因此，21世纪我国经济要保持持续发展，就必须强化企业全面创新的能力，也就是说，要加强围绕技术创新的技术与非技术集成创新能力建设。

4.封闭式创新与开放式创新

封闭式创新是指企业自己掌控从创意到新产品上市的全过程的一体化创新。20世纪的绝大多数时间内，企业基于“成功的创新需要控制”的理念，认为创新活动应该严格地控制在企业内部。R&D(内部研发)是企业非常有价值的战略资产，企业通过建立自己的实验室或研发中心，在企业内部进行产品研发、生产、销售，并进一步提供售后服务和财务金融支持，以此获得产品在市场上的垄断地位，从而得到超额的边际利润。该创新模式被哈佛商学院的 Henry Chesbrough 称为“封闭式创新”。该创新模式的特点是研发创意、产品开发设计、产品生产与市场化、售后服务等都内嵌于企业自身系统中完成，这种模式被许多大型企业成功验证。然而，进入21世纪，全球创新形势发生了很大的变化，这使得原来成功运行的封闭式创新模式遭遇新的挑战，逐渐由封闭式创新转向开放式创新。

开放式创新作为一种新的创新范式，在经济全球化走向纵深地带的背景下正在不断扩展其应用的范围和效果。特别是近年来，在贸易和投资活动的全球化饱受挑战的同时，创新活动的全球化趋势日渐兴起，尤其在技术进步加快、新一轮产业变革提速的驱动下，各种创新要素和资源在不断扩大的全球范围内加速流动，开放式创新已成为当前各类创新主体最关注的主流趋势。开放式创新是将企业传统封闭式创新模式开放，引入外部的创新能力。在开放式创新中，企业在期望发展技术和产品时，能够也应该像使用内部研究能力一样借用外部的研究能力，能够也应该使用自身渠道和外部渠道来共同拓展市场的创新方式。开放式创新的运行模式主要有：产学研合作、企业技术联盟、技术并购、技术购买与技术外包、技术转让、内部技术成果外部开发模式。

开放创新已成为全球化背景下的重大趋势，对国家创新体系的发展产生了深刻影响。中国需要加快构建深度融合的开放创新体系，深入实施创新驱动发展战略和全面深化改革。作为一个典型的后发追赶型经济体，中国经历了从封闭的科研生产体系向市场经济下国家创新体系的转型，创新体系的演化与国民经济的开放进程基本是同步的。以“引资”“引知”“引智”为代表的内向型开放创新和以企业走出去、专利跨境流动为代表的外向型开放创新是中国创新体系开放的两类主要模式。但是，中国创新体系的开放水平和整体创新效率并不高，开放创新存在不少发展瓶颈，主要障碍源于体制机制和政策环境。未来，中国加快构建深度融合的开放创新体系将集中于三个方面：一是全面改善本土创新生态环境，全面激发创新活力，提升创新体系效率；二是增强本土创新体系与全球创新网络之间在市场、知识、资源以及政策方面的联系与协调；三是让更多的中国企业真正从开放创新中受益。①

延伸阅读

华为的流程创新：每年可减少20多亿元的采购成本

相对于单纯的产品创新，IT技术推动下的流程创新更容易让企业稳健发展。华为作为中国最具影响力的通信设备制造商，用流程创新增强了自身竞争力，即是典型例子。

1990年初，华为以销售交换机起家。两年之后，当华为加入电信设备制造商行列时，中国电信设备市场正被摩托罗拉、思科、爱立信、北电等国外老牌通信巨头所占据，这些巨头都有强大的产品研发与供货能力。作为后来者的华为认为，要拉近与老牌通信巨头的距离，就必须在加强研发的基础上，尽快实现生产管理、质量控制和物流体系的现代化。1993年初，华为在西门子相关技术人员的帮助下，重新设计了包括立体仓库、自动仓库、生产线布局等整体生产流程，希望通过内部统一的物流体系，保障完整的质量控制和生产管理，减少物料移动环节和生产周期，以全面提高华为的产品供货能力。

1997年初，华为开始MRPII(物料需求计划)系统的试运行，揭开了大规模流程再造的序幕。MRPII的基本思路，就是以企业的作业流程为核心，把企业的物料需求计划和与生产经营活动直接相关的工作和资源以及财务计划合成整体，实现企业管理的系统化。通过这一系统改造，借助于先进的计算机技术，华为的生产进度、物料供应、现金流动、产品销售等协调一致，同时能根据企业内外部环境变化适时做出调整，从而使企业的生产活动处于动态优化之中。

华为按照MRPII的原理，采用滚动倒排和物料需求计划的方法进行生产计划管理，推动着其与供应商伙伴关系的逐步确立，VMI(供应商管理库存)模式被广泛应用于华为的VMI业务。供应商将物料存放在华为的自动物流中心，华为在需要时将物料出库，实现"拉式生产"，由此提高了华为的库存周转率，库存周转率由此前的年周转2～3次提高到5次左右，而库存总量与资金占用则大大降低。在MRPII和其他改革措施的共同作用下，交换机的生产周期也由此前的一个月降至半个月。华为

① 熊鸿儒.中国创新体系的开放进程与转型挑战[J].学习与探索，2017(1)：132-140。

某产品事业部使用 MRPII 系统后，原来需要 1 周才能完成的工作缩短为几个小时就能完成。在世界一流的生产和物流体系建立后，华为已经从小农式作坊转为规模化运作。由于国际电信公司均已经实现电子商务化，华为建立了现代化的采购体系，直接保障了与这些公司进行物流和信息流的对接。流程优化使华为与阿尔卡特、朗讯、北电、西门子、NEC、高通等国际巨头成为密切而平等的"竞合伙伴"。同时，高效的运营流程也使华为每年减少了 20 多亿元的采购成本。可以说，MRPII 系统的实施为华为提高市场竞争力做出了重要贡献。

二、创业的内涵和特征

（一）创业的内涵

1.创业的概念

"创业"是由"创"和"业"组成的复合词。"创"具有创建、创办、创立、创新等含义；"业"有家业、事业、企业、就业、产业等内涵。从词义上解释，创业有"创建企业"或"开创事业"之意。《辞海》将"创业"定义为"创立基业"。很多学者分别从不同角度对创业的概念进行了诠释，莫里斯在此基础上对创业的定义进行了归纳总结，发现各种概念中出现频率较多的关键词是："开始、创建、创造""新事业、新企业""创新、新产品、新市场""追逐机会"等。

概括地说，创业有狭义和广义之分。狭义的创业是指开创新的企业，在英文中常用 startup 一词。人们当下所说的创业多是狭义的创业，即创办一家企业。创业是谋划、创建和运营企业的过程，例如创建一家提供产品或服务的企业的过程。创业的人有能力且愿意谋划、组织和管理一家风险和利益并存的创业企业。广义的创业是指开创新的事业，在英文中常用 entrepreneurship 一词。在广义的创业中，除强调创业行为外，更强调在创业行为中所体现的创新创业精神对于创业行为的重要性。相比狭义的创业，广义的创业涵盖的范围和深度都有循环往复的过程，这个过程包含很多通用的思考、推理和行动的方法。这个定义不仅意味着创办新企业、筹集资金和提供就业机会，还意味着孕育人类的创新精神和改善人类的生活。

著名管理学家彼得·德鲁克（Peter F. Drucker）曾说过，创业不是什么魔术，它既不神秘，也与基因无关。创业是一门学科，同其他学科一样，是可以通过学习掌握的。哈佛商学院教授斯蒂文森（H.H.Stevenson）认为："创业是一个人（不管是独立的还是在一个组织内部的）追踪和捕捉商机的过程，这一过程与当时所控制的资源无关。"美国百森商学院教授杰弗里·A.蒂蒙斯（Timmons）提出："创业是一种思考、推理和行为方式，这种行为方式是机会驱动、注重方法和与领导相平衡。创业导致价值的产生、增加、实现和更新，不只是为所有者，也为所有的参与者和利益相关者。"美国鲍尔州立大学商学院教授库拉特克(Kuratko)和佛罗里达州国际大学教授霍杰茨(Hodgetts)认为:"创业是一个涉及远见、改变和创新的动态过程,它需要投入精力与热情来进行创新并实施新的构想和新的解决办法。创业的必要因素包括能承担一定风险——时间、财产或职业的风险;有能力成立一个高效的风险团队;整合所需资源的创造性技能;制订一份稳固的商业计划的基础技能;最后,具备一种远见,在别人认为是混乱、矛盾和迷惑的地方发现机遇。"

简言之,创业是指创业者对自己拥有的资源或通过努力能够拥有的资源进行优化整合,发现和识别商业机会,成立活动组织,创造出产品和服务,从而创造出更大经济价值或社会价值的过程。在当今创业大潮下,人们往往更加关注创建企业本身,每天苦于对创业机会、创业资源的寻觅和开发,投入大量的时间和金钱在创业实践当中,而忽视了对于影响创业本身的创业精神和创业技能的学习。随着竞争的加剧和信息技术的普及,未来的创业者不再是纯粹经验型的,而是理论和实践兼备的。因此,在当今"大众创业、万众创新"的浪潮下,需要知行合一,理论联系实际,既要参与创业实践,也要注重创业基本理论和创业精神的学习。

2.创业的基本要素

创业的基本要素包括创业者、机会、组织和资源。创业者是置身于创业过程核心的个人或者团体,是创业的主体。创业者通常独自创业,但是在许多情形下创业团队是十分重要的,不同团队成员扮演不同角色并分担相应的责任。机会是指可以利用的商业机会,即由当前服务于市场的企业留下的市场缺口,是创业者进行创业的主要驱动力量。组织是协调企业创业活动的系统,是创业的载体,创业活动是在组织之中进行的,离开了组织,创业活动就无法协调,创业的资源就无法整合,创业者的领导作用就无从谈起。资源是组织之中的各种投入,包括人、财、物,是新创企业创立和运营的必要条件。

创业的关键要素是商业机会、团队和资源。它们之间的关系特点如下:(1)商业机会是创业过程中的重要驱动力,创业者或者创业团队是创业过程的主导者,资源是创业成功的必要保证。创业过程始于商业机会,而不是资金、战略、网络、团队或商业计划。开始创业时,商业机会比资金、团队的才干和能力及合适的资源更重要。在创业过程中,资源与商业机会之间经历着一个从适应到差距再到适应的动态过程。商业计划是使创业者、商业机会和资源三个要素相互匹配和平衡的规划。(2)创业过程是商业机会、创业者、资源三个要素匹配和平衡的结果。创业者要善于配置和平衡,借此推进创业过程,包括对商业机会的理性分析和把握、对风险的认识和规避、对资源的合理利用和配置、对工作团队适应性的认识和分析。(3)创业过程是一个连续不断地寻找平衡的行为组合。在三个要素中绝对的平衡是不存在的,但创业过程要保持发展,必须追求一种动态的平衡。这期间,创业者必须思考的问题包括:目前的团队是否能成就组织未来的成长、资源状况、下一阶段成功面临的陷阱。这些问题在不同阶段会以不同形式出现,它牵涉组织的可持续发展。①

总之,创业者必须在推进业务的过程中,在模糊和不确定的动态创业环境中培养捕捉商机、整合资源、构建战略和解决问题的能力。

(二)创业的特征

1.创新性

创业是一个创新的过程,是一个从无到有的过程,也是一个创造新事物的过程,它创造出一种新的产品或服务来满足社会的不同需要,其本身就带有一种开拓性和创新性。

2.风险性

相对于普通的从业者来说,创业过程中会遇到很多风险,创业者是在走一条前人没有走过的路。所以,除了艰辛,创业还存在很大的风险性与偶然性,包括政策风险、市场风险、融资风险、管理风险、决策风险等。可以说,创业的风险是不可避免的,是多方面的,但风险在一定程度上是可以预测的,创业者要有正确的认识,提高防范风险的意识。

3.自主性

通俗地讲,创业可以说成是"自己给自己当老板或者打工",创业者完全要依靠自己,可以决定做什么、怎么做,以及企业的发展方向。因而创业者对于选择什么项目、组建什么企业也是自主的,无论是创业前的准备学习工作,还是寻找创业商机、分析创业环境、进行创业融资、组织企业管理,都需要创业者自己不断地努力摸索。这也意味着创业者要承受更多风险、承担更多责任的同时,可以自由发挥自己的知识、技术和才干,最大限度地实现自己的人生价值。

4.艰苦性

创业是一项由多要素组成的复杂的系统工程,也是一项创新型活动。要想创业成功,需要付出艰苦的努力和劳动。创业需要的是不轻言放弃的毅力,坚韧不拔的意志、品质与勇气。

三、创新与创业的关系

(一)创新与创业的联系

在熊彼特的创新理论中,创新是经济学的一个重要概念,而领导和发起创新的创新者是企业家,企业家对生产要素实行新的组合,组织和推动经济发展,因此,创业者是创新活动的倡导者和实现者。正是创业者的创新活动促使科学技术转化为生产

① 杨乐克.大学生创新创业教程[M].北京:中国时代经济出版社,2014:26-27.

力，推动了产业结构的升级，也推动了经济活动和生活方式的变革，实现了经济社会的发展。因此，创业者是创新活动乃至经济发展的灵魂，建立一支高素质的创业人才队伍是创新时代的第一要义。

经济学创新理论研究认为：人们之所以要进行这些方面的创新，是出于经济原因，即强烈的利润动机和潜在的利润前景的驱使，利益推动创新，创新刺激投资，创新是产业结构调整的原动力，也是成功创业，特别是科技型创业的基础。

从创新的时效性看，企业创新特别是在科技成果推向市场的过程中，一般是从产品创新、技术创新开始的。因为一种新的市场需求总是表现为产品需求，因而，在创新初期，企业的创新活动主要是产品创新。一旦产品被市场接受，企业就会把创新注意力集中在过程创新上，其目的是降低生产成本，改进生产工艺，提高生产率。当产品创新和过程创新进行到一定程度时，企业的创新注意力会逐渐转移到市场营销创新上，目的是提高产品的市场占有率。在这些创新重点的不同时序上，还会伴随着必要的管理创新和组织创新。可见，利用科技成果进行创业的过程是一个不断创新的过程。

机会型创业是衡量一个国家创业活跃程度和创业水平的重要指标，对产业升级、扩大就业、拓展市场、增加税收等具有重要意义。无疑，人数众多的、受过高等教育、具有较高综合素质的大学生应是机会型创业的主力军。大学生在就业与创业的选择中，可以充分发挥自身优势，利用资源和环境条件，捕捉、识别、筛选并抓住市场机会，作为事业的选择，从事创业活动。特别是大学生可凭借自身的知识优势，依靠自己拥有的技术成果，如专利技术、保密技术或新的服务，依托学校资源，选择最佳的创业时期和创业地点，适时创办科技型企业。其实，科技型企业创办一开始就表现为技术创新，由创新的时序规律也不难看出，成功的创业还必然包括经营创新和管理创新。不创新就会被淘汰，创新是新产品、新行业层出不穷的根本原因。从科技型企业创办可以看出，创新是创业的基础和前提条件。

（二）创新与创业的区别

语言学定义可以帮助我们理解创新与创业的区别。《辞源》中“创”的主要含义是“破坏”，同时也有“开始”和“创立”之意。按照《现代汉语词典》的解释，创新是指抛开旧的、创造新的，也可简要概括为破旧立新的过程。创新是“新的生产函数的建立”，即“企业家对生产要素实行新的组合”。创业，在《辞海》中的定义是“创立基业”。创业与创新虽然都具有开创新东西之意，但两者内涵有着明显区别。创业可能涉及创新，或者并不涉及；创新可能涉及创业，或者并不涉及。人们对创新概念的理解最主要的是从经济与技术相结合的角度，探讨技术创新在经济发展过程中的作用。创业是一个新的非生命市场参与者（newnon-biological market actor）的创造过程（新商业的诞生）。创业强调的是：企业从何而来、人们为什么创建新的商业、商业是如何被创建的等，而创新是对生产函数包括生产力、科学技术、生产资料、生产工具及劳动力和生产关系的建立等。

总之，创新与创业是两个紧密联系、密切相关又存在一定区别的概念。创业活动离不开创新，没有创新，缺乏创新精神、创新能力，创业者很难取得竞争优势；创业是创新的表现形式和载体，是将创新成果推向市场的重要路径。创业和创新的水平是反映一个国家和地区经济活跃程度及发展后劲的重要指标。

第二节　大学生创新创业的类型

大学生创新创业是指大学生创造出更多的新技术、新产品或新市场，产生更多创新欲求、创新投入和创新探索，并在此基础上创建并拥有创业型企业，且以经营企业为职业的过程。这个过程一般在学校期间通过学习和实践积累经验，到毕业时开始具体实施并得以逐步发展。大学生创新创业的类型主要包括概念创业、开店创业、专业转化为创业、嫁接技术促成创业、养殖创业、嫁接商业模式进行创业等。

一、概念创业

概念创业是指凭借创意、点子、想法创业。创业不仅要有新颖的想法，同时还要具有可操作性，只有这样才能抢占市场先机，并最终转化为财富。有那么一群梦想家，凭着敏锐的市场嗅觉和新奇的商业创意，从普通创业者摇身变成了日进斗金的创业家。第一家网络书店、第一个搜索引擎网站 Yahoo（雅虎）、第一个拍卖网站 eBay 等，这些成功案例使概念创业浮出水面，让越来越多的创业者意识到，一个一闪即逝的灵感，也能成为梦想开始的地方。概念创业适合本身没有很多资源的创业者，他们需要通过独特的创意来获得各种资源，包括资金、人才等。当然，概念创业者行动前最好多听听各方面的意见和建议，如成功的创业者、风险投资家、创业咨询机构等提供的宝贵经验和专业指导，这往往能起到点石成金的作用。

二、开店创业

开店创业可以说是一种最为普遍的创业形式。目前，开店分为实体店和网络商店。在传统的实体店中，买家与卖家直接交谈，买家可以马上获得购买的商品，而网店依靠图片、文字等简单的手段介绍商品。目前众多实体店由于存在税收管理费、店铺地点和面积、店员、资金投入等多重压力，因而受到时间自由、地点不限、投资成本低的网店的强烈冲击。因此，特许经营店（或者说连锁加盟店）也是常见的大学生创业方式。这种创业方式有明显的优势。从统计资料来看，前 5 年特许经营店的失败率较低。购买特许经营权后，特许企业会给予强大的长期支持，如提供全国和地区性广告项目。特许经营店成熟的运作体系，减少了大学生创业之初的莽撞。特许经营店也有相对的优势。统计数据显示,在相同的经营领域,个人创业的成功率低于20%,而加盟店的成功率则高达80%。对创业资源十分有限的大学生来说,可以选择已建立成熟系统的特许经营店。它们经营时间长,特许企业多,市场份额大,市场地位稳固。这样,投资就更稳妥。运营时间在5年以上、拥有10家以上加盟店的成熟品牌是比较好的选择。

时下,众多资金比较缺乏的大学生,纷纷把创业目光投向了网店。大学生开店,有一些天然的优势。第一,可充分利用高校的学生顾客资源,市场潜力不小。第二,由于熟悉同龄人的消费习惯,因此入门较为容易。第三,普遍思维活跃,利用互联网处理信息的能力较强,因此比较容易打开知名度。

三、专业转化为创业

在这个信息时代,信息技术领域快速涌现出很多神话级的创业人物,如搜狐的张朝阳、雅虎的杨致远、腾讯的马化腾、网易的丁磊、美国社交网站 Facebook 的马克·扎克伯格等,他们都曾经是学校里面的佼佼者,学有所长、学有所用,最终以自己出众的专业能力创造了巨大的财富。技术功底深厚、学科成绩优秀的大学生在高科技领域,完全有可能将自己的专业所学转化为创业,并最终实现自己的人生价值。斯坦福大学的理学博士生拉里·佩奇和谢尔盖·布林正是运用他们精深的专业知识与技能对网站之间的关系进行精确分析,并以此为基础于1998年在一个朋友的车库里建立了谷歌公司。

四、嫁接技术促成创业

创业成功者未必都是新领域中第一个"吃螃蟹"的人,有时他们的创业想法来自成熟领域,只是在某些方面进行了创新。如果你不是"点子王",但你想象力丰富,善于举一反三,那么不妨试着把一个行业的原创概念复制到另一个行业。异业复制的好处是有范本可循,不必瞎摸索,但不同行业的经营模式能否"嫁接"得浑然天成,则是对创业者智慧的考验。

【案例分享】

发泡技术的新用途

发泡技术最早应用于面包,后来美国商人用之于橡胶,于是橡胶海绵诞生了。而德国商人则利用这项技术制造出泡沫塑料。日本的铃木信一发明了气泡混凝土,其隔音、保暖性能俱佳。此后日本一家肥皂厂又利用发泡技术制成洗澡时不沉没的"浮游香皂",被人们争相购买。未来,随着技术的不断提升与应用,发泡技术还会被应用到哪个领域?大家拭目以待吧。

五、嫁接商业模式进行创业

创新创业是我国未来数十年经济社会发展的主旋律之一，商业模式创新是其高端形态，也是改变产业竞争格局的重要力量。我们逐渐发现决定企业成败最重要的因素不是技术，而是它的商业模式。2003 年前后，创新并设计出好的商业模式，成了商业界关注的新焦点，商业模式创新开始引起人们普遍重视。商业模式创新被认为能带来战略性的竞争优势，同时也被认为是新时期企业应该具备的关键能力。

下面这个案例的创意源于全球闻名的迪士尼公司。众人周知，米老鼠、唐老鸭、白雪公主等卡通形象已成为迪士尼公司取之不尽的财源。广州东利行公司正是移植了迪士尼公司的创业思路和盈利模式。

【案例分享】

小企鹅与大商机

广州东利行公司（以下简称“东利行”）与腾讯公司签署了为期 7 年的 QQ 形象标志有偿使用协议。当时许多人都怀疑，一只戴着红领巾的小企鹅能带来多大的利润？东利行总经理贺志军却从美国迪士尼公司的成功中看出了商机：QQ 的注册用户超过 8600 万人，其中以年轻人为主，他们对时尚产品的购买力极强。于是，东利行提出“Q 人类 Q 生活”的卡通时尚生活概念，开发漫画、精品玩具、手表、服饰、包袋等 10 大类约 1000 种带 QQ 企鹅标志的产品，并在全国各地开设了 100 多家连锁店。

六、养殖创业

养殖创业被认为是最为古老的创业方式，同时也曾经被认为是属于农民的事业。但随着科技的发展和信息的更新，良好的创意和先进的专业技术才是养殖创业的重要支柱。大学生应该放弃对农林牧渔创业的成见。2010 年 CCTV 中国经济年度人物奖获得者——新希望集团董事长刘永好的事业正是从养殖鹌鹑起步的。

【案例分享】

放弃建筑设计院高薪　大学生带弟弟进山养土鸡

放弃建筑设计院里令人称羡的工作，不顾家人反对，福建农林大学土木工程系毕业生蔡清澄带着弟弟蔡译驰钻进山里，收购猪粪、捡菜叶，开始生态养鸡的创业之路。经过一年的努力，养鸡场规模越来越大，兄弟俩还成立了一家农村专业合作社，建立了网络销售渠道。

到2013年，兄弟俩养了5000多只土鸡，每天可产土鸡蛋600多枚。蔡清澄告诉记者，他们养的全是土鸡，鸡吃的是蝇蛆配杂粮等天然食物，产出的“虫子鸡蛋”营养价值也比普通鸡蛋高得多，一枚可以卖2元。土鸡肉质比普通鸡好，自然也能卖好价钱。

七、生活中的不便激发创业

每个人在日常生活中都会遇到或大或小的烦恼，有人埋怨几声就过去了，有人则从自身经历或朋友的困境中发现商机。例如，晚上遛狗时狗被车撞了，大部分人可能会痛骂车主，进行索赔，心疼自己的宠物，但有商业敏感性的人可能会由此推出宠物反光衣。这类型的创业者如果能够迅速抓住问题所在，并快速想出解决问题的妙方，成功的概率就会很高。当然，首先这个问题必须具有一定的普遍性。

第三节　大学生创新创业的现状

一、国外大学生创新创业教育现状

创业和创业教育的研究始于国外，西方发达国家起步较早，理论成果和实践成果较多，美国是其中成果最为显著的国家。1977年，美国杰弗里·蒂蒙斯教授的《创业学》由欧文出版公司出版，成为创业研究领域开先河的权威之作，该书不仅介绍创业学的基本理论，还涵盖大量创业学案例，40多年来被译成多个国家和地区的语言，并被哈佛大学、斯坦福大学、杜克大学等高校作为创业学课程的经典教材，影响深远。

继杰弗里·蒂蒙斯教授之后，有关创业的理论研究与实践研究备受关注并迅速发展。一方面，创业学课程被列入国外许多高校的高等教育计划之中，广泛开展。根据有关数据统计，1974年美国只有75所大学开设创业学课程，到1985年达210所，1991年达350所，1999年则有1100所。另一方面，关于创业理论和创业实践的研究层出不穷，如哈佛商学院的霍华德·斯蒂文森提出创业精神的概念。他认为创业精神就是“追求超越现有资源下的机遇”，并且指出要从“知识、能力、选择、态度”四个方面培育创业者。伦德斯特罗姆则从政府支出计划、政府融资等方面探讨创业政策问题。一些高校和研究机构不仅探讨创业的理论发展，更重视创业的现实实现。如美国巴布森商学院的整体创业模式，韩国许多大学建立的创业同友会和创业支援中心，美国麻省理工学院、斯坦福大学等10多所大学每年举办的创业计划大赛等，直接支持创业企业的孵化。

国际上，特别是美国及欧洲国家有关创业的研究和实践已有很长一段时间，这些国家重视和支持大学生自主创业，已经形成了系统的创业保障体系。研究国外的成功经验和现有的保障体系，对于我们以后的研究和具体工作的开展都有很大的借鉴和学习意义。简单来看，他们的成功经验主要有以下四个方面：

（一）建立专业组织机构

英国政府专门设立了大学生创业促进委员会，明确要求高校重视大学生企业家素质的培养，帮助毕业生转变就业观念，积极涌入自主创业的大流中。后来，该创业促进委员会发展为创业教育中心。韩国政府设立了专门的创业推动机构，其中，中小企业厅是典型的机构代表，开设有创业支持课程，帮助大学生建构创业服务的网络体系。美国政府也为大学生创业者提供了诸多支持和鼓励政策。从资金方面，提供了更多的资金支持和融资渠道，并且健全、完善了信用制度；从社会角度，给予大学生及时的社会援助等；小到具体操作层面，简化了繁杂的申请手续，为大学生节约了很多时间成本，使之创业更有效率地进行。

（二）完善创业教育体系

就美国来说，创业教育课程非常完备，涵盖了新创企业管理、融资、技术竞争优势管理，创业领导艺术等几十门课程。根据 2013 年相关数据统计，美国已有近 2000 所高等院校启动了创业学相关课程。美国高校一般实行学分制，只要修满学分即可拿到文凭。学校不规定学生在校时间，学生可以自由选择全日制上课或半日制上课，有正当理由如创业需求可以向学校申请休学。目前，美国创业教育贯穿于初中、高中、大学本科直到研究生的正规教育。正是创业学在美国的广泛认可和推广，致使 20 世纪 80 年代创业一代造就了当今美国巨大的国家整体财富，微软、英特尔等公司都是大学生们的创新实践成果。

英国高校举办不定期的创业讲座、成功校友的经验交流、创业周巡讲等活动，通过个案引导激发学生的创业兴趣，提高创业意识，挖掘自身潜力，进行创业规划。各大学的职业指导中心和产业孵化中心负责创业教育，师资来自成功企业家和学校产业孵化中心的管理人员。另外，英国的创业教育还与学生的创业实践相结合，政府设立专项的大学生创业基金，并将其发放到具体的企业。

（三）营造良好创业环境

近年来，美国颁布了包括《职业教育法》在内的多项关于创业教育与创业培训的法案，通过立法的形式，再结合政府拨款，调动各级政府以及个人机构的积极性，以开展对大学生各种形式的职业教育和创业培训。英国的《就业与培训法案》将年轻人的招聘服务改为职业服务，并明确指出：各地教育部门对为大学生提供就业指导服务负有很重要的职责。德国先后颁布和实施了《职业培训法》《就业支持法》等法律，政府通过这种方式鼓励劳动力市场的开发,以提高创业者能力。

(四)提供多元资金支持

美国的信用体制比较健全,政府允许大学生通过信用卡借贷来创业;英国政府则是通过实施种子计划或设立各种资助基金的方式为创业者提供支持;德国为创业者提供免费培训服务,并为有困难的学生提供补助,以财政拨付补助金的方式,帮助创业者渡过难关。

二、我国大学生创新创业教育现状

(一)国家高度重视创新创业教育

大学生是宝贵的人才资源,大学生创新创业是大众创业、万众创新的重要力量。近年来,我国尤其重视创新创业教育。教育部强调:让千千万万大学生创新创业活力竞相迸发、充分释放。仅 2015 年,我国出台的关于高校创业政策文件就有 10 项之多。2015 年初教育部提出实行弹性学制,支持大学生休学创业;年末又发文通知,2016 年起所有高校都要设置创新创业教育课程。《国务院办公厅关于深化高等学校创新创业教育改革的实施意见》明确提出改革的总体目标,2015 年起全面深化高校创新创业教育改革;2017 年取得重要进展,形成科学先进、广泛认同、具有中国特色的创新创业教育理念,形成一批可复制、可推广的制度成果,普及创新创业教育,实现新一轮大学生创业引领计划预期目标;到 2020 年建立健全课堂教学、自主学习、结合实践、指导帮扶、文化引领融为一体的高校创新创业教育体系,人才培养质量显著提升,学生的创新精神、创业意识和创新创业能力明显增强,投身创业实践的学生显著增加。在学籍管理方面实施弹性学制,放宽学生修业年限,允许调整学业进程、保留学籍休学创新创业。

(二)我国高校创新创业教育存在的问题

我国高校的创新创业教育起步较晚,还处在探索阶段,其开展形式主要是理论课程的开设。这种传统的教育方式并没有达到理想的预期目标,存在诸多问题,具体表现为以下四个方面:

一是理念问题。对创新创业教育的合理性和重要性认识不足,思想上存疑。有些人认为开展创新创业教育是因为就业困难,才需要鼓励毕业生创业,自己学校就业情况好,不需要开展创新创业教育。也有些人认为自主创业的毕业生占极少数,开展创新创业教育的需求和意义不大,因此没有积极性。很多高校的创新创业教育都处于"正规教育"之外的"业余教育"或"精英教育"。高校领导和教师之间、不同院系部门之间关于创新创业教育缺乏足够共识;实施创新创业教育的理念不够先进,对创新创业教育的复杂性和实践性认识不足，常流于形式教育或一般学科教育；学生对创业的认识较为肤浅，易受鼓动，对创业的风险认识不足，导致创业项目质量低下，创业失败率高。

二是组织问题。从国家到地方，需要进一步打破条块分割，提升整个高等教育体系中创新创业教育的组织实施水平；不同区域、不同性质高校之间在创新创业教育方面的交流和合作有待加强；高校在创新创业教育组织上仍处于增量教育的阶段，即在原有的教育板块上叠加创新创业教育内容，创新创业教育尚未与原有的专业教育板块有效融合。

三是资源问题。缺乏优质的创新创业教育师资，尤其是严重缺乏兼具学院派和实践派素质的教师。创新创业教育对教师的创新意识、拓展能力要求较高，既要求具备相关学科的理论知识，更要求拥有一定的创业经验。然而，兼备这两种素质的教师还十分缺乏，能洞察学科前沿的专家型创业学者更是少之又少。高校创新创业教育教师大多缺乏创业实战经验，甚至没有在企业的就业经历，对学生进行创业实践指导常常显得力不从心。部分高校虽然聘请了一批企业家担任客座教师，但多以讲座形式进行，内容上并没有形成体系。缺乏面向大学生的专项创业资金和专项支持，目前银行、工商、风险投资基金等相关单位提供的相应扶持和帮助还有待进一步加强。我国创业政策的执行力并不强，有些地方政府和相关部门制定配套的政策实施办法的力度不够大，反应速度不够快，难免会影响帮助大学生自主创业的效果。而且，大学生自主创业是一个需要多方参与的全面建设过程，不仅需要政府和高校的参与，全社会各行各业的人员都应该提供支持。很少有高校具有完整的创新创业教育课程体系，将创新创业教育纳入学校教学计划，有针对性地指导学生开展创新创业活动。已经开设创新创业教育课程的高校，课程数量也极其有限。据对部分以理工科为主的学校进行调研，开设创新管理类课程的学校约占 1/3，开设创业类教育课程的学校仅占 1/20，将二者结合的则更少。此外，还存在诸如缺乏大学生创新创业实践平台，尤其缺乏教育导向的实践平台；缺乏同时具有创业动机和创业能力的高素质大学生等问题。

四是环境问题。对高校创新创业教育缺少科学有效的评价考核体系；我国的传统文化缺少对创业的支持和包容，“学而优则商，学而优则创”的创业文化远没有形成；学校、政府对大学生创新创业的政策支持力度有限；针对大学生的创新创业基金、银行贷款门槛较高，难以有实效；工商行政管理条例中还存在一些不利于在校大学生创新创业的条款；家庭、企业对创业大学生的宽容度和友好度不够；针对创业失败大学生的社会保障制度和举措严重缺乏。

(三)我国高校创新创业教育的发展趋势

1.高校创新创业教育的制度环境趋于完善

2012年教育部发布了《普通本科学校创业教育教学基本要求(试行)》,要求各高校应创造条件,面向全体学生开设“创业基础”必修课,并制定了“创业基础”教学大纲(试行)。此后出台的《国务院办公厅关于深化高等学校创新创业教育改革的实施意见》《教育部关于中央部门所属高校深化教育教学改革的指导意见》等文件,明确要求高校大力推进创业教育工作,并把创业教育的开展情况作为考评高等院校的重要指标。随着国家在顶层设计方面的持续推进,我国高校创新创业教育的制度环境逐步完善,为创新创业教育深入发展迎来了新的空间。

2.高校创新创业教育向通识教育和建制化发展

伴随着资本、技术、人才和政策等各种资源的涌入,高校创新创业教育的规模和水平将会得到更大的提高,围绕创新创业的教育生态系统将逐步形成。创新创业教育作为面向所有高校学生的素质教育和能力教育,将按照通识教育的模式发展,成为高等教育的组成部分。目前,部分高校已经开设了创业学院,并尝试建设机制更为灵活的创业型大学,为创新创业教育的建制化发展和生态化拓展提供了基础。

3.“互联网+”将进一步拓展高校创新创业教育的渠道

《教育部关于中央部门所属高校深化教育教学改革的指导意见》中明确提出,要着力推进信息技术与教育教学深度融合。“互联网+”教育已经成为互联网改造传统行业的热门板块,创新创业教育将更加广泛、深入地与互联网技术相结合,通过新技术的应用,提升高校创新创业教育的效果。

4.高校创新创业教育趋于开放化和国际化

创新创业教育课程本身就是一个开放性的课程体系,将不断纳入来自理论研究和创业实践的最新要素,并随着经济社会环境的变化而不断更新。随着全球化趋势的逐步深化,我国高校已经与国外高校和创业教育机构开展了系列合作。引入国际创业教育教程、吸引国际优质教育资源、创办国际化的创业教育体系,将成为我国高校创新创业教育的发展趋势。以创新创业教育为突破口,将进一步带动我国高校的国际化进程。

(四)促进我国高校创新创业教育发展的相关建议

1.加大创新创业教育的资源投入

我国虽然拥有世界上规模最大的高等教育体系,但与西方发达国家相比,我国高校创新创业教育的人才、设施、资金和政策投入等方面还有一定差距,这也是制约我国创新创业教育发展的原因之一。当前我国创新创业教育正处于快速发展时期,建议政府进一步加大对创新创业教育的资源投入,并引导高校整合社会资本尤其是校友资源通过创业基金、合作教育、合作基地等方式积极投入高校创新创业教育，形成持续的多元化投入体系。

2.完善创新创业教育的促进机制

创新创业教育不同于一般的学科教育，具有与技术、经济和社会紧密结合、开放性和多元化的特点。建议进一步理顺、优化创新创业教育中师资队伍、课程体系、外部合作等方面的机制，围绕创新创业的特征，形成创新教育课程与创业教育课程，鼓励科技创业；协同高校内部不同组织机构和院系之间的合作机制，推动高校与企业、政府和社会组织协同开展创新创业教育。

3.丰富创新创业教育的实施手段

充分发挥互联网、大数据技术在模拟仿真教学方面的作用，提升创新创业教育的学习体验；通过在线课程、视频公开课等手段，促进优质创新创业教育课程资源的开放和共享；广泛开展启发式、讨论式、参与式教学；注重实践教学、实战学习，鼓励学生开展真实的创新创业实践，在实践中学习，不断提升知识运用能力，积累创新创业经验。

4.做好高校学生创业的风险保障

创业本身是一项高风险行为，与离职高管、海归、科技人员创业相比，学生创业失败的概率更高、对创业失败的承受力更差。创新创业教育的目标是促进创业的同时，做好学生创业的风险保障。例如，面向高校学生创业群体实施社会保险、医疗保险和失业补助等措施；设立心理辅导和引导基金，帮助创业失败学生重新就业或创业等。

5.优化创新创业教育的社会环境

进一步加强对创新创业教育的宣传，提升家庭、企业、社会对于创新创业学生群体、学生创新创业行为的宽容度和友好度；进一步完善学生创新创业的社会辅助设施，包括众创空间、创业孵化基地、非营利性的社会组织等，提升学生创新创业全链条的辅助与服务水平。

6.鼓励中外合作开展创新创业教育

鼓励高校与国际名校合办创新创业教育课程和项目，进一步完善高校创新创业教育课程体系。借鉴美国在大学科技园设立创业扶持项目的模式，总结清华大学在设立创业基金等方面的探索，鼓励部分高校设立大学生创业教育及扶持项目。借鉴美国亚利桑那州立大学颁发创业文凭的经验，试点对高质量的创业项目颁发创业文凭。鼓励创办中外合资创业大学，联通师资、教学、实习与实践，甚至早期风险投资等各个环节，实现创新创业人才的“全链条”培育。鼓励中外联合培养创新创业教育教师人才，通过海外进修、培训，或直接与国外创业大学、创业学院、培训项目建立合作关系等方式，联合培养国际化创新创业教育人才。

三、我国大学生创新创业的现状特点

创新创业既需要热烈的激情、活跃的思维、独立的精神，又需要冷静的分析、缜密的决策和合作的态度。创新创业要想成功，既要"饿其体肤"，更要"苦其心志"。大学生在创新创业过程中所表现出的行为特征，既具有一般创新创业过程的共性，又具有大学生群体自身的个性，突出表现为特定环境下身心迅速由不成熟走向成熟而发生的剧烈冲突。总体而言，大学生创新创业的现状特点表现为以下四个方面：

（一）意识超前，筹备滞后

凡事预则立，不预则废。创新创业活动的源头是创新创业意识的萌芽。然而，在创新创业最初期，大学生创新创业者的一个普遍特征就是"意识超前，筹备滞后"。大学生创新创业者往往是学生中奋斗意识相对突出、综合素质相对优秀的群体代表，他们的主体价值意识、参与创新创业实践意识均十分强烈。有相当一部分创新创业者在进入大学校园后不久，就萌发了强烈的创新创业意识，对创新创业充满希望和憧憬。但这种意识也容易夹杂猎奇的心理和追求时尚的心态，空有一番热情，对创新创业的基本原理和实务操作缺乏潜心的钻研。在行为上首先表现为迷茫、拖延，认为创新创业十分重要，但是筹备需要"慢慢来"，这是比较普遍的心态；又或是表现为急进急停，抱着一上来就要大干一场的"豪迈"心态，一旦接触市场才发现自己缺乏基本的心理准备，完全没有从消费者的心态转向生产者的心态，更不用说营销者的心态，使创新创业难以成功。

（二）范围涉及广，深度欠缺

"90后"大学生生长于物质丰富、科技迅速发展的时期，相对于"80后"大学生而言，他们大部分接受新事物的能力较强，热衷于标新立异的文字和装扮。他们大都愿意并非常主动地去尝试一件新鲜事物，几乎对每一件事情都抱有好奇的心态，想去发掘、探究它的神秘性。但由于"90后"大学生在思想方面还不够成熟，缺乏在社会上处事历练，所以对事情的看法较为肤浅、单纯，这就决定了他们并不能从根本上认识事物的内在和本质。

解决创新创业思维个体局限性的重要途径，无疑是合作创新创业。目前，绝大多数大学生都会选择团队创新创业模式。合作创新创业可以有效弥补创新创业者各自的短板，但又涉及合作团队中队员的性格冲突和行为磨砺问题。大学生团队在创新创业过程中遇到困难或重大决策，不同动机产生的利益分歧就会浮出水面，这常常导致创新创业团队"突然死亡"。

"90后"大学生对经济体制改革及转型、利益关系调整，中国传统文化与西方外来文化的冲突、融合，都只有浅层次的思考，如他们想创新新鲜事物，就要在思想方面成熟起来，丰富个人阅历，以求在创新创业高度方面勇攀顶峰。

（三）创新能力强，缺乏实践能力

“90后”大学生在国家经济腾飞的环境中成长，他们知识面广、视野开阔、观念开放，具有复杂而多样性的思维。正是这种多样性的开阔思维，使得“90后”大学生的创新能力很强，但他们缺乏实践的历练。“90后”大学生被称为“温室里的花朵”，从小到大都是在家人的庇护下成长，娇生惯养，成了家里的“小公主”“小皇帝”。当他们背井离乡，远离父母踏上求学之路时，他们独立生活能力弱的缺点就显现出来，例如，某校曾进行一次大范围的校园绿化，集体组织大二、大三的学生参加除草种树。在这次集体活动中，老师发现有不少同学从未见过铁锹、耙子，完全不知道这些工具的使用方法。同学们称在此次活动中大开眼界，见识到了“传说中的耙子”。这些学生真不愧为“抱大的一代”。从这类案例中可以看出，“90后”大学生的实践能力还有待提高。

大学生创新创业者往往“敏于思、惘于断”，受制于思维底蕴的不足，容易局限于主观思考，忽视项目分析和市场调查，较少通过观察现实、分析矛盾、剖析程序、预测市场、追踪技术等手段捕捉商机，往往“愿景多于计划”，对关键环节想当然，对困难估计不足，创新创业决策草率武断，这都为最后的创新创业失败埋下了伏笔。

（四）欲望强，持久性差

“90后”大学生因为生活环境发生了很大改善，不用像前辈小时候担心“吃不饱穿不暖”，所以往往不能脚踏实地，做事一步一个脚印。他们希望自己的才华得以展示，希望自己得到别人的欣赏，“特立独行”成为其一种风格。他们的点子、想法来得快，但因为从小就在父母的保护伞下，一路顺风顺水成长起来的，很少受到挫折和打击，几乎没有经历过大风大浪，所以缺乏意志的磨炼。许多大学生在参加创新创业活动之后选择了放弃，以各种借口和理由为自己解脱，不能将创新创业进行到底。心理脆弱、承受能力差、缺乏抗压能力、很容易受到伤害，是他们不能坚持创新创业的原因，最后表现为遇到一点挫折和失败，就轻言放弃、半途而废，不能持之以恒。

创新创业的过程是对创新创业者意志力、判断力、合作能力和工作开拓能力的全面挑战。创新创业者既要做好承受压力、迎接挫折的心理准备，又要保持积极敏锐、开拓进取的健康心态，即“做最坏的打算、尽最大的努力”。倘若抗压能力弱，则容易在残酷的市场竞争中产生强烈的压力感和挫折感，失去坚持到底的信念和勇气，进而选择放弃，止步于“终点站百米之前”。

第四节　大学生创新创业教育的理念及意义

一、大学生创新创业教育的理念

国务院办公厅印发的《关于深化高等学校创新创业教育改革的实施意见》明确强调了"面向全体、分类施教、结合专业、强化实践"的基本原则，确立了"普及创新创业教育"的总体目标。贯彻这一基本原则就是要将创新创业教育纳入教学主渠道，贯穿高校人才培养全过程，着眼于创新创业教育的广泛性和普及性，使之惠及每一个学生。实现"普及创新创业教育"的总体目标，树立全新的"大创业教育观"是必由之路。

（一）树立"以用户为中心精准指导"的教育理念

随着信息化技术在我国的迅速发展，当代"90后"大学生对教师的期待更多体现了粉丝心理。他们对教师的要求不只是知识与技能的获取，还包括形象要求、人格魅力期待、社交分享、情感诉求等。这就要求高校创新创业工作者不能"满堂灌"，将庞大的知识体系与技能体系用较为复杂的方式传递给学生，而应该深入研究"90后"孩子的粉丝思维、焦点思维、第一思维、碎片化思维、快一步思维，了解如何帮助崇尚简约化与娱乐化形式的"90后"大学生在故事中获取知识、在简约中收获感悟。因此，高校创新创业工作者要深入思考如何让"互联网＋"与创新创业教育产生良好的"化学反应"，在工作中既要用互联网与移动互联网思维武装自己，又要研究"90后"群体的需求，还要从需求出发用娱乐化方式引领"90后"群体在创新创业技能与素养上的双重提升。

（二）探索"面向全体学生"的具体教育方式

创新创业教育并不是单纯地教学生如何创办企业，它的核心是全面提高学生的创新创业素质。以这一思想为指导，要求我们在实践中探索"面向全体学生"的具体教育方式，彻底改变"精英教育"的运行模式，既不是只针对商学院的学生，也不能只针对想要创办企业或是参与创业计划竞赛的少数学生，而是要面向全体学生。要做到这一点，最为关键的是破除广泛开展创新创业教育的观念性障碍，对"创办企业""培养老板"等"窄化"的创新创业教育内涵、严重滞后于创新创业教育发展现状的教育教学目标进行观念澄清，探究创业型大学建设在体制机制和队伍建设等方面的具体做法，探索构建与"大众创业、万众创新"相匹配，面向全体学生广泛开展创新创业教育的本土化教育体系。

(三)确定“结合专业教育”的主要途径

高校创新创业教育在于广泛地“种下创新创业的种子”,为高校毕业生设定“创业遗传代码”。这就客观要求创新创业教育不是面向工程、艺术、科技等少数专业的“精英教育”,而是普遍培养和提高所有专业大学生创新意识和创新能力的“广谱式”教育。以这一思想为指导,要求我们在实践中确定“结合专业教育”的主要途径。创新创业教育必须与专业教育相结合,这一观念已经在学术界达成了共识。关键是如何找到合适的途径,克服结合过程中的障碍。要从根本上破解这一难题,必须将深化高校创新创业教育改革与推进高等教育综合改革紧密联系,从厘清创新创业教育目标要求和人才培养定位入手,挖掘和充实各类专业课程的创新创业教育资源,在专业教育教学中渗透创新创业教育的理念和内容,在传授专业知识过程中加强创新创业教育。

(四)丰富“融入人才培养全过程”的科学载体

创新创业教育要获得深层次的发展,必须走出“表层教育”的初级阶段,全面推动高校教育教学改革,构建创新创业教育体制机制。以这一思想为指导,要求我们在实践中丰富“融入人才培养全过程”的科学载体。创新创业教育要在纵向上贯穿学生在校学习的全过程,在横向上打通学校教育、家庭教育和社会教育的各个环节。不仅要立足于高校自身,更要立足于经济发展方式转变的现实需求;不仅要基于创新创业教育本身,更要实现“课内课外相衔接、教育实践一体化”,着力促进全体学生创新创业素质的训练和提升。在此过程中要推动高校与政府和企业的沟通、联系,探索建立校校、校企、校地、校所及国际合作的协同育人新机制,建立健全知识资本化、创新商业化的科学路径,积极促进和努力形成大学在新经济中的中心地位,形成大学—企业—政府“三螺旋”关系,积极吸引社会资源和国外优质教育资源投入创新创业人才培养,全面推动高校创新创业教育深入改革。

二、大学生创新创业教育的新形势

新常态背景下,我国经济下行压力加大,通过创业解决就业、推动产业转型升级成为我国创新创业教育的特有诉求。随着“双创”的持续深入,全民参与创新创业的氛围不断完善,高校创新创业教育的发展需求进一步加大。同时,互联网、大数据以及共享经济的发展,为创新创业教育更低成本、更大规模、更便捷高效地实施提供了可能。《国务院办公厅关于深化高等学校创新创业教育改革的实施意见》等系列文件的出台,标志着创新创业教育已经上升为国家战略。截至 2015 年 10 月,112 所中央部委所属高校制定了深化创新创业教育改革方案,众多高校将创新创业教育改革纳入学校综合改革方案。全国有 137 所高校、50 家企事业单位和社会团体联合成立了

"中国高校创新创业教育联盟"。新疆、甘肃、陕西、青海四省区的16所大学科技园联合建立了"丝绸之路经济带众创空间"。2015年前10个月,全国高校共设立创新创业基金达10.2亿元,吸引校外资金12.8亿元,为大学生创新创业提供了有力的资金支持。[①]

三、大学生创新创业教育的意义

新时代背景下的创新创业教育对于深化高校教育改革、完善人才发展机制、支撑"双创"以及创新驱动发展战略都有着重要的意义。

(一)大学生创新创业教育是实现中国梦的源泉

近代以来,世界大国在实现强国梦的历史进程中,科技革命发挥了重要作用。中国历史发展错过了第一次、第二次科技革命和工业革命的高潮期,与西方发达国家差距越拉越大。中国发展抓住了第三次科技革命和工业革命的尾巴,力争我国信息技术和信息产业的发展水平进入世界先进行列。历史经验告诉我们,科技革命带动工业革命,是一个民族崛起、一个国家梦想成真的关键性先导力量。作为第一生产力的科技创新,是实现国家富强、民族振兴和人民幸福的决定性因素。因此,创新是实现中国梦的决定性基础力量。[②]

众所周知,以大学生为代表的青年人是科技创新的主力军,离开了大学生的创新,一个国家的高科技产业将不知何去何从。"中国大学生为何缺乏创新创业精神?"这一直是教育界讨论的话题。很多教育学家认为:缺乏创新的缘由是中国教育的方式,机械式教育下的中国学生面对任何问题都只追求一个正确答案。在高校开展创新创业教育不仅是为了解决大学毕业生就业问题,也是深化高等教育改革的重要途径,更是为各行各业输送拥有创新精神和创业品质的优秀人才的关键渠道。因此,从某种意义上说,大学生创新创业教育是实现中国梦的源泉。

(二)创新创业教育是推动高校教育改革、改变传统教育体系与实践脱节困境的重要破局点

高校教育改革涉及诸多板块和内容,最为关键的是响应新时期技术、经济和社会条件的变化以及解决与实践脱节等固有问题。一方面,创新创业教育具有很强的实践属性,是能力教育和素质教育,客观上要求教学与实践需求的统一、知识与方法技能的统一,这就必然要求高校体制机制创新,以创新倒逼改革;另一方面,将创新创业教育作为推进高校教育改革的破局点和检验标准,也是满足人才发展需求、培养学生

---

① 刘延东.深入推进创新创业教育改革 培养大众创业万众创新生力军.(2015-10-26)[2017-12-20].http://www.moe.edu.cn/jyb_xwfb/moe_176/201510/t20151026_215488.html.

② 林欣.圆中国梦:探索实现高校创新创业教育的途径[J].青年与社会,2014(9):174-175.

创新理念、提升学生创业技能的重要内容。

（三）创新创业教育的目标超越了对于就业的补充，是完善人才发展机制和加速人才培养的重要举措

相对于一般学科教育以“植入”专业教育为主的特性，创新创业教育是跨学科的通识教育，倡导拓展学生知识宽度、实现学科融合的教育方式，更加符合以人为本、培养复合型创新创业人才队伍的要求。创新创业教育丰富了教育的内涵，延伸了人才培养的边界，拓展了就业的渠道，为“人尽其用”提供了更为丰富的可能。

（四）高校创新创业教育的根本是促进高校学生参与创新创业，是支撑“双创”和创新驱动发展战略实施的重要举措

国家之间的竞争是创新能力的竞争，而创新能力的竞争是创新人才的竞争。坚持创新驱动的实质是人才驱动，人才是发展的第一资源，抓人才就是抓发展，强人才就是强实力。据调研，我国高校在校学生和当年毕业学生的创业人数的比例呈现增长态势，2016 年高校在校学生创业比例达到 4.6%，应届毕业生创业比例达到 3.1%。按照 2015 年全国高校毕业生总数近 750 万人的规模来计算，高校学生已经成为推动“大众创业、万众创新”的重要力量，是国家创新驱动发展战略的重要支撑。

【综合训练】

郭敬明创业成功案例

郭敬明，这个伴随着“80 后”成长的名字，如今他的小说也影响着“90 后”，并开始被“00 后”所喜爱。我们在这里不评判郭敬明的文学水平、导演水平以及身高，单以一个创业者的身份来看，他是极其成功的。

郭敬明在大学时期便开始创业，虽然他常年霸占着“中国作家收入排行榜”榜首，但是他在商业上的成功甚至让他的作家身份也黯然失色。如果你觉得这个瘦弱的男人只会玩弄一些小女生喜欢的华而不实的文字，那么你就太小看他了。郭敬明绝对有着惊人的商业嗅觉。

郭敬明在大学时便成立了“岛”工作室，出版了一系列针对自己小说受众的期刊，而后又成立了柯艾文化传播有限公司，逐渐建立起自己的商业版图。而且，以今天各类期刊纷纷转型产业链服务来看，郭敬明早在 2005 年就察觉了这一点。从那时起，他就为刊物读者提供“立体服务”，例如推出音乐小说《迷藏》、推出小说主题的写真集，打造了一条属于自己受众的文化消费产业链，开始深耕产业布局。而今，郭敬明已经用自己的小说《小时代》拍出了电影，第一部电影便直奔 5 亿元的票房……

知乎上有人这么描述郭敬明：“其实中国的年轻人并没有什么本质的变化。对于

大学和社会的幻想，对于爱情和成功的畅想，对于华服美食的渴望，是每一代中学生的必由之路。真正重要的其实仍是郭敬明本人。他或许是中国这20年来唯一一个认真去满足上述需求的作者。”

请问：你认为真正优秀的创业者是干什么的？

要点提示

1.在寻找创新创业机会的过程中，结合自身的优势和兴趣至关重要。

2.企业所提供的产品与服务，必须紧紧围绕并引导受众的需求。

3.相对于名人创业，在校大学生创业有“船小好掉头”的优势。

【思考题】

1.创新的本质是什么？为什么说创新是一个国家和民族发展的不竭动力？

2.实地调查一家与自己所学专业相关、由校友创办的企业，分析并找出该企业创办的类型，了解创业类型对企业成长与发展的重要性。

3.概述我国高校创新创业教育的发展历程。

4.高校创新创业教育的主要争议是什么？

5.如何理解高校创新创业教育的内涵？

6.与辅导员和班上同学共同收集身边的大学生创业成功案例，从中领悟“大学生是我国‘大众创业、万众创新’一支重要的生力军”这句话的现实意义。

第二章

“互联网＋”背景下的创新创业

【学习目标】

1.了解“互联网＋”概念和特征。

2.熟悉互联网经济的特点。

3.理解互联网思维。

4.熟悉“互联网＋”新业态。

5.掌握“互联网＋”对大学生创新创业的影响。

【学习指南】

1.通过对案例、资料的欣赏与分析，了解“互联网＋”概念及特征。

2.通过分析互联网经济的特点、互联网思维和“互联网＋”新业态，探讨“互联网＋”背景下的大学生创新创业。

“互联网＋”是创新 2.0 下的互联网发展新业态，是知识社会创新 2.0 推动下的互联网形态演进及其催生的经济社会发展新形态。“互联网＋”是互联网思维的进一步实践成果，推动经济形态不断发生演变，从而增强社会经济实体的生命力，为改革、创新、发展提供广阔的网络平台。“互联网＋”体现出的是以互联网作为最基本的生产母体要素，与其他行业生产要素嫁接所延伸出的各种可能性。这一嫁接所能够发挥的功能、产生的效应不仅是二者之间简单的相加而产生的“加法效应”，而且是产生了“乘数效应”甚至是幂级的“指数效应”。“互联网＋”意味着互联网与传统行业深度融合，这不仅有利于产业升级，还能促进大众创业，使民众生活变得便捷。

第一节 "互联网+"概念

一、"互联网+"概念

一般来说，"互联网+"就是"互联网+各个传统行业"，但这并不是简单的两者相加，而是利用信息通信技术及互联网平台，让互联网与传统行业进行深度融合，创造新的发展生态。它代表一种新的经济形态，即充分发挥互联网在社会资源配置中的优化和集成作用，将互联网的创新成果深度融合于经济、社会各领域之中，提升实体经济的创新力和生产力，形成更广泛的以互联网为基础设施和实现工具的经济发展新形态。更简单一点说，"互联网+"就是将互联网技术、互联网模式和互联网思维应用到其他领域，使得该领域与互联网结合起来，形成聚合效应。

二、"互联网+"概念的提出

国内"互联网+"概念的提出，最早可以追溯到2012年11月于扬在易观第五届移动互联网博览会的发言。易观国际董事长兼首席执行官于扬首次提出"互联网+"理念。他认为，在未来，"互联网+"公式应该是我们所在的行业的产品和服务，在与我们未来看到的多屏全网跨平台用户场景结合之后产生的这样一种化学公式。我们可以按照这样一个思路找到若干这样的想法。而怎么找到你所在行业的"互联网+"，则是企业需要思考的问题。

2014年11月，李克强出席首届世界互联网大会时指出，互联网是"大众创业、万众创新"的新工具。其中"大众创业、万众创新"正是此次政府工作报告中的重要主题，被称作中国经济提质增效升级的"新引擎"，可见其重要作用。2015年3月，全国两会上，全国人大代表马化腾提交了《关于以"互联网+"为驱动，推进我国经济社会创新发展的建议》的议案，表达了对经济社会创新的建议和看法。他呼吁，我们需要持续以"互联网+"为驱动，鼓励产业创新、促进跨界融合、惠及社会民生，推动我国经济和社会的创新发展。马化腾表示，"互联网+"是指利用互联网的平台和信息通信技术，把互联网和包括传统行业在内的各行各业结合起来，从而在新领域创造一种新生态。

在2015年3月5日上午召开的十二届全国人大三次会议上，李克强在政府工作报告中首次提出"互联网+"行动计划。他提出："制订'互联网+'行动计划，推动移动互联网、云计算、大数据、物联网等与现代制造业结合，促进电子商务、工业互联网和互联网金融(ITFIN)健康发展，引导互联网企业拓展国际市场。"2015年7月4日，经李克强签批，国务院印发《关于积极推进"互联网+"行动的指导意见》(以下简称《指导意见》)，这是推动互联网由消费领域向生产领域拓展，加速提升产业发展水平，增强各行业创新能力，构筑经济社会发展新优势和新动能的重要举措。

2015 年 12 月 16 日，第二届世界互联网大会在浙江乌镇开幕。在举行“互联网+”的论坛上，中国互联网发展基金会联合百度、阿里巴巴、腾讯共同发起倡议，成立“中国互联网+联盟”。

延伸阅读

为何是“互联网+”而不是“+互联网”[①]：互联网正在成为我国经济转型升级的新引擎。但既然是互联网和传统行业的融合，为什么是“互联网+”而不是“+互联网”？

尽管从广义上而言，不论是“互联网+传统产业”，还是“传统产业+互联网”，似乎都可以用“互联网+”来统称，最终目的都是促进产业升级，进而带动社会升级；但“互联网+”与“+互联网”还是大有不同的。从语法上看，两者的区别在于前者中互联网是主语，后者中互联网是宾语，主语代表主体，而宾语则是动作行为的对象。这其中既有基因的不同，也有主导权的差别。“互联网+”突出的是互联网对传统行业的改造，助力其带来创新和升级。而“+互联网”指的是其他行业使用互联网技术，可以只是生成一个应用，或是构建一个新渠道，互联网在生产要素分配中的优化和继承作用并没有得到充分发挥，难以带来本质性的创新和变革。

事实上，有关“互联网+”还是“+互联网”的讨论早已展开。几年前，当互联网和金融行业撞出火花，手机支付应用开始兴起，余额宝、百度理财等“宝宝类”产品开始出现时，业界就对究竟是“互联网+金融”还是“金融+互联网”展开了讨论。一部分观点认为，互联网和金融行业的融合，应该定义为“互联网金融”，互联网将推动金融业务创新，为整个金融行业带来变革；另一部分观点认为，金融行业具有一定的特殊性，考虑到监管和安全，应该定义为“金融互联网”，互联网仅仅只是金融业务开展的工具和新渠道。

时至今日，这种讨论已经逐渐停止。就目前来看，“互联网+”处于攻势，而“+互联网”处于守势。传统企业探求互联网转型的速度慢的不只一点半点，无论是技术、人才还是体制及运营管理，都与互联网企业有很大的区别，尤其是传统企业的体制问题根深蒂固，很难通过简单的架构调整就能改变。反观通过互联网模式来倒逼传统企业的模式，迫使传统企业转型，这个方针与路线落实后的结果比企业自身探索要快很多。比如“互联网+理财”的余额宝，胜于“理财+互联网”的银行理财产品；“互联网+零售”的阿里和京东，胜于“零售+互联网”的国美和苏宁；“互联网+家电”的小米和乐视，胜于“家电+互联网”的海尔和长虹。尤其在大众创业领域，基本上都是在做“互联网+”，仅腾讯开放平台上的团队就超过 500 万；相比之下，那些“+互联网”

---

① 李易.互联网+：中国步入互联网红利时代[M].北京：电子工业出版社，2015：337.

的企业则明显要被动很多。马化腾把互联网比喻成“电”，但是对于很多传统企业而言，要对老房子进行“电路改造”，谈何容易？

如今“互联网+”行动计划被写入政府工作报告，表明“互联网+”正在成为一种新的经济形态，其本质上是发挥互联网在生产要素分配中的优化和继承作用，提升实体经济的创新力和生产力。当前，互联网正在加速与传统行业融合，“互联网+零售”“互联网+金融”的创新成果已经显现，而“互联网+农业”及“互联网+工业”等新的“碰撞”正在进行。如果说，原来互联网技术主要是在第三产业中应用，那么现在的互联网已经开始影响第二产业甚至第一产业。“互联网+传统行业”正在涌现出全新的平台、产业和生态。就好像在第二次工业革命中，电力让很多行业发生翻天覆地的变化一样，当今的互联网可能会成为一种前所未有的生产力工具。

第二节　互联网经济的特点

客观分析、把握互联网经济的特征，对于我国的工业化与信息化良性互动、调整经济发展战略、顺应世界经济全球化的潮流，有着重大的意义。互联网经济作为一种新的经济形态，与传统经济相比，有着受信息网络种种特点的影响而形成的诸多特点，具体表现为如下八个方面：

一、创新性

互联网经济源于高技术和互联网，但又超越高技术和互联网。由于网络技术的发展日新月异，互联网经济就更需要加强研究开发与教育培训，否则新经济的“新”也就难以为继了。

二、快捷性

现代信息网络可用光速来传输信息。互联网经济以接近于实时的速度收集、处理和应用大量信息。经济节奏大大加快，一步落后就会导致步步落后。产品老化的速度在加快，创新的周期在缩短，时间的竞争成为是否有竞争力的体现。

三、虚拟性

互联网经济不是由证券、期货、期权等虚拟资本的交易活动所形成的虚拟经济，而是指在信息网络所构筑的虚拟空间当中进行的经济活动。互联网经济的虚拟性源于网络的虚拟性。

四、全球性

信息网络把整个世界变成了“地球村”，地理距离变得无关紧要。基于互联网的经济活动把空间因素的制约降低到了最小程度，使全球化的经济进程大大加快，世界各国的经济相互依存性空前加强了。

五、竞争与合作并存

信息网络使企业间的竞争与合作范围扩大，也使竞争与合作之间的转化速度加快。世界进入了大竞争时代，在竞争中有合作，合作则是为了更好的竞争。在竞争的合作或合作的竞争中，企业活力增强了，企业应变能力提高了，不遵循这个规则就会被迅速淘汰出局。企业可持续的竞争优势，不再主要依靠天赋的自然资源或可利用的资金，而是更多地依仗于信息与知识。

六、基于免费的商业模式虚拟性

传统经济强调“客户(顾客)是上帝”。这是一种三维经济关系，即商家为付费的人提供服务。然而，在互联网经济中，不管是付费还是不付费的人，只要用你的产品或服务，那就是上帝。因此，互联网经济崇尚的信条是“用户是上帝”。在互联网上，很多东西都是免费的，如聊天、搜索、使用电子邮箱、杀毒，不仅不要钱，而且商家还要把质量做得特别好，甚至倒贴钱欢迎人们来用。正是因为互联网经济是基于免费的商业模式，用户才显得如此重要。

七、用户体验至上

互联网时代是一个消灭信息不对称的时代，是一个信息透明的时代。有了互联网，游戏规则变了。因为消费者把鼠标一点就可以比价，而且相互之间可以方便地在网上讨论，因此消费者掌握的信息越来越多，于是变得越来越精明、越来越具有话语权。

八、政府干预极端重要

垄断和竞争的关系问题，在互联网经济中比传统经济中要严重得多。因此，如果没有政府的干预，任凭市场竞争的结果就只会造成各种产品的垄断。这种状况不仅会损害消费者的利益，降低社会福利，而且垄断势力还会向其他相关领域延伸。

第三节 互联网思维

最早提出互联网思维的是百度公司创始人李彦宏。在百度的一场大型活动上，李彦宏在与传统产业的老板、企业家探讨发展问题时，首次提到“互联网思维”这个词。互联网思维，就是在(移动)“互联网+”、大数据、云计算等科技不断发展的背景下，对市场、用户、产品、企业价值链乃至对整个商业生态进行重新审视的思考方式。

一、用户思维

用户思维，是指在价值链各个环节中都要"以用户为中心"去考虑问题，即一切以用户的需求为导向，一切以用户的满意为宗旨，不仅是将用户当成消费者，更要将用户当成自己的朋友、自己的伙伴。对用户不仅要用心，更要用感情。

【案例分享】

唐玄宗年间，著名诗人李白流寓安徽宣城。当时有个隐居在泾县山村的士人姓汪名伦，汪伦亲事农桑，乐于田园生活，闲暇之时饮着自酿的美酒吟几句诗，特别崇拜李白，非常想请诗仙来家中痛饮欢歌。汪伦是如何采用用户思维成功邀请李白到家做客的呢？一是以用户为中心。当了解到李白喝酒和他的诗篇一样出名后，他挑着一担自酿的美酒在李白可能出现的地方叫卖。二是以用户满意为宗旨。当李白来到汪伦面前时，立刻被那诱人的酒香吸引住了，汪伦于是邀请他到家中做客，李白欣然应诺。三是对用户不仅要用心，更要用感情。当李白来到汪伦家中做客时，汪伦取出珍藏 20 多年的陈酿美酒招待李白，这酒还是他儿子出生时酿造的，本是要藏至儿子娶亲时才取出宴请高朋好友的。如今，汪伦破了先例，将这酒敬了李白，成就了"李白乘舟将欲行，忽闻岸上踏歌声。桃花潭水深千尺，不及汪伦送我情"这首千古名诗。

二、极致思维

极致思维，就是把产品、服务和用户体验做到极致，超越用户预期。用极致思维打造极致的产品，方法论有三条：一是"需求要抓得准"，二是"自己要逼得狠"，三是"管理要盯得紧"。一切产业皆媒体，在这个社会化媒体时代，好产品自然会形成好口碑传播。奇虎 360 董事长周鸿祎曾说过，极致思维就是你要把东西做得便宜，甚至免费；把东西做得特简单，就能打动人心，就能赢得用户超出预期的体验上的呼应，就能赢得用户。

三、平台思维

互联网的平台思维就是开放、共享、共赢的思维，其精髓在于打造一个多主体共赢互利的生态圈。平台模式最有可能成就产业巨头，全球最大的 100 家企业里，有 60 家企业的主要收入来自平台商业模式，包括苹果、谷歌等。

四、大数据思维

大数据思维，是指对大数据的认识，对企业资产、关键竞争要素的理解。用户在网络上一般会产生信息、行为、关系三个层面的数据，这些数据的沉淀，有助于企业进行预测和决策。一切皆可被数据化，企业必须构建自己的大数据平台，小企业也要有大数据。在互联网和大数据时代,企业的营销策略应该针对个性化用户做精准营销。

五、流量思维

流量意味着体量,体量意味着分量。“目光聚集之处,金钱必将追随”,流量即金钱,流量即入口,流量的价值不必多言。互联网产品大多用免费策略极力争取用户、锁定用户。当年的360安全卫士,用免费杀毒入侵杀毒市场,一时间搅得天翻地覆,回头再看看,卡巴斯基、瑞星等杀毒软件,估计没有几台电脑还会安装了。

六、社会化思维

社会化商业的核心是网,公司面对的客户以网的形式存在,这将改变企业生产、销售、营销等整个形态。

七、跨界思维

随着互联网和新科技的发展,很多产业的边界变得模糊,互联网企业的触角已无孔不入,如零售、图书、金融、电信、娱乐、交通、媒体等。这些互联网企业一方面掌握用户数据,另一方面具备用户思维,自然能够“挟‘用户’以令诸侯”。阿里巴巴、腾讯相继申办银行,小米做手机、做电视,都是这样的道理。未来10年,是中国商业领域大规模“打劫”的时代,一旦用户的生活方式发生根本性的变化,来不及变革的企业必定遭遇失败!

八、迭代思维

“敏捷开发”是互联网产品开发的典型方法论,是一种以人为核心、迭代、循序渐进的开发方法,允许有所不足,不断试错,在持续迭代中完善产品。

第四节 “互联网+”新业态

“互联网+”代表一种新的经济形态,即充分发挥互联网在生产要素配置中的优化和集成作用,将互联网的创新成果深度融合于经济社会各领域之中,提升实体经济的创新力和生产力,形成更广泛的以互联网为基础设施和实现工具的经济发展新形态。

“互联网+”行动计划将重点促进以云计算、物联网、大数据为代表的新一代信息技术与现代制造业、生产性服务业等的融合创新,发展壮大新兴业态,打造新的产业增长点,为大众创业、万众创新提供良好环境,为产业智能化提供支撑,增强新的经济发展动力,促进国民经济提质增效升级。与互联网紧密相关的金融、电子商务、电子支付、在校教育、在线旅游、云计算、大数据、网络安全、物联网、车联网、移动医疗、云平台等在我们的生活中无处不在。

一、"互联网+"农业

2016 年中央一号文件指出，要"大力推进'互联网+'现代农业，应用物联网、云计算、大数据、移动互联等现代信息技术，推动农业全产业链改造升级"。发展现代农业已经成为深化农村改革的首要任务，而"互联网+"已成为国家转变农业发展方式的新路径、新方法，代表着现代农业发展的新方向、新趋势。"互联网+"农业是一种生产方式、产业模式与经营手段的创新，通过便利化、实时化、物联化、智能化等手段，对农业的生产、经营、管理、服务等农业产业链环节产生深远影响。实现由传统农业向现代农业的升级转型，"互联网+"农业将是最有力的抓手，主要包括：精确农业、智慧农业、生态农业、高效农业和特色农业等。

二、"互联网+"工业[①]

我国将智能制造作为"中国制造 2025"的主攻方向，其实质是通过互联网与工业深度融合，在新一轮产业革命中抢占未来制造业变革的先机。而"互联网+"工业将进一步引领我国制造业向"智能化"转型升级，赋予国家间产业竞争的新内涵。

"互联网+"工业除了利用互联网的信息化和传播快优势，还将应用互联网实现制造业上下游合作伙伴的无界限、价值链共享经济下的全民化。"互联网+"工业是"信息共享+物理共享"，从而开创全新的共享经济，带动大众创业和万众创新。在"互联网+"工业时代，互联网技术发展正在对传统制造业造成颠覆性、革命性冲击。网络技术的广泛应用，可以实时感知、监控生产过程中产生的海量数据，实现生产系统的智能分析和决策，使智能生产、网络协同制造、大规模个性化制造成为生产方式变革的方向。未来的制造业将建立在以互联网和信息技术为基础的互动平台之上，将更多的生产要素更为科学地整合，变得更加自动化、网络化、智能化，而生产制造个性化、定制化将成为常态。

三、"互联网+"服务业

20 世纪 90 年代，国内互联网诞生，从最初始的信息处理逐渐延伸到生活服务领域，以上海篱笆网上线为标志性事件。2003 年，大众点评、赶集网、58 同城等一批为生活服务提供信息选择及决策的本地生活服务平台的上线，开启了"互联网+"生活服务的时代，这种线上线下互动的新经济消费模式被称为 O2O。

2013 年，O2O 模式下的生活服务互联网化出现井喷发展态势，从最初的餐饮行

① 王喜文.工业 4.0、"互联网+"、中国制造 2025：中国制造业转型升级的未来方向[J].国家治理，2015(23)：12-19.

业逐步波及零售、旅游、家政、短租等各行各业。从2013年下半年至2015年,这段时间一度被称为“O2O的风口”,大量资本涌入,“互联网+生活服务”的创新项目层出不穷,传统服务业的经营模式、商业形态不断遭到挑战。以资源整合、去中介化、打破信息不对称为主要特征的生活服务O2O模式,给传统服务行业造成了巨大压力。互联网尤其是移动互联网的快速发展和普及,使万物互联成为大势所趋,传统服务行业正在发生着空前的历史性巨变,比如:“互联网+”餐饮,能够触手可得高性价比美食;“互联网+”家政,做到去中介化生活服务;“互联网+”出行,成为随时呼叫的“私人司机”;“互联网+”旅游,能够缩短世界的距离;“互联网+”零售,借助于大数据实现精准销售;“互联网+”短租,让陌生人住进家里;“互联网+”社区,确保人人都能享受VIP服务。

四、“互联网+”金融

互联网金融(ITFIN)是指传统金融机构与互联网企业利用互联网技术和信息通信技术实现资金融通、支付、投资和信息中介服务的新型金融业务模式。互联网金融不是互联网和金融业的简单结合,而是在实现安全、移动等网络技术水平上,被用户熟悉接受后(尤其是对电子商务的接受),自然而然为适应新的需求而产生的新模式及新业务,是传统金融行业与互联网技术相结合的新兴领域。

从无人问津到如火如荼,互联网金融成长之迅速远超我们的想象。一方面,互联网金融不仅让我们感受到了全民理财的魅力,更向我们展现了“互联网+”金融的更多可能性,整个行业获得了广泛关注。另一方面,国家高层频频释放信号,要正面鼓励、积极引导互联网金融的发展,让其早日走到阳光下,更是表明了“互联网+”金融模式的大有可期。其优势表现如下:一是降低交易成本。以余额宝为例,余额宝的本质是货币基金。传统货币基金购买渠道主要为银行、证券公司、基金公司,且申购金额最低为1000元。余额宝则借助互联网手段对这种传统货币基金进行了改造,不仅购买变得快捷便利,连1000元的申购门槛也消失了,取而代之的是零门槛机制,不管是1000元,还是1元,都可以通过转入余额宝来实现货币基金的成功认购。你看,原本货币基金的最低买卖成本是1000元,而余额宝将其交易成本直接降到了1元,甚至更低。这一切,不得不归功于阿里强大的互联网技术及庞大的数据库。二是实现金融的普惠意义。过去,绝大多数人都觉得理财是一件有钱才能做的事,这种思维跟我们的金融体系不无关系。传统的金融体系是排斥“小散”的,特别是以银行为代表的国有金融机构,对于普通百姓而言,只是储蓄的地方,财富管理、资产增值服务等是对VIP大客户才开放的。总的来说,过去我们所能耳闻的金融服务大都是给富人提供的。举个例子,传统信托的起投金额大多在百万元,这种业务门槛直接划分了投资人等级,能够跨入门槛的必然是大户,小散户只能望而却步。“嫌贫爱富”是传统金融的通病,因此也不难理解为什么绝大多数人认为自己与理财无关。而互联网金融的出现,恰好拯救了这部分人,也是在这个时候,金融变得有点不一样了,开始彰显其普惠意义。以P2P理财为例,起投金额在50元,部分平台更是1元就能投资。更重要的是,P2P在保证了低门槛进入的同时,连收益也高出传统理财不少。即便是经过了几轮降息,P2P行业的平均年化收益也仍然维持在15%左右。基于这些优势,互联网金融得以打开被传统金融忽略的80%用户市场,首次让金融服务实现了大范围、多方面的覆盖。三是显著改善当前信用风险管理体系。确切来说,是大数据让当前的信用风险管理体系得到了显著改善。以信用卡为例,《亚洲银行家》给中信银行信用卡中心颁过一个"中国最佳数据分析项目奖",肯定了中信银行信用卡中心的大数据分析在后续产品开发、客户关系管理等方面的推进意义。在信用卡行业里,大数据对征信系统的逐步完善有着不可替代的作用,发卡行根据发卡对象的消费行为、收入水平、资产状况等数据进行收集、评估,并对最终发卡对象进行后续跟踪及管理。而对于从事P2P借贷的互联网金融企业来说,信用风险的管理是借贷活动的核心,大数据则是信用风险管理体系的核心部分。但是在P2P行业中,大部分平台仍采取线下征信模式。这主要是国内民间征信体系缺失所致,只有银行能共享央行的征信系统,民间借贷平台无法低成本获得用户的征信数据,甚至平台与平台之间都无法打破信息壁垒,共享用户数据。总体来看,大数据对于P2P行业的风险管理、征信系统建立还是至关重要的,但如何跨越当前的鸿沟,借力大数据来管理风险,也是当下需要考虑的问题。

然而,在肯定"互联网+"金融模式创新的同时,我们也应认识到这种模式的局限性。一是互联网平台不适合出售复杂的、非均质化的金融产品。我们先来看看一个典型案例:Insweb曾经是全球最大的保险销售平台,从汽车、房屋、医疗、人寿甚至宠物保险等各类保险业务都在其经营范围之内。Insweb类似中介平台,一方面整合各大保险公司的产品,另一方面将意向用户的投保需求提供给保险代理。Insweb的这种模式,既为用户打造了一个公开、透明的保险购买市场,又帮助了保险公司实现低成本获客。理论上看,Insweb可以实现多方共赢,前景可期。而实际上,保险产品大多性质复杂,很多时候是需要一对一专人讲解的,不可能依靠互联网进行简单销售,因此Insweb成功销售的大都只是一些简单的车险、意外险,难以盈利。长期亏损最终导致其股价狂跌,2011年Insweb正式被收购。Insweb的失败恰恰暴露了"互联网+"金融模式的局限性。虽然互联网金融依靠互联网技术手段解决了信息的不对称、实现了交易成本的降低等,但是互联网天生的虚拟性,也决定了互联网金融平台难以深入到专业风险管理、复杂资产管理领域,只能停留在对货币基金、债权等进行重组分包等层面。因此不难发现,互联网金融平台形形色色的理财产品,究其本质都是低风险的、短期流动的均质化产品。二是互联网金融平台的主动营销能力相对不足。主动营销是传统线下企业的常用营销模式,比如保险推销,就是一种典型的主动营销方式;再比如各种海报、传单、视频等广告铺天盖地,这也是主动营销的惯用手段。简单来说，主动营销就是要主动出击，寻找用户、开拓市场。相对于奉行主动营销的传统企业而言，互联网金融企业的营销往往较为被动。从互联网营销的角度来看，与主动寻找客户相反，互联网金融企业更偏向于“让用户主动来找我们”。在用户找到互联网金融平台之前，所有的前期工作都属于被动营销，例如搜索引擎优化、关键词、竞价、交换友链、搭建入口，以及DSP、SEM等。互联网金融平台的主战场基于线上，因此在营销上也更加注重搜索引擎的布局、关键词的排名等，完成了前期布局后，推广人员会通过各个渠道的流量数据来监控网站访客来源，细分用户，以进行更为精准的二次营销。三是大数据缺乏突破性创新能力。有观点认为，大数据是互联网金融发展的重要驱动力。这种观点是有一定道理的，以阿里小贷为例，阿里小贷彻底打破了传统放贷模式，真正实现了信贷扁平化。阿里小贷依托于阿里庞大的数据库，通过云计算对用户数据进行分析处理，最终产生用户信用数据。要知道，阿里巴巴在2008年就将大数据作为基本战略，如今看来大数据已经是阿里的一项核心资产，并成为阿里金融帝国的坚实奠基石了。再来看看大数据在P2P行业如何发光发热。截至2015年6月底，全国已经有2028家正常运营的P2P平台。行业竞争不断加剧，P2P平台急于寻求核心竞争力，避免同质化。那么大数据如何贡献力量呢？第一，精准营销。大数据记录用户上网偏好、浏览习惯、搜索行为，并对用户进行分类、建立模型，P2P平台得以进行精准投放，达到最佳广告效果。第二，助力风控。蚂蚁金服的芝麻信用、拍拍贷的“魔镜”、拉卡拉的考拉信用分都是基于大数据建立的信用评分体系，越来越多的互联网金融企业都试图分一杯大数据风控的羹。然而，除了阿里这样的巨头，大部分互联网金融企业对大数据的运用，还都处于纸上谈兵的阶段。在对大数据进行一系列的挖掘、采集、计算之后，如何依托大数据实现新的技术突破是亟待解决的问题；同时，如何有效解决伴随着大数据而来的一连串信息安全、用户隐私暴露等问题，将对大数据能否获得广泛应用产生至关重要的影响。

“互联网+”金融模式的正面意义有很多，相比传统金融模式，互联网金融平台具有高效性。伴随着移动互联网的发展，移动金融也有不错的成长空间。当然这种模式在发展的过程中有合理的地方，也有一定的缺陷，但是它的优势远远多于不足。我们之所以要探讨这种模式的缺陷，仅是希望能够“去其糟粕”而已。

五、“互联网+”民生

“互联网+”教育。通过信息网络技术将教育注入互联网基因，实施包括人才培养目的、人才培养过程和人才培养评价等全过程的变革，以及支撑人才培养的机制体制变化，实现以互联网为支撑的生态化教育，以满足互联网经济时代和社会发展的人才需求，实现教育全局性发展、战略性转型。移动互联网的发展，创造了跨时空的生活、工作和学习方式，使知识获取的方式也发生了根本变化。教与学可以不再受时间、空间、地点、条件的限制，知识获取渠道变得灵活与多样化。慕课则是互联网与教育的深度融合,是经过多年摸索出来的一种知识传播模式。

"互联网+"医疗。2014年被认为是中国互联网医疗(移动医疗)元年,因为这一年,互联网巨头(阿里、腾讯、百度、小米等)、资本市场(中国平安、银联等)、创业者(移动APP春雨医生、挂号网、丁香园等)、医药企业纷纷进入其中并逐渐形成了一条完整的移动医疗产业链。目前,相关的移动医疗APP已经达到2万多个,比较有名的有"丁香园""阿里健康""平安好医生""百度医生""春雨医生"等。

"互联网+"交通。它是以联程联运为主导战略,以互联网技术的广泛应用为标志,以智慧交通、智慧物流为引领,以个性化、多样化运输服务模式不断创新和及时应用为特点,对传统交通服务产生颠覆性影响的全新服务组织和管理体系。它基于互联网时代交通产业链的重构和生态圈的再造,使传统产业形态被颠覆,新兴业态层出不穷。"互联网+"交通服务表现为时空的无限性、成本的经济性、市场的精准性、信息的透明性、资讯的快捷性、效果的可衡量性、服务双方的互动性、大规模、个性化,主要体现为互联网技术在客运、货运、车辆运营管理、汽车后市场四个方面的应用。①

第五节 "互联网+"与大学生创新创业

经济新常态下,互联网技术已经深深融入社会经济发展的方方面面,大学生应充分利用互联网,将自己在信息技术方面的优势转化为创新创业优势,以"互联网+"思维带动自身成功创业。主要有:一是运用"互联网+"新理念,打造创业新模式,走信息化与企业化相融合的路子,采取"众包"模式,汇聚各类创业资源,并以此为载体,为客户提供个性化服务和体验;二是顺应移动互联网时代的到来,利用"创客联盟"和"众创空间"等面向所有人的创业服务平台,创造条件降低创业初期成本和风险,努力把自己的创新创意转变为现实;三是力争搭上互联网经济发展班车,积极开展电子商务创业,参加网上创业模拟实训和"互联网+"各类创业大赛。目前,大学生创业还是以传统的创业模式为主,大部分创业企业还没有互联网化,缺少电商化创业方向的项目,企业互联网化应用比例发展程度较低,这也为"互联网+"大学生创业提供了广阔的发展空间。

【案例分享】

在"互联网+"背景下,大学生如果想创新创业,首先就要踏踏实实地把当前的工作做好,不要好高骛远。在工作中我们经常遇到这样的情况:团队成员都被分配做一张试卷的不同部分,有的人分到的是阅读理解,有的人做的是完形填空,有的人做的是语法……大家做完后再相互补充,这样,所有人都做完了。如果大家都把各自的部

① 赵光辉.我国"互联网+"交通服务的演进与政策[J].中国流通经济,2016(3):39-48.

分做完了，而你却还没有做完，那么做得快的人会开始做你那部分题目，然后也是相互补充。慢慢地，大家会发现你的工作量完全可以由别人来代替，整个团队可以不需要你。这个时候，没有人想从你这里得到试卷的答案，也没有人会给你他们的答案——很不幸，你已经没有利用价值了。

大学生将是“互联网+”背景下“大众创业、万众创新”一支重要的生力军。从世界其他国家的发展进程来看，以大学生为主体的全民性创业活动，总能在国家经济转型、大学生就业形势严峻时刻，扮演着转型发展的中坚力量。在美国，20世纪70年代经济出现结构转型后，大企业普遍萎缩，给政府带来了巨大的就业压力，而千百万家小型企业(相当一部分由大学生创办)的创业活动，创造了美国经济发展中81.5%的新就业机会。20世纪80年代以后，美国95%以上的工作岗位是由新兴的中小企业创造的。在英国，20世纪70年代末石油危机出现以后，中小企业的创业活动不但缓解了政府的就业压力，还承担着国家经济持续发展的重任。目前，英国很多大学毕业生把自我雇用(我国称为“自主创业”)作为第一职业选择。在韩国，1997年的亚洲金融危机使韩国大学毕业生就业遇到了严峻挑战，而正是就业的“大低潮”换来了韩国创业的“大高潮”，今天的韩国已成为全球大学生创业意愿比例最高的国家，有71%的韩国青年希望自己创业。2014年9月，李克强总理在夏季达沃斯论坛上发出“大众创业、万众创新”号召。2015年3月，李克强总理在政府工作报告中明确提出，打造“大众创业、万众创新”和增加公共产品、公共服务“双引擎”。面对这一形势，我们完全相信，大学生将是“互联网+”背景下“大众创业、万众创新”一支重要的生力军。

“互联网+”、物联网、云计算和移动互联网等新兴产业的兴起，为大学生进行创新创业提供了更大的空间。

【小贴士】

众包、众筹与威客

众包，指的是一家公司或机构把过去由员工执行的工作任务，以自由自愿的形式外包给非特定的(而且通常是大型的)大众网络的做法。这其实就是发布问题及招募解决方案，简而言之就是“悬赏解决问题模式”，比如国内2005年由重庆人朱明跃创办的“猪八戒网”。目前，众包从创新设计领域切入，已经成为华尔街青睐的最新商业模式，被视为将掀起下一轮互联网高潮，成为颠覆传统企业的创新模式。

众筹，是指通过互联网方式(众筹平台)发布筹款项目并募集资金。众筹模式的优势主要在：一方面为广大创业者与小微企业开拓了一种高效便捷的融资渠道，实现快捷、低成本的融资；另一方面让社会大众投资者通过这一低门槛的方式参与企业投资，分享企业发展红利。

威客,英文 witkey,是由 wit(智慧)和 key(钥匙)两个单词组成,也是 the key of wisdom 的缩写,是指那些通过互联网把自己的智慧、知识、能力、经验转换成实际收益的人,他们在互联网上通过解决科学技术、工作、生活、学习中的问题,从而让知识、智慧、经验、技能体现经济价值。

【综合训练】

橙果艺术学校

橙果艺术学校创办于 2009 年,是一家来自北京的大型艺术培训机构。橙果艺术学校秉承"用爱心服务艺术"的办学宗旨,是集艺术培训、考级培训、舞台实践、乐器教育咨询为一体的综合性艺术学校。橙果艺术学校坚持"不断创新、追求卓越"的办学理念,以"精品小班"为特点,以兴趣为引导,区别于传统的灌输式被动教学方法,做到尊重个性、启发天赋。橙果艺术学校倡导孩子们学以致用,在不断的学习及表演中获得更多的肯定与鼓励。该学校目前建设有 7 大校区,推行网络现代化办公,在学校管理、教学质量、爱心教学等方面一直保持领先优势。

橙果艺术学校聘请国内重点艺术院校毕业的有丰富教学经验的教师,拥有专业的教学团队和先进的教学理念,课程设置有中国舞、拉丁舞、街舞、儿童画、创意美术、漫画、国画、水粉、素描、钢琴、声乐、古筝、小提琴、金话筒主持、吉他、软硬笔书法,分为寒暑期托管班以及各科提高班。截至目前,橙果艺术学校已被评为北京爱乐华夏文化艺术院指定五星级定点教学单位、山东省环保形象艺术中心、社会美术水平考级中心山东考区报考指定单位、柏斯琴行指定合作中心、济南市梦想金话筒少儿口才培训中心,并获得第六届香港国际青少年艺术节、全国声乐器乐舞蹈才艺选拔活动等赛事奖项。

【问题讨论】

(1)你认为橙果艺术学校的优势体现在哪些方面?

(2)你觉得当前橙果艺术学校应该如何借助互联网实现艺术培训的转型?

【思考题】

1.什么是"互联网+"? 为什么是"互联网+"而不是"+互联网"?

2.请结合案例分析"互联网+"对大学生创新创业的影响。

3.如何理解"互联网+创客教育:构建高校创新创业教育新生态"这一议题?

4.试析"互联网+"背景下优化大学生创新创业教育的有效策略。

5.结合自己专业探究"互联网+"背景下的创新创业教育模式。

【参考文献】

[1]一个价值百万的小孔.(2007-05-16)[2017-12-18]. http://bnuyjs.blog.163.com/blog/static/12614047620097202302751O/.

[2]不锈钢的发明.(2016-12-09)[2017-12-18]. https://www.weixin765.com/doc/crjuonqf.html.

[3]张治河,赵刚,谢忠泉.创新的前沿与测度框架:《奥斯陆手册》(第三版)述评[J].中国软科学,2007(3):153-156.

[4]雍兰利,叶微波.简论技术创新以及非技术创新[J].科技进步与对策,2016(4):159-161.

[5]熊鸿儒.中国创新体系的开放进程与转型挑战[J].学习与探索,2017(1):132-140.

[6]杨乐克.大学生创新创业教程[M].北京:中国时代经济出版社,2014:26-27.

[7]刘延东.深入推进创新创业教育改革　培养大众创业万众创新生力军.(2015-10-26)[2017-12-20]. http://www.moe.edu.cn/jyb_xwfb/moe_176/201510/t20151026_215488.html.

[8]林欣.圆中国梦:探索实现高校创新创业教育的途径[J].青年与社会,2014(9):174-175.

[9]王保江.创新创业导航[M].北京:中国经济出版社,2016.

[10]蒋德勤.大学生创新创业基础[M].合肥:安徽大学出版社,2017.

[11]王喜文.工业4.0、“互联网＋”、中国制造2025:中国制造业转型升级的未来方向[J].国家治理,2015(23):12-19.

[12]赵光辉.我国“互联网＋”交通服务的演进与政策[J].中国流通经济,2016(3):39-48.

[13]吕爽.大学生创新创业实务指导[M].北京:中国铁道出版社,2017.

[14]孙洪义.创新创业基础[M].北京:机械工业出版社,2016.

第二篇

创新篇

第三章

创新者的素质

【学习目标】

1.了解企业家与创新者的区别与联系。
2.明确创新者的胜任力特征。
3.了解成为创新者的关键因素。

【学习指南】

1.通过对相关案例、资料的欣赏与分析,了解创新者的素质。
2.通过收集、整理、分析名人的典型案例,了解创新者的胜任力结构和特征。

按照熊彼特的理论,创新是创意向市场化的转化,因此创新者首先必须富有创造力。但是创新者又不应仅仅是高创造力者,因为创意的产生只是创新的开始。创新者还应是具有企业家思维的人,他们对商业有敏锐的预见性,具备首创精神和冒险本性,有坚忍不拔的品格和卓越出色的管理能力。创新者是企业创新最重要的资源。

十年、二十年、五十年后的世界需要什么样的人才?要怎样的教育才能培养出这样的人才?在教育领域,引导诸多教育创新的理念和实践的,往往是对一些基本问题的叩问。社会经济的快速发展,越来越依赖于技术创新和社会创新水平的提高,而这也意味着对教育的诉求在不断提升。党的十八大提出了创新驱动发展的伟大战略,更对创新型人才(创新者)的培养提出了更迫切的要求。

第一节　创新者的胜任力

一、胜任力的含义

胜任力(Competence & Competency)就是具备或完全具备某种资质的状态或者

品质。在1995年约翰内斯堡举行的关于胜任力会议上，专家们提出胜任力的定义为“影响一个人大部分工作(角色或职责)的一些相关知识、技能和态度，它们与工作的绩效紧密相连，不仅可用一些被广泛接受的标准对它们进行测量，而且可以通过培训与发展加以改善和提高”。

二、胜任力的模型

胜任力可以根据显现程度的不同分为外显胜任力和内隐胜任力，常用冰山模型来描述，其中外显胜任力包括知识、技能，内隐胜任力包括社会角色、价值观、态度、个性、动机。

三、创新者的胜任力

创新者的胜任力是指创新者个体所具备的，与成功实施创新和管理有关的一种专业知识、专业技能、专业价值观和动机。

表3-1　创新者胜任力层级定义表

层级	定　　义	内　　容
技能	指一个人完成某项工作或任务所具备的能力	如表达能力、组织能力、决策能力、学习能力等
知识	指一个人对某特定领域的了解	如管理知识、财务知识、文学知识等
价值观	指一个人对事物是非、重要性、必要性等的价值取向	如合作精神、献身精神
自我认知	指一个人对自己的认识和看法	如自信心、乐观精神
品质	指一个人持续而稳定的行为特性	如正直、诚实、责任心
动机	指一个人内在的自然而持续的想法和偏好，驱动、引导和决定个人行动	如成就需求、人际交往需求

第二节　创新者的胜任力结构

在以信息技术和网络为基础、以全球化为支撑的知识型经济时代，经济的变革对人才培养提出了新的、更高的要求。在创新管理中，我们所需要的创新者是拥有知识和创造力，并运用知识进行创新性工作的，他们可以通过自己的创造力和知识使价值得以实现。

创新者是科学知识、工程技术、实践经验、创新意识与创新能力以及其他要素(伦理道德的、艺术的、文化的)有机结合的载体。新时代创新者胜任力结构如图3-1所示。

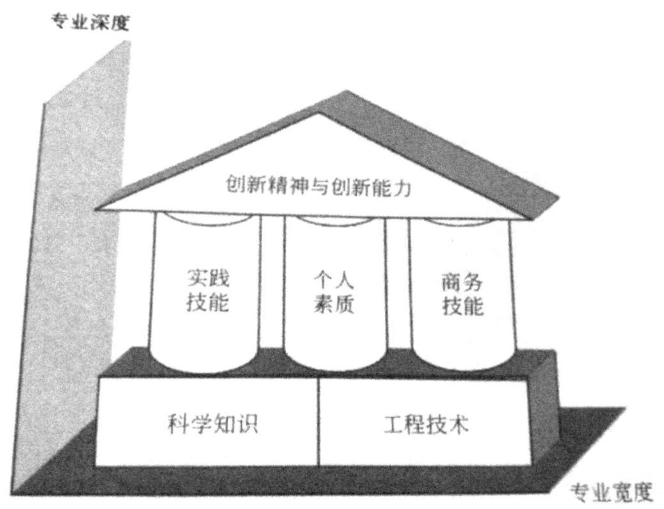

图 3-1　创新者的胜任力结构

一、汇聚科学、技术、工程与人文的知识基础

人的创新能力的形成，是以掌握丰富的知识为基础的，只有及时掌握最先进的知识和技能，才能始终站在创新的最前沿。扎实的文化基础、宽广的知识信息面、独到的专业知识和技能，是创新能力的基本功底。因此，新时代的创新者不仅要能适应新环境，还要主动开拓新的知识领域，主动从事科学技术的创新。现代科学技术日新月异，自然科学与社会科学相互渗透，知识日趋综合化，这就要求现代化的人才不仅要重视知识的掌握，而且还要有完善而合理的知识结构。有人曾经用"人才＝知识×知识结构能力"这个公式来描述知识结构的重要作用。知识结构不同，其功能和作用就各异，人所表现出来的能力大小也不同。在知识比较丰富的情况下，知识结构越合理，人的能力就越强；知识结构越独特，人在某些方面就更具优势。同时，知识结构还应该是一个不断适应、不断创新的动态平衡系统，它能适时地将不同的知识经过系统化、网络化后重新组合，从而使知识结构始终保持高效的状态。所以，新时代的创新者不仅要精通本门学科的专业知识，还必须熟悉其他相关学科知识，既掌握自然科学，又涉猎社会科学，将科学知识、技术知识、工程知识、人文知识相互融合，各种知识广泛交叉渗透，建立全方位的、综合的、立体的、动态的知识结构。

北京大学王选教授的发明与创新，使中文印刷业告别了"铅与火"，大步跨进"光与电"的时代。他被公认是中国印刷出版业现代化的最大贡献者，被人们赞誉为"当代毕昇"和"汉字激光照排之父"。王选教授成为杰出创新者的原因如下所述。

第一，对科学的热爱和激情。王选教授曾说："一个献身于学术的人，就没有权利再像普通人那样生活，必然失掉常人所能享受的一些乐趣，也会得到常人所不能享受到的不少乐趣。"就像他讲的,名誉也好,地位也好,都不能够带来真正的快乐,只有为一个科学研究中的问题长期思考一直找不到答案,某一天躺在床上突然想到了解决办法,立刻起身把问题解决了,这个时候所享受到的那种愉悦是无法形容的。只有投身于科学实践的人,才会有这样切身的体会,才能够得到这样的享受。王选教授之所以能够获得成功,首先就在于他对科学的热爱和激情。

第二,具有胆识和魄力,以及坚忍不拔的精神。王选教授曾经提出,搞科学技术一定要"顶天立地"。"顶天"就是要一流原始创新的学术,"立地"就是要让成果转化为生产力。他一开始给自己定下的目标就是"顶天",因为照排机在当时的国外也只有一代机,二代机和三代机都还在探索实验阶段,而王选教授却跳过了二代机和三代机,直接研制四代微光照排机。他提出的设计方案在世界上首次采用由控制信息(参数)描述汉字笔画特性的方法,而这在当时看来就是"异想天开",绝大多数人甚至有些权威人士都表示怀疑,王选教授却坚信这项事业是一定能够做成的。在一片质疑声中和异常艰苦的条件下,他脚踏实地,一步一步地攻关,最终取得了成功。

第三,自信而不自负,懂得要依靠团队。王选教授认为做人首先要懂得为别人考虑,要以身作则,先要做个好人,才能成就事业。王选教授从来不想自己,他想的都是别人,所以别人才愿意跟他合作。王选教授非常重视提拔优秀的年轻人,为他们创造条件。正因为这样,他在北大方正计算机研究所里才能成为精神领袖,他用自己个人的这种人格魅力取得了大家的信任,并团结起这样一个团队取得了重大成就。

第四,交叉的知识结构。王选教授非常重视学科交叉,他曾经说,我为什么能够取得这些成绩?有两条,一条是有非常扎实的数学基础。他在北京大学遇到了一个非常好的时期,听了许多大师讲的基础课,打下了扎实的数学基础。另外一条就是搞学科交叉。毕业后,他选修的是当时的冷门专业——计算机数学专业,这使他后来较易进入计算机技术领域。他在搞了两年硬件以后,又转向软件,这使他能够驾驭相关领域的知识,促进创新成果的产出。此外,王选教授还具有良好的人文素质,他深厚的人文功底对科研创新起着非常重要的作用。

二、多元复合的实践技能

创新是从创意产生直至成功商业化的系统过程,创新者在推进创新成功的过程中需要具有相应的多元复合的实践技能。在研究开发阶段,作为企业创新重要力量的创新者必须具备较高的研究开发和应用新技术的能力,具有一定的创造力倾向;创新的本质是"新"和"商品化",因此在创新扩散的过程中,技术推动和市场拉动同样重要,创新者树立市场意识、重视顾客需求是非常重要的;创新的不确定性要求创新者在创新开拓、创新设计时还要有风险意识,创新者应该具备敢于承担风险的心理准备,更要具备善于化解风险的创新能力。

在创新过程中,企业资源开始从资本转变为信息和知识创造力,获取信息和资源的商务能力也是创新者必须具备的。以信息技术为主要标志的高科技进步日新月异，高科技成果向现实生产力的转化越来越快，获取大量有价值的信息是有效创新的基础，因此创新者需要具有较强的信息获取、分析和整合的能力，具有使用多种高效的信息数据处理工具和信息沟通设备的能力，能够快速地捕捉瞬息万变的信息，使自己在创新中立于不败之地。

三、卓越的合作技能

互联网的诞生使人类个体和群体之间的沟通与交流变得空前容易，竞争与合作日益突破国家或区域界限而出现不可逆转的全球化趋势，创新资源的流转呈现出网络化和分布化的特点。在这种背景下，合作精神变得空前重要，任何企业的发展与繁荣、任何个人的进步与成功都离不开各种各样的合作。这里讲的“合作”绝不是对独立创造精神的否定，它恰恰是在个人潜能得到创造性发挥前提下的合作。因此创新者必须掌握人际交流和沟通的良好技巧，构建和谐的人际关系和环境。

四、持续的创新创业精神

一个国家如果缺少雄厚的科学和技术储备，缺乏创新能力，必将失去在国际市场的竞争力，因此，创新型人才的状况实际上是决定国家竞争力的关键。创新型人才，不仅需要较高的智力因素，也需要较高的非智力因素，甚至非智力因素比智力因素更为重要。国外学者将创新能力与智力作了比较，认为二者最大的差别是创新能力包含了态度和性格的要素，有创新思维而没有勇气胆识、献身精神和坚强意志，是不可能完成创新过程的，自然也不会有创新带来的辉煌。

哈佛大学的托尼·瓦格纳教授在《教育大未来》一书中提到了面向未来的“七大生存能力”，包括批判性思考与解决问题的能力、跨界合作与以身作则的领导力、灵活性与适应力、主动进取与开创精神、有效的口头与书面沟通能力、评估与分析信息的能力、好奇心与想象力。但在近几年，他意识到上述能力尽管是职业成功的必要条件，但未必能确保年轻人在动态发展的全球社会中发挥最大的潜力。许多公司和政府的领导者都对人才的自主创新能力寄予期望。托尼·瓦格纳教授发现，尽管一个成功的创新者需要具备专业知识和创造性思维能力，但创新者的内在动机——始终具有改变世界的信念和勇气，这种独特的创新创业精神才是创新者最重要的素质。

【小贴士】

微软公司对专业技术人员的素质要求

微软公司要求专业技术人员应具备如下特质：(1)了解和关注公司的产品、技术与顾客的需求；(2)自己有一个长期的发展计划，并注重开发自己的独特能力；(3)充分利用所给予的机会；(4)了解公司是如何赚钱的(公司赚钱的途径与商业运作模式)；(5)关注竞争对手；(6)善于动脑筋；(7)保持基本的人品：诚实、讲究伦理和勤奋工作；(8)具有独创精神和团队合作精神。

第三节　创新者的特质

创新者的工作具有一定的复杂性。创新者拥有知识资本，成为资本拥有者，这是其资本性的一面，但同时创新者又是劳动者，其人性的一面与普通员工没有本质区别。创新者的工作具有创造性，他们对新知识的探索、对新事物的创造过程主要是在独立、自主的环境下进行的。他们更多地从事思维性工作，他们的工作是一种全过程式的劳动，工作时间和地点灵活多变，经常延伸至八小时以外和家庭之中；加上创新者劳动过程的内隐性，劳动的结果不易衡量。企业如何给创新者创造一个宽松的工作环境，给予他们一定的自主权、自治权，已被看作创新者激励手段的一方面。

创新者的需求具有个性化。由于创新者的生存需求及安全需要往往已得到满足，因而会转向追求更高层次的需求。对创新者而言，高薪职位只是前来投效的诱因，工作的主要目的是满足发展需求和从工作中获得内部满足感，他们希望在工作中拥有更大的自主权、工作弹性和决定权，同时也特别看重支持；他们期望通过一种创造性或者挑战性的工作实绩来获得精神、物质及地位上的满足。所以，对创新者的激励必须由以外在、当前的物质激励为主转向以内在、未来的成就和成长激励为主。创新者的教育程度、工作性质、工作方法和工作环境等与众不同，使他们形成了独特的思维方式、情感表达方式和心理需求。特别是随着社会的不断进步，创新者的需求正向个性化和多元化趋势发展。

创新者的工作投入高于组织承诺。创新者与传统意义上的员工最大的不同是拥有随身携带的巨大的资本资产，这就决定了他们在就业选择上具有相当程度的主动权，对组织的依赖性明显低于普通员工，相应的职业流动性也随之增大。他们有自己的福利最大化函数，是否加入某家企业是出于自身的选择，如果待遇不公或者收入未达到他们的期望值，他们就可能另谋出路。为了和专业的发展保持同步，他们需要经常更新知识，得到更多的学习提高机会，希望工作性质能使自己不断充实提高。如果不能满足其职业发展上的要求，他们很可能选择“背叛”组织而不是“背叛”专业，另谋出路。因此，与其他类型的员工相比，创新者更重视能够促进他们不断发展的、有挑战性的工作，他们对知识、对个体和事业的成功有着持续不断的追求；他们要求给予自主权，使之能够以自己认为有效的方式进行工作并完成组织交给的任务，获得一份与自己贡献相称的报酬并分享自己创造的财富，与成功、自主和成就相比，金钱的边际价值已经退居相对次要的地位。一般而言，创新者的重要特征表现如下：

一、开拓精神

创新者首先应该具备开拓精神，或者说勇于开拓的性格。开拓精神，有天生的成分，但更多的是在后天环境中逐步形成的，如家庭以及其他成长环境的影响等。惯例、定规的东西，可能是对前人创新成果的最佳肯定，但反过来却会对后人产生一定的束缚作用。积极创新的人应该勇于突破，在借鉴前人优秀成果的同时，不要拘泥于他们的所有条条框框中。当然，这种挑战性的工作具有风险，你很有可能做了几年甚至更长时间的研究，换来的却是失败。这就需要创新者具有足够的勇气。

二、敬业精神和责任心

创新者要钟爱自己的行业（或者说事业），并且敢于负责。很难想象一个整天想着别的事情的人会把精力放在创新上，会有所作为。创新型人才应该具备强烈的敬业精神和责任心，对自己的事业敢于创新，对自己的行为勇于负责。

三、恒心和毅力

“千里之行，始于足下。”创新是一个漫长而又艰难的过程，挫折是家常便饭。对于创新者而言，除了创新意识和勇气，更要有恒心和毅力。创新是要突破现有的条条框框，发现新的东西，这不是一蹴而就的事。正因为拥有这种恒心和毅力，爱迪生才能发明电灯。

四、兴趣广泛，信息沟通广泛

时代的迅速发展告诉我们，要创新，不仅要有扎实的专业知识，还要有广泛的知识面和兴趣。信息时代信息变化很快，这就需要有优良的沟通设备和手段，快速地捕捉瞬息万变的信息，使自己在创新中立于不败之地。

五、好奇心，并为之拼搏

心理学研究表明，好奇心具有强大的推动力，并且使人发挥出超常的创造力。创新者的性格特征中，应该有强烈的好奇心，这样才能引起对未知事物的好奇，驱使创新。研究表明，在好奇心的驱使下，创新行为的发生率大大提高，人的拼搏力也得到很大的加强。

六、强烈的自信心

自信心对每一个人都很重要,对创新者尤其重要。凡成功人士,大部分都具有比常人强烈的自信心。自信心是建立在客观基础上的,是基于对自己能力、对周围环境、对技术条件等综合因素的正确分析。

七、风险意识

创新具有不确定性,在开发出产品以前,很难准确预测有什么样的新技术出现。相反,即使投入大量的人力和资金,却没有搞出成果的研究开发事例也不少。因此,创新者的创新开拓、创新设计要有风险意识,应该具备敢于承担风险的心理准备,具备善于化解风险的创新能力。

八、市场和应用意识

在市场经济条件下,企业创新的本质是"新"和"商品化",技术推动和市场推动同样重要,从企业经济效益的角度看,尤其注重市场实现。因此,创新者需要转变市场观念,将其放在不可忽视的地位。

九、抱负和魄力

创新者的工作投入高于组织承诺。创新者与传统意义上的员工最大的不同是拥有随身携带的巨大的资本资产。创新者必须有远大抱负,不拘泥于眼前的既得成果,要站得高看得远,具有战略眼光和洞察力。只有具备了这种抱负、魄力,才有可能不断创新,成果不断。

十、善于合作

信息社会,企业资源开始从资本转变为信息和知识创造力。而信息是一个网络,知识创造力是一项工程,创新者需要组建团队,形成梯队,善于合作,增强全球意识,树立进取精神,才能有较大作为。

【案例分享】

李顺泥:传统陶瓷艺术的创新者

解放前夕,福建有晋江磁灶、永春东平、德化乐陶、尤溪清溪四大制陶产地,其中李顺泥的爷爷李成坚制陶速度快、造型美,是四大产地的名人之一。李顺泥的父亲李文慈,是一名资深的陶瓷艺人,他制作一个饭砵的拉坯时间不到一分钟。20 世纪 60 年代,在县乡合资企业——尤溪县玉池瓷厂(尤溪县电瓷厂的前身)当师傅时,他制作的弧形饭砵不仅线条美，还刻上序号，在后来的尤溪县电瓷厂食堂的使用中，人见人爱。也许是有意，也许是巧合。当时李文慈给他的儿子取名“顺泥”。正是“顺泥”这个名字，让原本的传统陶瓷变成了陶瓷艺术品，让清溪李家陶瓷再次沿着海上丝绸之路，走向世界各地。

陶瓷制作的过程，包括采挖泥料、阴干陈腐、粉碎调和、炼泥糅合、拉坯塑形、修整利坯、安装配件、阴干上釉、装窑烧成、出窑检验、清除沙尘等十几道复杂的工序，要想做到每一道工序都精湛十分困难。李顺泥从小就爱钻研，自三明技校毕业后，他被分配到尤溪县合成氨厂，先后担任班长、安全技术员、车间主任等职务。1999 年至 2001 年，他担任尤溪县包装制品厂厂长。2001 年国企改制，他下岗待业。下岗后，李顺泥投资矿产，后来到厦门创办电子厂。但是不管走到哪里，李顺泥总是离不开心中的那份牵挂。李顺泥和其他外出的族人一样，每次回老家都要去“玩泥巴”。到了 2012 年，李顺泥更是心无旁骛，重新拾起了祖传的陶艺。2012 年 9 月，李顺泥在厦门会展中心发现了商机：日本、韩国和我国台湾地区来参展的手工柴烧作品中，一把茶壶卖到几万元人民币，一个茶杯卖到几千元人民币。参展陶瓷的色泽，跟自己老家烧坏的废弃品非常相似。落灰釉、氧化铁变化斑驳所产生的缺憾美，正是当时人们所追捧的另一种艺术。清溪的李家陶瓷，外表粗糙，造型简约，初看不咋地，越看越有味，把玩过程的色泽变化更是让人爱不释手。从那时起，李顺泥开启了专业陶瓷创作的艺术之门。

这几年，李顺泥还积极向陶瓷名人讨教，并参加各种学习培训。他特别喜欢与中国美术学院教授何越峰、南京艺术学院副教授蒋炎、景德镇国家级陶艺拉坯大师占绍林、台湾新竹陶艺师林汉泉等陶艺界知名人士沟通交流。在长期的学习、实践中，李顺泥制作的陶瓷产品，特点明显。首先，产品独具个性。李顺泥继承了祖宗流传下来的工艺，并大胆进行创新。比如，他制作的茶具，不论是线条还是造型，都是老祖宗制作风格的再现，却又色泽丰富、变化多端。其次，线条饱满柔和。他从传统漆器的工艺中得到启示，并把漆器中的线条美运用到陶瓷制作中。因此，李顺泥的陶瓷作品线条格外流畅，为广大消费者所喜爱。最后，创作心境凸显。李顺泥既遵从规矩，又不离本心。他制作的茶壶的手把与嘴要么为 90 度的侧把，要么就是把、扭、嘴三点成一线，出水有力，水柱饱满，断水利落；壶身线条挺拔，手感饱满舒适；瓮型肩平、胸挺、马蹄足……体现了他对生活和人生的姿态。

这几年，李顺泥着重在生产工艺上下功夫。

企业转型。李顺泥从小学习的是饭砵、茶壶、酒瓮等传统器皿的制作，没有见过高规格的陶瓷艺术作品展。2012 年 9 月，在厦门会展中心参观之后，李顺泥立刻把酒壶、茶具等做成艺术品。从那时起，李顺泥把陶瓷艺术品作为他的主打产品，并在全国各地的会展中广泛交流。2016 年以来，他制作的仿古陶艺产品远销海外，受到欧、美和我国台湾地区收藏界的广泛认可。

技术革新。在制作传统砂锅、煮水器的过程中,配料一般加二氧化硅、长石粉等,烧成温度在1100摄氏度左右,其产品只能适应木炭与柴火烧水。这几年,李顺泥改进泥料的配方,把烧成温度提高到1300多摄氏度,制作出的陶瓷更为坚硬,弥补了传统煮水器在加热过程中掺入冷水容易开裂的缺点,也有效地缩短了烧水的时间。传统的烧水器,在烧水过程中容易开裂,而李顺泥制作的烧水器不但不易开裂,还可在光波炉、液化灶等工具上广泛使用。

艺术提炼。李顺泥的陶瓷作品,具有柴烧陶的特点。特别是柴烧落灰的自然特性,初看没什么稀奇,越把玩越漂亮。在把玩的过程中,还可体验成器的乐趣。因此,一个原本不起眼的茶具,经过李顺泥的创新,就能卖出500多元。李顺泥制作的陶瓷作品,与其他艺人的作品相比,也更具原始生活情调和乡村气息。

2015年2月,李顺泥注册了"尤溪县福本堂陶艺坊"营业执照。2018年2月,福本堂陶艺坊入驻国家级"星创天地"企业。因为李顺泥一直坚持手工制作,目前产品数量不多。

李顺泥还与尤溪职业中专学校、闽江学院、中国美术学院等大中专院校教师合作,走研学教育实践之路,他的"福本堂陶艺坊 创作基地"也将建成研学实践教育基地。

在谈到自己的艺术生涯时,李顺泥说:"随本心做自己的作品,随兴趣过自己的生活。"他传承历史,追寻本心,在传统陶瓷领域打开了一条充满生机和活力的创新之路。

【思考题】

1.为什么创新者的重要性超过一般的企业家?

2.阅读有关爱迪生的传记,总结其成为创新者的关键因素。

3.从王选、袁隆平两位院士的事迹看,中国的创新者需要具备哪些素质?

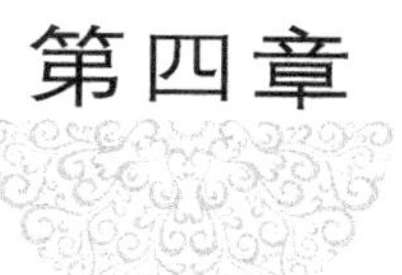

第四章 创新意识及培养

【学习目标】

1.理解创新意识的含义、特征及对创新活动的重要意义。

2.理解创新意识包含的各个部分,并全面提高创新意识。

3.熟悉创新意识的培育方式。

【学习指南】

1.通过对相关案例、资料的欣赏与分析,了解创新意识的内涵。

2.通过收集、整理、分析名人的典型案例,了解创新兴趣对创新意识的激发作用。

3.通过盘点个人的创新点子,强化创新兴趣。

4.通过完成创新意识相关量表,了解自己的创新意识现状。

5.通过独特的自我介绍,培养个人创新情感,激发创新兴趣。

第一节　创新意识的内涵

一、创新意识的含义与价值

(一)创新意识的含义

创新意识是人们对创新与创新的价值性、重要性的一种认识水平和由此形成的对待创新的态度,以及形成一种指导创新活动的整体的精神态势。人们根据对创新的认识和生产生活的需要,引起创造新事物的观念和动机,并在创造活动中表现出意向、兴趣、愿望等。创新意识是一种思想观念和主观欲望,是唤醒和发挥人的创新潜能的前提。不仅是科学家等人群需要创新意识,每个人都需要创新意识,从而更好地解决问题,使自身和社会受益,同时更大程度地实现自我价值。创新意识是人类意识活动的一种积极的、富有成果性的表现形式,是人们进行创造活动的出发点和内在动力,是创造性思维和创造力的前提。

心理学家马斯洛把创造性分为"特殊才能的创造性"和"自我实现的创造性"。"特殊才能的创造性"是指在某个领域有独特才华的人,如科学家、发明家、艺术家等所表现出来的创造性;而"自我实现的创造性"是指追求创新,实现人的价值,这是人人都具有的创造潜力。因此,我们要增强创新意识,认识到自身有创新的可能,从而进一步提升创新能力,取得创新成果。

(二)创新意识的价值

1.创新意识是决定一个国家、民族创新能力最直接的精神力量

创新意识推动社会生产力的发展。科学的本质就是创新,科学技术的每一次进步都是通过创新实现的。科学技术的迅猛发展对人类社会各个方面都产生了深刻而广泛的影响。创新更新了人们的生产工具和生产技术,提高了劳动者的素质,开辟了更广阔的劳动对象,推动了社会生产力的发展。

2.创新意识促成社会多种因素的变化,推动社会的全面进步

创新意识根源于社会生产方式,它的形成和发展必然进一步推动社会生产方式的进步,从而带动经济的飞速发展,促成上层建筑的进步。创新意识进一步推动人的思想解放,有利于人们形成开拓意识、领先意识等先进观念。创新意识会促进社会政治向更加民主、宽容的方向发展,这是创新发展需要的基本社会条件。这些条件反过来又促进创新意识的扩展,更有利于创新活动的进行。

3.创新意识促成人才素质结构的变化,提升人的本质力量

创新实质上确定了一种新的人才标准,它代表人才素质变化的性质和方向,它输出一种重要的信息:社会需要充满生机和活力的人、有开拓精神的人、有道德素质和现代科学文化素质的人。而创新意识能够促成人才素质结构的变化。因为创新意识使人有追求新异事物和真知灼见的强烈欲望,不满现状,敢于大胆质疑、标新立异。正是因为有了创新意识,才会有发现创新可能的慧眼,为创新做好充分的前期知识准备,并且实施创新活动。另外,创新意识是个体进行相关创新活动的内在指导力量,如创新过程中面临的路线选择、信息搜集、价值判断等,而且由于创新过程中会遇到很多困难和不良情绪等,创新意识会通过动机、情感和意志等对创新实践进行调控,让创新向着目标前进。因此,创新意识客观上引导人们朝这个目标提高自己的素质,使人的本质力量在更高的层次上得以确证。它激发人的主体性、能动性、创造性的进一步发挥,从而使人自身的内涵获得极大丰富和扩展。

二、创新意识的特征

（一）创新意识是求新求变的意识

创新意识区别于其他意识的最典型特征是求新求变。创新意识是一种不安于现状的精益求精的意识，是一种面对未知问题而不无动于衷的尝试冲动，是不断探索、求新求异的兴趣和欲望。总之，创新意识是与墨守成规相对立的，是创造美好的新生事物的必要条件。

（二）创新意识是创新的起点

如果说创新是一种从思想到实践的变化过程，那么创新意识就是思想的起点，是人们进行创新活动的出发点。所以，创新意识是开展创新活动的先决条件，也是开发创新思维和创新能力的起点。很难想象，一个没有创新意识的人会持续开展创新活动，取得创造性成果。所以，培养创新能力首先要从培养创新意识着手。

（三）创新意识是各种心理因素构成的整体

创新意识是个体对创新的认识和态度，以及由此引发的情感和意志。创新意识包含好奇心、怀疑感、兴趣、动机、情感等，是多种心理因素共同组成的一种精神状态，是人类意识活动的一种积极的、富有开创性的表现形式。

（四）创新意识是可以被塑造的

创新意识需要在生活和学习中逐步建立和发展，它可以通过学习和实践加以激发，也可以通过培养和锻炼加以巩固。大学生要充满好奇心、求知欲，力求掌握更多知识及其原理，深入探索未知的事物和新方法，同时要有质疑精神，保持思维的独立性和求真性。树立远大抱负和工作责任感，也是塑造创新意识的催化剂。

第二节　创新意识的构成

一、创新兴趣

（一）创新兴趣的概念

兴趣是人们力求探究某种事物和从事某项活动的意识倾向，它表现为人们对某件事、某项活动积极的态度和情绪反应，并且使人对感兴趣的事物给予优先的注意。创新兴趣则是对挑战陈规、创造新事物、提出新方法等感兴趣，热衷于从事创新活动。

创新对象的奥秘对人有巨大的吸引力,创新的结果给人以希望和召唤,创新本身就是一种强烈的引起兴趣的刺激物。拥有创新兴趣的人,更能全神贯注,积极热情地调动一切潜能进行创新实践,更易于发现问题,探索未知领域,并且感到轻松愉快,不知疲倦地钻研。德国物理学家玻恩说:"我一开始就觉得研究工作是很大的乐趣,在今天,仍旧是一种享受。"

创新兴趣往往与好奇心、求知欲联系在一起,这是人的天性,有的人将这种天性抑制和闲置,而有的人将这种天性保持和发扬。好奇心是对某事感到疑惑,并力图弄明白事物真相的心理倾向。许多有创新成就的人,不仅对新鲜事物感到新奇,还会对虽为人所共知但自己尚不理解的事物作深入探究。强烈的求知欲也是创新兴趣的直接来源之一。一个拥有强烈好奇心和求知欲的人,更容易产生创新兴趣,从而积极主动地探求未知世界的奥秘,努力拓宽自己的知识面,在更多领域取得创新进展。爱因斯坦曾说过,他的科学发现来自对研究问题的神圣的好奇心,来自想了解自然奥秘的抑制不住的渴望。

创新兴趣引导着创新目标的确立、创新能力的开发,人们总是优先根据自己的兴趣来选择合适的创新内容和方向。对创新的强烈兴趣,是进行创新活动最重要的心理条件。美籍华人诺贝尔奖获得者丁肇中说:"我可以两天两夜,甚至三天三夜待在实验室里,守在仪器旁,我热切地希望发现我所要探索的东西。"创新兴趣是构成创新动机的成分之一。创新兴趣可以激发我们积极的情感,为创新建立良好的心境;可以增强我们克服困难的勇气,形成良好的创新意志品质。不过,创新兴趣只是创新活动的开始,也并非所有的创新兴趣都会引发实质的创新行为。因为创新兴趣有"了解的兴趣"和"理解的兴趣"。"了解的兴趣"只是浅尝辄止的了解阶段,要继续上升到"理解的兴趣"才能真正走上创新之路。所以创新兴趣还存在创新品质的问题,需要培养真正能推动创新的兴趣。

【案例分享】

诺贝尔物理学奖得主米利肯小时候的创新兴趣

诺贝尔物理学奖得主罗伯特·安德罗·米利肯小时候看到一位伐木工人飞速跳上木筏,把一条跃上水面的鱼轻巧地逮住了。这情景引起了米利肯极大的兴趣。以后,每逢父亲把船停在河岸边时,他就在船头和系船的码头之间跳来跳去。一次,他纵身一跳,由于船后退了,结果摔到河里。父亲把他救起,刚给他擦干身上的水,米利肯就盯着父亲好奇地问:"爸爸,为什么我向前跳,而船却后退了呢?""那是因为你纵身向前跳时,对船起了一种反推作用,船在水中向后移了,由于惯性作用,你被'惯性'抛在水里了。"米利肯高兴得两眼眯成了一条线:"多么有趣的'惯性',它竟能把人扔到河里去!"这对他来说着实有趣,而且印象深刻。日后回忆这件事的时候,他曾风趣地说:"这是我上的第一堂惯性原理试验课。"

米利肯8岁那年,电话引起了他的兴趣。他从父亲那里听说贝尔公司要举办一场展览会时,就打定主意自己也做个"电话装置"。父亲热情地支持他:"希望你成为一个小小的电话专家!"他立即搬了两个纸筒,在上面敷上纸,然后用纱线代替导线串着,在100米的距离内和邻居的小孩通话。当然,他这部再简单不过的"电话装置"没有能够到展览会上去,但他对科学研究的兴趣一点点地萌发。创新兴趣成了米利肯登上科学殿堂的阶梯。[①]

(二)创新兴趣的品质

1.创新兴趣的中心性

多变复杂的创新环境需要创新主体具有开放心态,培养广泛的创新兴趣的同时,也应该有一个中心兴趣。中心兴趣能促使个体抓住重点,将精力和热情指向某个研究领域,深入探索,有所突破,而游移弥散的兴趣不利于产生突出的创新成果。

2.创新兴趣的指向性

由于个体之间的成长环境、实践活动领域和个性有差异,创新兴趣指向的对象也不同,创新兴趣的指向性在一定程度上反映了个人的需求、知识水平、理想和世界观。不同的创新兴趣指向都会促进创新,当然,创新兴趣指向的对象也存在类别、层次的差异,如科学家、艺术家及商人之间的创新兴趣指向可能就大不相同,但是对于其个人来说都是具有巨大价值的。创新兴趣在个体之间是存在差异的,培养和提高创新兴趣要因人而异、有的放矢。

3.创新兴趣的效能性

创新兴趣的关键作用是对创新产生积极的影响,带来创新成果。个体要善于把创新兴趣转化为创新行为的动机,驱使自身把兴趣、愿望变为实际行动。而如果创新仅仅停留在兴趣上,不能以兴趣推动行动,即使没有遇到任何困难,也仅仅是停留在期望和等待状态,那就不会产生实际效果,个体要有意识地重视发挥创新兴趣的效能,发挥创新兴趣的最大价值。

4.创新兴趣的广泛性

创新需要有明确、健康的兴趣,也应有较广泛的兴趣,对周围多变的环境有更充分全面的观察和理解,不断努力获得广泛的创新信息和各方面不同领域的知识,扩大信息来源和眼界,丰富人的心理活动内容,触类旁通。如果创新兴趣长时间局限在一个狭窄的领域,则易造成思想闭塞、视界狭小、思路呆板。英国科学家贝弗里奇感慨道:"成功的科学家往往是兴趣广泛的人。他们的独创精神可能来自他们的博学。多样化会使人观点新鲜,而过于长时间钻研一个狭窄的领域,则易使人愚钝。"

---

① 陶国富,王祥兴.大学生创新心理[M].上海:立信会计出版社,2006:147.

5.创新兴趣的稳定性

某个方面稳定的创新兴趣有利于创新活动的持续进行。创新过程是一个漫长的探索过程,创新主体需要对创新领域进行持续的学习研究,获得更深入的知识、更多的尝试,以增强某领域的创新能力,在该领域有所创新。

创新兴趣的发展,一般要经历有趣、乐趣和志趣三个阶段。有趣是创新兴趣发展过程的第一阶段,人们往往自然而然地被新奇的现象或者新的事物所吸引,产生认识倾向。不过有趣是带有盲目性、易变性的,是短暂的阶段。乐趣是创新兴趣的第二阶段,是在前一阶段的基础上形成的,这时人们不满足于仅仅观察事物的外表,而是想了解它的内在规律。乐趣阶段具有专一性、自发性和坚持性。志趣是创新兴趣发展的第三阶段,当乐趣与稳定、符合道德要求的创新目标相结合时,创新乐趣便发展成创新志趣,使人孜孜不倦地追求创新,立志有所作为。

二、创新动机

(一)创新动机的概念

动机是激发和维持个体的活动,并使这种活动朝着一定目标努力的内部心理倾向。与其他活动一样,创新活动也是受到动机的直接驱动而产生的。创新动机,是指引起和维持个体进行创新行动的内在驱动力,是创新行为的动力基础。恩格斯说:"就个人来说,他的行动的一切动力,都一定要通过他的头脑,一定要转变为他的愿望的动机,才能使他行动起来。"

创新动机可能是来自个体挑战困难的内部需要,也可能是来自外界竞争环境的需要。根据心理学家马斯洛的需求层次理论,人的需求可以分为生理需求、安全需求、归属与爱的需求、尊重需求、自我实现需求五个层次。自我实现需求是指人们希望自己的潜在能力得到充分的发挥,成为自己所期望的人物,可以认为是人的需求的最高层次。因此,个体对某种创新目标实现的要求,实际上是个体希望自己的创新能力能够在创新过程中得以施展,发挥自身的价值。每个层次的需求都可以产生创新动机,但高层次需求所产生的创新动机更强烈。

创新动机在创新活动中主要有三方面的功能:一是激活功能,创新动机激发、推动个体产生创新行为;二是指向功能,创新动机总是使创新活动指向一定的目标或对象;三是维持与调节功能,创新动机一旦引起创新实践,会使人表现出极大的积极性,以维持创新过程。个体能否继续坚持或如何做调整和改变,也会受到创新动机的调整和支配。

(二)创新动机的类型

创新动机并不是单一的,而是多元的,这既与创新主体的价值取向和个人特质有关，也与社会和企业组织的环境背景相关。总体上，创新动机可以分为内部动机和外部动机。

1.内部动机

内部动机也称直接动机，是指直接促使人们去创新的内部动力，是由问题本身和个人倾向等内部需要产生的动机。内部动机主要包括创新兴趣、成就感、挑战意识、发明志向等发自内心的动机。内部动机与活动本身有关。由于创新能令人愉快，创新活动本身就是行动者所追求的目的。

创新的内部动机主要包括三种：第一种是对创新本身的兴趣，受创新本身的内在美吸引；第二种是完成创新所获得的心理体验令人向往；第三种是创新任务对人的能力的挑战和锻炼。所以，创新者要培养好奇心、创新兴趣，也要立大志、成大业，勇于挑战自我和提升自我，增强创新的内部动力。创新工作取得成功或解决了难题，从中所得到的乐趣和心理满足，超过了物质上的激励或者是物质激励无法替代的，这又会进一步加强创新的内部动机。

2.外部动机

外部动机也称间接动机，是指创新者在追求目标的过程中，目标本身不一定是创新，但是达到目标必须经过创新，即在实现目标的过程中含有创新。创新的外部动机一般包括想获取的外部的物质利益和精神需求，诸如金钱、名声、地位、服务社会等。在现实的经济社会中，个人及企业的经济收益的确是产生创新的重要的外部动机，也是值得肯定和鼓励的，但是要注意“君子爱财，取之有道”，避免消极、错误的创新动机。创新者只有在高尚、正确的创新动机引导下，才能既对社会有益，也有助于个人创新成功，从而实现目标。

当然也有众多仁人志士不是为了追求个人的利益而去创新，而是出于对外界的责任感。一是对企业的责任感，这是微观的。二是对社会的责任感，这是宏观的。对工作具备高度责任心的人会去寻找当前工作中的问题和缺陷，希望从中找到改进和提高的方法，进行创新，使自己的工作和企业的发展都更好。具有社会责任感的人以满足和服务社会需求为基础而去创新，如治愈人们的某种疾病、推动社会发展进步等，它是一种高尚的创新动机。所以，大学生既要培养求知欲、挑战精神等，又要培养时代感、责任感、正确的创新观和人生观，在为社会做贡献的同时实现个人的人生价值。

【案例分享】

“对虾专家”的故事①

我国著名“对虾专家”韩光祖，从大学生物系毕业后，分配到山东海洋水产研究

① 罗庆生，韩宝玲.大学生创造学(理论学习篇)[M].北京：中国建材出版社，2001:277.

所，研究对虾的生长特性和洄游规律。由于韩光祖在校主攻淡水生物，而现在要研究海洋生物。用非所学，困难重重，他几次想要跟领导申请调换工作。一次他听说，对虾是我国的特产，但由于我国对其研究水平很低，有关科研论文都是外国学者发表的，因而连对虾的名字都被冠以"东东方对虾"而不叫"中国对虾"，并且由于我国科学技术落后，不能及时大量地捕捞，致使我国的这种特有资源洄游到公海，成为其他国家争夺的对象。韩光祖深为我国对虾科研水平的落后而痛苦，决心奋发图强、迎难而上。从此，他数十年如一日地进行观察、实验、分析，终于揭开了对虾的婚配之谜、繁殖之谜以及洄游之谜。韩光祖还创造性地开展了虾情预报的研究工作，由于他采用了新颖的科学方法，因而预报的准确性逐年提高。

3.内外部动机的相互作用

创新的内部动机更实在、更根本，但外部动机更全面、更丰富。这两种创新动机同时存在，共同推动创新活动。外部激励可以促使人们去追求符合国家需要和社会利益的创新目标，使人们的创新责任感更强烈、更成熟。同时，创新的成果也会使人的创新热情和信心增强，从而将外部动机转化为内部动机。

当内外部的创新动机共同作用时，就更能推动人们积极进行创新。那么，内外部创新动机如何起到良好的共同作用而不互相抵消呢？首先，要注意金钱等物质奖励对于创新任务的不利影响。对于枯燥乏味的任务，外在的奖励有较大的效果，能够使人把外在激励作为驱动力。但是对于创新这种具有挑战性和创造性的活动，强烈的外部动机在很多情况下反而会抑制人的创造力，尤其是物质奖励。根据著名创新心理学家艾曼贝尔的研究，内部动机被激发，才更有利于个体进行创新活动，因为在外部动机下，很多人的创新不再是一种自主自觉的活动，更多的时候是为了得到一种既定规则和他人的认可，而这恰恰不利于人的创新能力的发挥。而且，当外部动机出现时，人们会将注意力更多地放在外部动机的奖励上，而减少对活动本身的享受和对满足感的关心。此时，那些物质奖励（如金钱）成了一种控制力和强迫的源泉，它会降低人们的自我决定感，从而削弱人们创新的内部动机。因此，在培养创新动机时，尤其要注意对内部动机的培养以及防止外部动机的不良影响。

然而，精神上的激励和非期望中的不定时物质奖励往往会提高内部动机。精神上的激励会提升人们的自我决定能力，并让人们感觉自己很有能力，从而提高创新的内部动机。那些非期望中的不定时物质奖励与期望中的物质奖励不同，前者是非期望中的，即意料之外的，这并不会在创新前强迫人们完成某种任务，不会削弱创新的内部动机。

三、创新情感

(一)创新情感的概念

创新活动的主体是具有知觉、情感、意志的人,人们在认识世界和改造世界的创新实践中,不但认识了周围的事物,并且对它们做出评价,产生一定的态度,引起相应的情感体验。情感,是人对事物的态度体验,如对创新的态度是认可的,那么相应产生热爱、崇尚的情感体验。我们常把情绪和情感视为同一种心理反应,其实二者是有一定区别的。情绪是人的态度体验中的一种低级形式,有较大的冲动性,不大稳定,并常与一定的情景相伴随;而情感是人的态度体验中的一种高级形式,是人生长到一定年龄阶段才产生的,是一种比较稳定且与人的社会需要以及精神需要相联系的深刻的态度体验,如热爱、自尊心、责任感、爱国情感等。

创新情感是指创新主体对创新的主观情感体验,包括对创新及创新过程涉及的各方面内容,它是主体进行创新活动的情感力量,对创新活动的维持和调节起着很大的作用。英国著名科学家贝弗里奇指出:“情感上的敏感性也许是科学家应具有的一种可贵品质。无论如何,一个伟大的科学家应该被看作是一个有创造性的艺术家,把他看成一个仅仅按照逻辑规则和实验规章办事的人是非常错误的。”

(二)创新情感的作用

1.智力和创新情感相互作用

在任何一种活动中,认知活动与情感活动都是互相交织的,健康积极的情感对认知活动起着促进作用,反之则带来消极影响。同样,人的创新过程不仅仅是激烈的智力活动过程,而且也是强烈的情感活动过程,在智力和创新情感双重因素的积极作用下,人们的创新才有持续的力量和思想火花。因此,我们不仅要注重培养创新思维和创新能力,也要培养丰富而有活力的创新情感。日本著名教育心理学家泷泽武久在谈到发展学生的智力时强调:“不能无视情感的作用。情感交织在人的思维中,或者成为刺激或者成为障碍。”他曾用大量实验结果证实:一旦学生对学习失去情感,思维、记忆等认识功能就会受到压抑和阻碍。对于创新活动,创新情感也会起到这样的正面或负面的作用。

2.创新情感作用于创新活动的全过程

从创新动机的产生到创新过程的持续,再到创新结果的验证,各个环节无不蕴含着创新者的情感因素。创新过程需要以创新情感为动力,如求实精神、坚强的信念以及道德感等因素。创新情感还可以为个体提供丰富的创新暗示和创新启迪。因此,创新活动要求创新者拥有丰富、健康的创新情感。

(1)稳定的创新情感。稳定的创新情感可以使人保持创新热情,提供稳定的心理环境,以免干扰、打断创新的进程和决心。创新要在稳定的创新情感支配下才能更好地进行。(2)积极的创新情感。积极的创新情感可以在最大程度上激发创新者的认知能力(注意、记忆、思维等),增强其创新的主动性和对创新事物的敏感性,充分调动积极性投身于创新实践中。(3)深厚的创新情感。这是开展创新活动的心理推动力量,并促进创新者不断地追求创新,形成强烈的创新意识。(4)健康的创新情感。健康的创新情感源于对社会的责任感、对事业的自豪感及对群体的集体荣誉感等。

(三)创新情感的类型

人的情感按其性质和内容可以分为理智感、道德感和美感。这三种形式也是重要的创新情感,因为创新也正是真(理智感)、善(道德感)、美(美感)的统一体。理智感是指与智力活动相联系的体验(人对真理的追求、对科学的探索等)。道德感是指对人的思想意识和行为举止(如创新行为)是否符合社会道德规范而产生的体验。美感是指在自然风光、艺术欣赏活动中产生的和谐与美的感受。大学生高涨的创新热情、审慎的理智感、新颖的审美感,是激发其创新意识的催化剂。

1.理智感

理智感是人在智力活动中,由对客观真理的认识、探求和评价而产生的情感体验。例如人在探索新的、不认识的事物时表现出的惊讶感、好奇心;在创造活动中,对矛盾的或未被证实的事物和现象所产生的怀疑感,敢于质疑、勇于坚持自己见解的热情和自信;热爱创新,为追求创新而有自豪感;对不合理现状、偏见和谬误的鄙视和排斥等。

理智感是人们创新和学习知识的重要情感力量,可以推动主体进行创造性的思考。具有强烈理智感的人能对好奇和怀疑的事物进行探索和研究,从而实现新的发现、新的创造。正如爱因斯坦所说,思维世界的发展在某种程度上来说是对惊奇的不断摆脱。缺乏理智感,就不可能有意志、有对创新和科学的执着追求与坚守,也无法全身心地投入到创新活动当中。

2.道德感

道德感是人对于自己和别人的思想意图、言行举止及各项活动是否符合一定的社会道德标准而产生的情感体验。创新行为符合道德标准便产生满意、肯定的体验,不符合便产生消极、否定的体验。道德感是进行创新活动必须具备的精神条件。创新主体只有具备道德感,创新活动才是对国家、社会、集体和他人有益的,而且对他人和社会的道德感还会成为创新的激情和动力。

【案例分享】

安全锯于日本诞生的故事

日本秋田县的长井曾在一个乡公所里任职。有一个星期天，长井想修理一下家具，就拿了一把锯子回家。路上在一个拐角处突然迎面跑来了一个小女孩，锯子碰伤了女孩的手臂，流了不少血。

长井为此心里感到不安和自责，而这种不安的心情促使他考虑能不能制造一种不会伤人的安全锯。他看见有些削铅笔的刀可以折叠起来，刀刃可以藏在里面。于是他想，锯子的锯片在不用时不也可以折叠起来吗？通过试验，这个想法还真管用。于是他为自己发明的安全锯申请了专利。长井后来专职经营这种产品，成了名企业家。

3.美感

美感是人对自然界事物以及社会生活中的事物做出评价时所产生的情感体验，这种愉悦的情感体验对创新有重要的推动作用和启迪作用。

创新也追求美，创新本身也包含美。居里夫人说过，科学的探讨与研究，其本身就含有至美。法国数学家彭加勒把追求美作为他从事科学研究的目标，他说："科学家研究自然，并非因为它有用处。他之所以研究它，是因为他从中得到乐趣；而他之所以能从中得到乐趣，那是因为它美。如果自然不美，就不值得去了解它，生命也就没有存在的价值了。"

美感还能启迪人们的创新思维。科学美感启发人们去发现自然界存在的简单美、对称美与和谐美。法拉第曾兴奋地写信告诉德拉里夫，他的兴趣被吸引到电磁转换的问题上，因为"磁力转换的法则，简单而又美丽"。哥白尼相信宇宙体系是和谐的，这一坚定的信念促使他建立起了日心说体系。开普勒发现行星运动定律之后，也为行星运动的和谐之美激动万分。

四、创新意志

（一）创新意志的概念

任何创新既有可能取得成功，也有可能遭受失败，即使成功，过程也是曲折的。创新是一项艰苦的探索活动，人们在创新中常会遇到各种内部心理和外部环境造成的障碍和挫折，只有意志顽强的人，才能冲破重重障碍，完成创新。意志是人自觉地确定目标，并支配行动，克服困难，实现目标的心理过程。意志是人类独有的心理活动形式，它使人类具有高度的主动性和创造性。

创新就是一种意志行为，创新的特征就是要克服困难，做前人和别人没有做的事，可以说意志就是力量，意志是创新的支柱。创新意志是有意识、有目的、有计划地调节和支配创新活动的心理现象。创新意志是在创新情感的基础上产生的，没有情感就不可能产生任何意志。创新意志又使创新情感具有了目的性，使创新情感能够按照人的价值需要发展。

意志过程包括决定阶段和执行阶段，创新意志也是如此。决定阶段指选择一个有意义的创新目标作为行动的目的，其中可能存在不同动机、愿望的斗争，需要作出决策，并确定达到该目的的方法。执行阶段即努力克服困难，坚定地把创新计划付诸实践的过程。创新意志的调节作用包括两方面，即发动与预定目标相符的行动和抑制与预定目标矛盾的行动，如对行为的发动、坚持、制止、改变等方面的控制调节作用。

（二）创新意志的品质

意志行动是与克服困难相联系的，克服困难的过程就是意志行动的过程，人的意志坚强与否、坚强程度如何，可以从意志的品质中体现。创新意志品质包括意志的坚定性、独立性、果断性和自制性，具体体现为形成创新的设想、准确的判断、果断的决策、周密的计划、坚定的行为等方面。

1.创新意志的坚定性

意志坚定是创新者宝贵的意志品质之一，表现为长时间坚持自己决定的合理性，并坚持不懈地努力克服困难完成创新活动。意志的坚定性对于创新活动的开展有着重要意义，它能够保证主体的智力效应不断积累，使主体长期地开展某一特定方向的创新思考和研究，并不断排除障碍，直至实现创新目标。英国科学家贝弗里奇说：“几乎所有有成就的科学家都具有一种百折不挠的精神，因为但凡取得有价值的成就，在面临反复挫折的时候，都需要毅力和勇气。”

2.创新意志的独立性

意志的独立性表现为一个人能根据自己的认识与信念，独立做出决定、执行决定，并且有责任感，愿意对自己的行为所产生的结果负责。意志的独立性有助于创新主体自主地做出科学的思维判断，而不盲目相信和屈服于外界的各种声音、意见等，坚持自己的想法，将注意力集中在特定的目标之上，充分调动智力因素。如果缺乏意志的独立性，易受他人的暗示，随波逐流、人云亦云，则创新很难成功。

3.创新意志的果断性

意志的果断性表现为既能深思熟虑，又能迅速辨明是非，及时、坚决地做出合理的选择。在创新中，主体要能根据社会发展和科技发展的需求，适时地选择与确定研究目标，在激烈的竞争中获得时间和机遇的优势。在创新过程中也仍有很多情况需要果断决策，需要主体当机立断。如果在关键时刻创新者优柔寡断、徘徊不前，可能就会错过创新时机。

4.创新意志的自制性

意志的自制性是指主体善于支配和约束自己行动的能力以及对情绪状态、缺点等的调节。创新意志的自制性使人在碰到挫折和失败时，可以调节自己的消极情绪，控制自己的不当言行，不灰心、不气馁、不焦躁，同时可以更好地克服惰性。

第三节 创新意识的培养

一、创新意识培养的重要性

培养创新意识对于创造能力的形成有重要的意义。假如一个人仅仅精通数学上的各个分支，掌握各种各样复杂的数学定理、公式，那么他还不算是一个数学家。一个好的数学家最重要的就是要有自己的创新，要能发现前人没有发现的问题，解决前人没有解决的问题，这才能算是一个真正的数学家。所以一个人首先应有广博的知识，做到“学富五车”，其次则要具备创新意识。例如，关于时间的同一性，多少年来一直被人们当作不言而喻的真理，但强烈的创新意识使爱因斯坦对它产生了疑问，进而深入研究了这个问题，终于为相对论的建立打开了缺口。创新意识使哥白尼推翻了地球中心说，推动他建立了太阳中心说。

二、创新意识培养的方法

(一)鼓励学生质疑，培养创新思维

创新意识来自于问题。古人云：“学贵有疑，小疑则小进，大疑则大进。”疑是思之源，思是智之本。

发现问题、提出问题的过程往往闪烁着智慧的火花。魏格纳提出大陆漂移学说，波义耳发明石蕊试纸，谢皮罗发现自然界水的漩涡与地球自转的关系，这些都起源于质疑。可见，具有发现问题、提出问题的精神，是一切优秀人才必备的品质。爱因斯坦也曾说过：“提出一个问题往往比解决这个问题更重要。”因此，我们要激发学生产生疑问，帮助学生找到解决问题的钥匙，这是创新的起步。

提问是一个人从已知伸向未知的心理触角，是创新意识的具体体现。在教学中，我们在引导学生学习时要着力引导他们在实践中掌握质疑的基本方法。

(二)鼓励标新立异，培养求异思维

在传统课堂教学中，我们较多的是追求学生认识的标准化，导致了教师对学生认识发展的整齐划一要求。这在课堂上主要表现为：教师的一言一语给学生以模式化

的示范或提示，造成了思维定势，严重地抑制了学生创造性思维的发展，妨碍了学生的创新。因此，克服思维定势，发展求异思维对于创新意识的培养有着重要的意义。在课堂教学中，教师应给学生留出充分思考的时间，打破“标准答案”的思想，千方百计创造条件，使学生敢于发表不同意见，引导他们多角度、全方位思考，允许并鼓励学生的认识朝不同方向辐射，并敢于争议，发表新颖独特的超前、超群、超常的见解，敢于打破常规，突破传统观念，大胆创新，标新立异。这样，即使学生对事物的认识在是非、曲直、优劣上有些分歧，但思维过程、辨析过程就是创新意识的萌发、生长、成熟的过程，其意义绝不是某一问题的答案是否正确所能代替的。

（三）启发创造想象，诱发创新思维

在课堂教学中，教师要引导学生根据其提供的相关信息，唤起头脑中有关表象，给学生留下充分想象和联想的空间，让学生的想象思路向四面八方辐射。

【思考题】

1.试析创新意识的含义及价值。

2.如何理解创新意识的特征?

3.试述如何引起大学生的创新兴趣。

4.你拥有什么样的创新动机？为什么?

5.如何理解并提升大学生的创新情感?

6.如何坚定大学生的创新意志?

第五章

创新思维及训练

【学习目标】

1.了解创新思维的概念及分类，理解创新思维的内涵及形式，掌握如何突破思维定势。

2.理解创新思维的特征，掌握创新思维开发的基本途径。

3.掌握常见的创新思维训练方法。

【学习指南】

1.通过搜索和分析创新故事、身边事物的创新之处，了解创新思维的内涵和重要性。

2.通过创新思维自测、头脑风暴、联想游戏、案例分析、逻辑推理游戏等，测试及训练创新思维的各种方式。

3.通过分析身边的思维定势和思维偏见现象，理解创新思维的障碍。

4.通过相关思考题和实际任务，弱化思维定势和思维偏见，减少其对创新的不利影响。

第一节　创新思维概述

创新是人类的希望、民族的希望，一部人类社会发展史就是不断超越、不断创新的历史，从燧木取火到蒸汽机发明，从烽火台的狼烟四起到现代互联网新技术的全面渗透，无不是创新驱动的。这些创新成果都是人类智慧的物化，都是思维的凝结。

创新思维，是对思维定势的突破，是对传统思维方式的扬弃，它使现代思维方式得以重塑，是对未来思维方式的开拓。恩格斯曾经说过，人类的思维，是“地球上最美丽的花朵”。创新思维，正是百花丛中最美丽、最夺目的那朵奇葩。培根说过，知识就是力量。在创新时代的今天,创造更有力量。创造性的思想,就是财富。

一、创新思维的内涵

(一)思维

1.思维的概念

“思”即“思考”,“维”为“序”或“方向”。“思维”通俗地说就是按一定顺序去想,或者沿着一定方向去思考。思维的含义就是人的大脑对知识、信息进行加工与处理的活动,是人脑对客观现实间接的、概括的反映,是认识的高级形式。它反映的是客观事物的本质属性和规律性的联系。它的主要特征,即间接性和概括性。[①]

我们做什么事情都需要思维,尤其是进行创新和创造活动更需要思维。美国哈佛大学校长陆登庭说:“一个成功者和一个失败者之间的差别,并不在于知识和经验,而在于思维方式!”

2.思维的分类

(1)按照思维方向分类:扩散思维与集中思维,正向思维与逆向思维,横向思维与纵向思维。

(2)按照思维方式分类:逻辑思维与形象思维。逻辑思维又分为形式逻辑思维和辩证逻辑思维;形象思维又分为想象思维、联想思维、直觉思维、灵感思维。

(3)按照思维过程和结果分类:常规思维和创造性思维。

(二)创新思维

1.创新思维的概念

惯性思维,通俗地讲,就是思维沿着已有思考路径以线性方式继续延伸的难以抑制的一种持续性思维活动状态。惯性思维的危险在于,人们在做事情的时候不问为什么,习惯成自然,非常可怕。长期的惯性思维就成为思维定势。在人们面临新事物、新问题,需要开拓创新时,思维定势就会变成思维的“枷锁”,妨碍新观念、新点子的构思和产生。显然,思维定势阻碍了我们创造性地解决问题,对于创新是非常不利的。

创新思维是相对于惯性思维而言的。创新思维是指在已经获得的知识和经验的基础上,提出新思路、新途径、新方式,并创造出形成一定价值的新观点、新理论、新方法等创新思维成果的一种思维活动。它是在一般思维的基础上发展起来的,是人类创新实践和创新能力发挥的前提,是人类特有思维的高级形态。创新思维的本质是创造性。创新思维可以说是对惯性思维的根本否定,从本质上讲,它是一种多视角、

---

① 邢群麟、王艳明.一看就懂创新思维[M].上海:立信会计出版社,2010:10.

多维度、批判性的思维方式，是人类思维的最高表现形式。比尔盖茨说："微软公司的唯一资产就是员工的想象力。"积极思考的人，会在做事的过程中善于发现问题、分析问题，找出产生问题的症结所在，并切实解决问题。而不善思考的人，做事因循守旧，遇到难题也会人云亦云，难以突破，更难以创新。创新思维是创新过程的核心环节。

2.创新思维的类型

创新思维有广义与狭义之分。一般认为人们在提出问题和解决问题的过程中，一切对创新成果起作用的思维活动，均可视为广义的创新思维。而狭义的创新思维则是指人们在创新活动中直接形成创新成果的思维活动，诸如灵感、直觉、顿悟等非逻辑思维形式。

由于对创新思维系统的研究历史较短，至今的认识还不够系统和完善。本书在前人研究的基础上将创新思维的基本类型分为发散思维、收敛思维、逆向思维、联想思维、幻想思维、奇异思维、综合思维等。这方面内容在本章第二节"创新思维训练"中详细介绍。

【案例分享】

热门手机APP"超级课程表"是一款以课程表为基础开发的面向高校学生的校园实用工具，现已成为"校园第一入口"。这是创始人"90后"CEC余佳文的创新思维的结果。2012年，"超级课程表"在"中国好创业"大赛中拿下冠军，不仅赢得了高校学生的人气，用户数量激增，还一举拿了50万元的天使投资。两年内，它又获得了阿里巴巴B轮投资。截至目前，"超级课程表"已覆盖全国3000多所大学、拥有1500多万注册用户。

不同的创新思维方式会给你带来不一样的结果、不一样的惊喜。我们平常就应该注意培养不同创新思维方式的习惯，让思维创新无处不在、无时不在。众所周知的"即时贴"，就是3M公司的一个职员无意中发明的。该职员将原本发明失败的低黏合度的纸张，经过处理成为具有随意粘贴撕取功能的"即时贴"，从而为公司创造了巨额的利润。

某时装店的经理不小心将一条高档裙子烧了一个洞，这位经理突发奇想，干脆在小洞的周围又挖了许多小洞，并精于修饰，将其命名为"凤尾裙"。一时间，"凤尾裙"销路顿开，该时装店也因此获利并一举成名。创新思维带来了可观的经济效益。无跟袜的诞生与"凤尾裙"异曲同工。因为袜跟容易磨破，一破就毁了一双袜子，商家便运用奇异思维，试制成无跟袜，创造了良好的商机。

二、创新思维的特征

创新思维属于思维的范畴，一方面具有一般思维的概括性和间接性特点，另一方面又具有以下独特的思维特征：

(一)独创新颖性

创新思维区别于其他思维形式的最重要特征就是独创新颖性。独创新颖性是创新思维不可或缺的品质。同其他思维形式相比,创新思维以"新""奇"制胜,"新"是创新思维的第一特征,就是有新意、能够给人带来新鲜感、打破常规的新思想和新方法,它的产生没有借鉴他人的研究成果,是独一无二的。

(二)审辩批判性

审辩批判性是创新思维的本质特征,是创新思维的基础。创新思维的审辩批判性体现在思维方式、认知结构上总是对约定俗成的现象或者已有的权威性理论始终持一种质疑的、分析的、批判的态度,突破传统思维定势和狭隘眼界,以独特的视角、新颖的方法去思考问题和解决问题。

(三)灵活非逻辑性

创新思维的发展需要灵活性。灵活性是指在创新活动的过程中,创新思维并不局限于某一固定模式,人的大脑可以对事物进行任意组合,灵活地运用各种思维方法从不同角度、不同方向来寻求解决问题的思路和方法。根据实际情况,具体问题具体分析就是创新思维具有灵活性的一种表现形式。可以说,灵活性打破了固定思维逻辑对思维活动的局限,使创新思维得以广泛运用,是创新思维产生的源泉。①

但凡创新思维都是非逻辑性的,都是超出常人思想的,大多可能不会被主流思维所接受。纵观历史,不论是政治上的各种变法、新政等,还是科学上的各种学说、观点、新发现等,在当时都被视为异端邪说,大多是很多年后才被普遍接受,才被证明其先进性和合理性的。

(四)发散开放性

发散开放性是创新思维的一个主要特征。发散性是指人们的思维在各种各样的情况下,使人们抓住转瞬即逝的灵感的闪光点,让思维尽量扩展。开放性是指乐于接受新颖观念,而不是故步自封的态度,是一种求变的思维方式。任何思维上的创造都必须以开放的思维为桥梁。开放就是让思想没有牢笼,没有顾忌地飞翔。开放的对立面是封闭,封闭的环境会扼杀创新思维。

(五)多向综合性

多向综合性是创新思维的根本属性。所谓"多向",是指面对问题时,注重运用多

① 张义生.论创新思维的基本原理[J].南京社会科学,2003(12):26-32.

种思维方式，提出多种设想，从多种观察角度、不同方向去思考，寻求解决问题的多种方法。综合性是指多种思维形态、多种思维方式、多种思维方法的综合运用，是抽象思维与形象思维在人的头脑中发生关联，迸发出富有创造性的灵感的过程，是对比、想象、联想、直觉、顿悟等多种形式的综合运用。[①]

创新思维不是简单的平面思维，而是一种复杂的立体思维，是运用各种知识、综合多种思维方法的一门高超艺术。在创新思维的过程中，既有归纳、演绎、分析、综合等逻辑思维，又有短时间的突破和一时的顿悟；既有正向、逆向的线性思维和纵向、横向的平面思维，也有多维开阔的立体、空间思维和交叉、整体思维。

【案例分享】

美国南加利福尼亚大学，简称"南加大"，是一所以跨界融合创新为培养目标的大学，强调的是艺术与工程和商业的结合。在教学中，学校会让拥有艺术、工程等专业背景的学生们通过混搭的方式来做项目，让思维碰撞，从而学会更为全面地看待问题，为成为"未来的乔布斯"做准备。南加大马歇尔商学院院长 James G.Ellis 将这种混搭式的创新人才培养方式解释为，首先是一种思维习惯，即"当别人向左走时，他们向右走"。创新是一个自我选择的过程，做别人不愿意做的事本身就具有创新的特质。

iPhone 现象揭示了乔布斯的创新思维——非凡的想象力，是科学、艺术的完美结合。他不发明个人计算机、MP3 播放器、平板电脑和智能手机，却创新了如何将互联网、手机、电影、音乐融为一"机"，发现了如何使这样的机器与人保持紧密联系，变成被人们追捧的 iMac、iPod、iPad、iPhone。

三、创新思维的开发

（一）创新思维开发的概念

1.创新思维的物质基础

大脑是创新思维的物质基础。大脑分为左右两个半球，它们分工协作，完成高级的思维活动，左脑主管抽象思维，担负分析功能，如辨认时间、计算、逻辑分析、理解、听觉、语言（议论、听、说、读）等；右脑主管形象思维，担负想象功能，如认识空间、感受音乐、情感等。从创新思维的角度看，右脑承担着创新思维的艰巨任务。

大多数新奇的联想是在大脑皮层的灰质里产生的，如将一本书的样子与你对手中一本书的感觉相匹配起来。大脑对于视觉和触觉的密码是不同的，但是在皮层中

---

① 王晨旭.理工类大学生创新思维及其培养途径研究[D].重庆大学.

它们以某种方式关联起来，也和听到"书"这个字的读音或听到翻动书页时所产生的声音的大脑密码相关联起来。不管是以上形式中的哪一种，你总是能确定这是一本书。因此，假设在皮层中可能有一些特殊的部位，我们称为联想性记忆汇聚区，来自不同感觉模态的信号在那里汇聚起来。在产生信号这一方，在发"书"这个字的音和看书时，你就已经把这两者的大脑密码关联起来了。

2.创新思维开发的概念

创新是人的本质属性，开发人脑这个"超级富矿"是知识经济时代最为紧迫的任务。创新与创造是人们与生俱来的能力，但如何有效地开发，却是后天的问题。创新思维开发就是破除思维定势，树立良好的心态并有意识地开发和利用人们与生俱来的创造力。简单地说，创新思维开发就是培养人的创新思维以提高人的创新素质的活动。创新思维开发离不开必要的创新思维训练。创新思维开发可以避免人们的头脑僵化或退化，可以提高人们分析问题、解决问题的能力，可以促进人们大脑思维软件的升级换代，从而提出更多的新观念、新方法、新思路。

(二)创新思维开发的原则

1.宽松的思维环境

思维方式在很大程度上受特定思维环境的影响。随着知识经济时代的到来，尽管全社会大力倡导解放思想、开拓创新，但很多人的思维还是跟不上时代的步伐，出现了思维保守、思维滞后的现象。有些人即使有了一些新思想、新观点、新对策，也不愿和盘托出。究其原因，一是不能从根本上解放思想，仍然持有"枪打出头鸟""人怕出名猪怕壮"的旧观念；二是尚未形成系统、有效的鼓励创新、激励竞争的机制，对于鼓励创新没有形成制度，往往流于形式，更谈不上对好的意见、建议进行合理的物质和精神奖励。因此，必须不断改善创新思维环境，激发创新热情，鼓励学生大胆创新。

2.合理的知识结构

创新思维是人们运用已有知识和经验开拓新领域的思维境界、状态或过程，它需要多种知识积累。因此，知识的宽度、广度和深度是创新思维得以发生的前提条件。正如美国物理学家格拉肖所说，涉猎多方面的学问可以开拓思路，帮助提高想象力。所以，对于学生来讲，首先要加强对自己本专业的基本知识、基本技能的学习，形成比较扎实的理论功底；此外，要锻炼多方面的技能，如观察事物的能力，搜集信息的能力，分析、比较、综合材料的能力以及组织、协调和鉴赏能力等。对于学校而言，必须更新教育观念，加快教育体制改革步伐，认真贯彻实施素质教育。

3.科学的思维方式

特定时代的思维方式是与该时代生产力和科技发展水平相适应的。在知识经济时代，创新能力的高低直接关系到国家经济增长幅度的大小和综合国力的强弱。青年学生作为社会主义建设的接班人，其思维活跃与否关乎未来创新活动的多寡。因此，要使创新思维方式占主导地位，就必须改变传统的、不适应时代发展要求的思维方法和思维模式。然而，思维方式的变革作为观念领域的重大变革，需要艰苦的主观努力和复杂的思维活动。只有在系统、全面地学习思维理论知识的基础上，举一反三，推陈出新，才能完成思维方式的重大改变。

4.良好的思维习惯

我们要下意识地培养良好的思维习惯，充分发挥主观能动性，唤起思维活动的积极性与主动性，并善于对思维材料进行存贮、提取和加工。此外，要善于扬长避短，积极开发思维器官的功能。有关思维科学的研究显示，人的创新思维潜力非常大，开发得却很不充分，通常只调动了其创新思维潜力的5%～10%，即使像爱因斯坦这样的大科学家，也仅调动了30%左右。所以，我们应该加强绘画、音乐等方面的训练，开发左脑功能的同时，进一步开发右脑功能。同时，还要勤于思考，发挥集体思维的智慧，在创新活动中结成一个群体，使彼此之间产生积极的相互影响和促进思考的作用。

（三）创新思维开发的途径

1.充满好奇心

我们要充满好奇心，特别是对那些司空见惯、熟视无睹的事情，要多问一些为什么。什么叫科学？科学是人类认识客观世界的理论总结，有人把科学戏称是“满足科学家好奇心的事物”。20世纪40年代，美国麻省理工学院的科学家谢皮罗，最先留意到每一次洗澡排放浴缸里的水时，水会形成逆时针方向的涡流，从排放口流出去。他分析了各种原因后认为，这种现象和地球的自转有关。他发表论文推测，在南半球，水形成的涡流应该是顺时针方向的，而在赤道上应该没有旋涡。这一现象后被命名为“谢皮罗现象”。这个现象几乎每个人都看见了，但你必须充满好奇心才能有进一步的发现与成就。

2.有丰富的想象力

丰富的想象力是创新思维开发的前提和基础，想象是创造性的翅膀，有了丰富的想象力，你的创造性就可以像鸟儿一样自由自在地翱翔在理想的天空中。爱因斯坦说：“想象力比知识更重要，因为知识是有限的，而想象力概括着世界上的一切，推动着进步，并且是知识进化的源泉。”爱因斯坦的“狭义相对论”就是从他幼时幻想人跟着光线跑，并能努力赶上它开始的。世界上第一架飞机，就是从人们幻想造出飞鸟的翅膀而开始的。想象没有绝对的对与错，哪怕是异想天开，都必须鼓励和引导。想象不仅能引导我们发现新的事物，还能激发我们作出新的努力和探索，进行创造性劳动。

3.扩展思维视角

对创新思维来说，思维定势是一种消极性的东西，它使我们的头脑忽略了定势之外的事物和观念。它就像一副有色眼镜，戴上它，整个世界都与眼镜片的颜色相同。那么，怎样才能突破思维定势呢？一方面是通过科学的训练来削弱思维定势的强度；另一方面是扩展我们的思维视角，学会从多种角度观察同一个问题。如果我们头脑中的有色眼镜确实是无法摘除的，那么我们干脆多准备几副有色眼镜，轮流戴上不同的眼镜来看世界。

第二节　创新思维训练

长期以来，很多专家学者都总结了创新思维的规律，提出了科学的训练方法。本节主要介绍发散思维、收敛思维、逆向思维和联想思维的概念、特征、训练方法及专项训练，激发和培养大学生的创新思维。

一、发散思维与训练

(一)发散思维的概念

发散思维，又称"辐射思维""放射思维""多向思维""扩散思维""求异思维"，是指在思考问题时，从一个思考点出发，朝着不同的方向思考，以得到多种不同答案的扩散状态的思维模式。美国心理学家吉尔福特在1950年以"创造力"为题的演讲中首次提到发散思维，引起了普遍重视，促进了创新思维的研究工作。发散思维的具体过程是以已知的某一个信息为思维基点，运用已有的知识，通过分析、组合、引申、推导、想象、类比等方法，从不同的方面进行思考，找出多种思路，从而引发创新。它的显著特征是视野广阔，呈现出多维发散状，如"一题多解""一事多写""一物多用"等方式，都是发散思维的现实表现。思维的起点就是问题中心，而各条思路就像箭头的辐条一样向外辐射。虽然每一条思路都是由同一问题中心出发的，但各条思路之间并没有逻辑上的联系，相互间也不能作直接的转换，因此，发散思维本质上是一种非逻辑思维。每个人都有发散思维的能力，由于每个人的特质不同，发散思维的水平也就不同。只要经过一定的专业训练，克服影响发散思维的各种因素，发散思维的水平就会提高。

(二)发散思维的特征

发散思维是一种综合性、高层次、全方位的非逻辑思维方式，是一种高度立体化的非线性思维，它具有变通性、独特性、多感官性、流畅性等特点。

1.变通性

变通性也称为"灵活性"，是指提出设想时所表现出的灵活程度，是发散思维"质"的指标，是发散思维的关键。发散思维的变通性包括运用知识的灵活性、观察问题的多层次和多角度。

2.独特性

独特性也称为“独创性”或“求异性”，是指提出设想的新颖程度，是创新思维的基本特征和标志，是发散思维的最高目标和最本质的特征，是思维活动进入创新的高级阶段。独特性可以使思维突破常规和经验的束缚，获得新颖独特的创新成就。

3.多感官性

多感官性是指发散思维的进行需要多种感官的共同参与，不仅要运用视觉思维、听觉思维，而且也要充分利用其他感官来接收信息并进行加工。

4.流畅性

流畅性是指单位时间内产生设想和答案的多少，是发散思维“量”的指标，因而是衡量发散思维速度的标准。发散思维的流畅性包括字和词的流畅性、图形的流畅性、观念的流畅性、联想的流畅性和表达的流畅性等。发散思维的流畅性要求，从一个已知的信息出发，构想出多种答案，以便为后面的思维提供更多的选择对象。正如法国哲学家查提尔所说：“当你只有一个主意时，这个主意也太危险了。”

发散思维的以上特征是相互关联的，流畅性往往是产生其他三个特征的前提，反映了思维的数量和速度；变通性反映的是思维的灵活性和跨越性，变通能力越强，产生独特想法的可能性就越大；独特性是在流畅性和变通性的基础上形成的，反映了思维的本质和目标，在发散思维中起核心作用。

（三）发散思维的训练方法

1.常见方法

发散思维可以通过功能发散、材料发散、结构发散、方法发散、因果发散等常规方法进行训练。

（1）功能发散，是指设想一种事物的多种功能，或者为了达到一种事物的某种功能而寻找达到这种功能的多种途径。例如，在寒冷的冬天如何御寒，方式有多穿衣服、进行各种锻炼、包裹棉被、抱团取暖、摩擦、喝酒、桑拿、烤火、开暖气、开空调或者去气候温暖的地区等。

（2）材料发散，是指以一个物品为材料，当作扩散点，设想它的多种用途。例如，报纸是我们平时获得信息的重要途径，这里，我们摒弃报纸的这一最基本功能，把报纸作为一种材料，想象它还有哪些用途。比如，用报纸包书皮；用报纸糊窗户、练书法；夏天热了，用报纸折一把扇子；用报纸练习剪纸；用报纸擦玻璃，效果特别好；把报道重大事件的当天报纸珍藏起来，具有历史资料的价值；法国人贝利将报纸作为生日礼物出售，卖给那些出生日期与报纸出版日期相同的人，开创了一个新的行业等等。

（3）结构发散，是指以一种事物的结构为发散点，列举与这种结构相同的物品，或者设想利用这种结构的各种可能性。例如，列举三角形结构的事物，如三角尺、三角眼、三角窗、三角旗、屋顶、三角帽等等。

(4)方法发散，是指以一种事物的使用方法为发散点，设想它的多种用途，或为达到某种目的而采用多种方法，即"一法多用"或"一能多法"。例如，尽可能多地列举出用摩擦的方法可以做哪些事情或解决哪些问题——生火、起电、抓痒、搓污垢、使物体光滑或粗糙、取暖等。

(5)因果发散，是指以某一事物或某一现象为发散点，设想这一事物或现象产生的原因，或这一事物或现象产生的结果，包括"一果多因"和"一因多果"。"一果多因"是寻求事物产生的多种原因，"一因多果"是寻求事物可能导致的多种结果。例如，列举学生上课迟到的原因，包括：忘了定闹钟，睡过了；路上交通拥挤；忘带作业，途中回去取；食堂人多，排队耽误了；感冒了，先去医务室；帮助遇到急救的病人等等。

发散思维的训练方法有很多种，除上面介绍的几种之外，还有一种全世界通用的、十分重要的方法，即思维导图。

2.思维导图

(1)思维导图的概念

思维导图又叫"心智图"，是表达发散思维的图形工具，运用图文并茂的形式，把各级主题的关系用相互隶属的形式展现出来，把主要关键词与图像、颜色等建立记忆链接。简单地讲，就是用彩色的笔把大脑中的想法展现在纸上。思维导图充分运用左右脑的机能，把形象思维与抽象思维结合起来，开发人类大脑的潜能，因而具有人类思维的强大功能。思维导图是当下发散思维训练的一种非常流行的方法。

思维导图的鼻祖可以追溯到公元3世纪柏拉图学派的思想家玻奥菲瑞(Poephyry)，他率先运用射线图来表述亚里士多德的逻辑类别。20世纪60年代，英国著名的心理学家托尼·巴赞(Tony Buzan)试图寻找一种便捷化、可视化的方法来表达思想观点，提高学习与记忆效率，因而发明了思维导图。通常情况下，人们记录东西是从左到右，而思维导图则完全相反，它模拟的是大脑真正的思考方式。

(2)思维导图制作方法

①制作工具：一张白纸，多种颜色的彩笔，多支铅笔。

②主题：把最大的主题放在整张纸的最中间，即中央图；先画中央图，标出向四周扩散的粗线条；一个主题作为一个分支，每个分支用不同的颜色，以作区别；尽量使用多种颜色。

③内容要求：为节约空间，尽量使用插图和代码；关键词要写在线条上面；信息相关联的地方可以用箭头连接起来，或者标注同样的代码；思维导图要不断改进和更新。

④线条要求：线条要与词语的长度相同；靠近中间的线条要粗，越往外延伸，线条越细；线条要直，相互之间要平行；需要的时候可以使用环抱线。

⑤总体要求：纸张要横着使用，宽度会变大；用数字标明顺序；在布局时，尽量合

理利用空间，使布局更美观；自始至终，使用图形；注意形成自己的风格。

二、收敛思维与训练

（一）收敛思维的概念

收敛思维，又称为“聚合思维”“求同思维”“辐集思维”“集中思维”，是与发散思维相对的一种重要的创新思维形式，指在解决问题的过程中，利用已有的知识和经验，把运用发散思维时考虑到的多种信息和解题的可能性逐步条理化，得到一个最优的解决办法。

与发散思维追求更多的解题方法相反，收敛思维是为了解决某一问题，将运用发散思维时所想到的众多现象、线索和信息集合起来，朝着一个方向思考，并根据已有的经验和知识，找到最好的解决办法，得出最终的结论。

收敛思维具有集中性和最佳性特点，即收敛思维的过程是集中指向的，目标单一，就像瞄准靶心，是思维进入实质性的实施阶段。

（二）收敛思维的特征

收敛思维具有封闭性、连续性、求实性、聚焦性等特征。

封闭性，是指收敛思维将运用发散思维时所想到的众多现象、线索和信息集合起来，根据已有的经验和知识，找到最好的解决办法，得出最终的结论。

连续性，是指收敛思维从一个设想到另一个设想，紧密相连，环环相扣，具有较强的连续性。

求实性，收敛思维是对发散思维所产生的众多设想或方案进行筛选，被选择出来的设想或方案都是经过深思熟虑的，具有很强的可操作性，因而收敛思维具有求实性的特点。

聚焦性，就是为了彻底解决问题而进行反复思考，有时甚至停顿下来，使原有的发散思维得到浓缩、聚合，向纵深发展，在解决问题的特定指向上思考，积累一定的量，最终达到质的飞跃，顺利解决问题。

（三）收敛思维的训练方法

1.间接注意法

间接注意法，是指用间接手段寻找关键技术或目标，以解决最终的问题。英国的战略家利德尔·哈特提出了著名的“间接路线战略”原则。他认为，间接路线战略，就是要使战斗行动尽量减少到最低的限度，其主要措施是避免正面强攻的直接作战方式。在他看来，战略上最漫长迂回的道路常常是达到目的的最短途径。

军事上的典型间接注意法战例有：围魏救赵、欲擒故纵、围点打援、迂回进攻、声东击西等等。采取拐弯抹角的间接手段寻找关键目标，评估他们的相关价值，使用的就是间接注意法。

2.分析综合法

分析综合法也称为"层层剥笋法"，是指在解决问题时，通过认识问题的表面，层层分析，逐步认识问题的本质。这是一种透过事物的表面现象把握事物的本质的方法。

3.目标确定法

目标确定法，是指在解决问题时，首先要正确地确定目标，然后经过认真地观察与思考，做出判断，找出最关键的因素，围绕目标进行收敛思维。目标越明确具体，收敛思维的效果也就越明显。

【案例分享】

第一次世界大战时，法、德两国交战，法军在前线构筑了一个地下指挥部，里面的人员深居简出，极其隐蔽。但德军在仔细侦察战场时发现了破绽：每天早上八九点，一只小猫都会在法军阵地后方的一座土包上晒太阳。

德军以此判断：(1)这只猫不是野猫，野猫白天不出来，更不会在危险的阵地上出没；(2)猫的栖身处就在土包附近，土包周围没有人家，这里很可能是个地下指挥部；(3)这是只名贵的波斯猫，而且普通的下级军官绝不会在打仗时有兴趣养猫的。从这些蛛丝马迹里，他们判断法军的高级指挥部一定在那里。接着，德军集中火力，对那里实施了猛烈的轰炸。这个法军地下指挥部的军官们全部阵亡。

德军采用的这个方法的关键是，确定搜寻目标，通过不断观察和判断，训练思维识别能力。便衣警察在公共场合抓不法分子，也是通过对他们的举止和行踪来判定和跟踪的。警察在执行抓捕任务时就有意识地按一定的模式去搜索目标。

三、逆向思维与训练

(一)逆向思维的概念

逆向思维，又称为"求异思维""反向思维"，与正向思维相对，指遇到问题时，从问题的相反面考虑，让思维向着对立面的方向进行探索，即"反过来想""反其道而思之"，敢于挑战权威和习惯，达到"出奇制胜"的目的。逆向思维的实质是"思维逆转"。所以凡事都要用辩证的思维从正反两个方面来考虑，结果可能就大不相同，正所谓"祸兮福所倚，福兮祸所伏""塞翁失马焉知非福"。在创造发明的路上，更需要逆向思维，逆向思维可以创造出许多意想不到的人间奇迹。发电机与电动机的发明，就是逆向思维的成功范例。

（二）逆向思维的特征

逆向思维除具有创新思维的新颖性、目标性、灵活性、发散性等特征外，还具有普遍性、反向性、批判性等显著特征。

1.普遍性

对立统一规律是普遍存在的，所以对立统一的形式也是多种多样的。有一种对立统一的形式，相应地就有一种逆向思维的角度，只要从一个方面想到与之相对立的另一个方面，就是逆向思维，所以，逆向思维也有多种形式。逆向思维在各个领域、各种活动中都有应用，所以，逆向思维在我们的现实生活中具有普遍性。

2.反向性

反向性是逆向思维的重要特征，是逆向思维区别于其他创新思维方式的典型特点，也是逆向思维的出发点。在现实生活中，人们都喜欢按照常规和习惯来考虑问题，这就是与逆向思维相对的正向思维。正向思维是以往经验的总结，为解决一些常规问题提供了现成的思路，因而在一定程度上是解决问题的有效途径，提高了工作效率。但是，如果这种正向思维被凝固化、绝对化，就成了思维定势，就会阻碍创新。需要指出的是，这个世界上不存在绝对的逆向思维方式，当一种公认的逆向思维方式被大多数人掌握并使用时，它就转变为正向思维方式。

3.批判性

在现实生活中，很多司空见惯的事情并不一定是对的，所以，对于任何事情都应持有怀疑精神与批判精神，这也正是逆向思维的重要特征。逆向思维是对传统、惯例和常识的反叛，是对常规和权威的否定和挑战，从而破除由经验和习惯造成的僵化认识模式，这需要极大的勇气和胆量。这也就是我们所说的逆向思维的批判性。

（三）逆向思维的训练方法

逆向思维是一种重要的创新方法，在现实生活、工作和科研中，具有重要的意义。尤其是在企业经营、科学研究等这些创新性极强的活动中，逆向思维的作用更明显。逆向思维可以通过训练来提高，方式主要有以下几种。

1.功能逆向

功能逆向，指对事物的功能做相反方面的设想，以寻求解决问题的途径，即把事物原有的功能倒过来，生成一种新的事物。在现实生活中，有很多发明创造都是运用功能逆向思维得到的。

2.结构逆向

结构逆向，指对已有事物的结构做相反的设想，以寻求解决问题的途径，包括对结构位置、结构材料、结构类型进行逆向思维。电灯泡的发明是典型的结构逆向思维案例。在爱迪生之前，就已经有人发明了电灯泡，只是由于当时使用的碳丝比较粗，在使用时容易断,电灯泡没有被广泛应用。这个问题一直都没有解决。于是,爱迪生从与常人相反的角度进行尝试,他使用比原来的直径细一半的碳丝做灯丝,灯泡的使用寿命反而大大延长,而且亮度也大大增加,电灯泡从此具有了实用价值。

3.观念逆向

观念逆向,指要进行创新,首先要有与众不同的独特观念,即对大家习以为常的观念做逆向思考,从而产生新思想和新观念。观念逆向是逆向思维的一种重要方式,因为观念的转变是一切变化的开始和保证,也是进行创新思维最根本的保证。中国开始研制第二代导弹的时候,钱学森建议:第二代战略导弹让第二代人挂帅,让王永志担任总设计师。钱学森称赞王永志大胆进行逆向思维,和别人不一样。1964 年 6 月,王永志第一次走进戈壁滩,执行发射中国自行设计的第一种中近程火箭任务。王永志敢于质疑及批判的精神使其打破权威型消极思维定势,反向思考,成功解决了火箭推力问题。

4.因果逆向

因果逆向,指对事物之间的因果关系做换位思考。人们对事物因果关系的认识,可以由因到果,也可以由果溯因。这个方法在现实生活中应用很广,关键是如何进行逆向思考。

人类在抗击疫病的过程中逐渐发现,以毒攻毒是一个很有效的方法,这就是倒因为果。早在宋朝的时候,这个方法就已经开始使用。当时,为了治疗天花病,人们把天花病人皮肤上干结的痘痂收集起来,磨成粉末,取一点儿吹入天花病患者的鼻腔。后来这一方法传入欧洲,英国人用同样的原理研制出了牛痘,为人类根治天花病做出了杰出的贡献。

5.方向逆向

方向逆向也称为"程序逆向",指颠倒事物的构成顺序、排列位置等。"田忌赛马"就是方向逆向思维的典型案例。齐威王与齐国大将田忌赛马,他们把各自的马分成上、中、下三等。比赛的时候,规定要上等马对上等马,中等马对中等马,下等马对下等马。由于齐威王每个等级的马都比田忌的马跑得快,所以每次比赛,田忌都会败给齐威王。后来,孙膑给田忌出谋划策。第一局,以下等马对齐威王的上等马,田忌输了;第二局,以上等马对齐威王的中等马,田忌赢了;第三局,以中等马对齐威王的下等马,田忌赢了。最后,田忌以三局两胜赢了齐威王。还是同样的马,只是调整了马的出场顺序,结果就不同了。

6.状态逆向

状态逆向,指人们对事物的某一种状态做逆向思维,从而创造出一个新的事物。

【案例分享】

我国发明家苏卫星发明"两向旋转发电机",实际上应归功于逆向思维。苏卫星翻阅国内外科技文献，发现发电机共同的构造是各有一个定子和一个转子，定子不动，转子转动。而苏卫星发明的“两向旋转发电机”定子也转动，发电效率比普通发电机提高了4倍。苏卫星说：“我来个逆向思维，让定子也‘旋转起来’。”这是他得以发明的思维基础，也是他对创造发明思想的一大贡献。现实生活中我们使用的很多物品，它们的功能相同，但状态却不同，如火柴和打火机、桥和缆车、牛奶和奶粉、过街天桥和地下通道、高铁和地铁等。

四、联想思维与训练

（一）联想思维的概念

联想思维，是指由于两个事物之间存在着共同的或类似的特点，人们由一个事物联想到另一个事物，从而使问题得以解决的思维方式。“触类旁通”“举一反三”等都是联想思维的重要形式。现实生活中的很多创造发明，都是运用了联想思维而取得成功的。比如，潜艇的成功发明是对海豚的联想。在潜艇刚刚发明时，潜行速度很难提高。后来，人们发现海豚游得极快，经研究发现，海豚之所以游得那么快，是因为其皮肤具有双层管状的特殊结构。于是，人们将这一原理应用到潜艇上，潜艇的潜行速度大大提高。再如，人们在看到蜂巢之后，研究出与蜂巢结构类似的建筑材料。

（二）联想思维的特征

1.连续性

联想思维的一个显著特点，就是发挥自己的想象，经过多次联想以后，把看似没有联系的两个事物联系在一起，由“风马牛不相及”变为“风马牛都相及”。苏联心理学家哥洛万斯和斯塔林茨曾经用实验证明，任何两个词语都可以经过四五个步骤建立起联系。[①] 正是联想思维的这种连续性，才使人们的思维开阔。联想思维越丰富，创新能力越强。

2.形象性

联想思维不是空想，任何一个联想的形成，都源于生活，联想物在很大程度上是对触发物某一特点的借鉴。正如美学家王朝闻所说：“联想和想象当然与印象或记忆有关，没有印象或记忆，联想或想象都是无源之水、无本之木。但很明显，联想和想象都不是印象或记忆的如实复现。”[②]

（三）联想思维的训练方法

联想思维常见的分类方式有两种：按照联想思维产生的限定性条件，可以将联想

---

① 曹莲霞.创新思维与创新技法[M].北京：中国经济出版社，2010：62.

② 邢群麟、王艳明.一看就懂创新思维[M].上海：立信会计出版社，2010：96.

思维分为自由联想和强制联想；按照联想思维产生的方向性，可以将联想思维分为接近联想、相似联想、对比联想和因果联想。

1.强制联想

强制联想是突破限定性条件，被动地进行创新思维的方法。如生活中我们用的悬挂式柜子就是典型的强制联想法的产物，悬挂式柜子是“柜子”与“壁挂”的组合。强制联想和自由联想是相对的。一般的创造活动都鼓励自由联想，因为自由联想对联想不做任何限定，可以引起一系列联想，从而产生大量的创新思想。心理学家经过一系列的追踪研究发现，自由联想越丰富的人，创新能力也越大。而在解决某一具体问题时，则鼓励更多地采用强制联想，因为强制联想的限定性条件可以使人们集中全部精力，在一定的范围内进行联想，从而使问题更快得到解决，提高效率。

2.自由联想

自由联想是不做任何限定、主动、自由、积极的联想。例如，在提及“高铁”一词时，我们很自然地就联想到火车站、出行、轨道、火车票、乘务员等，这就是典型的自由联想。

3.因果联想

因果联想，指联想物与触发物之间存在因果关系的联想。如橡皮能够擦除不想保留的字迹，当我们提到橡皮时，就能想到它的功能是擦除字迹，这就是典型的因果联想。非洲卡拉哈里盆地边缘的草原地带，每到旱季当地居民就没有水喝，为了寻找水源，他们不得不到处奔走。但他们发现，同样生活在此地的狒狒并不因缺水而“搬家”。人们据此推断狒狒能找到水喝，跟着狒狒就能找到水源。为了证明这一推断，当地居民给狒狒盐吃，渴急了的狒狒就飞奔到一个山洞里找水喝。这样，当地居民就找到了水源。

4.相似联想

相似联想，也称为“类似联想”，指联想物与触发物在形式、性质或意义等方面具有相似性的联想。一天，鲁班到山上去砍柴，被一片叶子划伤了手，他感到很惊讶：为什么一片叶子就能把手割破？他发现这片叶子的边缘是锯齿形的，也就是这一经历使鲁班产生了灵感，从而发明了锯。

5.接近联想

接近联想，指联想物与触发物之间存在很大关联的联想。例如，在学校看到学生，很自然地就想到教室、教材、操场、宿舍等相关事物，这就是接近联想。当然，接近联想还包括联想物和触发物在空间和时间上的相互接近，如：课桌和凳子是配套放在一起的，而桌子上可以放书。民间有一句谚语：“风是雨的前兆，雷是雨的先锋”，讲的就是时间上的相互接近。

6.对比联想

对比联想，也称为“反向联想”，指联想物与触发物之间具有相反特点的联想。如大与小、白与黑、水与火、温暖与寒冷等。圆珠笔是1945年作为商品投入市场的。当时的圆珠笔存在一个很大的缺陷，在写了 20 万字以后就开始漏油，因此人们都在想办法解决这一问题。开始人们在改进圆珠笔的钢珠上下功夫，但收效甚微。而日本的中田藤三郎却从相反的方面找到了解决的办法，他控制圆珠笔的笔油，使圆珠笔的笔油写的字少于 20 万字。漏油问题得到解决后，圆珠笔销量大增。

总之，发散思维、收敛思维、逆向思维和联想思维都是我们在创新思维时经常采用的训练方法。但在进行具体实践中，方法并不是唯一的、排他的、孤立的，是可以共同利用或交替使用的。在一种思路不通时不能死脑筋，要学会变通，不必钻牛角尖，换一种思路或许可以收获意外的结果。当然，这些方法并不是创新思维仅有的训练方法，还有更多的内容等待我们在创新实践中去努力探索。

第三节　当代大学生创新思维的自我培养

2013 年 5 月，习近平同各界优秀青年代表座谈时指出，创新是民族进步的灵魂，是一个国家兴旺发达的不竭源泉，也是中华民族最深沉的民族禀赋，正谓“苟日新，日日新，又日新”。青年人是社会上最富活力、最具创造性的群体，理所当然应该走在创新、创造的前列，做锐意进取、开拓创新的时代先锋。大学阶段是大学生学习掌握知识技能的关节点，是在为适应社会生活打基础。在日益激烈的社会竞争中，大学生不能简单地认为掌握一定的知识就够了，更要注重创新思维的培养。针对目前我国大学生动手能力不强、创新意识较弱的状况，提倡大学生要树立创新意识、完善知识结构，投身实践活动，不断地提高创新思维的自我培养能力。

一、树立创新意识

大学生的心智已趋于成熟，意识是决定他们行动执行力的主要原因，是否树立创新意识是在创新思维培养过程中能否调动学生主观能动性的关键性因素。大学生通过创新创业教育，唤醒并激发创新思维，着力增强他们的创新意识能够提高他们从事创新思维活动的积极性和主动性。创新意识能够让创新思维的培养成为他们的一种主观意愿，这样更有利于创新思维的形成，反之，缺乏创新意识会让他们对创新思维培养持消极和漠然态度，不利于创新思维的培养。可见，在大学生创新思维的培养方面，大学生树立创新意识是很重要的。

二、完善知识结构

扎实的理论功底是培养创新思维的基础和力量源泉，完善知识结构是进行创新思维的前提。因此，大学生要努力将自己打造成复合型人才。尤其是理工科大学生，在学习自然科学的同时也要补充其他人文学科的知识，要实现社会科学与自然科学、人文教育与科学教育、基础理论与专业理论、形象思维与抽象思维的逻辑统一，成为一名复合型人才,促进创新思维与创新能力的形成。

三、坚持创新思维训练

培养创新思维主要靠自己的独立思索,多想多练,形成一种习惯性的行为。所以,大学生必须坚持创新思维训练。训练过程中,从创新思维心理的培养到创新思维方法技能的掌握,坚持求异思维与求同思维的统一,重视求异思维;坚持逆向思维与正向思维的训练,使自己不仅习惯于单向思维,而且善于进行逆向思维,变换思维方式,打破思维定势,破除思维习惯,建立自己的思维通道,促进创新思维的发展。

四、投身实践活动

知识与创新之间的桥梁是实践。实践是人类创新知识的源泉,也是人类知识积累的目的所在。实践的发展推动思维的发展。大学生应主动地、有针对性地参加各类多元化创新实践。大学生只有在实践中多看、多思、多问、多记,反复检验、反复调查,不断总结,吸取教训,才能从实践中摸索出真知。主要有以下实践活动:

(一)社会实践

大学生要开发创新思维,培养创新能力,必须投身社会实践。只有在社会实践中,创新才能得到落实。每一项创意无论是成功还是失败,都是无数次创新思维实践过程的组合。大学生应积极参加行之有效的社会实践活动,充分走向社会,开展实践活动,进行创新思维锻炼,比如参加创业计划竞赛、名师名家讲坛、创新创业实践社团等。只有在社会实践中创新理念才能变为现实,也只有在实践中才能让大学生的创新意识、创新能力得到真正的发展。

(二)科技创新活动

科技创新活动作为实践环节的一部分,是培养大学生创新思维的重要途径。大学生科技创新活动,是指以学生个体兴趣为导向,学校有组织地引导他们参加各种形式的科技创新训练与实践,以培养大学生科技创新意识、创新精神和创新思维能力的教育实践活动。科技创新活动主要有大学生创新性实验计划项目、"挑战杯"全国大学生系列科技学术竞赛、全国大学生数学建模竞赛及校园内的科技创新活动等。科技创新是"牛鼻子",特别是在2016年5月30日"四会合一"中,习近平指出,在我国发展新的历史起点上,要把科技创新摆在更加重要的位置,吹响建设世界科技强国的号角。大学生要积极参与各类科技创新活动,这不仅能开阔视野,同时也能提高实践能力和创新能力,成为符合国家和社会需要的创新型人才。

（三）创新实验活动

目前高校启动了创新实验计划，倡导大学生创新实验改革，激发大学生的创新思维和创新意识，在校园内形成创新教育氛围。主要措施有：通过实验教学资源的整合，将基础实验、专业实验、创新实验有机结合，以创新实验为主线逐渐建立起完整的实验实践教育体系，有力地推动了大学生的创新实践培养进程；通过建立开放实验室，为大学生开展创新活动提供必要的空间、场所和物质支撑。与此同时，大学生也要积极参加各种创新实验活动，提升创新实验能力。

（四）创新实训基地

创新实训基地是由学校创建或借助社会力量联合创建的集教学、科研、生产为一体的实训基地，它为大学生实践教学提供稳定、真实、前沿性的认知训练场所，为培养和训练大学生的创新精神和实践能力提供综合性实践平台，是课堂教学的补充和延伸。大学生通过这个实训平台，能够有效锻炼动手能力，更好地开发创新思维。

【综合训练】

从“小沈阳”到影视文化传媒公司法人的“蜕变”

童高洁，安徽三联学院 2012 届法律事务专业毕业生，一腔热血，创业为先，现为安徽天道鑫童影视文化传媒有限公司创始人、法人和合肥先歌文化传媒合伙人。

有思想的文艺青年。在大学期间，童高洁一直活跃在舞台上，尽显其对表演艺术的领悟与创新，并有“校园第一才子”的美誉。除主持表演外，他还有一项绝技——模仿小沈阳。不仅声音，在表演时，他的外在打扮也与小沈阳有几分相似，他也因此被亲昵地称呼为“阳哥”。自 2012 年以“小沈阳阿童”的身份出道以后，童高洁经常以“小沈阳的模仿者”这样的身份亮相在学校的元旦晚会、公司的文化商演、企业的商业通告中，“小沈阳阿童”的名声在安徽娱乐圈越来越火。在 2015 年“青春永驻太湖群星演唱会”上，童高洁的“小沈阳模仿秀”一如既往地将现场气氛推向最高点。然而，令大家想不到的是，这竟然是童高洁作为“小沈阳模仿者”在舞台上的“告别演出”。以后的舞台上，只有“阿童童高洁”，没有“小沈阳阿童”。“无论是模仿还是创新，能给大家带来快乐的，才是我更愿意看到的！我不希望舞台上的自己一成不变，模仿中我也一直在创新。”童高洁的商演生涯，从此翻开了新的一页。

多彩的创意生活。走下绚丽的舞台，褪去“校园明星”的光环，童高洁还是一名敢于创新的优秀学生干部。作为安徽三联学院首届大学生实践与创业协会会长，童高洁比同龄人多一份稳重，也多一份预见性。安徽三联学院大学生实践与创业协会在他的努力申报下顺利成立，这不仅为学生社团补充了新的血液，增添了生力军，更为广大学生提供了一个学习交流、资源共享和互相促进的平台。担任会长期间,童高洁始终如一,保持着最初的热情和动力,在社团伙伴、指导老师的理解和支持下,开展了"职来职往"等各类特色活动。当大多数应届毕业生还在摸索前行、迷茫无助时,童高洁已经成为爱上爱婚庆演艺公司的合伙人,开始了他的创业生涯。

创新思想与时俱进。如果说开始创业当老板,是因为他怀着许许多多的艺术梦想,那么,通过这几年的打拼,童高洁更认识到了"创新"二字对年轻人的意义。参加过童高洁主持婚礼的人都会发现,他的主持词从来不会一成不变,不同人群的婚礼,他都有自己的一套策划,从不重样。也许正是这样一种极其敬业的精神,让这个年轻小伙子深受欢迎。在婚庆演艺公司打拼了一年多,童高洁渐渐发现一场成功的婚礼就是:文化、创意、娱乐。

他发现娱乐传媒行业在合肥有很大的发展空间,于是他再次投资入股,参与经营一家专业策划演出及明星经济的公司——合肥先歌文化传媒有限公司,并担任艺术总监一职,从事晚会策划、赛事活动策划、演唱会策划等。短短几年时间,凭借着童高洁和其他合伙人的专业素质以及认真负责的进取态度,先歌文化传媒有限公司成为安徽文化产业的一颗新星,其发展速度远不是同行业其他公司能相提并论的。

随着移动互联网的迅猛发展,现在越来越多的中小成本电影、中小影视制作公司以及年轻的影视制作人的注意力,转到网络电影上。童高洁早就有互联网的创新思维,他看准新的商机,于2012年7月成立了安徽天道鑫童影视文化传媒有限公司。历经发展、整合、重组,该公司现主营院线电影与网络电影的拍摄以及各类演唱会的策划与执行。与此同时,该公司也致力于各企业产品推广的包装、策划,目前已发展成为以影视制作、广告宣传、演唱会策划为主体的大型文化传媒机构。此外,该公司已取得"广播电视节目制作经营许可证"并成立影视部门,专业从事院线电影、网络电影及宣传片制作与发行。该公司拥有年轻、有活力、有技术的专业影视人才,致力于打造行业精品,并与国内一线制作公司保持长期战略合作。对于公司未来的发展,童高洁和他的团队有长远的规划,他们将结合优质资源,打造艺人培训、艺人经纪、电影电视制作及影视发行的完整影视产业链。童高洁的目标不仅仅是将"天道鑫童"打造成安徽本土影视行业的龙头企业,更着力于将其推向全国甚至国际舞台。路漫漫其修远兮,吾将上下而求索!

问题:(1)请结合本案例,谈谈童高洁从"小沈阳"到影视文化传媒公司法人的"蜕变"过程的多种角色扮演,并分析他是怎样不断自我培养创新思维,具有创新精神的?

(2)本案例中,从童高洁创业转型到网络影视创作上,你是如何看待"互联网+"创新创业思维方法和实践技能的?"互联网+"时代给大学生创新创业带来了哪些机遇和挑战?

【思考题】

1.试析创新思维的特点。

2.试析创新思维的开发途径。

3.大学生如何自我培养创新思维？

4.创新思维的有效训练方法有哪些？

第六章

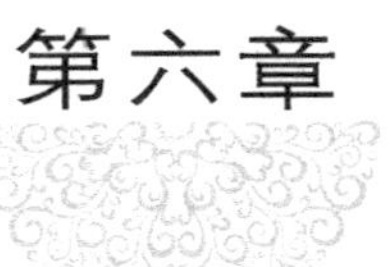

创新模式及过程

【学习目标】

1.熟悉创新的微观过程。

2.掌握创新的主要模式。

【学习指南】

1.通过收集和分析案例、资料等,明确创新的微观过程。

2.通过收集和分析案例、视频,采访老师、学长、创业人士,掌握创新的主要模式。

第一节　创新的模式

一、线性模型

二战后,英国经济学家提出了线性模型。由于该模型简单明了,因此被运用于科技和工业政策达40年之久。直到20世纪80年代,这种线性模型才开始受到新型创新理论的挑战。随着对创新理论的理解不断深化,人们认识到各种创新模式的基础与前提是科学基础、技术开发与市场需求的相互作用。然而,目前仍有许多争议,其中最重要的一点就是在此概念框架中未提及企业的内部活动。但不管怎么说,现在人们在这一点上已达成了共识:上述关键要素的有效链接将促成创新的产生。同时,上述概念框架与一国或一个地区的传统亦有密切关系,如美国的大学与工业组织建立了紧密的联系,而欧洲的大学与工业组织间则缺乏这种联系。

根据线性模型,创新过程被看作是一系列相互继起而又相互隔离的步骤。这个模型有两种不同形式:技术驱动型和市场拉动型。在技术驱动模式下,科学家得到科学发现,技术专家将其进一步发展为新产品概念,然后由工程设计人员生产原型并进行测试,制造人员进行工艺设计并生产出批量产品,最后由营销人员将产品推向潜在消费者。这种模式在"二战"后曾风行一时,然而并不是所有的行业都能适用这种创新模式,研究表明这种模式仅对制药等行业比较有效。20 世纪 70 年代后,研究者逐渐认识到市场对于创新过程的影响,并由此产生了市场拉动模式,在该模式下,市场代替技术成为创新的驱动者。

二、同步耦合模型

线性模型仅仅解释了创新的最初驱动力,而对于创新过程中各功能的相互作用并没有提及。同步耦合模型表明企业内部三大基本职能的相互耦合作用促进了创新的产生,同时创新的起点并不能预知。

三、相互作用模型

相互作用模型是同步耦合模型的进一步发展,同时它将线性模型融合进来。相互作用模型认为创新来源于市场、科学基础与组织能力之间的相互作用。与同步耦合模型相似的是,该模型也不能提供创新的最初起点,同时,该模型引入信息流的概念,对创新的形成与沟通作出了合理的解释。该模型是综合性更强的关于创新过程的描述,其中心是组织的四大职能:研究与发展、制造准备和设计、生产制造以及市场营销。与线性模型相似,这四大职能相互继起,但同时它们之间通过信息流进行有效反馈,科学基础、市场与每一职能相链接,而不再仅仅局限于研究与发展或营销职能。整个模型中贯穿一条逻辑主线:创新过程由一系列边界清晰的功能组成,同时这些功能又相互作用,整个创新过程可以看作是一套复杂的知识通道,这些通道包括内部与外部的有效知识链接与沟通。从图 6-1 中我们可以看出,创新过程的成功与否取决于组织能力与市场、科学基础的有效链接,能够有效管理、控制这些链接过程的组织在创新中获胜机会更大。

第二节 创新的过程

创新过程一般分为三个阶段(如图 6-2 所示):发明阶段,即获得设想;实施阶段,即将设想在公司内进行转化;市场渗透阶段,即将新产品、新设想、新材料等首次商业化运作的过程。(成功的创新包含大量反馈过程:一方面,要获取技术、占领市场和顾客,并形成企业的专长;另一方面,还需良好的财务基础。一家公司具有良好的创新能力意味着其对反馈过程的准确把握。)

在创新过程的三个阶段中,知识和信息是创新的基本投入要素,是保持生产力增长的中心所在,而创新人才作为知识和信息要素传递的有效载体,在创新过程中承担重要的角色,因此,创新过程的核心是获得知识基础和对创新人才创新能力的培养。

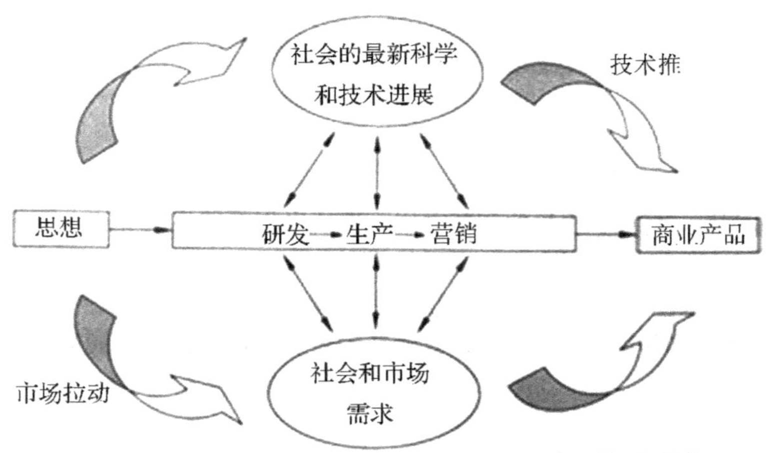

图 6-1　相互作用模式

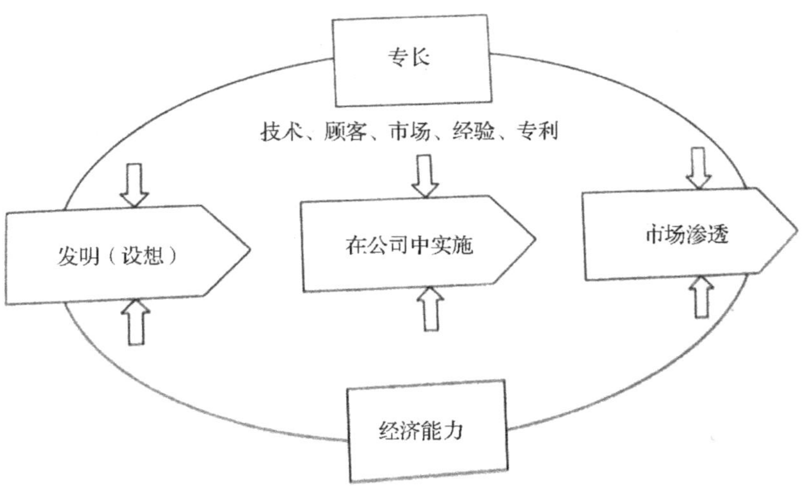

图 6-2　创新的三阶段过程

第七章

创新方法及训练

【学习目标】

1.了解并掌握头脑风暴法、635法、奥斯本检核表法、综摄法、列举法、形态分析法等常用的创新方法知识。

2.了解TRIZ的基本理论体系,掌握TRIZ理论中有关技术矛盾、物理矛盾及其解决原理的有关知识,并具有一定的实际运用能力。

【学习指南】

1.通过收集和分析案例、资料等,明确创新方法的内涵,了解创新方法的作用。

2.通过收集和分析案例、视频,采访老师、学长、创业人士,了解创新方法的种类,掌握五种最常见的创新方法,即联想创新型、设问创新型、列举创新型、类比创新型、组合创新型等的基本原理和实施步骤等。

第一节　创新方法概述

一、创新方法的概念

对于创新方法的称谓,各国有不同叫法。创新方法在美国被称为“创造工程”,在日本叫做“创造工法”,在苏联则被称为“发明技法”。创新方法是人们在创造发明、科学研究或创造性解决问题的实践活动中,所采用的有效方法和程序的总称。其根本作用在于根据一定的科学规律,启发人们的创造性思维,提升人们的创新效率。①

① 刘昌明、赵传栋.创新学教程[M].上海:复旦大学出版社,2006:330.

据统计，从1901年诺贝尔奖设立以来，有60%～70%的项目是由于科学观念、思维、方法和手段上的创新而获奖的。例如，1924年哈勃望远镜的发明和应用揭开了人类对星系研究的序幕，为人类的宇宙观带来了新的革命；1941年，“分配色层分析法”的发明，解决了青霉素提纯的关键问题，使医学进入了抗生素防治疾病的新时代；20世纪70年代，我国科学家袁隆平提出了将杂交优势用于水稻育种的新思想，并创立了水稻育种的三系配套方法，从而实现了杂交水稻的历史性突破。[①] 由此可见，各种创新方法的运用，对推动创造活动的开展，有着十分广阔的应用价值。（成功的创新包含大量反馈过程：一方面，要获取技术、占领市场和顾客，并形成企业的专长；另一方面，还需良好的财务基础。一家公司具有良好的创新能力意味着其对反馈过程的准确把握。）

二、国内创新方法的发展概况

（一）国外创新方法发展情况

美国是创新方法研究的发源地。1906年，美国一位专利审查人员E.J.普林德尔向美国电气工程师协会提交了一篇题为《发明的艺术》的论文，最早提出对工程师进行创造力训练的建议，并用实例阐述了一些逐步改进发明的技巧和方法。[②]

1931年，美国内布拉斯加大学克劳福德教授首创了“特性列举法”，这种方法被不断完善并作为一种常用创新方法在大学讲授。[③] 1938年，被誉为“创造学之父”的亚历克斯·奥斯本提出头脑风暴法并用于工作实践，取得了很大成功，在美国形成了一派开发创造力的热潮，正式揭开了人们研究创新方法的序幕。1944年，美国哈佛水下声学实验室科学家戈登提出了著名的综摄法，成为创造技法中著名的方法之一，其与头脑风暴法在美国的普及程度非常惊人，已经渗透到各种企业、机关及团体之中。

在欧洲，人们对于创新方法的研究主要从20世纪40年代开始。1942年，瑞士天文学家F.茨维基在火箭研制过程中，利用排列组合原理提出了形态分析法；1960年，英国著名的心理学家、英国头脑基金会总裁托尼巴赞发明了思维导图法；1985年，英国学者爱德华·德·博诺发明了思考六帽法等。这些方法自提出后就得到了非常广泛的应用，在提升人们创新效率方面发挥了重要作用。

苏联的创新方法研究始于1946年，海军专利局的专利调查员根里奇·阿奇舒勒通过对专利进行研究，提出了解决发明问题的理论——TRIZ，形成了具有自己特色

---

① 辽宁省普通高等学校创新创业教育指导委员会.创造性思维与创新方法[M].北京：高等教育出版社，2013：28.

② 刘仲林.中国创造学概论[M].天津：天津人民出版社，2001：45.

③ 段倩倩，侯光明.国内外创新方法研究综述[J].科技进步与对策，2012(13)：158-160.

的，迥异于美、日等国形式的创新方法体系。从20世纪60年代末开始，苏联建立了各种形式的创造发明学校，成立了全国性和地方性的发明家组织。20世纪90年代初期，随着苏联的解体，TRIZ理论传入欧美等国家，美国、英国、瑞士、日本、德国、法国、波兰等许多国家都设立了基于TRIZ的创造学研究中心和创新研究基金会。

日本对于创新方法的研究起步也较早。1955年，日本创造学先驱之一的市川龟久弥提出了等价变换法；1965年，日本筑波大学教授川喜田二郎首创了KJ法；1969年，片山善治提出了ZK法；1970年，中山正和在综摄法的基础上，提出了NM法。日本提出的其他方法还有CBS法、CMS法、NBS法、MBS法等等。[①] 经过不断发展，日本的创新方法研究已经形成了自己的理论体系，并被社会广泛接受，产生了巨大的经济推动作用。

（二）国内创新方法发展情况

与国外相比，我国创新方法的研究起步较晚。1979年，上海交通大学学者许立言首次将20多种创造技法引进中国。1983年6月28日，由中国科学技术大学、上海交通大学、广西大学和广西自然辩证法研究会联合发起的全国第一届创造学学术讨论会和全国第一期创造学研究班在广西南宁开幕，这是创造学正式引进中国的重要标志。[②] 与此同时，学者们陆续提出了一些有中国特色的创新方法。1983年，我国创造学者许国泰首创了信息交合法；1988年，赵惠田提出了集思广益法；1989年，刘仲林提出了臻美法；1991年，许立言、张福奎在对奥斯本检核表法进行深入研究的基础上，结合上海和田小学创造教学的实际，提出了和田十二法。近几年来，随着国家对创新研究的逐步重视，国内已经成立了一批创新方法研究机构，许多高校都开设了创新教育课程，创新方法研究工作逐渐开展起来。

三、创新方法的分类

国内外创新学研究者通过对大量创新案例的深入分析、归纳，总结了300多种创新方法，其中常用的有100多种，最常用的约30种。下面简要介绍几种分类方法。

（一）高桥诚分类法

日本著名创新学专家高桥诚在《创造技法手册》一书中，将精选出来的100种技法分为三大类，即扩散发现技法、综合集中技法和创造意识培养技法。

（1）扩散发现技法，包括自由联想技法、强制联想技法、类比联想技法、特殊发想

① 张爱琴，侯光明.创新方法研究的比较分析与发展趋势[J].北京理工大学学报：社会科学版，2014(2)：59-63.

② 段倩倩，侯光明.国内外创新方法研究综述[J].科技进步与对策，2012(13)：158-160.

技法、问题发现技法、面洽技法和收集情报工具技法。

(2)综合集中技法,包括一般综合技法、卡片式综合技法、技术开发技法、咨询技法、预测技法和计划技法。

(3)创造意识培养技法,包括精神集中技法、协商技法、心理剧技法和思维变革技法。

(二)日本电气通信协会分类法

日本电气通信协会在所编的《实用创造性开发技法》中,将常用的29种技法分成6类:

(1)自由联想法,包括头脑风暴法、KJ法等。

(2)强制联想法,包括查表法、焦点法等。

(3)分析法,包括列举法、形态分析法等。

(4)设问法,包括戈登法、特尔菲法等。

(5)类比法,包括综摄法、等价交换法等。

(6)其他方法,包括网络法、反馈法等。

(三)东北工学院分类法

我国东北工学院(东北大学前身)、国家科委人才资源研究所创造力开发课题组将创新方法分为3类:

(1)提出问题的方法。为了促进人们有效地发现问题、提出问题,选择有价值、有意义的问题进行研究,创新工程中涌现出一批主要用于提出问题的技法,其中包括缺点列举法、希望点列举法、检核表法、设问法等。

(2)解决问题的方法。发明目标确定之后,最有决定性意义的环节就是充分运用各种解决问题的方法,提出大量实用的、新颖的、独到的解题设想或方案。此类方法有很多,创新方法中绝大部分都属于此类。

(3)程式化的方法。程式化的方法是指创新方法中,那些已经得到比较深入的研究,实施步骤已经按逻辑顺序加以编排,每个环节之间可以产生补充、配合、衔接关系,从而成为有效的发明方法体系。此类方法中比较有代表性的是物场分析法和等价交换法。

(四)"四大家族"分类法[①]

中国科技大学刘仲林教授在其所著《中国创造学概论》一书中,提出"四大家族"分类法:

---

① 刘仲林.中国创造学概论[M].天津:天津人民出版社,2001:52-59.

(1)联想族(联想系列创新方法),以丰富的联想为主导的创新方法系列。这一族的特点是创造一切条件,打开想象大门,提倡发散思维。从技法层次上讲,这一族属于初级层次。头脑风暴法是联想族的典型代表。

(2)类比族(类比系列创新方法),以两个不同事物的类比为主导的创新方法系列。这一族的特点是以大量的联想为基础,以不同事物间的相同或类似点为纽带,充分调动想象、直觉、灵感等功能,巧妙地借助其他事物找出创新的突破口。类比族比联想族更具体、更高一层次,其典型代表为综摄法。

(3)组合族(组合系列创新方法),以两个或多个不同事物的组合为主导的创新方法系列。这一族的特点是把表面看来似乎不相关的事物有机结合在一起,合二为一,顿生新奇。组合族比联想族、类比族更高一层次,其代表方法为焦点法。

(4)臻美族(臻美系列创新方法),以达到理想化的完美性为主导的创新方法系列。这一族的特点是把对象的完美、和谐、新奇放在首位,用各种方法实现这一目标。联想、类比、组合是臻美的必要基础,臻美是联想、类比、组合进一步发展的方向。缺点列举法、希望点列举法都属臻美族系列创新方法。

(五)本书对创新方法的分类

(1)联想型创新方法,包括头脑风暴法、默写智力激励法(635法)、卡片式智力激励法等。

(2)设问型创新方法,包括奥斯本检核表法、和田十二法、5W2H法等。

(3)列举型创新方法,包括特性列举法、缺点列举法、希望点列举法、成对列举法等。

(4)类比型创新方法,包括综摄法、仿生法、拟人类比法、直接类比法等。

(5)组合型创新方法,包括成对组合法、形态分析组合法、信息交合法等。

四、创新方法的意义

(一)提升国家自主创新能力的重要武器

先进的创新方法是当前提升国家自主创新能力的重要武器。在我国“建设创新型国家”的战略指导下,对创新方法的研究、掌握以及发展具有基础性、根本性和先导性意义。认识、了解和掌握创新方法,是真正实现创新的关键。只有通过方法创新、思维创新,才能突破创新的效率瓶颈,从根本上提升国家的自主创新能力。

(二)企业保持活力、持续进步的有效工具

企业想要持续进步,适应时代发展,创新是必要的途径。而创新方法就是实现企业创新的有效工具,只有掌握先进的创新方法,才能在企业管理、技术创新等方面抢

得先机，从而在市场竞争中立于不败之地。

（三）启发个人创造性思维、提升个人创新能力的有效途径

创新方法是对创新规律的科学总结，掌握了创新方法，就能够更好地启发个人创造性思维，提升创新能力，从而有效开展创新活动。

延伸阅读

创新巨变100年

20世纪是迄今为止历史上最为辉煌的100年，它与以往最为显著的区别在于，创新构成了这个世纪令人兴奋的成就和进步，使整个世界从根本上变了一个样子。

1901年，意大利工程师马可尼实现了无线电信号传送，人类可以在地球任何一角方便地通话。

1903年，美国莱特兄弟完成了世界第一次有动力可操作的飞行，人类从此插上了翅膀。

1907年，美国科学家德奥·比克兰发明的酚醛树脂，开创了一个"塑料时代"。

1909年，具有工业化前景的合成氨使粮食产量成倍地提高。

1924年，第一台黑白电视机问世，使得人类在同一时间跨越空间获得声音和图像的传递，地球变成了"地球村"。

1928年，苏格兰细菌学家亚历山大·弗莱明发现了青霉素，这种抗生素使人类寿命平均增加了至少10年。

20世纪中叶到20世纪末的50年间，人类以10年左右为周期，完成了5次彻底改变面貌的"能级跃进"。前3次是1945—1975年核能的释放和利用、外层空间的探测、以重组DNA实验成功为标志的控制遗传和生命。第4次是微机大量生产并被广泛用于各个领域。1985—1995年的第5次"能级跃进"是软件开发及其大规模产业化，人类由此进入信息革命的新纪元。

回顾人类发展历史以及科学技术进步历程，每一次重大跨越和重要发现都与思维创新、方法创新、工具创新密切相关。创新在每天改变着人类文明的面貌，我们的先人无论如何也想不出，他们身后的世界远比他们预言的更加丰富多彩。以网络、光纤、电脑、数码、多媒体为主要标志的信息技术群的发展，使人类文明的进程速度不断加快，从而构成了这幅绚丽多彩的时代画卷。从中我们可以看出，创新是人类文明进程的推动者，而实现创新的各种方法就成了最有力的工具，以TRIZ理论为代表的创新方法学也被认为是20世纪伟大的发明之一。

第二节　创新方法训练

一、联想型创新方法

（一）头脑风暴法

头脑风暴法（Brainstorming）又称“智力激励法”，是1938年由美国纽约BBDO广告公司副总经理A.F.奥斯本（A.F.Osborn）所发明，最初用在广告设计的创新上，1953年总结成书问世，是一种用来提出新设想的方法。它的特点是以一定的会议形式给与会者创造一种能积极思考、启发联想、大胆创新的良好环境，充分激发各人的才智，为解决问题提供大量的新颖的设想。

1.头脑风暴法的基本原则和要求[①]

（1）自由畅想原则：要求与会者敞开思想，不受任何已有条件、熟知的常识、真理和规律的束缚，打破一切框框，自由畅谈，最大限度地发挥每个人的创新思维能力。

（2）延迟评判原则：在大家自由畅谈期间，任何人不得对任何设想作肯定或否定的评价与判断。

（3）以量求质原则：强调在有限的时间内所提设想越多越好，数目越多，可行办法出现的概率越大。奥斯本在说明该原则时引用的调查结果显示，在同一时间内思考出别人2倍以上设想的人，即使在同一头脑风暴会议中，会议后半期也可产生多达78%的好设想。

（4）综合改善原则：会议鼓励与会者借题发挥，对别人提出的设想进行补充和完善，会后对所有设想还要进行综合改善的工作。

2.头脑风暴法的实施程序

头脑风暴法的实施程序通常分为5个步骤。

（1）确定议题。头脑风暴法适合解决单一明确的问题，选择议题应尽可能具体，最好是实际工作中遇到的亟待解决的问题，目的是进行有效的联想。议题的内涵应该明确，而不应模棱两可、似是而非，并且应在会议前告知参会者，并附加必要的说明，以便参会者事前能收集相关资料，按照正确方向思考问题。

（2）人员遴选。①主持人。头脑风暴会议效果好不好，主持人是至关重要的。一个好的主持人一般应具有如下能力：一是能以平等友好的态度对待每一个与会者，促使会议形成融洽的气氛；二是熟练掌握会议原则，并能及时制止违反会议原则的现象，调动与会者积极思考，大胆提出各种独特的设想；三是与会者提出的每一个设想，

---

① 刘彩璋.大学生创造力的培养与开发[M].北京：测绘出版社，1995：136.

主持人应不分好坏地进行记录,并放到与会者能看到的地方,以便对其他与会者进行激励和启发;四是主持人应对问题有明确深刻的理解,以便在会议中能作启发和引导,把讨论引入深入。②参会者。参加头脑风暴会议的人数以5～10人为宜,可根据待解决问题的性质确定人员,选择人员的原则是:一是专业构成合理,但不宜有很多专家,要考虑内行和外行相结合,做到"内多外少";二是成员之间的知识水平和职务不宜差距过大;三是成员年龄差异不宜过大;四是注意选择对问题有实践经验的人,这对提高会议效果有益。③记录员。配备1～2名记录员,通常记录员不是正式的会议参加者。记录员要把会上提出的所有设想都记录下来。

(3)热身活动。热身活动的目的是让与会者尽快进入"角色",尽量减少会议中僵局的时间,制造轻松的气氛。首先,可播放音乐或放些水果、茶水等,使与会者放松心情。之后,主持人便可提出一些与讨论课题无关的简单而有趣的问题,以激活与会者大脑的思维。待与会者都积极地投入进来,气氛活跃起来后,主持人便可跳转话题,切入正题。

(4)正式会议。由主持人简明扼要地介绍所要解决的问题,之后可让与会者简单讨论,以取得对问题的一致正确的理解。接着,请与会者以自身的理解,重述这个问题,或剖析该问题,启发多种解题思路。重述问题之后,按照会议原则,对问题进行自由畅谈。同时主持人应掌握会议时间不要过长,在有较多的趋于完善的设想后即可结束会议。

(5)加工整理。对所有设想进行综合加工整理,尤其对那些虽未经斟酌,但富有创见的设想,进行加工完善,这一工作可在会后请有关专家进行。

3.课堂训练

(1)组成课堂小组,运用头脑风暴法分析如何更好地解决大学生自习室占位问题。

(2)作为学生,请分析面对当前人才市场需求趋势,普遍缺少哪些能力?如何在毕业前尽快提高这些能力?

(二)635法

1.635法概述

奥斯本的智力激励法问世后,得到了推广应用,麻省理工学院为提高工业设计专业学生的创造力,特地开设了智力激励课程。随后,欧洲各国及日本等国的学者,相继在本国积极推广普及这一方法,并根据具体情况对此加以改造,发展形成了多种类型的智力激励法。

智力激励法传入联邦德国后,德国学者鲁尔巴赫根据日耳曼民族习惯于沉思的性格特点,通过改造创立了用书面阐述来激励智力的创新方法,被称为"默写式智力激励法"。该方法规定,每次会议由6人参加,要求每人在5分钟内写出3个设想,所以又叫"635 法"。

2.635 法的基本程序及要求

(1)公布主题。主持人公布会议主题,强调时间、会议原则等相关要求。

(2)填写表格。与会者所填表格是统一设计好的,在这张表格上包括了 18 个空白栏目(见表 7-1),要求每人根据会议主题在第一个空白行里写 3 个主意或见解,语言需精炼。

表 7-1　635 法填写样表

序号	A	B	C
1			
2			
3			
4			
5			
6			

(3)顺时针传递。第一个 5 分钟后,每人把自己填写好的纸顺时针传递给左侧的与会者;在第二个 5 分钟内,每人在第二行填写 3 个新的建议,不能重复别人的观点,也不能重复自己的观点;表格填完后再按顺时针方向继续传递给左侧的与会者,直到最后一行被填满,宣告结束。结束时,每张纸上应填满 18 个设想,6 张纸共 108 个设想或建议。

(4)归纳整理。对这 108 个设想或建议进行整理、分类、归纳,筛选出可行的、先进的解题方案。

3.课堂训练

到海外旅行,有些东西是必须携带的,有些是可以携带的。请运用 635 法进行分析,按照必备程度,列举出 10 种海外旅行必须携带的用品。

(三)卡片式智力激励法

卡片式智力激励法又称"卡片法",分为 CBS 法和 NBS 法两种。

1.CBS 法

CBS 法是由日本创造开发研究所所长高桥诚根据奥斯本的智力激励法改良而成的。CBS 法的具体做法是:会前明确主题。每次会议由 3～8 人参加,每人持有 50 张卡片,桌上另放 200 张备用。会议大约一个小时,最初 10 分钟,与会者各自在卡片上填写设想,每张卡片填一个设想。接下去的 30 分钟,由与会者按座次轮流发表自己的设想,每次只宣读一张卡片(宣读时将卡片放在桌子中央,让大家能看清楚),其他与会者可就该设想提出质询,也可将受启发所得的新设想填入备用卡片。最后20分钟,大家相互评价和探讨各自的设想,以便从中诱发出新的设想。

2.NBS 法

NBS 法是日本广播公司(NHK)开发的一种创新方法,是 NHK Brainstorming 的缩写。NBS 法的具体做法是:会前明确主题。每次会议由 5～8 人参加,每人必须提出 5 个以上的设想,每个设想填写一张卡片。会议开始后,各人出示自己的卡片,并依次作出说明。在别人宣读设想时,如果自己发生"思想共振"而产生了新的设想,应立即填写在备用卡片上。待与会者全部发言完毕,将所有卡片集中起来,按内容进行分类,在每类卡片上加一个标题,按顺序横排在桌上,然后进行评价和讨论,从中挑选出可供实施的设想。

3.课堂训练

(1)有两个人分别来到河两岸,都想到河对岸去。但是,河宽约 3 米,水很深,河上无桥且两人都不会游泳,只是两岸各有一块 2 米长的木板。请问,他们若想很快过河,有哪些办法?

(2)为了节约用电,如何自动做到"人走灯灭"? 请举出所有可能的办法。

二、设问型创新方法

(一)奥斯本检核表法

奥斯本检核表法是由美国创造学家 A.F.奥斯本(A.F. Osborn)发明的,是创造学界最有名、最受欢迎的创新方法。它是根据需要研究的对象之特点列出有关问题,形成检核表,然后逐个进行核对讨论,从而发掘出解决问题的大量设想,促进创新活动深入进行的一种创造技法。其特点是用制式设问表格对一主题进行研究,以防止思考角度的疏漏,更利于突破旧框框的束缚,产生新方案。此法几乎适用于任何类型与场合的创造活动,因此被称为"创新方法之母"。

1.基本内容

奥斯本检核表法包括 75 个激励思维活动的问题,按具体内容可归纳为如下 9 组问题:

(1)能否他用? 可深入提问:①现有的事物有无他用;②保持不变能否扩大用途;③稍加改变有无其他用途。

例如:最早提出拉链设想的初衷是代替鞋带的,可是作为鞋带用的拉链并不畅销。有位服装店老板首先认为拉链应该有更多的用途,他先在钱包上装上拉链,使钱包身价倍增;又用在海军服装上,销路很好;接着,美国彼得公司又在运动衣上装上拉链,使之大受欢迎。

(2)能否借用? 可深入提问:①现有的事物能否借用别的经验;②能否模仿别的

东西；③过去有无类似的发明创造创新；④现有成果能否引入其他创新性设想。

例如：泌尿科医生在治疗病人肾结石的时候，想到开矿石时要用炸药爆炸，开始引入微爆破技术使患者体内结石得到粉碎清除，免去患者开膛破肚的手术之苦。

(3)能否改变？可深入提问：现有事物能否做些改变？如改变结构、颜色、声音、味道、式样、花色、品种，改变后效果如何。

例如：美国的华特曼对钢笔尖结构做了改变，在笔尖上开了小孔和小缝，使书写流畅，他因此成为第一流的“钢笔大王”；我国学者提出，在校园设计中，调整房屋的室内色彩，改善周围的环境色彩，对防治近视、提高教学质量均有好处。

(4)能否扩大？可深入提问：①现有事物可否扩大应用范围；②能否增加使用功能；③能否添加零部件；④能否扩大或增加高度、强度、寿命、价值。

例如：日常用的钢化玻璃杯，就是在制造玻璃的过程中加入了某些防震、防碎材料而制成的；在牙膏中掺入一些药物，可制成防酸、脱敏、止血、抗龋齿等药物性保健牙膏；在电瓶车上增加遮阳伞、挡风板，使电瓶车具有了遮阳、防雨、防寒功能。

(5)能否缩小？可深入提问：①现有事物能否减少、缩小或省略某些部分；②能否浓缩化；③能否微型化；④能否短点、轻点、压缩、分割、简略。

例如：微型摄像机的发明及其在医学上的应用，提高了医疗诊断的效率和水平；最初发明的收音机、录音机、电视机等体积都很庞大，结构也很复杂，经过多次改革，它们的体积比当初大大缩小，结构也相对简单多了；再如计算机的小型化，出现了笔记本电脑、掌上电脑等产品。

(6)能否代用？可深入提问：①现有事物能否用其他材料、元件；②能否用其他原理工艺；③能否用其他结构、动力、设备。

例如：汽车中用液压传动来替代金属车轮；用充氩的办法替代电灯泡的真空，使电灯泡提高亮度。

(7)能否调整？可深入提问：①能否调整已知布局；②能否调整既定程序；③能否调整日程计划；④能否调整规格；⑤能否调整因果关系。

例如：飞机诞生初期，螺旋桨是装在头部的，后来安装到了顶部，逐渐发明了直升机；商店柜台的重新安排，营业时间的合理调整，电视节目的顺序安排，机器设备的布局调整等等，都有可能产生更好的结果。

(8)能否颠倒？可深入提问：①能否从相反方向考虑；②作用能否颠倒；③位置(上下、正反)能否颠倒。

例如：曲柄滑块机构，曲柄主动、滑块从动，可制成水泵等；颠倒过来，滑块主动、曲柄从动，则可制成内燃机等。

(9)能否组合？可深入提问：①现有事物能否组合；②能否原理组合、方案组合、功能组合；③能否形状组合、材料组合、部件组合。

例如：日本一家公司将卷笔刀与塑料瓶组合在一起，发明了一种能使铅笔屑不掉在地下的卷笔刀;发明超声波技术后,逐渐出现了超声波研磨法、超声波焊接法、超声波割法、超声波理疗法、超声波洗涤法等。

2.实施程序

奥斯本检核表法解决问题的一般程序可概括为以下3个步骤:

(1)选定一个需要改进的产品或方案。

(2)面对一个需要改进的产品或方案,或者面对一个问题,从9个方面提出一系列的问题,并由此产生大量的思路。

(3)根据第二步提出的思路,进行筛选和进一步思考、完善。

3.注意事项

(1)不要过分拘泥于一种方法。奥斯本检核表法中所罗列的9个方面的内容,并没有穷尽可以引导人们产生新设想的内容,人们还可以根据自己需要解决的问题来增加几项,丰富奥斯本检核清单,也可与其他方法结合使用。

(2)根据需要进行多人检核。一般来说,以3~8人共同检核为好,可以互相激励和启发,产生出更多的创新设想。

(3)要进行逐项多次检核。在进行检核的过程中,一定要一条一条地进行检核,不要有遗漏,还要多检核几遍,这样效果会更好。

4.课堂训练

试运用奥斯本检核表法对自行车进行创新设计。

(二)和田十二法

和田十二法源自上海市闸北区和田路小学学生的发明创造活动。该小学从1979年起就着手培养学生的创造力,全校成立了9支班级科技队,有近200名学生参加。全校学生创造的科技作品已有3000件以上,有的已被实际应用,有的已转化为商品。上海的创新教育工作者许立言、张福奎在奥斯本检核表法的基础上,结合我国青少年小发明、小创造的特点,把和田路小学学生在发明创造活动中所采用的技法,提炼概括出12种,因此称为"和田十二法",又称"十二种聪明办法"。

1.具体内容

(1)加一加:把原来物品加大一点、加高一点,或者把功能加多一点,使其在形态上、功能上、尺寸上有所变化,实现创造。

(2)减一减:把原来物品减小一点、减轻一点、减短一点、减低一点等等。

(3)扩一扩:将原有物品放大、扩展,使其产生变化。

(4)缩一缩:把原有物品的体积缩小、缩短,变成新的东西。

(5)变一变:改变原有事物的形状、尺寸、颜色、滋味、浓度、密度、顺序、场合、时间、对象、方式、音响等,形成新的物品。

(6)改一改:从现有事物入手,发现该事物的不足之处,如不安全、不方便、不美观,然后针对这些不足寻找有效的改进措施,从而导致创新。

(7)学一学:学习模仿别的物品的原理、形状、结构、颜色、性能、规格、方法等,以求创新。

(8)联一联:把某一事物和另一事物联系起来,看看能产生什么新事物。

(9)代一代:用其他事物或方法来代替现有的事物,从而产生创新。

(10)搬一搬:把这种事物、设想、技术搬到别处,看看会产生什么新的事物、设想和技术。

(11)反一反:将某一事物的形态、性质、功能以及正反、里外、前后、左右、上下、横竖等加以颠倒,从而产生新的事物。

(12)定一定:对新产品或事物定出新的标准、型号、顺序,或者为改进某种东西以及提高工作效率和防止不良后果做出一些新规定,按照这些规定实现创造发明。

2.课堂训练

试运用和田十二法对雨伞进行创新改进。

(三)5W2H 法

5W2H 法是美国陆军部首先提出的,通过连续提出 7 个(5 个 W 和 2 个 H)问题,构成设想方案的制约条件,设法满足这些条件,便可获得创新方案。其中 5W 是指 Why,What, Where,When,Who,2H 是指 How to 和 How much。

1.具体内容

5W2H 法以设问形式列出问题,具体内容如下

(1)为什么(Why)?

如:为什么采用这个技术参数?为什么不能有响声?为什么停用?为什么变成红色?为什么要做成这个形状?为什么采用机器代替人力?为什么产品的制造要经过这么多环节?为什么非做不可?

(2)做什么(What)?

如:条件是什么?哪一部分工作要做?目的是什么?重点是什么?与什么有关系?功能是什么?规范是什么?工作对象是什么?

(3)谁(Who)?

如:谁来办最方便?谁会生产?谁可以办?谁是顾客?谁被忽略了?谁是决策人?谁会受益?

(4)何时(When)?

如:何时要完成?何时安装?何时销售?何时是最佳营业时间?何时工作人员容易疲劳?何时产量最高?何时完成最为适宜?需要几天才算合理?

(5)何地(Where)?

如:何地最适宜某物生长?何处生产最经济?从何处买?还有什么地方可以作

为销售点？安装在什么地方最合适？何地有资源？

(6)怎样(How to)？

如：怎样省力？怎样最快？怎样做效率最高？怎样改进？怎样得到？怎样避免失败？怎样求发展？怎样增加销路？怎样达到效率？怎样才能使产品更加美观大方？怎样使产品用起来方便？

(7)多少(How much)？

如：功能指标达到多少？销售多少？成本多少？输出功率多少？效率多高？尺寸多少？重量多少？

2.实施程序

(1)从7个角度对某种现行的方法或现有的产品做分析提问。

(2)将发现的关键点、难点列出。如果现行的方法或现有的产品经过7个问题的审核已无懈可击，便可认为这一方法或产品可取；如果7个问题中有一个答复不能令人满意，则表示这方面有改进余地；如果哪方面的答复有独创的优点，则可以扩大产品这方面的效用。

(3)寻找改进措施，设计新产品或创新解决问题方法。

三、列举型创新方法

列举型创新方法(简称"列举法")是一种对具体事物的特定对象(特点、优缺点等)，从逻辑上进行分析并将其本质内容全面地一一罗列出来，用以创造设想，找到发明创造主题的创新方法。[①]

按照所列举对象的不同，列举法可以划分为特性列举法、缺点列举法、希望点列举法和成对列举法。其中最基本的一种是特性列举法，在此基础上又发展出了其他列举法，所以本部分我们将重点介绍特性列举法。

(一)特性列举法的概念

特性列举法(Attributive Listing)，又译为"属性列举法"，是通过对发明对象的特性分析，一一列举出它的特性，然后探讨能否进行创新的方法。特性列举法是美国布拉斯加大学罗伯特·克劳福德(Robert Crawford)教授研究总结出来的，也是一种分析方法，特别适用于具体事物的创造发明和革新。[②]

(二)特性列举法的实施程序

1.将改进对象的特性或属性全部罗列出来。如果对象过于复杂，则应该先将对

① 辽宁省普通高等学校创新创业教育指导委员会.创造性思维与创新方法[M].北京：高等教育出版社，2013：28.

② 刘昌明，赵传栋.创造学教程[M].上海：复旦大学出版社，2006：387.

象分解成若干个小课题，然后对目标较为明确的小课题进行特性罗列。

特性列举主要从3个方面进行：

(1)名词特性：整体、部分、结构、材料、制造方法等；

(2)形容词特性：性质、状态、颜色、形状等；

(3)动词特性：功能、作用等。

2.从各个特性出发，在各项目下试用可替代的因素加以置换，提出具有独特性的方案。

3.将提出的方案进行综合评价，改进产品设计，使新产品更符合人们的需要。

(三)特性列举法的注意事项

1.使用特性列举法要注意将一事物所有属性都列举出来，要尽量深入到事物的各个方面，做到信息全面，防止遗漏。

2.所选课题宜小不宜大，如果研究对象是一个大的课题，应把它分成若干个小课题来进行分析。

(四)特性列举法课堂训练

运用特性列举法对课堂黑板进行创新改进。

四、类比型创新方法

(一)综摄法

综摄法是美国创造学家威廉·戈登经过近20年的发明创造活动研究，于1961年提出的一种创新方法。它的英文原名是Synectics，意思是把表面上不相关的各种不同的事物结合在一起。它是通过隐喻、类比等心理机制调动人的潜意识功能，从而达到创新的目的，又译为“提喻法”。

1.综摄法的基本原理

综摄法的理论基础，就是借助于类比思维的操作机制，支持和促进创造过程的具体心理因素，诱导合适的心理状态，以引起创造性的活动。其基本原理包含两个方面，即变陌生为熟悉(异质同化)和变熟悉为陌生(同质异化)。

(1)变陌生为熟悉(异质同化)。戈登认为，人的机体本质上是保守的，任何陌生的东西或概念对它都是威胁。当碰到陌生的东西的时候，人的心理总是设法把它纳入一个可接受的模式中，或改变心理上对陌生东西的先入之见，以便给陌生东西留有空间。所谓“变陌生为熟悉”，就是在头脑中把给定的陌生东西与早先已知的东西进行比较，根据比较的结果，把陌生的东西转化成熟悉的东西。例如：人们根据PTC半导体陶瓷片的发热原理，设计出电蚊香器；电气工程师通过对人手的模拟发明了挖土机。

(2)变熟悉为陌生(同质异化)。要使人们的思维跳出已有的习惯是困难的,但又是非常重要的,因为创造性解决问题的实质不是了解问题后用旧的方式来解决,而是以全新的方式、全新的角度去解决。所谓"变熟悉为陌生",就是对已有的各种事物,运用新知识或从新的角度来观察、分析和处理,使看得惯的东西成为看不惯的东西,把熟知的东西变为陌生的东西。例如:将热水瓶改成茶杯大小,就成了保温杯。

2.综摄法的实施步骤

(1)确定小组成员。综摄法在集体创造活动中,需要一个专业小组来实施,且对专业小组的成员素质要求较高。专业小组一般由5~7人组成,其中一名担任主持人,一名是与讨论问题有关的专家,其余为各种学科领域的专业人员。

(2)提出问题。一般由主持人将所要解决的问题向小组的成员宣读。这一问题往往是预先拟定的,而且小组成员并不知晓。

(3)分析问题。专家对该问题进行解释和陈述,目的是让小组成员了解有关问题的背景等信息,使非专业人员对该问题有大致的理解。

(4)净化问题。小组成员围绕这一问题进行类比设想,尽可能多地提出解决问题的方法。专家从较专业的领域,说出该方法的不足之处,选择两三个比较有利于问题解决的设想,达到净化问题之目的。

(5)理解问题,确定解决问题的目标。从所选择的设想中的某一部分开始分析,让小组成员从新的问题出发,展开类比联想,陈述观点。这样做可以使小组成员理解解决问题的关键环节,并提出解决问题的目标。

(6)类比灵活运用。确定了解决问题的关键环节,主持人要有意识地抛开原来的问题,让小组成员发挥类比设想作用,把问题从我们熟悉的领域转到远离问题的领域。从各位成员的类比中,选出可以用于解决问题的类比,对选出的类比进行分析研究,从类比的例子中找出更详细的启示。

(7)适应目标。远离问题不是根本目的,是为了到陌生的领域去,寻找有利于问题解决的启示。把从类比中得到的启示,与在现实中能使用的设想结合起来,从而形成一种新颖独特的解决方法。

(8)方案的确定与改进。专家对于方案要进行反复论证,并对其中的缺陷进行改进,直到取得满意的结果。

3.课堂训练

试运用综摄法分析电风扇的用途。

【案例分享】

尼龙搭扣的发明

一位名叫乔治·特拉尔的工程师发现,他每次打猎回来后,总有一种大蓟花植物粘在他的裤子上。回家后，他好奇地用显微镜观看残留在裤子上的植物，发现每朵小花上都长满了小钩钩，他明白了这些小东西能够紧紧钩住衣服的缘故。当他解开衣裤扣子时，一个新设想冒了出来：能不能仿照大蓟花的结构发明一种"新扣子"呢？出于这种创意，他又再次观察大蓟花的钩子形状和分布特点，并进行类比推理：如果在布带上也织上这种小钩钩，那么两条布带一接触不就能互相粘在一起了吗？经过研制，他发现这种连接方式是可靠的。接着，特拉尔从商业角度出发，设计出可以代替扣子、拉链或系带的"尼龙搭扣"，并获得许多国家的专利权。

（二）仿生法

1.仿生法与仿生学

仿生学（Bionics）是从生物学（Biology）派生出来的一门新学科。正如它的命名所示，人们从生物界得到灵感，通过类比分析，再将其应用于人工制造的产品。目前仿生学已形成了电子仿生、机械仿生、化学仿生、建筑仿生、人体仿生、分子仿生等众多分支。

仿生法就是利用仿生学原理，从生物的行为得到启发，通过模拟生物的形状、结构、功能等进行发明创造的方法。目前利用仿生法产生的创造发明也极为繁多，例如，飞机、轮船、汽车、导弹、鱼雷等的制造都是仿照了海洋生物的流线型外观，以减少阻力；声呐系统是对蝙蝠、海豚的回声定位的模仿。

2.仿生法的实施步骤

仿生法的核心是研究对象（问题）与生物系统相关问题的类比。这一方法的实施过程大体分为 4 步：

（1）根据生产实际提出技术问题，选择性地研究生物体的某些结构和功能。

（2）简化生物资料，建立生物模型。

（3）对生物资料进行数学分析，建立数学模型。

（4）依据数学模型，采用电子、化学、机械等手段，制造实物模型。

3.课堂训练

（1）运用仿生法分析锯子的发明。

（2）运用仿生法解释机器人的出现。

【案例分享】

潜水艇的发明

1775 年，北美独立战争爆发后，英国殖民统治者凭借海上优势，纠集大批战舰，轮番轰击美国海陆军，使美军伤亡惨重。当时美军中有一个名叫达韦·布什内尔的将军,不堪英军的欺侮,决心反戈一击。

他一直在苦思冥想:怎样才能炸沉敌舰呢?从空中,无法接近;从水上,无法隐蔽。一次,他走到海边的礁石上,突然看见一条大鱼悄悄潜游到小鱼的下方后,猛地朝上一跃,咬住了一条小鱼。他从这场"海战"中大受启发:能否造一艘像大鱼那样的船,潜在水底发动攻击呢?鱼在水中自由地上浮下沉是靠鳔,船是否也可以仿造一个"鳔"?

从这个思路出发,布什内尔与军事专家们共同成功研制了一艘可在水下潜行的机动船,船的底部有一个类似鱼鳔的水舱,水舱内有两个水泵,船在水面若要下沉时,就往船舱里灌水;船要上浮时,就把空气压进水舱,排出船里的水。这艘机动船第一次出去就巧妙制服了英国战舰。后经逐步改进,就成了现代的潜水艇。

五、组合型创新方法

(一)形态分析法

1.概述

形态分析法也称"形态分析组合法",是瑞典天文物理学家弗里兹·茨维基于1942年提出的,它的基本理论是:一个事物的新颖程度与相关程度成反比,事物(观念、要素)越不相关,创造性程度越高,即易产生更新的事物。该法的基本思路是:将发明课题分解为若干相互独立的基本因素,找出实现每个因素功能所要求的可能的技术手段或形态,然后加以排列组合,得到多种解决问题的方案,最后筛选出最优方案。

当年,茨维基以火箭结构为研究对象,将火箭分解为6大基本要素:使发动机工作的媒介物、与发动机相结合的推进燃料的工作方式、推进燃料的物理状态、推进的动力装置的类型、点火的类型、做功的连续性。然后,他又对每一个要素分别进行形态分析,共得出了4×4×3×3×2×2=576种火箭构造方案。

2.实施步骤

形态分析法的核心是组合,但在组合之前要进行系统的分析。其一般步骤为:

(1)明确问题:准确表述所要解决的问题或所要实现的功能。

(2)因素分析:确定研究对象的主要组成部分(基本要素),编制形态特征表。要求基本要素相对独立并尽量全面考虑,在数量上应以3~7个为宜,数量太少,会使系统过大,使下一步工作难度增加;数量太多,组合时过于繁杂,会给方案选择带来不便。

(3)形态分析:对研究对象所列举的各个要素进行形态分析,揭示每一要素特征的可能变量(形态),要求尽量全面。在形式上,为便于分析和进行下一步的组合,可采取矩阵列表的形式，一般表格为二维的，每个要素的每个具体形态用符合 Pji 表示，其中 i 代表要素，j 代表形态。

(4)形态组合：分别把各要素的各形态一一加以排列组合，以获得所有可能的组合设想。

(5)方案评价及选择：选出少数较好的设想方案，通过进一步的具体化评价，最后选出最佳方案。

3.课堂训练

运用形态分析法分析电脑的创新演变。

(二)信息交合法

信息交合法是中国创造学者许国泰于 1986 年提出的，是一种在信息交合中进行创新的思维技巧，即把物体的总体信息分解成若干个要素，然后把这种物体与人类各种实践活动相关的用途进行要素分解，把两种信息要素用坐标法连成信息标 X 轴与 Y 轴，两轴垂直相交，构成“信息反应场”，每个轴上各点的信息可以依次与另一轴上的信息交合而产生新的信息。

1.实施步骤

信息交合法的实施，一般分为 4 步：第一步，定中心，即确定所研究的对象，如以杯子为例，则以杯子为中心(零坐标)。第二步，画标线。根据中心(杯子)的需要画出几条用矢量标表示的坐标线，如材料、形态结构、功能、关联学科等。第三步，注标点，在信息标上注明有关的信息要素点。第四步，相交合。以一标线上的信息为母本，另一标线上的信息为父本，相交合后便可产生新信息。如以材料标和关联学科标为母本和父本，则可交合出金属电热杯、搪瓷保温杯、塑料磁疗杯。

2.课堂训练

运用信息交合法对手机进行分析和创新设计。

六、TRIZ 理论及应用

(一)TRIZ 理论概述

1.TRIZ 的概念

TRIZ 的俄文拼写为 теории решения изобрет-ательских задач，俄语缩写“ТРИЗ”，翻译为“发明问题解决理论”，按 ISO/R9-1968E 规定，转换成拉丁文 Teoriya Resheniya Izobreatatelskikh Zadatch 的词头缩写。其英文全称是 Theory of the Solution of Inventive Problems，缩写为 TSIP，其意义为发明问题的解决理论。它是苏联发明家、发明家协会主席根里奇·阿奇舒勒(Genrich S.Altshuller)于 1946 年开始，动用 1500 人的人力，在研究了世界各国 200 多万份高水平专利的基础上，创立的一套具有完整体系的发明问题解决理论和方法。在中文翻译时，为了兼顾音意，可译作"萃思(萃思学)"或"萃智(萃智学)"。

2.TRIZ 的逻辑架构与理论体系

TRIZ 理论是数百万项专利研制过程中规律的总结和提炼，是一整套体系化的、实用的解决发明问题理论方法体系。从其基本内容来看，主要包括了 TRIZ 基本理论和问题分析及解决工具，共涉及 9 个方面内容：技术系统进化法则、最终理想解、39 个技术参数及矛盾矩阵、技术矛盾及 40 个发明原理、物理矛盾及分离原理、物—场模型分析、发明问题的 76 个标准解、发明问题解决算法(ARIZ)、科学效应及现象知识库。

TRIZ 研究者将 TRIZ 理论与哲学、自然科学、系统科学等融为一体，提出了更为科学、完整的 TRIZ 理论体系。该体系以辩证法、系统论、认识论为指导，以自然科学、系统科学和思维科学为支撑，以技术系统进化法则作为理论主干，以技术系统/技术过程、矛盾、资源、最终理想解为基本概念，以解决技术系统问题和复杂问题所需的各种问题分析工具、问题求解工具和解题流程为操作工具。这一 TRIZ 理论体系不仅体现了 TRIZ 理论在整个人类知识体系中的地位，而且阐明了 TRIZ 理论与哲学、自然科学、思维科学以及系统科学间的关系。

3.TRIZ 理论解决问题的基本思路及路径

TRIZ 理论解决发明问题的基本思路是：首先将实际问题归结为 TRIZ 的标准问题，应用 TRIZ 理论寻求标准解法，然后演绎成初始实际问题的具体解法。

TRIZ 理论解决问题的主要路径分为以下两个方面：

(1)对于一般(标准性)问题的解决路径：对该系统进行分析，利用功能分析、资源分析和矛盾分析等工具，将一般问题转化为 TRIZ 标准问题(确定技术矛盾)，提取通用工程参数，查找矛盾矩阵表，运用 40 个发明原理求解；确定为物理矛盾的，运用分离原理配合 40 个发明原理求解；在矛盾表述不太清晰的情况下，运用物—场分析工具，建立物—场模型，通过 76 个发明问题标准解和效应知识库求解。

(2)对于复杂(非标准性)问题的解决路径：通过发明问题解决程序(ARIZ)将复杂问题分步骤、逐渐分离出关键矛盾，然后参照一般问题解决路径求解。

(二)技术矛盾与 40 个发明原理

1.什么是技术矛盾

所谓"技术矛盾"，是指在一个技术系统中，为了改善一个参数，导致另一个参数发生恶化。这种在两个参数之间产生的矛盾，就被称为"技术矛盾"。

例如，在生活和工作中，我们常听到这样的说法："慢工出细活。"其意思就是要想让任务干得细致(加工精度高)，干活速度就要慢(时间损失多)；而干活速度加快了，加工精度就不可能高。干活速度是我们希望提高的，而加工精度降低是我们不希望看到的结果，所以"时间损失 VS 加工精度"这两个参数就成了一对技术矛盾。

2.39 个通用工程参数

(1)39 个通用工程参数的主要内容

阿奇舒勒通过大量高水平专利解决方案的分析，归纳概括出了工程技术领域常用的 39 个通用工程参数(见表 7-1)。这 39 个通用工程参数具有固定的序号(按照它们在技术系统中出现频率的多少，以递减的顺序从 1 到 39 进行编码)，其中的任意两个不同的参数就可以表示一种技术矛盾，通过组合，可以利用这 39 个参数表示 1482 种最常见的、最经典的技术矛盾。

表 7-1　39 个通用工程参数

1.运动物体的重量	14.强度	27.可靠性
2.静止物体的重量	15.运动物体的作用时间	28.测量精度
3.运动物体的长度	16.静止物体的作用时间	29.制造精度
4.静止物体的长度	17.温度	30.作用于物体的有害因素
5.运动物体的面积	18.照度	31.物体产生的有害因素
6.静止物体的面积	19.运动物体的能量消耗	32.可制造性
7.运动物体的体积	20.静止物体的能量消耗	33.操作流程的方便性
8.静止物体的体积	21.功率	34.可维修性
9.速度	22.能量损失	35.适应性及通用性
10.力	23.物质损失	36.系统的复杂性
11.应力或压强	24.信息损失	37.控制和测量的复杂性
12.形状	25.时间损失	38.自动化程度
13.稳定性	26.物质的量	39.生产率

(2)39 个通用工程参数的分类

为了应用上的方便，可将 39 个通用工程参数分为 3 大类：

①通用物理和几何参数，表示物体的物理和几何属性。包含 1～12 条，17、18 条，21 条。

②通用技术消极参数，指这些参数变大时，系统或子系统的性能变差。包含 15、16 条，19、20 条，22～26 条，30、31 条，36、37 条。

③通用技术积极参数，指这些参数变大时，系统或子系统的性能改善。包含 13、14 条，27～29 条，32～39 条。

3.40 个发明原理

阿奇舒勒认为发明问题的原理一定是客观存在的，如果掌握了这些原理，就可以将其应用于各行业中。为此，阿奇舒勒对大量专利进行研究、分析、总结，提炼出最重要、最具有通用性的 40 个发明原理。

4.阿奇舒勒矛盾矩阵

阿奇舒勒将39个通用工程参数和40个发明原理有机联系起来，建立了对应关系，整理成了39×39的矛盾矩阵表。在该矩阵表中，“列”所代表的工程参数，是系统需要改善的参数的名称；“行”所描述的工程参数，是系统改善参数的同时，导致恶化的另一个参数的名称；每个用逗号隔开的数字，就是40个发明原理的序号。矩阵表中行与列为同一工程参数，所对应的栏目为“+”号，表示其所对应的矛盾不是技术矛盾。整个矛盾矩阵表涵盖了1250多种工程技术矛盾，只要我们清楚了待改善的参数和恶化的参数，定义出了一对矛盾，就可以在矛盾矩阵中找到一组相对应的创新原理序号，这些原理构成了矛盾可能解的集合。矛盾矩阵表所体现的最基本的内容，就是创新的规律性。

应用矛盾矩阵表的一般步骤为：

第一步，分析问题，找出可能存在的技术矛盾。

第二步，将矛盾的双方转换成技术领域的有关术语，在39个通用工程参数中选定相应的工程参数。

第三步，按照相矛盾的通用工程参数编号，在矛盾矩阵中找到相对应的40个发明原理的序号。

第四步，根据已找到的发明原理，结合专业知识，寻找解决问题的方案。

例如，我们前面提到的“慢工出细活”的矛盾，用以上的思路来解决。通过已经定义的“时间损失 VS 加工精度”参数矛盾，查询矛盾矩阵表，得到4个发明原理所构成的解集，然后根据4个发明原理，寻求解决方案。

5.课堂训练

(1)经常出差、旅行的人们，希望能自带一双合脚的拖鞋，但由于拖鞋形状的问题，放置于旅行箱很占地方。试运用阿奇舒勒矛盾矩阵表，分析并解决此矛盾。

(2)试运用阿奇舒勒矛盾矩阵表分析纸杯的隔热设计。

(三)物理矛盾与分离原理

1.什么是物理矛盾

物理矛盾是一个通用工程参数的矛盾，当矛盾矩阵表中“改善的参数”和“恶化的参数”是同一个参数时，就属于物理矛盾。阿奇舒勒定义的物理矛盾是，当一个技术系统的工程参数具有相反的需求，就出现了物理矛盾。例如，在同一房间使用空调时，有的人要求温度高，有的人要求温度低，作为“温度”这一参数，就产生了“高”与“低”的矛盾。物理矛盾可以根据系统所存在的具体问题，选择具体的描述方式进行表达，总结归纳物理学中的常用参数，主要有3大类：几何类、材料及能量类、功能类。

2.解决物理矛盾的分离原理

解决物理矛盾的关键是实现矛盾双方的分离，归纳概括为4个方面：

(1)空间分离,将矛盾双方在不同的空间上分离开来。当在空间中的某一处,矛盾的一方可以不按一个方向变化,则可以使用空间分离。

(2)时间分离,将矛盾双方在不同的时间段分离开来。当在时间段的某一段,矛盾的一方可以不按一个方向变化,则可以使用时间分离。

(3)条件分离,将矛盾双方在不同的条件下分离开来。当在某条件下,矛盾的一方可以不按一个方向变化,则可以使用条件分离。

(4)整体与部分分离,将矛盾双方在不同的系统级别中分离开来。当系统或关键子系统矛盾双方在子系统、系统、超系统级别内只出现一方时,可使用整体与部分分离。

3.课堂训练

欧洲一鞋业公司在东南亚某国的分厂,生产某知名品牌运动鞋。在生产过程中,管理者发现少数当地人有偷鞋子的行为。管理者试图通过公开警告、降薪和开除等办法来解决问题,但都没有奏效。试用物理矛盾及分离原理解决其存在的问题。

延伸阅读

根里奇·阿奇舒勒和他的TRIZ理论

1946年,根里奇·阿奇舒勒开始了"发明问题解决理论"的研究工作。阿奇舒勒发现任何领域的产品改进、技术变革、创新和生物系统一样,都存在产生、生长、成熟、衰老、灭亡的过程,是有规律可循的。人们如果掌握了这些规律,就会能动地进行产品设计并能预测产品未来发展趋势。以后数十年中,阿奇舒勒以毕生的精力致力于TRIZ理论的研究和完善。

1956年,他在《心理学问题》杂志发表了《发明创造心理学》一文,轰动了苏联的科技界,为发明创造开辟了新的天地。阿奇舒勒经过研究发现,有15000对技术矛盾可以通过运用基本原理而相对容易地解决。他说:"你可以等待100年获得顿悟,也可以利用这些原理用15分钟解决问题。"此后他出版了大量的TRIZ书籍,TRIZ学校也开始得到蓬勃发展。在他的领导下,苏联的数十家研究机构、大学、企业组成了TRIZ研究团体,1500人用一年的时间分析了世界近250万份高水平的发明专利,总结出各种技术发展进化遵循的规律模式,以及解决各种技术矛盾和物理矛盾的创新原理和法则,建立一套由解决技术问题,实现创新开发的方法、算法组成的综合理论体系,并综合多学科领域的原理和法则,建立起TRIZ理论体系。1969年,阿奇舒勒出版了他的《发明大全》。在这本书中,他将自己的40个创新原理全面地阐述给读者,即第一套解决复杂发明问题的完整理论。1989年,苏联TRIZ协会正式成立,阿奇舒勒成了当之无愧的TRIZ协会主席。

【综合训练】

三星公司的成功之路①

用TRIZ理论帮助企业找到研发设计捷径,韩国三星公司算是一个典型。1997年引入TRIZ之前,三星公司只是一家韩国著名企业,但从引入TRIZ理论开始,他们取得了显著的创新成果,成为电子设计领域的奇迹和世界著名的跨国公司。

2005年9月19日,美国《财富》杂志75年专刊曾发表《三星:永久的危机机器》一文,这是三星首次在主流媒体上宣布,公司技术创新的成功与实施TRIZ密切相关。

根据已经公布的资料,韩国三星于1997年引入TR1Z,到2003年的近7年时间里,取得了显著的创新成果:他们采用TRIZ指导项目研发而节约相关成本15亿美元,同时通过在67个研发项目中运用TRIZ技术成功申请了52项专利。

TRIZ在三星几乎有立竿见影之效:1997年三星电子成立价值创新计划,引入TRIZ,邀请10多名苏联TRIZ专家在研发部门进行TRIZ培训。1998年,仅三星先进技术研究院(SAIT)实施TRIZ就节省0.912亿美元的研发费用。同年,三星电子第一次进入美国发明专利授权榜前10名;随后至今,三星电子的美国发明专利授权量和排名稳步上升。1998年至2004年,三星电子共获得了美国工业设计协会颁发的17项工业设计奖,连续6年成为获奖最多的公司。2000年至2004年,三星电子在美、欧、亚的各项顶级设计大赛中共获得100多项大奖,其中2004年33项。2005年,三星电子以1641项美国发明专利授权在全球排名第5,领先于Intel和日本竞争对手索尼、日立、松下、三菱和富士通公司。

TRIZ培训在三星进行得十分深入:在邀请苏联TRIZ专家对研发人员进行培训认证的同时,TRIZ专家以项目咨询方式帮助研发人员解决实际问题。三星成立了TRIZ协会,由自己的TRIZ专家进行集团内全员培训认证。在三星电子,无论是公司的管理层,还是研发人员、工程师,都普遍认识到TRIZ对创新的指导意义,TR1Z在三星电子的6个主要部门(技术运营部、数字媒体部、电信网络部、数字应用部、半导体部和LCD部)得到广泛的应用。

三星还是世界上将六西格玛与TRIZ结合得最成功的公司。2002年,三星集团在全集团内部开始实施创新能力认证计划,TRIZ被引入每个六西格玛黑带课程中。三星管理层和六西格玛实施队伍认识到TR1Z能够弥补六西格玛流程的不足:很多时候六西格玛帮助发现了"做什么"的问题,而TRIZ则回答了"如何做"的问题。

---

① 余惠敏.三星公司的成功之路[N].经济日报,2012-03-19.

【思考题】

1.什么是头脑风暴法？

2.试析综摄法的实施程序。

3.试析奥斯本检核表法的主要内容。

4.试析形态分析法实施的主要步骤。

5.TRIZ 理论的主要内容包括哪些方面？

6.请结合自己的学习或生活，找出其中一个具体的矛盾（技术矛盾或物理矛盾），并尝试使用 TRIZ 创新方法提供的解决问题的思路进行解决。

第八章 创新成果保护与转化

【学习目标】

1.了解创新成果的内涵、创意开发、创新成果保护与转化的基本知识。

2.熟悉创新成果保护与转化的基本原理。

3.掌握创新成果保护与转化基本方法,并能应用。

【学习指南】

1.通过学习和案例分析,收集相关资料,采访在校大学生、创新创业校友等,了解创新成果的内涵、特征、类型,以及大学生创新成果的特点。

2.通过网络收集国家关于创新成果保护的法律法规,并进行学习、比较和分析案例,全面了解创新成果保护的相关法律制度。

3.通过材料分析、主题讨论等方式,较为全面地了解现行创新成果转化的相关政策,明晰创新成果转化路径。

第一节 创新成果的内涵与特征

一、创新成果的内涵

"成果"字面上的意思为收获到的果实,常指学习、工作或事业方面的成效、成绩和成就。创新成果指在结构、功能、原理、性质、方法、过程等方面取得的第一次的、显著性的变化的成效、成绩和成就。我们在这里谈论的创新成果,主要是指推入市场取得商业成效的新成果。

【小贴士】

奥地利学派的经济学家约瑟夫·熊彼特认为,所谓"创新",就是建立一种新的生产函数，把一种从来没有过的关于生产要素和生产条件的新组合引入生产体系，包括：引入新的产品，引入新的生产方法，打开新的市场，开发新的原材料或新来源，创造新的市场组织结构。他认为，创新不能简单地等同于技术发明创造，创新是发明创造的商业应用。

二、创新成果的特征

创新无论是从一般意义还是从经济学的角度看，它的成果与一般劳动成果相比，具有以下几个方面的特征：

（一）新颖性

创新是对现有的不合理事物的扬弃，是解决前人没有解决的问题，不是模仿和重复，是在继承中有了新的突破；不是量的变化，而是质的变化。因而，创新的成果必然是新颖的，其中必须有过去所没有的新的因素或成分。这正是创新成果不同于一般劳动成果之根本所在。因此，新颖性是创新成果最鲜明、最根本的特征。

（二）超前性

超前性是创新的一个必然的特征。创新以求新为灵魂，具有超前性，所要解决的问题都是前人没有解决的。创新成果是从实际出发，实事求是地超前所取得的成果。一个真正的创新者总是面向未来，研究未来，追求未来，创造未来。

（三）价值性

从社会效果来看，创新成果都具有普遍的社会价值，其中很多还有着重大的历史意义。它们或为经济价值，或为学术价值，或为艺术价值，或为实用价值，如蒸汽机、杂交水稻都是创新成果具有巨大社会价值的体现。

（四）风险性

任何形式的创新都具有一定的风险，而且风险的形式和大小也各不相同。从创新的经济学角度来看，创新离不开市场，市场又是千变万化的，因而创新会有各种各样的风险甚至危险。在创新过程中，尽管人们总是认真地分析已知和未知条件，但人们不可能准确无误地预测未来，也不能完全准确地左右未来客观环境的变化和发展趋势，这就必然使得创新具有一定的风险性。创新一旦成功，其成果将为企业带来可观的经济效益，大大提高企业的市场竞争力；一旦失败，不仅创新过程中的所有投入都无法回收，还可能会降低企业的市场竞争能力。所以，创新是一种高收入和高风险并存的经济活动。

创新风险可以分为技术风险和市场风险两类。技术风险是指一项创新在技术上存在成功与否的不确定性;市场风险是指一项创新在技术上成功之后,还存在其成果是否受市场欢迎这种不确定性。因此,在进行创新活动前,要仔细地进行技术论证和全面的市场调研,尽最大可能降低这两方面的风险。同时,还要做好承担技术失败和市场风险的准备。这样,一旦有风险发生的迹象,就能尽早、尽快减小风险发生的可能。

(五)复杂性

现在,绝大多数重要的创新都不是完全由个人或在单一领域里完成的。多数创新都需要由多个有经验的人共同完成。在每个领域里,如果从事创新的个人或者团队具有接近世界最佳水平的实力,成功的可能性和增加附加值的潜力就会提高。这就是风险投资者非常看重技术型企业家的技术、目标和综合素质的原因。现在要想说服十分专业的客户去冒风险使用,或者改变他们现在已经使用的方法或产品,就需要有极其明显的优势,而这需要团队中拥有不同背景的人员掌握具体的专业知识并加以综合利用才能达到。

当然,在创新的全过程中很少同时需要所有人的专长。创新人员必须极其专业化,能够按照世界最佳水平的标准来衡量他们所处的技术(或专业)领域。同时,他们还必须将其技能完全集中用于解决全新的问题,当然解决这些问题也还需要其他专家的知识。因此,最富有创新性的组织一般都以专题形式开展工作,也就是将一些不同领域的专家召集在一起进行短期、密集的交流,而这正是大多数创新所需要的。

(六)耗时性

部件、子系统、系统和各自然学科按照看似无法预测的方法沿时间轴异步地相互作用,以至于每一个潜在的相互作用都应被仔细、反复地通过实验核查。预定的时间表一般都无法正确地执行。如果非要正确执行,就可能影响到所做实验是否进行得彻底或最终结果的质量。

墨菲定律的一个推论是:"如果你有预期,那就会有意设计它。所以,经常发生的往往是那些没有预期的事情。"那么,衡量一项创新的速度最好是用一个人在单位时间里所能完成的有效的实验数量来计算,为此,有必要缩短周期,并增加与客户和其他技术专家的沟通深度。这样就需要一个结合方式,即多个具有不具专长的专家所组成的小组在能促进交流的环境中探索多种实施方案,彼此之间或与用户密切交流。

三、大学生创新成果

(一)大学生创新成果的分类

我国大学专业可分为文科和理科，其中，文科又可分为经济类、管理类、文学类、历史类、教育类、哲学类、法学类等；理科又可分为数学、物理、化学、生物等基础科学以及包括土建类、水利类、电工类、电子通信类、化工制药类等在内的工科科目。根据文科、理科的专业特点，文科专业大学生的创新成果较多体现在营销创新和组织创新方面，包括外观或包装设计的改进、促销方式的改良、新兴市场的发现等。理科专业大学生的创新成果主要集中在工艺创新(应用新技术、采用信息化手段、运用先进设备等)和产品创新(产品的改良和新产品的创造)方面。

(二)大学生创新成果的特点

有研究表明，当前大学生有创新的兴趣，但不持久；有灵感，但缺少技能；思维敏捷，但缺少系统的创新思维方式；有创新思维潜质，但缺少激活与开发……囿于这些特点，当前我国大学生的创新成果主要体现在小范围内、小弧度上，包括改进产品、应用信息化手段优化工艺、改变产品包装形式等技术难度不大、研究不需要太深入的创新，也就是人们常说的微创新。微创新具有7大特点：

1.给客户提供不同的体验

例如，360公司的微创新使不少计算机用户有了与众不同的体验。企业微创新的效果，往往使我们每个人的日常生活也在微创新。

2.技术难度不大，但跟新的商业模式结合，市场效果无穷大

360杀毒软件是最为典型的代表，其病毒库可以随时更新，再加上它非常方便，导致其用户爆发式增长。

3.人人都可以参与

微创新的众多案例告诉我们，用户、草根参与的创新，遍地都是。在微创新中，每个人的创新程度都很小，但是集成之后创新的程度就非常大。

4.初创时不被注意，竞争压力小

多数情况下，刚开始时，特定的微创新不会被市场所关注，创新者起步时也就不会被围追堵截。但到被关注的时候，微创新的企业已经把市场做起来了。

5.创新者的想象力很重要

要进行微创新，创新者的想象力是非常重要的。有人提出，六种思维方式在微创新里得到了较多的体现。一是上帝思维：关爱别人，受益自己。二是司马光思维：打破，才能得生机。三是孙子思维：知己知彼，百战不殆。四是拿破仑思维：敢想敢干，不被外界扰动，用自己的目光去审视客户，用自己的办法去解决问题。五是哥伦布思维：想了，就要干。六是洛克菲勒思维：时时求主动，处处占先机，以最小的代价，求得利益最大化。

6.创新创业不可分

创新和创业本是一回事，二者都是如熊彼特所说的“创建新的生产函数”。微创新的实施者很好地把握了这一点，多数是在创新中创业，在创业中创新。事实上，不少微创新只有通过创业才能实现其商业价值。

7.微创新往往不是政府关注的重点

政府不会轻易认可某项微创新，也不会轻易否定某项微创新，只要它有益于社会，政府即可任其发展。

第二节　创新成果的形成

创新始于创意。阿尔文·托夫勒(《第三次浪潮》的作者)曾预言，“21 世纪，资本的时代已经过去，创意的时代已经到来”；比尔·盖茨也认为，“知识经济的核心是创意经济”。这些都说明了创意在当代及未来人类社会发展进程中的重要性。发现新需求、提出好问题是创意的一种重要表现，它引领着创新的走向。可见，创新成果的形成始于创意的开发。

一、创意的概念

《现代汉语词典》对“创意”的解释，从静态和动态的两个角度进行表述，静态的为创见性的意念、巧妙的构思、好点子、好主意等；动态的则是指创见性的思维活动。

一般而言，创意就是重新组织已有的知识经验，提出新的方案或程序，并创造出新的思维成果。从中我们可以看出创意、创造、创新之间千丝万缕的关系，创意是最原始、最基本、最关键、最具有决定性的想法和主意，是整个创造活动的出发点。相对于创意的这种原创性和出发点特征，创造只是在这种原创性基础上和出发点之后的行动，是过程，而创新则是整个创造活动的结果达到了别人所没有的新水平和新境界。北京奥运场馆的“鸟巢”“水立方”形状和结构就是创意，这个创意虽是一个理念或一个概念，但它决定了整个建筑的创造和创新。

尽管创意目前还没有一个明确统一的定义，但通过对创意本质的理解，我们可以把握创意的本质特征，即创意要基于现在、创意要与众不同、创意要可以表达。当创意仅仅是停留在某个人脑海中的主意或想法时，既无意义，也无价值，更无缘保护。只有当创意被表达出来，以一种形式固定或传承下去，创意才有其价值。

二、创新成果源于创意的开发

你是否注意到，有一些人好像总是创意不断，一个接一个的，为什么这些人会有如此多的创意呢？创意是与生俱来的，还是后天锻炼和培养的呢？如何才能让自己成为一个具有创意的人呢？

（一）创意开发的相关理论

其实要达成创意，是有章可循的。也就是说，创意之所以能够诞生，创意人一定会在过程中有意无意地使用到一套理论和方法。而且，这套理论和方法总是可以被有意识地加以培养的，创意思维能力也会随之增长。

1.魔岛理论

古代有一个传说，水手们发现，根据航海图的指示，这一带明明应该是一片汪洋大海，却突然冒出一环状的海岛。更神奇的说法是，水手在入睡前，海上还是一片汪洋，第二天早上醒来，却发现眼前出现了一座小岛，大家称之为“魔岛”。实际上，这座“魔岛”是珊瑚岛。创意的产生，有时候也像“魔岛”一样，在人的脑海中悄然浮现，神秘而不可捉摸。这种方式产生的想法会稍纵即逝，所以应该随时将想法记录下来，可能你随手写下来的东西就会成为改变人生的源泉。

理论说明：创意是经历长期的经验积累和持续的思考过程而产生的。

2.万花筒理论

万花筒理论也称“拼图游戏法”或“组合法”。在同一万花筒中存放着一定数量的彩色玻璃碎片，虽然这些碎片的数量是有限的，但只要旋转万花筒改变碎片的组合方式，就会产生无穷无尽的变化。当然组合既可能是一种深度的、复杂的、创造性的组合，也可能是一种表层的、简单的、说明性的组合。最初的手机只能打电话，而如今的智能手机却集电话、相机、电脑于一体，形成了一个典型的“拼图理论”。

理论说明：创意是对原始素材进行加工和重构的过程。

3.迁移理论

迁移理论认为，创意是一种迁移。所谓“迁移”，就是用观察此事物的办法去观察彼事物，用不同的眼光去观察同一个现象，采取移动视角的办法来分析问题。通过视角的迁移，人们可以很简单地创造出众多新鲜的、交叉的、融合的、异化的、裂变的、创新的事物来。这就是创意产生的成因。

自然科学里的转基因研究，社会科学中交叉学科和边缘学科的出现，实际上都是学者迁移观察的结果。科研是这样，产品是这样，策划更是这样。在市场实践中，许许多多杰出的策划创意都源于这类的“再认识”。迁移理论的核心是“用观察此事物的办法去观察彼事物，用不同的眼光去观察同一个现象，采取移动视角的办法来分析问题”。

理论说明：创意就是举一反三、触类旁通、由此及彼。

4.变通理论

有时候只要换一种方式去理解，换一个角度去观察，换一个环境去应用，一个新的创意就产生了。这就是创意的变通理论。

通常变通既可以是对产品功能、结构形式以及使用方式的改变，也可以是设计观念、技术思想以及表现方式的更新。而“改变用途”是创意的重要源泉。通过改变对象的用途，赋予其新奇和独创，或以一样的眼光看待不一样的事物，或对一样的事物用不一样的眼光来看待，都能产生新的创意。

理论说明：创意是根据具体情况灵活变换一个角度。

（二）创意开发的方法

创意开发同其他社会生产活动一样，需要一定的方法。不同的创意开发活动具有不同的创意开发手段，这是一个非常重要而又极具活力的综合性交叉领域。1939年，美国创造学家 A.F.奥斯本（A.F. Osborn）率先提出了智力激励法，至今我们可以总结出的创意开发方法已有近千种，比较成熟的有 300 多种，常见的有智力激励法、特征列举法、综摄法、形态分析法、生物模拟法等。详见表 8-1。

表 8-1　创意开发的几种主要方法

方法名称	提出人	原理	案例
智力激励法	A. F. 奥斯本	召集一定数量的专家针对某一问题展开讨论，汇聚集体智慧来寻求问题解决方案的过程。其典型为头脑风暴法。	某家卖坚果的淘宝网店，对“如何使核桃裂开而不破碎”举行了一次小型头脑风暴会，会上大家提出了近 20 个奇思妙想，其中有一个人想出了简单高效完整取出核桃的好方法：在外壳上钻一个小孔，灌入压缩空气，靠核桃内部压力使核桃裂开。
特征列举法	罗伯特·克劳福德	通过打散、选择、改造、重构 4 个步骤，改进旧事物的特征，或把某一事物的特征添加到另一事物上，创造新事物。	自行车的创意开发，可以将自行车分为车胎、钢圈、链条、齿轮、车身、车把、刹车、车座、车铃等若干部分分别予以研究，只要革新其中一个或几个部分，就可以导致自行车整体性能的创新。
综摄法	威廉·戈登	从已知推向未知的创新方法，“同质异化”和“异质同化”是综摄法采用的基本的研究思路。	1948 年的一天，瑞士发明家乔治·特拉尔带着他的狗去打猎，狗身上和他的裤子上满是大蓟花带刺的种子，他用显微镜进行了观察，只见几百个小钩子钩住了绒面裤子和狗毛。他运用类比的方法，从而产生了“用许多钩子钩住一大堆线圈”这样一种新的构想，于是创造出了尼龙搭扣。

续表

方法名称	提出人	原理	案例
形态分析法	F.兹维基	先把技术课题分解成为相互独立的基本要素,找出每个要素的可能形态,然后加以组合得到解决技术课题的总构想方案。	二战期间,美国探听到德国正在研制一种新型巡航导弹,但难以获得有关技术情报。然而,火箭专家兹维基博士却在自己的研究室里,轻而易举地搜索出德国正在研制并严加保密的乃是带脉冲发动机的巡航导弹。兹维基博士难道有特异功能?没有。他正是运用了形态分析法:先将导弹分解为若干相互独立的基本要素,然后针对每个基本要素找出实现其功能要求的所有可能的技术形态,在此基础上进行排列过筛分析。他认为只有几种新方案值得人们开发研究,在这少数的几种方案中,就包含有德国正在研制的方案。
生物模拟法		模仿自然物的功能与构造原理,从中发现其功能与形态的关系,并将这些发现综合应用。	服装材料中的"树皮皱""人造毛""人造革"等都是材质仿生的成果。

(三)创意开发的流程

创意开发的流程:定向—准备—分析—酝酿—创意—论证。

1.定向:实际上就是确定目标,初步确定创意的方向。

2.准备:为创意收集信息资料,必须是围绕创意的方向和目的去寻找的,并遵循尽量多、全的原则。

3.分析:对收集的信息资料进行整理、存储,并深入分析,提炼出关键要素,并形成关系图。

4.酝酿:在问题的引导下,大脑对各种思维材料进行不断排列、组合、内在加工。

5.创意:在酝酿的过程中,往往会不时地闪现出一些创意点,此时就需要捕捉到创意点,并深入分析修正,最后形成具体的创意思路。

6.论证:将创意与实际相结合,不断修改,直到创意可以完全被执行,形成具体的创意方案。

第三节　创新成果的保护

我国已建立了与创新相关的较为完整的法律制度，能为创新成果的保护、转化等提供合理的法律框架。在制度构建方面，从基本法律到相关法律再到行政法规、部门规章、相关政策等，已经构成了一套相对完整的法律体系。《中华人民共和国宪法》中有多处涉及创新发展的规定，《中华人民共和国著作权法》（以下简称《著作权法》）明确了作品的保护手段，《中华人民共和国专利法》（以下简称《专利法》）为保护发明创造提供了最主要的法律手段，它们与《中华人民共和国商标法》（以下简称《商标法》）等一道构筑了我国的知识产权保护制度，明确了知识产权的归属，为创新成果保护、转化等奠定了良好的产权基础。本书着重介绍与大学生创新成果保护息息相关的著作权法、专利法和商标权保护法。

一、著作权法

著作权法是调整权利主体之间、权利主体和他人之间因著作权和邻接权的归属、行使、转让、许可或合理使用等原因而发生的民事法律关系的法律规范总和。

（一）著作权的主体

著作权的主体包括两大类：一类是自然人，另一类是法人或其他组织。《著作权法》规定，创作作品的公民是作者，著作权属于作者。这里所称的公民指的是自然人，就是通过自己的脑力劳动创作作品的自然人。《著作权法》还规定，由法人或者其他组织主持，代表法人或者其他组织意志创作，并由法人或者其他组织承担责任的作品，法人或者其他组织视为作者。属于这种情况的作品在法律上被称为法人作品。

（二）著作权的客体

著作权的客体指的是著作权法律关系的载体——受著作权法保护的作品。《中华人民共和国著作权法实施条例》（以下简称《著作权法实施条例》）第 2 条规定：著作权法所称作品，是指文学、艺术和科学领域内具有独创性并能以某种有形形式复制的智力成果。《著作权法实施条例》第 4 条对 13 类作品进行了定义：

（1）文字作品，是指小说、诗词、散文、论文等以文字形式表现的作品；

（2）口述作品，是指即兴的演说、授课、法庭辩论等以口头语言形式表现的作品；

（3）音乐作品，是指歌曲、交响乐等能够演唱或者演奏的带词或者不带词的作品；

（4）戏剧作品，是指话剧、歌剧、地方戏等供舞台演出的作品；

（5）曲艺作品，是指相声、快书、大鼓、评书等以说唱为主要形式表演的作品；

（6）舞蹈作品，是指通过连续的动作、姿势、表情等表现思想情感的作品；

(7)杂技艺术作品，是指杂技、魔术、马戏等通过形体动作和技巧表现的作品；

(8)美术作品，是指绘画、书法、雕塑等以线条、色彩或者其他方式构成的有审美意义的平面或者立体的造型艺术作品；

(9)建筑作品，是指以建筑物或者构筑物形式表现的有审美意义的作品；

(10)摄影作品，是指借助器械在感光材料或者其他介质上记录客观物体形象的艺术作品；

(11)电影作品和以类似摄制电影的方法创作的作品，是指摄制在一定介质上，由一系列有伴音或者无伴音的画面组成，并且借助适当装置放映或者以其他方式传播的作品；

(12)图形作品，是指为施工、生产绘制的工程设计图、产品设计图，以及反映地理现象、说明事物原理或者结构的地图、示意图等作品；

(13)模型作品，是指为展示、试验或者观测等用途，根据物体的形状和结构，按照一定比例制成的立体作品。

(三)著作权的归属

著作权的归属是指基于作品产生的著作权应当归谁所有的问题。《著作权法》第11条规定：著作权属于作者，本法另有规定的除外，创作作品的公民是作者。由法人或者其他组织主持，代表法人或者其他组织意志创作，并由法人或者其他组织承担责任的作品，法人或者其他组织视为作者。

(四)著作权的内容

著作权的内容包括人身权和财产权两个部分。《著作权法》规定：著作人身权包括发表权、署名权、修改权、保护作品完整权；著作财产权包括复制权、发行权、出租权、展览权、表演权、放映权、广播权、信息网络传播权、摄制权、改编权、翻译权、汇编权，以及应当由著作权人享有的其他权利。

(五)著作权的保护

著作权侵权行为的基本类型有：承担民事责任的侵权行为、承担行政责任的侵权行为、承担刑事责任的侵权行为。

1.民事责任

(1)停止侵害；(2)消除影响，公开赔礼道歉；(3)赔偿损失。

2.行政责任

(1)警告；(2)责令停止制作和发行侵权复制品；(3)没收非法所得；(4)没收侵权复制品及制作设备；(5)罚款。

3.刑事责任

侵犯著作权罪。《中华人民共和国刑法》(以下简称《刑法》)第217条规定,以营利为目的,有下列侵犯著作权情形之一,违法所得数额较大或者有其他严重情节的,处三年以下有期徒刑或者拘役,并处或者单处罚金;违法所得数额巨大或者有其他特别严重情节的,处三年以上七年以下有期徒刑,并处罚金:

(1)未经著作权人许可,复制发行其文字作品、音乐、电影、电视、录像作品、计算机软件及其他作品的;

(2)出版他人享有专有出版权的图书的;

(3)未经录音录像制作者许可,复制发行其制作的录音录像的;

(4)制作、出售假冒他人署名的美术作品的。

【案例分享】

文艺版权第一案

2015年12月16日,经历近19个月的诉讼,琼瑶诉于正等侵权一案由北京市高级人民法院终审宣判,虽然判决认为原审法院在适用法律和事实认定上有误,但仍维持了原判。依判决,自其生效之日起被告立即停止电视剧《宫锁连城》的复制、传播与发行行为。被告于正须于判决生效起10日内刊登道歉声明,公开向琼瑶道歉。5名被告于判决生效10日内连带赔偿原告500万元。

作为中国大陆“文艺版权第一案”,该案为类型剧侵权提供了参照标准。若情节发展、结构安排具体到一定程度体现作者独创性智慧,则可能构成受保护的“表达”。在认定作品实质性相似之时,二审法院肯定了一审法院关于“受众感受”的标准,同时在一审法院整体判定的基础上,将9个相似情节具体分析对比并最终判定侵权。该案判决既含禁令,又含金钱赔偿。一审判决时便有人质疑对投资、发行方苛责过重,不符合经济效益。二审法院考量这一点,认定被告在首播时获利颇丰,平衡二者,依然维持了原判。这预示着高标准的“IP”保护时代正在到来,侵权代价增大。

二、专利法

专利法是确认发明人或设计人对其发明创造享有专有权,规定专利权人的权利和义务的法律规范的总称。

(一)专利权的主体

专利权的主体,即专利权人,是指依法享有专利权并承担相应义务的人。当有多个人就相同的发明创造申请专利时,专利权应该授予谁,通常有两种解决的原则:先发明原则和先申请原则。先发明原则是指当有多个人就相同的发明创造申请专利时，专利权授予先完成发明的人。先申请原则是以提出申请时间的先后为准，即谁先提出申请，专利权就授予谁。目前，包括我国在内的大多数国家都实行先申请原则。

（二）专利权的客体

专利权的客体，也称为专利法保护的对象，是指能取得专利权，可以受专利法保护的发明创造。《专利法》第2条规定：本法所称的发明创造是指发明、实用新型和外观设计。因此，专利权的客体应该是发明、实用新型和外观设计。《专利法》所称发明是指对产品、方法或者其改进所提出的新的技术方案。发明分为产品发明和方法发明两大类型，产品发明包括所有由人创造出来的物品，方法发明包括所有利用自然规律通过发明创造产生的方法。方法发明又可以分成制造方法和操作使用方法两种类型。

授予专利权的发明和实用新型，应当具备新颖性、创造性和实用性。新颖性是指在申请日以前没有同样的发明或者实用新型在国内外出版物上公开发表过、在国内公开使用过，或者以其他方式为公众所知，也没有同样的发明或者实用新型由他人向国务院专利行政部门提出过申请并且记载在申请日以后公布的专利申请文件中。创造性是指同申请日以前已有的技术相比，该发明或者实用新型具有突出的实质性特点和显著的进步。实用性是指该发明能够制造或者使用，并且能够产生积极效果。只要涉及产品的形状、图案或者其结合以及色彩与形状、图案的结合，富有美感并适用于工业应用的新设计，就可以申请外观设计专利，其授权条件包括新颖性、创造性，不得与他人在先权利相冲突。

（三）专利权的取得

专利权并不是伴随发明创造的完成而自动产生的，需要申请人按照专利法规定的程序和手续向国家知识产权局专利局提出申请，经国家知识产权局专利局审查，认为符合专利法规定的申请才能授予专利权。如果申请人不向国家知识产权局专利局提出申请，无论发明创造如何重要，如何有经济效益都不能授予专利权。因此，取得专利权的首要条件是申请人就其发明创造向国家知识产权局专利局提出专利申请。而取得专利权的第二个条件是国家知识产权局专利局在收到申请人的专利申请后，对其申请的发明创造依据相关法律进行审查，若符合相关法律的规定，则授予申请人专利权，即只有经过审查，符合法律规定的专利申请才可以取得专利权。

（四）专利权的内容

1.独占实施权

《专利法》第11条规定："发明和实用新型专利权被授予后，除本法另有规定的以外，任何单位或者个人未经专利权人许可，都不得实施其专利，即不得为生产经营目的制造、使用、许诺销售、销售、进口其专利产品，或者使用其专利方法以及使用、许诺销售、销售、进口依照该专利方法直接获得的产品。"

2.许可实施权

许可实施权是指专利权人通过实施许可合同的方式，许可他人实施其专利并收取专利使用费的权利。

(1)转让权。转让权是指专利权人将其获得的专利所有权转让给他人的权利。转让专利权的，当事人应当订立书面合同，并向国务院专利行政部门登记，由国务院专利行政部门予以公告。专利权的转让自登记之日起生效。中国单位或者个人向外国人转让专利权的，必须经国务院有关主管部门批准。

(2)请求保护权。请求保护权是指专利权人认为其专利权受到侵犯时，有权向人民法院起诉或请求专利管理部门处理以保护其专利权的权利。保护专利权是专利制度的核心，他人未经专利权人许可而实施其专利，侵犯专利权并引起纠纷的，专利权人可以直接向人民法院起诉，也可以请求管理专利工作的部门处理。

(3)标记权。标记权即专利权人有权自行决定是否在其专利产品或者该产品的包装上标明专利标记和专利号。

(4)放弃权。放弃权是指专利权人可以在专利权保护期限届满前的任何时候，以书面形式声明或以不缴纳年费的方式自动放弃其专利权。《专利法》规定，专利权人以书面声明放弃其专利权的，专利权在期限届满前终止。专利权人提出放弃专利权声明后，一经国务院专利行政部门登记和公告，其专利权即可终止。

(五)专利权的期限

发明专利权的期限是 20 年，实用新型专利权和外观设计专利权的保护期限是 10 年，保护期限均自申请日起计算。

(六)专利权的保护

专利权的保护是指在专利权被授予后，未经专利权人的同意，不得对发明进行商业性制造、使用、许诺销售、销售或者进口，在专利权受到侵害后，专利权人通过协商、请求专利行政部门干预或诉讼的方法保护专利权的行为。侵害专利权应承担的法律责任包括民事责任、刑事责任和行政责任。

1.民事责任

(1)停止侵权。专利侵权行为人应当根据管理专利工作的部门的处理决定或者人民法院的裁判，立即停止正在实施的专利侵权行为。

(2)赔偿损失。侵犯专利权的赔偿数额，按照专利权人因被侵权所受到的损失或者侵权人获得的利益确定；被侵权人所受到的损失或侵权人获得的利益难以确定的，可以参照该专利许可使用费的倍数合理确定。

(3)消除影响。在侵权行为人实施侵权行为给专利产品在市场上的商誉造成损害时,侵权行为人就应当采用适当的方式承担消除影响的法律责任,承认自己的侵权行为,以达到消除对专利产品造成的不良影响。

2.行政责任

对专利侵权行为,管理专利工作的部门有权责令侵权行为人停止侵权行为、责令改正、罚款等,管理专利工作的部门应当事人的请求,还可以就侵犯专利权的赔偿数额进行调解。

3.刑事责任

依照《专利法》和《刑法》的规定,假冒他人专利,情节严重的,应对直接责任人员追究刑事责任。

【案例分享】

支付宝的“专利无效案”

2007 年,日本电通应用股份有限公司在中国获得发明专利“管理交易和清算的方法,通知关于消费动向的信息的方法”(专利号:2003101188255),该专利涉及对互联网第三方支付操作模式的保护。2011 年上半年,日本电通以其上述专利被侵权为由,对支付宝中国网络技术有限公司(阿里巴巴淘宝网支付系统)和深圳市财付通科技有限公司(腾讯拍拍网支付系统)向北京市第一中级人民法院提起诉讼,并向第三方支付领域的其他 6 家公司发出侵权警告函。

支付宝等公司认为,网络上的结算专利大多涉及一种方法,而各国法律对方法专利的授权各有规定,已经达成共识的是,“抽象思想或智力活动的规则”无法受到专利保护,而财务结算、报表的排列等方法是典型的智力活动规则,日本电通主张权利的专利实质上是一项商业方法,不应被授予专利权。据此,支付宝向国家知识产权局专利复审委员会提出专利权无效宣告请求。经审理,2014 年,专利复审委做出审查决定,宣告日本电通上述发明专利全部无效。

该案中,支付宝公司面对强大的对手,敢于反击,为我国企业走向世界树立了很好的榜样。同时,作为我国首例第三方支付商业方法专利无效案,该案对今后的类似案件审理具有重要的借鉴作用。

三、商标权保护

(一)商标权的主体

商标权的主体又叫商标权人,是指依法享有商标权的自然人、法人或者其他组织,包括商标权的原始主体和继受主体。商标权的原始主体是指商标注册人,继受主体是指依法通过注册商标的转让或者移转取得商标权的自然人、法人或者其他组织。

（二）商标权的客体

商标是商品的生产者、经营者在商品或者服务上采用的，用于区别商品或服务来源的。商标权的客体是由文字、图形、字母、数字、三维标志、声音、颜色或上述要素的组合构成的，具有显著特征的标志。经国家核准注册的商标为注册商标，受法律保护。

（三）商标权的取得

在国际上，商标权的原始取得大体上遵循以下三种原则：商标注册在先取得原则；商标使用在先取得原则；混合原则，兼顾注册在先和使用在先取得原则。我国采取的是商标注册在先取得原则。

（四）商标权的内容

1.专用权

商标专用权是指商标权人对其注册商标依法享有的在核定商品或服务上独占使用的权利。商标注册人使用注册商标，有权标明“注册商标”字样或者注册标记。

2.禁止权

商标禁止权是指商标权人依法享有的禁止他人不经过自己的许可而使用注册商标和与之近似的商标的权利。

3.许可权

商标许可权是指商标权人可以通过签订商标使用许可合同，许可他人使用其注册商标的权利。

4.转让权

商标转让权是指商标权人依法享有的将其注册商标依法定程序和条件，转让给他人的权利。

5.续展权

商标续展权是指商标权人在其注册商标有效期届满前，依法享有申请续展注册，从而延长其注册商标保护期的权利。注册商标的有效期为10年，自核准注册之日起计算。注册商标有效期满，需要继续使用的，应当在期满前6个月内申请续展注册；在此期间未能提出申请的，可以给予6个月的宽展期。每次续展注册的有效期为10年，宽展期满仍未提出申请的，注销其注册商标。

（五）商标权的保护

按照商标侵权行为表现的不同，商标侵权行为可分为：假冒注册商标行为，销售侵犯商标权的商品的行为，伪造、擅自制造他人注册商标标识或者销售伪造、擅自制造的注册商标标识的行为，反向假冒行为，给他人的注册商标专用权造成其他损害的行为。

1.商标侵权的民事责任

根据《中华人民共和国民法通则》第118条规定，商标权遭受侵害的，有权要求停止侵害，消除影响，赔偿损失。根据《商标法》第53条规定，被侵权人可以要求侵权人立即停止侵权行为，赔偿损失。侵权赔偿数额为侵权人在侵权期间所获得的利益，或者被侵权人在被侵权期间因被侵权所受到的损失，包括被侵权人为制止侵权行为所支付的合理开支。如果二者都难以确定，则由人民法院根据侵权行为的情节判决给予50万元以下的赔偿。《商标法》第65条规定，商标注册人或利害关系人有证据证明他人正在实施或者即将实施侵犯其注册商标专用权的行为，如不及时制止将会使其合法权益受到难以弥补的损害的，可以在起诉前向人民法院申请采取责令停止有关行为和财产保全的措施。

2.商标侵权的行政责任

工商行政管理部门根据注册人的请求处理商标侵权纠纷，或者依职权主动查处商标侵权行为时，认定侵权行为成立的，责令立即停止侵权行为，没收、销毁侵权商品和专门用于制造侵权商品、伪造注册商标标识的工具，并可处以罚款。

3.商标侵权的刑事责任

《商标法》第67条规定，假冒他人注册商标，构成犯罪的，除赔偿被侵权人的损失外，依法追究刑事责任；伪造、擅自制造他人注册商标标识或者销售伪造、擅自制造的注册商标标识，构成犯罪的，除赔偿被侵权人的损失外，依法追究刑事责任；销售明知是假冒注册商标的商品，构成犯罪的，除赔偿被侵权人的损失外，依法追究刑事责任。

【案例分享】

香奈儿公司的诉讼案

香奈儿公司是1954年8月27日在法国注册成立的股份公司，是世界范围内著名的奢侈品牌之一。该公司系核定使用于第25类“服装、鞋、帽、围巾、游泳衣”等商品的图形商标及“CHANEL”文字商标的权利人。文大香与凯旋酒店公司的分公司华美达酒店签订商铺租赁合约，承租华美达酒店首层西走廊2号铺作经营服装、皮具等之用，并保证不在商铺内经销假冒伪劣商品。香奈儿公司认为文大香销售的鞋、钱包等商品上使用了与其注册商标相同的标识，侵犯其注册商标专用权，遂以文大香、凯旋酒店公司及华美达酒店为被告，提起诉讼，请求法院判决3名被告停止侵权，并连带赔偿其经济损失及合理支出共计30万元。

广州市越秀区人民法院一审认为，文大香侵犯香奈儿公司注册商标专用权，应承担停止侵害和赔偿损失的民事责任，凯旋酒店公司及华美达酒店不构成侵权。香奈儿公司不服，提起上诉。广州知识产权法院二审认为，综合考虑涉案商标知名度、华美达酒店的高档星级酒店身份、合同显示的酒店与商铺的特殊关系以及文大香长期反复侵权等因素，华美达酒店对涉案售假商铺应具有较高注意义务，且文大香的售假行为明显，华美达酒店只要稍加注意就能发现。华美达酒店对文大香侵犯涉案商标的行为视而不见，放任侵权行为发生，构成帮助侵权，应与文大香承担连带赔偿责任。遂改判文大香、华美达酒店、凯旋酒店公司连带赔偿香奈儿公司经济损失及合理费用5万元。

近年来，服装市场、酒店等出租商铺销售假冒商品的行为时有发生。商标权利人通常将商铺经营者与商铺出租方、管理方一并作为被告起诉，要求其承担连带赔偿责任。此种情况下，如何认定商铺出租方、管理方的责任显得尤为重要。本案中，审理法院在判断商铺出租方对商铺经营者侵权是否明知或应知时，考虑了权利人商标的知名度、商铺的侵权行为是否足够明显、出租方与商铺经营者的具体关系等因素，根据具体情况合理确定了商铺出租方的注意义务。本案判决探索了商铺出租方、管理方构成帮助侵权的条件，对于保护知名品牌的合法权益具有指导意义。

第四节　创新成果的转化

一、创新成果转化的概念

创新成果转化，指创新成果知识产权人，通过自己使用、许可使用、转让、特许经营等方式行使创新成果知识产权的财产权利，实现创新成果知识产权的经济价值。创新成果知识产权的转化，既为权利人实现其财产权利提供了渠道，又让社会大众分享创新成果的效用，从而实现了激励创造、鼓励传播、促进社会进步的目的。就创新成果而言，单纯的创新不是目的，单纯的保护也不是目的，在当今世界发展浪潮中，经济竞争正在从有形的竞争转化为无形的竞争，其中的知识含量已经愈发成为决胜的关键。创新成果的取得和保护的最终目的就是让所创造出的智力成果转化为经济价值和市场效益。

【小贴士】

创新成果成功转化有多重要?

在苹果和SGI，李开复度过了八年，走过了从科学家到产品副总裁的路程。在这段路程上，他有许多成功，如苹果的Quick Time，但是在SGI他碰到了巨大的挫折。他的团队开发了一个非常酷、非常棒的三维浏览器，获得了许多大奖。但是当时他们只顾埋头创造，却没有做好市场分析和调研，结果这么酷、这么棒的浏览器并没有被市场上的普通用户所接受。这个浏览器在市场上失败了，这项创新无法为公司创造任何价值，整个团队和产品被公司廉价卖掉。他理解了，仅仅有科学家的"新""酷"的创新是不够的。创新必须是针对用户的，必须是有用的。做产品管理，必须把用户放在第一位。李开复于1998年夏天回到中国，在中国开创微软中国研究院。这时，他把这个教训带入中国团队。

二、创新成果转化模式

（一）自主创业

自主创业即自己使用、自主开发，是指个人、科研院所、大专院校、企业等创新者的创新成果在内部进行的一种成果转化模式。其特点是创新成果的成果源与吸收体融为一体，将市场交易内部化，消除了中间环节，转化交易成本较低，转化效率较高。例如，1984年，原中科院计算所（现为中科院数学与系统研究院）投资20万元成立了中科院联想控股有限公司。当时联想由11名科技人员组成，主要对原中科院计算所的科研成果和技术进行转化。到2005年，联想集团已拥有资产622亿元，累计向国家纳税75.5亿元，成为国内IT行业排名居首的高新技术企业。

对于朝气蓬勃的大学生而言，通过自身创业，把奇思妙想的创新思维转化为商品和利润，显得更为重要和紧迫。2015年首届中国"互联网＋"大学生创新创业大赛总决赛举行时，李克强总理曾批示："大学生是实施创新驱动发展战略和推进'大众创业、万众创新'的生力军。"据统计，2015年全国高校毕业生规模达到了727万人，再创历史新高。毕业人数破700万对于我国这样的一个人口大国来说，意味着严峻的就业压力，创业不再是少数人的专利，而是多数人的选择。

（二）许可使用

创新成果的许可使用，是指产权人授权他人在一定时期和范围内，以一定的方式行使创新成果的使用权并获得相应报酬的行为。"许可是在不转让财产所有权的条件下让渡财产中的权利"，这包含了以下几点含义：创新成果产权中的人身权利不得许可使用；许可使用不导致产权所有权的主体发生变化；许可使用不得超出许可人自身所拥有的权限；被许可人不得超出合同约定范围行使权利。著作权、专利实施和商标都可以进行许可使用。

1.著作权的许可使用

著作权许可使用，指著作权人授权他人在一定的地域、期限内，以一定方式使用其作品并获得报酬的行为。著作权许可使用是最常见的著作权贸易方式，是著作权人实现其著作财产权的主要方式。

2.专利实施许可

专利实施许可是指专利权人授权他人在一定地域、期限内,以一定方式,包括使用、制造、销售等方式,实施其专利并获得报酬的行为。专利实施许可是最常见的专利贸易形式,是专利权人获得经济价值的主要途径之一。

3.商标的许可使用

商标许可使用是指注册商标所有人授权他人在一定地域、期限内,以一定方式使其在册商标并获得报酬的行为。商标许可使用是现代商标法的主要内容,是商标注册人实现其商标经济价值的主要形式。

(三)产权转让

创新成果的转让,指创新成果产权所有人依法将其享有的创新成果的产权中的财产权利全部或部分转让给他人的行为,包括著作权转让、专利权转让、注册商标转让等。当前,许多创新成果正是以转让获取利益为主要目的。有偿转让创新成果,是实现其经济价值的主要途径之一。

1.著作权转让

著作权转让是指著作权人依法将其享有的著作财产权全部或者部分转移给他人的行为。通过著作权转让,受让人成为该作品全部或者部分财产权的权利人,转让人丧失相应权利。

2.商标转让

商标转让是指商标权人依法将其注册商标专用权转移给他人的法律行为。商标权人为转让人,接受注册商标专用权的一方为受让人。

3.专利权转让

专利权转让是指专利权人依法将其专利权转移给他人的法律行为。转让人有权依照合同收取转让金,受让人有权受让该项专利权,成为新的权利主体。

【案例分享】

重庆市高校一研究生发明专利获 200 万元转让费

记者从重庆科技学院获悉,该校一研究生研发的国内首台低成本 3D 打印抛光机,通过中央电视台科教频道的《发明梦工厂》栏目竞拍,获 200 万元专利转让费。

大四就加入学校"大学生创新创业团队"的刘洪伟,在老师的带领下开始研究 3D 打印抛光机。通过温度的控制、耗材的选择等一系列改进设计,刘洪伟自主研发出一种环保材料,运用材料转移技术为 3D 打印成品抛光。"当时,国内尚没有成熟的 3D 打印抛光机,国外的产品售价则高达几万美元,而且所使用的耗材极其昂贵。"刘洪伟告诉记者,自主研发的 3D 打印抛光机售价只有 2000～5000 元/台,价格大大低于国外产品，而且抛光速度很快。

中央电视台科教频道《发明梦工厂》栏目也播出了刘洪伟的发明，一共有6家企业举牌参加竞拍。由于该发明填补了国内空白，最终该专利以200万元实现转让。

【小贴士】

技术转让的相关知识

技术转让是知识产权转让的下位概念。在现代贸易中，技术转让是知识产权转让的重要内容。技术转让，是指专有技术的所有人将技术转移给他人，并收取报酬的行为。技术转让，通常是包括专利、商业秘密、商标、版权在内的综合性的知识产权利用行为。目前专有技术至少由3种技术构成：专利技术、秘密技术、计算机软件技术。商标不属于技术范畴，虽然在知识产权贸易中，技术转让通常附带有商标的转让或是许可使用，商标可以作为技术转让的标的之一，但单纯的商标转让，不是技术转让。此外，科学技术转让的模式还有：技术开发模式、政产学研金介用模式、面向产业集群模式、科技创业孵化模式、公共技术服务平台模式等。[①]

、

【思考题】

1.运用创新思维提出对未来住宅和理想住宅的设计方案（少占地，体现人与大自然的和谐，设施更齐备）。

2.请模拟写出一份你手握之笔的外观设计专利申请书。

3.模拟你与同学正在进行一次发明笔的技术专利转让过程。

① 张耕，蒙洪勇.知识产权法实务教程[M].北京：中国人民大学出版社，2012：81—82.

第九章

大学生创新能力分析

【学习目标】

1.了解创新能力的概念及来源。

2.熟悉创新能力的特点。

3.掌握创新能力的公式。

4.了解大学生创新能力现状。

【学习指南】

1.通过学习和分析案例、收集相关资料,了解创新能力的概念、来源、特点。

2.通过网络收集资料,采访在校大学生、创新创业校友等,分析大学生创新能力现状。

第一节 创新能力的内涵

(一)创新能力的概念

创新能力简称为创造力,特指创造者进行创新活动的能力,也就是产生新的想法和新的事物或新的理论的能力。创造者可以是个人,也可以是群体或国家,由此,可区别称为个人创造力、群体创造力或国家创造力。但群体创造力及国家创造力都是以个人创造力为基础的,故本书着重谈的是个人创造力的提升。

尽管我们已经给出了创造力的含义,但大家可能还是不能准确地把握它。那创造力到底是一种什么能力呢?

下面我们要对创造力和智力做一个比较。智力是一种建立在一定知识、经验基础上的认知能力,也就是人们认识世界的能力。例如,如果你今天教给一个小孩子这个东西叫“杯子”，明天再问他“这叫什么”，他立刻能说出“杯子”，我们就说这个孩子智力好。智力的核心能力是记忆力，还包括注意力和观察力。

创造力是一种改造世界的能力。要改造这个世界，首先要认识这个世界，因此创造力包括智力，智力是创造力的必要条件。

现代观点认为，智力是一种中间能力，而创造力才是人的最终能力。正因为如此，创造力成为人类最主要、最宝贵的能力。一般来说，优秀的人、成功的人都是创造力出众的人。

换个角度说，我们不仅要知道世界是什么，它是怎么来的，还要知道怎样改造世界。学生在学校里不仅要学习认识社会、适应社会，更要学习如何改造社会。

（二）创新能力的来源

创新思维之父、世界创新大师爱德华·德·波诺认为：创新能力意味着产生某种过去并不存在的东西，创新能力的结果有其独特、稀有的一面，这种特殊能力有着较为广泛的来源，包括无知、经验、动机、完善性、机会、意外、错误和疯狂、风格等。

1.无知有助于创新

我们都希望自己广知博闻，并且在长大之后也不可能对自己的领域一无所知，那么如何利用无知来产生创造力呢？爱德华·德·波诺提出了一个解决办法，即只读完刚好足够让人对新事物产生感觉的资料，然后停下来自己思考，当产生了一些想法时，再深入阅读，并随时停下来回顾自己的想法，进而产生新的想法，这样，每个人都会有提高创造力的机会。

2.在经验基础上的创新

与无知的创造相反，源自经验的创造力风险更低、更可靠，因为它建立在过去成功的基础之上，重复着昔日的胜利，但并没有真正新颖的东西，只能够根据经验对可能产生的效果进行预测。

3.动机所产生的创新

愿意花费时间和精力来思考更好的做事方法的人，更可能产生创新性的成果。在其他人都满足于既有的解决方案时，有的人会去寻找更多的替换方案，这类人有着强烈的好奇心和探索欲望，乐于尝试新事物，并不断寻求新的方法。随着投入时间和精力的增多，他们很可能会有新鲜的、创造性的想法作为回报。简单来说，许多被视为创新天赋的东西本质上就是创新的动机，大多数被视为具有创造性的人的创造力就来源于此。

4.完善性的创新

完善性的创新类似于摄影师的创作，摄影师拿着相机到处取景，直到某个特殊的景色或物体引起了他的注意，通过选择角度、布局、照明等，摄影师将拍摄对象转换为照片。这里被拍摄的物体并不是摄影师创造的，但经过艺术修饰的照片是摄影师创造力的产物。与此类似，运用完善性手法进行创新的人并不自己产生新的想法，他早就认识到了某个想法的潜力，经过完善、发展并付诸实施，使这个想法得以实现。事实上，许多依靠新想法取得创新的人，实际上是从别人那里借用了想法的原始模型，通过创新改造的努力，实现了这个想法。

5.错误、机会和偶然诱发的创新

错误、机会和偶然常常会激发新的想法。哥伦布开始只准备向西航行到印度群岛，正是因为他使用了源于托勒密对地球圆周错误的测量方法，否则他永远也不会起航。因为通过正确测量，他会知道船队不可能携带足够的给养品到达目的地。

医学上的许多进步都是错误产生的结果，第一种抗生素的发现是因为亚历山大·弗莱明注意到，皮氏培养皿中的污物消灭了细菌，这样才产生了青霉素。免疫过程是由巴斯德发现的，他的助手犯了个错误，给小鸡注射了剂量过于微小的霍乱细菌，如此微小的剂量似乎使它们足以抵抗其后注射的更大剂量的霍乱细菌的侵害。这些事件看似都是错误的，它们之所以能够导致创新的产生，是因为这类事件使人们突破大众认为合理的界限。另外，一些疯狂、偶然的事件也是创新的来源之一，其原因与错误所产生的创新类似。

6.风格

风格也是创新的一个明显来源，坚持某种风格可以产生一系列的新事物，它们带有相同的新式风格。但严格说来，这些有相同风格的产品，除去风格带来的创新意义以外，并没有更多的创新。

以上所述是一些从传统的束缚中所产生的创新，但并非全部。虽然它们都产生了有益的结果，但它们只是创新最初的阶段，还远远不够。例如，在企业文化创新中，当管理层了解、支持并亲自参与时，新的企业文化才容易被员工所接受，它所体现的仅是一定意义上的从约束中释放，更多的则是对新价值快速地了解与重视。

（三）创新能力的特征

人的创新潜力是巨大的，美国芝加哥大学的罗杰·斯佩里博士及他的研究团队证实了这点。

1.创造力人人都有

决定创造力的是人的大脑，只要脑细胞发育正常，每个人都有创造力，并且每个正常人的创造力天赋都相同。也就是说，我们一生下来是站在同一起跑线上的我们在婴幼儿期和爱因斯坦、爱迪生有着同样的创造力。这一结论打破了“天才论”，纠正了人们过去一直认为的“创造只是少数人所为、普通人可望而不可即”的错误思想，揭开了创造的神秘面纱。也许你要问，既然我们荣幸地和爱因斯坦、爱迪生有同样的创造力，那为什么我们没有成为爱因斯坦或爱迪生呢？对这一问题的回答请见创造力的第二个特点。

2.创造力是需要被释放的潜力

创造力是潜力，需经过开发才能释放。创造力必须经过开发才能表现出来，如果不开发，则永远是潜力。每个人的创造力大致是相同的，即便是有区别的，也没有数量级的区别。创造力之所以在后天表现出极大差别，是因为开发的程度不同。只要我们去开发，创造力就会释放，不断开发就会不断释放，我们的创造力水平就会不断提高，这样人人都可以成为创造力的强者。那么，人的创新潜力到底有多大？创造力什么时候可以开发到头呢？不断地开发会不会累坏呢？请看创造力的第三个特点。

3.创造力无穷无尽

要证实创造力是无穷无尽的，先要从脑细胞的数量谈起。每个人长到12岁后，脑细胞基本发育成熟，其总数达到了140亿个。你可能要问，这140亿个脑细胞意味着什么？它相当于100万亿个开关的计算机，假如它全部用来记忆的话，能记住多少本书呢？50本，100本，还是1000本呢？都不对！正确的答案是5亿本！这个数字与我们的想象值有巨大的差距，它就是我们潜在的脑资源，就是我们的创造潜力！

斯佩里博士通过著名的割裂脑实验，得出了大脑不对称性的"左右脑分工理论"，并荣获诺贝尔奖。斯佩里博士被誉为"右脑先生""世界右脑开发第一人"。研究表明，终其一生，大多数人只运用了大脑资源的3%～4%，其余的97%都蕴藏在右脑的潜意识之中，这是个多么令人吃惊和遗憾的事实！所谓的人才也只用了大脑资源的10%。那么伟人用了多少呢？伟大的科学家爱因斯坦逝世后，捐献了自己的头颅，经过二十余年的研究发现，爱因斯坦的脑细胞数量及重量与常人一样，只是细胞之间的突触较多，说明用脑较多，但也只是用了全部脑细胞的30%。这位划时代的、以头脑当实验室的物理学家，也依然有70%的脑资源未被开发利用。

因此，我们可以得出结论，相对于有限的生命来说，我们有无限的脑资源。而创造力存在于人脑之中，那么，无限的脑资源中自然也潜藏着无限的创造力，这就是为什么说创造力潜力无穷的原因。只要我们去开发，每个人都有可能成为人才，成为伟人。

综上所述，创造力有三个特点：①创造力人人都有；②创造力是潜力，需要开发才能释放；③创造力无穷无尽。这三句话看起来很简单，但却是真理。真理都很简单，可一旦被群众掌握，就会爆发革命，爆发脑内革命！

苏联的创新教育工作者曾指出，如果人人都能正确地认识自己巨大的创新潜力，那么世界上的发明家、创造者的数量可以增加千万倍，这将给人类文明带来巨大的社会效益。

下面我们来看看，创造力到底存在于大脑的什么地方？是左脑还是右脑？

研究证明，创造力存在于我们的右脑之中。右脑被称为创造脑，而左脑被称为知识脑，左脑主管语言、计算、逻辑思维和时间管理，通常左脑发达的人，智商较高。右脑主管音乐、艺术、非逻辑思维、情绪感知和空间管理，右脑是用形象来思考和记忆的。

过去，左脑被认为是优势的，因为它主管着语音中枢，并管理着人的右侧身体活动；而右脑被认为是劣势的，并认为它只管理人的左侧身体活动。因此，过去的传统教育偏重于左脑的开发，而忽略右脑的开发。但斯佩里博士研究发现，右脑就像万能博士，主要从事形象思维，是创造力的源泉，是艺术和经验学习的中枢，右脑的存储量是左脑的100万倍。现实生活中95%的人，仅仅使用了自己的左脑。只有把右脑潜力充分挖掘出来，才能表现出人类无穷的创造才能。当今，如何更好地开发右脑已成为教育工作者研究的重要问题。

需要指出的是，虽然右脑是创造脑，但要真正完成一项创造，却需要左右脑的密切配合，二者缺一不可。也就是说，首先由右脑提出一个看起来是非逻辑的创造性设想，然后再由左脑将其转化成语言和逻辑表达出来，这样才可能实现创新。爱因斯坦曾说过：“我不是以语言来思考的，而是以跳跃的形状和形象来思考的，然后努力将其置换成语言。”这说明爱因斯坦是右脑和左脑同时工作的。

第二节　创新能力的公式

一、创新能力公式

公式1：创造力＝智力＋创造性

智力是创造力的必要条件和基础。我们要想改造这个世界，首先要认识这个世界。因此，一个成功的创新者必然掌握大量的相关知识和技能。当然，这些知识不仅包括书本上的专业知识，还包括实践中的经验积累。

公式2：创造性＝创新精神＋创新思维＋创新方法

创造性是创造力的充分条件，有没有创造性是一个人有没有创造力的核心。有的人智商很高，书读了很多，知识很丰富，学历也很高，但就是缺乏创造性，因此一生中没有多少真正的创造性成果；而有些人学历虽然不高，在开始进行创新的时候也没有积累大量的知识，但他们的创造性很好，尤其在创新精神和创新思维方面超常，最终他们取得了令人羡慕的成绩，也为人类的发展做出了巨大的贡献。公式2中的这三项都很重要。其中，创新精神是创造力的前提，创新思维是创造力的核心，而灵活运用创新方法能让创造力快速得到提升。

二、典型代表

1.瓦特：工人，发明了蒸汽机；

2.李春：石匠，设计了赵州桥；

3.斯蒂芬森：放牛娃，发明了火车；

4.华罗庚:店员,著名数学家;

5.李时珍:落第书生,药物学家;

6.高尔基:杂工,伟大文学家;

7.齐白石:木工,国画艺术大师;

8.吴运铎:工人,兵工专家。

大家熟悉的爱迪生,他只念了3个月的小学,一生中却有2000多项发明、1000多项专利,平均每15天就有一项发明。他的许多发明都彻底地改变了这个世界,改变了人类的生活和发展进程。

第三节 大学生创新能力分析

当代社会,随着经济的发展和社会的进步,创新日益成为一个国家、一个区域参与竞争、抢先发展的力量源泉。创新型国家战略的实施,其核心就是把增强自主创新能力作为发展科学技术的战略基点,走中国特色自主创新之路,科技创新被提到了一个前所未有的高度。高校作为科技发展的前沿阵地,担负着推动国家创新发展的重任,它所产生的创新意识、创新精神、创新能力的高低直接关系着国家和民族的前途和命运。

一、创新能力对于当代大学生的意义

(一)创新能力是当代大学生内在素质的核心

大学生只有具备一定的创新意识和创新能力,才能学有所得、学有所用、学有所创,将在大学时期的学习过程转化为真正吸收、转化、创造的过程。

(二)创新能力是当代大学生获取知识的关键

在知识经济时代,知识的增长率加快,陈旧周期不断缩短,转化速度迅速增加。这种情形下,知识的被动接受已逐渐变得不重要,重要的是知识的选择、整合、转换和应用,通过主动的“构建”和“再造”而获得新的知识。

(三)创新能力是当代大学生终身学习的动力

随着高等教育规模的不断扩大,高等教育职能已经完成了由精英教育向素质教育的转化,大学生在创新意识和创新能力的指引下,更有能力利用各种有利条件、有效资源,根据所从事的工作不断完善自身的知识和能力结构,走出一条创新之路,以更好地实现完善自我和适应社会的目的,进而激发自己终身学习、持续完善,为建设和谐社会打下坚实的智力基础。

二、大学生创新能力现状分析

(一)大学毕业生创新能力逐渐增强

大学毕业生的创新能力主要体现在四个方面:批判性思维的能力、积极学习的能力、科学分析的能力、新产品构思的能力。根据麦可思公司对2012~2016届大学生的调查数据显示,大学毕业生创新能力的掌握程度在近五年呈上升趋势,分别为50%、53%、54%、55%、55%。

虽然近年来大学生的创新能力呈现逐渐上升趋势,但创业活动对创新能力要求更高,所以尽管自主创业毕业生对创新能力的掌握程度相对较高,但其对创业需求的满足程度则相对偏低。根据麦可思公司的调查数据显示,2016届本科毕业生中自主创业群体在科学分析与积极学习能力的满足度比受雇全职工作群体分别低3%、1%。2016届高职高专毕业生中自主创业群体在科学分析与批判性思维能力的满足度比受雇全职工作群体分别低4%、5%。

大学生在科学分析、积极学习与批判性思维等方面的能力亟待进一步提高,以满足创业活动对大学生创新能力的要求。高校应积极改革培养模式,将大学生创新能力的培养与专业教育相融合,更加注重大学生综合创新能力的培养。

(二)自主创业大学毕业生对创新能力的掌握程度更高

麦克思公司分别对本科及高职高专2012~2016届毕业生进行了跟踪调查,结果显示,本科2012~2016届毕业生中自主创业大学生对创新能力的掌握程度依次为54%、57%、57%、58%、58%,比受雇全职工作大学生高3%、3%、2%、3%、3%;高职高专2012~2016届毕业生中自主创业大学生对创新能力的掌握程度分别为52%、54%、55%、56%、56%,比受雇全职工作大学生高3%、2%、2%、3%、3%。

(三)大学生创新能力在性别上无明显差异

据麦可思公司调查结果显示,本科毕业生中男生、女生的创新能力水平分别为55%、54%;高职高专毕业生中男生、女生的创新能力分别为53%、53%。

(四)大学生创新能力持续提升

在国家对大学生创新创业政策的支持下,高校对大学生创新能力的培养成果开始显现。2016届大学毕业生毕业时的创新能力掌握水平(56%)比2015届(55%)、2014届(54%)略有提升。

【综合训练】

创新能力培养

有创造力的人不管从事任何职业都会有创造力。有一家公司有下面的规章:“本公司的规章是没有规章。”本训练也没有规章,你可以随意走动,可以随时观察和参与其他的活动,需要时可以休息,你愿意的话,也可以坐在地板上。

1.采用创造性的方式,利用五种感官向大家介绍自己,以提升右脑思维能力

形式:集体参与

时间:20 分钟

材料:问卷“认识有创造力的我”

场地:不限

问卷:认识有创造力的我

我的姓名是______________________________

我是一名______________________________

我利用五种感官介绍我自己______________________________

我看起来像______________________________

我闻起来像______________________________

我摸起来像______________________________

我听起来像______________________________

我品尝起来像______________________________

我最近的冒险经历是______________________________

2.讨论

(1)如何评价这种用右脑思维介绍自己的方式?有在众人面前裸露自己、不自在的感觉吗?

(2)你认为这次训练中可能会遇到的最糟糕的事情是什么?

(3)美国心理学之父威廉·詹姆士曾经说过:“人类能通过改变他们思维的态度来改变他们的生活。”你对这句名言有何见解?

【思考题】

1.如何理解创造力的内涵?

2.现实中每个人的创造力是不一样的,你认为这种差别是天生的吗?你敢说自己是创造力高的人吗?你觉得自己还有多少创造潜力可以挖掘?

3.结合综合训练,试析如何提升大学生创新能力?

【参考文献】

[1]陶国富,王祥兴.大学生创新心理[M].上海:立信会计出版社,2006.

[2]罗庆生，韩宝玲.大学生创造学(理论学习篇)[M].北京：中国建材出版社，2001.

[3]邢群麟、王艳明.一看就懂创新思维[M].上海：立信会计出版社，2010.

[4]张义生.论创新思维的基本原理[J].南京社会科学，2003(12)：26—32.

[5]王晨旭.理工类大学生创新思维及其培养途径研究[D].重庆大学.

[6]曹莲霞.创新思维与创新技法[M].北京：中国经济出版社，2010.

[7]吴伟伟，严宁宁.大学生创新创业教育[M].北京：经济科学出版社，2016.

[8]辽宁省普通高等学校创新创业教育指导委员会.创造性思维与创新方法[M].北京：高等教育出版社，2013.

[9]李伟，张世辉.创新创业教程[M].北京：清华大学出版社，2001.

[10]段倩倩，侯光明.国内外创新方法研究综述[J].科技进步与对策，2012(13)：158—160.

[11]张爱琴，侯光明.创新方法研究的比较分析与发展趋势[J].北京理工大学学报：社会科学版，2014(2)：59—63.

[13]刘彩璋.大学生创造力的培养与开发[M].北京：测绘出版社，1995.

[14]杨雪梅，王文亮.大学生创新创业教程[M].北京：清华大学出版社，2017.

[15]余惠敏.三星公司的成功之路[N].经济日报，2012-03-19.

[16]张耕，蒙洪勇.知识产权法实务教程[M].北京：中国人民大学出版社，2012：81—82.

[17]刘昌明，赵传栋.创造学教程[M].上海：复旦大学出版社，2006.

[18]刘仲林.中国创造学概论[M].天津：天津人民出版社，2001.

[19]通识教育规划教材编写组.大学生创新创业教程[M].北京：人民邮电出版社，2017.

[20]郭斌，王成慧.大学生创新创业案例(第二辑)[M].天津：南开大学出版社，2001.

第三篇

创业篇

CHUANGYE PIAN

第十章

创业者与创业团队

【学习目标】

1.认识创业者应具备的能力与素质。

2.掌握创业能力的评价维度。

3.掌握创业团队的组建方法与训练内容。

4.了解创业领导者的特质。

5.熟悉创业团队的社会责任与分工合作。

6.了解当前大学生创业团队常见的问题。

【学习指南】

1.通过对相关案例、资料的欣赏与分析,了解创业者的能力与素质。

2.通过收集、整理、分析名人的典型案例,了解创业团队的组建方法。

3.通过对成功创业者的案例剖析,了解创业领导者的素质能力以及创业团队的责任与分工。

4.通过对当前大学生创业团队组建相关案例、网络资源等的调查研究,总结当前大学生创业团队常见的问题,给未来创业的大学生提供参考借鉴。

第一节　创业者的能力与素质

一、创业者应具备的能力

(一)规避风险能力

在创业的过程中,风险无处不在,而成功的创业者必须具备规避风险的能力。首先他们要具有风险意识，然后能够收集有关风险的市场信息，最后通过制定风险处理方案让企业更好地规避风险。

（二）创新能力

创新能力是一种综合性能力，与人的知识、技能、经验、心态都有着密不可分的关系。同时，创新还是新创企业化解风险、获得竞争优势的有效途径。因此，创业者必须具有良好的知识基础、熟练的专业技能、丰富的实践经验、良好的心态，只有具备这些素质，才能够形成自己的创新能力，才会让企业保持创新并持续生存发展下去。

（三）交流协调与资源整合能力

创业者在与外界进行沟通的时候，需要能够妥善处理好与各种不同外界要素之间的关系，获得他们的支持和理解，求同存异，共同发展。只有将原则性和灵活性巧妙地结合起来，处理好人际关系，整合好各种资源，才能够建立一个有利于创业的和谐环境，为成功创业打下良好的基础。因此，在创业过程中，创业者必须具备交流协调与资源整合的能力。

（四）经营管理能力

经营管理能力主要涉及企业人员、资金的内部运营能力，它是一种高层次的综合能力。经营管理涉及人员的选择、使用、组合、优化，还涉及资金的聚集、核算、分配、使用等内容，尤其是在团队的组建上体现得更加突出。创业者需要通过经营管理将不同专长、不同个性的创业成员凝聚在一起，组建成优势互补的协同创业团队，这是解决新创企业生存的第一要素。

（五）专业技术能力

专业技术能力具有很强的实践性，许多从书本上学到的专业技术只有通过在实践中的摸索才能够逐步提高、发展、完善。专业技术能力要求创业者具有较高的经验总结能力，只有通过在创业实践中不断分析、总结、归纳，才能够形成一定特色的经验并积累起来。也只有通过这种方式，创业者才能够提升自身的专业技术能力。

（六）市场判断能力

一个创业者尽管有好的创意和高科技的产品，但是如果缺少强烈的市场意识，没有通过接触潜在客户来引导产品创新的方向，分析不清产品的市场情况，那么这个创业者的创业活动十有八九会失败，这也是一般技术型创业者的最大盲点。因此，作为技术型创业者，必须具备一定的市场判断能力，才可能把握未来创业的方向。

（七）决策学习能力

创业者在创业的整个过程中都需要不断地进行决策，正确的决策是保证每个阶段的创业活动能够顺利实施的基本前提。尤其是创业机会的选择、团队的组建、资金的融通、商业模式的设计等决策环节都关系着创业整体的成败。创业者要想正确决策，必须具备信息的获取和处理能力、商机和挑战的洞察能力、观察竞争对手的能力，以便形成有价值的决策，并付诸创业行动。作为创业者，必须不断地进行学习与反思，总结经验教训，及时修正错误，不断进行创新实践，提高决策能力，使新创企业持续保持竞争优势。

（八）战略管理能力

战略是创业者为了获得可持续竞争优势，对内部的优劣势和外部的机遇与威胁做出迅速反应，依据企业发展的长期目标、行动计划和资源优先配置原则制定企业目标。通过战略制定可以确定企业的竞争领域，它是企业的生命线，一个及时正确的战略决策是企业不断壮大的推动力。相反，错误的战略决策则会葬送一家企业。因此，创业者首先要具备战略思维，具备规划、设计战略管理能力，即核心领导能力。

二、创业者应具备的素质

（一）强烈的创业欲望

欲望是创业的最大推动力，欲望是一种目标、一种理想。创业者欲望的不同之处在于，只有他们的欲望超越现实，打破现有的局限，才能够使创业活动有成功的可能性，这并非普通人能够做到的。有创业欲望，进而创业、行动、成功，这是很多成功创业者的必经之路。

（二）敏锐的商业嗅觉

直觉是通过已有的知识和经验，对问题整体的认识和把握，洞察问题的实质，并能对问题进行分析或解决的一种思维方式。创业过程中，对于外界的变化需要创业者具有敏锐的嗅觉，并能对机会做出快速的反应。敏锐的商业嗅觉是创业者成功的最好保证。

（三）善于把握机遇

社会转型时期，风险很多，相反，机会也会很多，如果创业者瞻前顾后、犹豫不决，将会错失机会，而创业成功者的关键就在于善于把握机遇。创业的过程竞争激烈，创业者需要把握好机遇，尤其是人才机遇。人才机遇抓住了，就能够更加熟悉当地的情况，能够按照规矩做事。所以，创业者一定要明事，不但要明政事、明商事，还要明世事、明人事，这是一个创业者应具备的基本素质。

（四）诚实守信

创业者要诚实面对周边的所有人，把诚信作为创业的最终目标。创业者要有足够的胸怀，知道该坚持什么、放弃什么，懂得分享与放弃；对自己要做到了解长处与弱点，始终对未知事物保持虚心与敬畏；要对任何事情保持谨慎的乐观态度，竭尽所能去实现目标，乐于帮助他人，并作为一种美德而身体力行；要追求产品或服务的极致，让产品或服务带着自身诚实守信的美德走向市场，通过产品或服务去实践自己的世界观。

（五）丰富的人脉

创业者的素质如何，取决于建立和拓展资源的能力。创业者资源分为外部资源和内部资源。内部资源包括创业者的能力、知识技能、所拥有的生产资料和家族资源等，这对于创业者本身无疑是重要的，但是外部资源同样不可或缺，尤其是人脉资源。创业者如果能够建立广泛的人际网络和社会网络资源，那么创业过程会很顺利，而且会有做强做大的可能性。相反，如果缺乏人脉资源，那么创业过程一定会非常艰难，即使靠个人能力获得一定程度的成功，那也不能做强做大。创业者的人脉资源一般包括同学资源、职业资源、朋友资源。

（六）开阔的眼界

见多识广可以有效地拉近创业者与成功的距离，使创业活动少走弯路。开阔的眼界不只可以让你在创业的过程中比别人有一个更好的起点，甚至还可以帮助你挽救企业的命运，开阔眼界的作用贯穿于整个创业过程。创业者可以通过自身的职业、阅读、交友等方式来开阔自己的眼界。

（七）自我反省

创业过程是一个不断摸索的过程，创业者在创业过程中会不断地犯各种错误，而自我反省恰好是认识错误、改正错误的最好办法。对于创业者来说，自我反省是一种学习能力，反省的过程就是学习的过程。自我反省的能力决定了创业者能否通过认识错误、改正错误而不断学习新知识。作为创业者，遇到挫折是常见的事情，这时自我反省能够帮助创业者更好地渡过难关，因此创业者要时刻保持反省的态度，不断警醒自己，更自信地对待创业过程中的各种挫折。

(八)胆识

创业是一项冒险活动,需要强大的心理承受能力。创业之初,困难和风险就开始伴随着创业者,所以,创业者需要胆量,敢于冒险,想赢也敢输,只有敢于冒险抓住机遇,才有可能成功创业。冒险精神是创业者精神的一个重要组成部分,创业者要分清冒险与冒进的区别和联系,无知的冒进会让创业活动变得更加糟糕,使创业变得毫无意义。

(九)超强的忍耐力

忍耐对于创业者来说是必须具备的品格。创业过程中会面对很多的艰难险阻,创业者只有坚韧不拔,具备超强的忍耐力,才有可能创业成功。

第二节　创业能力的评价维度

一、创业意识

成功总是属于有思想准备的人,同样,创业者要想取得创业成功,必须具备创业的意识。强烈的创业意识是克服创业过程中各种困难的基础,是创业成功在思想上长期准备的根源。因此,创业者需要不断地通过对社会和市场的观察与思考来培养自身的创业意识。

(一)创业意识的本质

创业意识包括创业的理想、信念、世界观、需要、动机、兴趣等要素,这些要素是在创业活动中具有推动作用的意识倾向。创业意识体现了创业素质中的社会性质,支配着创业者对创业活动的态度和行为,并规定了创业活动的方向和力度,是创业素质的重要组成部分,是创业者从事创业活动的驱动力。

(二)创业意识的要素

1.创业理想

创业理想是人生理想的组成部分,是对未来奋斗目标的向往和追求。创业理想的产生意味着创业意识的形成。

2.创业信念

创业信念是创业者进行创业活动的精神支柱,是创业者为了实现理想,在艰苦的创业活动中逐渐建立起来的。

3.创业世界观

创业世界观是随着创业者创业活动的发展和成功而使创业者思想和心理境界升华而形成的，是创业意识的最高层次。它将创业者的个性发展方向、社会义务感、社会责任感、社会使命感有机地融合在一起。

4.创业需要

创业需要是创业者对创业的一种强烈的内在需要，它引起创业意识的形成，是创业活动的最初根源和动力。

5.创业动机

创业需要通过心理动力形成创业动机。创业动机的产生标志着创业实践活动的开始，它对创业行为具有促进和推动作用。

6.创业兴趣

在创业实践活动取得一定成效的时候，创业兴趣往往能够激发创业者的情感和意志，使其创业意识进一步升华。

（三）创业意识的培养

创业过程是不断学习、提高、发展的过程。创业活动可以实现创业者自身价值的最大化，可以激活人才资源和科技资源，使新创意、新科技、新发明迅速转化为现实产品，实现对社会的最大贡献。而创业意识是大学生积极创业的前提和基础。

创业意识培养的要点主要包括如下几个方面：

(1)树立远大理想，坚定报国信念。大学生要树立正确的人生观、价值观和世界观，坚持用科学的理论武装头脑，为实现中华民族的共同理想，为祖国的现代化建设奉献自己的智慧和力量。

(2)摒弃安逸思想，激发创业意识。大学生要培养强烈的事业心和责任感，牢固掌握专业知识和技能，摒弃安逸思想，勇于创新，敢于创业，从而激发创业意识。

(3)积极投身社会实践，坚定创业信念。大学生要通过社会实践，了解社会、了解自我，培养素质、提高能力；通过对事物的观察和思考，激发创业需要，树立创业理想，坚定创业信念。同时，要脚踏实地，求真务实，在工作和活动中感受创业乐趣。

(4)发展健康个性与兴趣，激发创业热情。健康的个性与兴趣可以激发创业者的创业热情，升华创业意识，是培养创业意识的重要因素。

二、创业者与团队

对于一家企业来说，创业者是创业团队的首领，创业者的素质关系到企业的文化与灵魂；创业团队则是整家企业的支柱，团队的好坏直接决定了企业的兴衰成败。即使规模较小的微型企业，也应当重视创业者素质的提高和创业团队的建设。

三、创业机会识别

创业活动始于创业机会的识别。创业者能否正确识别创业机会，对创业的成功与否具有巨大的影响。创业机会指的是在不断变化的内外部环境中出现的能够为新创企业带来经济利益的活动。创业机会也是潜在的、尚未被整合的资源和能力。

四、创业资源

资源是新创企业开展经营活动的必备条件，创业资源在新创企业的发展过程中具有至关重要的作用。创业资源是指企业为实现日常经营活动运转、达成企业目标而投入的各种有形资产与无形资产的总和，主要包括资金资源、人力资源与信息资源。

（一）资金资源

资金资源是新创企业所拥有的货币资源，是创业者识别并实践创业想法的基本要素。它主要来源于创业者自身、投资人及债务人，如创业者的自筹资金、投资人的风险投资、金融机构的贷款等。

（二）人力资源

人力资源除了包含创业者、创业团队及企业员工等，还包括新创企业在社会关系、专业技能等方面的资源。新创企业不仅要雇佣专业技能较强的员工，还要拓展自身的社会网络以使人力资源效用最大化。人力资源管理是新创企业管理的重要内容，企业人力资源素质的高低决定了新创企业的发展空间，是提高企业经营收益的关键所在。

（三）信息资源

信息资源指的是新创企业获取的内外部信息，包括对市场需求的掌握、对竞争对手的理解、对政策环境的了解等，此外还包含创业者自身的创业经验、经营理念等。信息资源的储备，有利于提高企业对市场需求改变的洞察力，提高商业决策的行动力，对于企业把握良好的商机、寻求自身发展、提升市场竞争力等方面具有重要作用。

五、创业筹划管理

（一）创业项目的筹划

1.目标

项目的目标是什么？是否可以实现？创业者一定要搞清楚创业项目要做什么，

为了什么目标而做,因为这是创业项目存在的根本。

2.人才

选拔创业项目需要的人才时要从两个方面考虑:一是有技能的人才,这类人才需具备一定的工作经验;二是懂得协作的人才,创业者要尽量找一起共事过的人才来合作,特别要注意合作过程需要一定的磨合期。创业者一定要清楚合作者要做什么、能做什么。

3.资金

创业项目的启动需要一定的资金。从资金的角度考虑,筹划创业项目时一般有两种常见的选择:一是考虑盈利,创业项目规模不要过大,不用投资太多就可以实现盈利,这是一种理想的情况;二是考虑融资,资本的力量强大,但是融资成本高昂,与投资人之间的沟通信任不是一蹴而就的,创业者需要有充足的心理准备。而那种短期无法盈利又不能得到融资的创业项目,成功的概率是非常低的,需谨慎选择。

4.天时

创业的过程不是千篇一律,而是不断发生变化的,因此,创业者要能够在正确的时间做正确的事情。创业需要勇气和激情,更需要耐心和理性。创业者要实事求是地看待问题,只有失败的时候才能体现出创业者的素质。对于天时的把握,每个创业者只有经历过、执着过,才可能真正地理解。

5.地利

创业项目选择的地域决定了项目的成本、政策的支持、团队的建设、人脉关系、资金支持等多项要素。创业者应该客观分析这些要素条件,权衡利弊,尽量实现地域优势最大化。

6.制度

创业项目涉及的最根本制度是股权制度,在创业过程中一定要明确谁是决策者,要快速决策,这样错了之后产生的成本要远远小于无休止的民主决策。而一些道德底线则需要大家共同决定、共同遵守。

7.运气

创业是艺术,它不同于科学,科学可以重复,可以不被证明是错误的,但是创业项目不符合这两点,同样的路或许有的人能走通,有的人却走不通。任何创业成功的案例,都可以找到很多失败案例来反证。很多条件相似的项目,最终的结果可能完全不同,这就是艺术的魅力。俗话说:"谋事在人,成事在天。"谋划也只是让创业成功的概率更大一些,但是不能保证一定会成功。

(二)创业项目筹划的具体实施

1.选择一个方向

创业有很多方向,创业者要通过不断的学习,关注创投信息,同时融入创业圈子和别人交流，结合自己的工作经验，选择一个自己感兴趣的大方向。一旦选定了方向就不要轻易更改。创业就是要做别人做不了的事情，成为领域的专家，这才是最重要的。

选择创业方向时需从以下三点考虑：一是新技术产生带来的新市场，如“互联网＋”；二是国家政策放宽带来的市场，如允许商品交易带来房产市场；三是收入提高带来的消费升级，如县城的肯德基、麦当劳跟菜市场一样，比城市生意好多了。当然最重要的还是要根据自身的条件和兴趣，同时还要考虑怎么做才会做得比别人好。

2.选择一个切入点

一个大的方向有很多需求点，创业一开始切忌全线展开，而是要选择一个切入点，在这个点上取得绝对突破，然后再以线展开。

3.明细工作量迅速推进到底

选择好切入点后，接下来就是速度和执行。要确保执行的速度和力度不会被影响。如果被影响了，就会错失机会，浪费时间，懈怠士气。创业不怕错，就怕拖。

4.调整切入点再次推进

如果将创业项目推进到底后，发现最后的预期是错误的，则需要尽快调整切入点继续推进。反复的快速试错，是锻炼创业团队和快速找到方向的最好做法，切忌无休止的争论，白白浪费时间，错失良机。

5.扩张

找到突破点以后要迅速地总结经验，形成流程，并进行快速扩张。接下来工作的重点则是吸引人才和创业融资。

6.建立门槛

业务模式上是否存在门槛，如果没有就要在资本上迅速建立门槛。如果自身融资条件不佳，不能建立门槛，则要快速考虑退路。

7.退出

没有门槛的挣钱方式会在短期内吸引大量的竞争者，时间窗口非常短暂。首先要盈利，尽量多积累；其次可考虑将项目卖出好价钱。如果两者都不行，那就果断关闭项目，不要犹豫，因为“僵尸项目”会带来很多痛苦。

六、工商法律知识

（一）注册企业类型

要成立企业从事经营活动，需要到工商行政管理部门办理登记注册手续，领取营业执照。如需从事特种行业的经营活动，则必须取得相关主管部门的许可方能办理营业执照。大学生自主创业可以选择公司制企业、个人独资企业、合伙企业等企业类型。

1.公司制企业相关要求

2014 年 3 月 1 日起执行的新《公司法》放宽了对有限责任公司、一人有限责任公司、股份有限公司的注册资本要求，有限责任公司最低注册资本金为 3 万元，一人有限责任公司最低注册资本金为 10 万元，股份有限公司的最低注册资本金为 500 万元。公司制企业对注册资本金有最低额度要求，这对于刚刚毕业的大学生来说有些难度。但公司制企业担负有限责任，风险相对比较小，特别是对那些手上有项目又可以找到投资者的大学生，是一种比较好的选择。

2.个人独资企业相关要求

个人独资企业，即一人出资设立企业，其对注册资金没有具体要求。自己当老板可以方便企业决策，比较灵活，但需要对企业债务承担无限责任。

3.合伙企业相关要求

合伙企业是指 2 人（含 2 人）以上共同出资、依法设立的一种企业组织形式，它对注册资金没有要求，出资人按照协议，共同出资、合伙经营、共享收益、共担风险，并对企业债务承担无限连带责任。这就意味着，如果发生意外，出资以外的人也要承担责任。但是，这种形式有利于形成创业团队，培养合作能力。

我国实行的是法定注册资本制，如果创业者不是以货币资金出资，而是以实物、知识产权等无形资产或股权、债权等出资，则还需要了解有关出资、资产评估等法律规定。

企业设立后，创业者还需要了解和办理企业的相关手续。第一，需要到税务管理部门进行税务登记，需要有会计人员处理财务、建立企业的账套，这其中涉及税法和财务制度，需要了解所注册企业类型应缴纳哪些税，如增值税、所得税等。还要了解哪些支出可以进成本，开办费、固定资产怎么进行摊销等等。第二，企业需要聘用员工，这其中涉及劳动法和社会保险问题，需要了解劳动合同、试用期、服务期、商业秘密、竞业禁止、工伤、养老金、住房公积金、医疗保险、失业保险等诸多规定。第三，需要处理知识产权问题，既不能侵犯别人的知识产权，又要建立自己的知识产权保护体系；需要了解著作权、商标、域名、商号、专利、技术秘密等各自的保护方法；在业务中还要了解《合同法》《担保法》《票据法》等基本民商事法律以及行业管理的法律法规。

以上只是简单列举了新创企业在设立过程中需要了解的法律法规，在企业的实际运作中还会遇到大量其他法律问题。

（二）大学生创业的优惠政策

1.工商部门的相关优惠政策

优惠对象：应届普通高等学校毕业生（含大学专科、大学本科、研究生），持有普通高校颁发的毕业证书、个人身份证、省级高校毕业生就业工作主管部门签发的“全国普通高等学校本专科毕业生就业报到证”或“全国毕业研究生就业报到证”（以下简称报到证)三证,初次申办个体工商户营业执照、从事除国家限制行业(包括建筑业、娱乐业以及广告业等)之外的个体经营的。

优惠内容:毕业之日起一年之内的应届毕业生到工商部门办理证照,自工商部门批准经营之日起,1 年内免缴个体工商户登记注册费(包括开业登记、变更登记、补换营业执照及营业执照副本)和个体工商户管理费、集贸市场管理费、经济合同鉴证费、经济合同示范文本工本费。

工商局对高校毕业生申办个体工商户核准登记后,必须在报到证上注明登记注册时间、加盖工商局印章后退回本人;在"个体工商户营业执照"经营者姓名后注明"(高校毕业生)";高校毕业生凭执照提出书面申请,经工商局局长核批同意,即可免缴上述规定的有关费用。

2.税务部门的相关优惠政策

大学生创办信息、技术服务等独立核算企业或经营单位,如果是经过科委或科技局认定的,自开业之日起,可以免征所得税 1～2 年。

(三)应注意的"法律陷阱"问题

市场经济是法制经济。随着经济的不断发展,人们的法律意识和法律知识也在不断提高和增加。但由于法律总是滞后于现实发展,因此不可避免存在着漏洞。一些人利用法律漏洞,设置"法律陷阱",从而谋取非法利益。

随着社会的发展,"法律陷阱"层出不穷。实践证明,企业及个人要积极防范市场经营风险,避免"法律陷阱",避免无谓的损失,力求在激烈复杂的市场竞争中立于不败之地,其中最有效的办法就是聘请律师担任法律顾问,充分发挥法律顾问的参谋作用,以保障企业在法律提供的空间内依法经营决策。

【案例分享】

"汇款"陷阱

郑某与胡某系朋友关系,两人一起承包广东某建筑公司承揽的某段路面施工任务。2001 年 7 月底,胡某称家里有急事要先回温州,并向郑某提出暂借现金人民币 5 万元。郑某答应借款,但要求胡某打一张欠条给他。胡某于是写了一张"借条"给郑某,郑某也将现金 5 万元交给了胡某。2001 年 8 月初,因郑某催要,胡某在温州通过邮政局将 5 万元汇给了郑某。胡某在汇款时,特意在汇款单上注明"借款"两字。胡某回广东后,即问郑某有没有收到他的汇款。郑某说已收到胡某的汇款,胡某即以已将借款还给郑某为由要求郑某将"借条"撕毁。郑某不假思索,就拿出"借条"撕毁了。胡某这一貌似合理的要求,却隐藏着一个"法律陷阱"。半年后,胡某因与郑某发生矛盾,胡某突然向温州某法院起诉郑某,要求郑某归还借款人民币 5 万元。胡某起诉的依据是其于2001年8月初汇款给郑某时邮政局出具的汇款证明及汇款回执。由于郑某已将“借条”撕毁，无法举证证明胡某曾向他借款5万元，而胡某在汇款时在汇款单上注明“借款”而非“还借款”，最终导致郑某败诉，不得不支付胡某5万元。（选自魏玉彪《零资本创业》）

问题讨论：创业过程中需要注意哪些“法律陷阱”？

七、财税管理知识

创业者设立企业实施创业，一般情况下是进入到一道新的门槛里。对于企业经营来说，合理节约既是企业管理的目标，又能够保障企业一定的安全，因此，创业者有必要了解相关的税务知识。一般情况下，创业者可以从以下几个方面掌握有关财税管理知识：

（一）技术入股对缴税的影响

很多创业者都是以自己所拥有的专利技术入股，他们将专利技术提供给企业使用时往往没有说明具体的使用方式。如果能够合理说明和使用，则可以实现企业少缴税。一般建议将专利技术作价投资，一方面可以减少投资的资金压力，改善企业的财务状况；另一方面，可以将作价入股后的专利技术计入无形资产，做合理摊销，即增加成本费用，减少利润，从而少缴所得税。

（二）电子商务对印花税缴纳的影响

国家税务总局对企业实施电子商务的规定是，如果企业在供需活动中使用电话、计算机网络等方式完成，没有开具书面凭证的，可以暂不缴纳印花税。所以，创业者应该尽量选择电子商务的商业模式，以达到节省印花税的目的。

（三）存款对缴税的影响

企业申报后就要及时缴税，但如果存款少的话，则可以申请延迟缴税。如果可用的银行存款不足以支付当期工资，或者支付工资后不足以支付应缴税金，则可以申请延迟缴税。

（四）没有生意也要申报

企业在经营过程中由于没有业务等各种情况的发生，导致当期没有税款要缴纳的，也要在当期按时进行纳税零申报。如果不申报，税务机关将给予相应的处罚。

（五）申报时间很重要

根据税务规定，上半年开业的企业可以选择今年的利润先缴纳，第二年再开始计算享受一年的所得税优惠。因此，创业者要想享受更长时间的税收优惠，一定要注意税务登记的时间。

（六）重设流程对纳税的影响

对于一定类别的生产型企业，通过设立销售公司的方式就可以避免缴纳过高的消费税。产品先销售给销售公司，再通过销售公司销售给市场上的经销商或客户。由于消费税已经在生产环节缴纳了，销售环节就不需要再缴纳，因此，销售公司只要定价合理，就可以少缴纳消费税。

（七）股权变动对纳税的影响

企业的股权如果产生了价值增值，那么在转让股权的时候，可以考虑先把利润进行分配再转让，因为先分配利润不用补缴税，如果不分配就要缴税。先分配后转让可以实现少缴税。

（八）合同作废也纳税

签了合同后发现合同有问题，将合同作废（作废合同已发生效力，开具了发票），重新签订新合同，这种做法也要缴纳印花税。此外，如果合同发生变更，合同金额发生变化，如果金额增加了，则需要补缴印花税；如果金额减少了，则不退印花税。所以，当合同金额不能确定的时候，应该先签订金额未定合同，确定后再补充，这样可以避免多缴税。

（九）做慈善涉及的纳税问题

做慈善也会涉及纳税的问题。企业对外捐赠实物，如果是企业生产的产品，则需要考虑是否视同销售，缴纳增值税；如果是企业购买的产品，则要合理计入成本费用。除此之外，需要通过国家税务机关认可的单位和渠道进行捐赠，并且要有符合税法规定的接受捐赠的专用收据。如果不符合，捐赠后则不能计入成本费用，还要缴纳25％的所得税。

（十）处理意外需谨慎

公司财产丢失后，不能以此为由增加费用的支出，必须要有税务机关所要求的相关证明，方可在公司的成本费用中列支。

（十一）适用税率看进项

企业为一般纳税人，销售税率的确定和销售的具体商品有关，而不是取决于企业取得的进项发票的税率。销售一般商品适用17％的税率，销售生活必需品等适用低税率13%，例如天然气、图书、粮食等。营改增的还涉及11%、6%等税率。

（十二）预收账款也要缴税

在采取预收货款方式销售货物的情况下，增值税纳税义务发生时间为货物发出的当天。但生产销售生产工期超过12个月的大型机械设备、飞机等货物时，增值税纳税义务发生时间为收到预收货款或者书面合同约定的收款日期当天。

（十三）多拿进项多抵扣

作为一般纳税人，增值税应纳税额＝当期销项税－当期进项税，当取得的进项税发票越多时，应纳税额越少。因此，企业在发生成本及费用支出时尽量取得增值税专用发票，可以降低税负。

（十四）商品捆绑销售涉及的税务问题

当商品捆绑销售时，采取商业折扣销售方式比赠送更合理。例如：商场销售一件20000元的电器赠送一件400元的小家电，两件电器实际销售价格为20400元。如果小家电当作赠送品，则商场需要按20400元缴纳增值税。如果采取商业折扣的方式，给予客户400元的折扣，则商场只需按20000元的实际销售额缴纳增值税。

（十五）不可随意调取账簿

如果遇到税务人员打电话要求送资料，企业可以置之不理，因为这是不合法的行政行为。按照《中华人民共和国税收征收管理法》的规定，税务机关调取企业账簿时必须出具相关手续，否则属于越权。调取当年账簿应在30天内归还，调取以前年度账簿应在3个月内归还。

（十六）虚报亏损可能是偷税

财务工作需要认真谨慎，据实入账，税务机关在检查时若发现有差错，如涉及本年利润的数据变动，企业就要承担税务责任。如果账上显示企业处于亏损状态，在纠正收入、成本费用等数据的错误后，企业变为盈利，则属于少缴税，按律可视为“偷税”。如果纠正错误以后，企业仍然处于亏损中，没有导致企业少缴税，则属于“虚报计税依据”，不能按偷税论处。

（十七）申报不能停

每月纳税申报都有时间规定，无论是企业的财务人员变动还是当月没有收入等原因，都必须按时申报，逾期申报会被罚款。所以，建议企业在变更财务人员时，要做好交接，及时申报当月报表。当月没有收入的，也要及时进行零申报。

(十八)及时了解税法的变动情况

中国税法更新较快,对于不确定的情况,企业要及时和税务局进行沟通确认,避免出现差错。在进行纳税申报及发票购买、开票等工作时,要认真谨慎,有的差错会涉及罚款。如果出现差错,应该主动承认错误,找出原因,向税务机关反映真实情况。税务机关会根据差错的大小来确定是否罚款及罚款的数额。

八、人事管理知识

新创企业在创立之初,需要对人事资源进行合理规划,才能够保障企业顺利开展业务活动。一般情况下,可以从企业的业务定位、组织设计、人事资源制度、人才队伍建设、薪酬管理等几个方面进行规划。

(一)业务定位

人事资源规划需要考虑的一个重要问题,是企业业务规模的定位问题。创业者需要对企业的生产能力和销售前景有准确的预估,如果预估不准确,要么造成人力资源的浪费,要么造成人员的空缺。

(二)组织设计

新创企业创立之初的组织设计需要考虑以下几个原则:

1.精干原则

企业部门设置要尽量减少,只需要满足企业正常运营所需要的职能部门并进行归类管理即可。

2.垂直管理原则

企业内部要尽量避免出现多头管理的状况,垂直管理原则可以避免此类问题的发生,同时,它对于业务开展效率的提升也是非常有效的。

3.独立原则

独立原则表达的含义就是部门分工要清晰,权责要清楚,尽量避免相互交叉。权责一旦明晰,各个部门的工作内容和职责就会确定,就不会出现互相推诿的现象。

4.扁平化原则

本着效率原则,企业管理层级要尽量缩减,一般设置四个级别就能够满足日常工作的需要。管理层级过多,会出现贯穿速度太慢、办事效率太低,甚至传达指令失真等问题。相反,管理层级过少,也可能会不利于员工职业通道的发展。

(三)人事资源制度

新创企业,制度不是大而全就好,但是关键的制度不能缺少。作为新创企业,一般需要制定以下关键的人事资源制度:考勤制度、人员招聘制度、薪酬制度、奖惩制度。要以这四项制度为主,其他制度也可以根据企业需要考虑制定,如培训制度、考核制度。制度要实用,这才是最关键的。人事资源制度的制定,一定要结合企业的实际情况来确定,而不能从网络或其他渠道引用来充数,要保证这些制度确实能够起到激励员工的作用。

(四)人才队伍建设

创业初期的人才队伍建设,要注意以下几个方面:

1.高层管理团队

高层管理团队的成员要对公司的经营思想有高度的认同,彼此间要精诚合作,避免出现互相推诿的现象。如果高层管理团队出现意见分歧,则会对其他人员造成影响,也会为公司业务开展带来不利因素。

2.基层管理团队

基层管理团队的成员要具备两种素质:能力和职业意识。缺乏能力,工作会干不好;缺少职业意识,即使有能力,也会出现牢骚满腹的现象。能力和职业意识都是可以培养的,所以,基层管理团队的成员一定要品行好,善于学习。

3.员工队伍建设

对于公司员工,一定要让他们有归属感。员工队伍的建设,最核心的就是做事要公平,对员工的付出要给予合理的回报。公司各级管理人员不但要让员工认真完成工作任务,还要关心员工的生活,同时一定要保证员工的人格是平等的,彼此间的尊重是保证工作顺利开展的有利条件。

(五)薪酬管理

没有合适的薪酬管理制度,员工会对薪酬不满意,对公司采取各种方式的抵抗,比如,上班不积极、今天的事情明天做、私下里散布不良言论、公开和领导对抗、对工作搞破坏等。因此,公司必须采用一套合理的薪酬管理制度。建议如下:薪酬水平要比当地同行业略高;要考虑员工的各种支出和福利;在能力、业绩、表现、责任等方面对员工做综合评价;了解员工的心理期望;不同层次员工的薪酬标准要注意保持平衡;薪酬要按时支付;岗位调整时,薪酬标准也要调整;奖金发放要遵循一定的标准,不能个人主观决定;工资调整要按照程序来办;薪酬相关的内容要尽量公开,避免暗箱操作。

九、营销管理知识

很多创业者认为营销就是销售,有销售才会有业绩,没业绩就谈不上管理。从表面来看,这么说是有道理的,但也是一个营销误区。我们要清楚营销管理管什么,建立营销管理制度的根本是什么，自然就会知道营销管理制度是好是坏了。

很多人认为，营销管理就是管市场、管客户，是一些销售数据和报表的管理，其实这些只是最基本的管理，这些工作根本不需要去招聘营销总监对其管理，只需要一般的能胜任的员工即可很好地完成。真正的营销是一项系统工程，营销管理的结构非常复杂，不能仅仅认为是对营销数据报表进行处理的基础性管理工作。营销管理需要从以下几个方面来考虑：

1.营销管理，管的是市场战略、政策、规划的执行和变化调整，产品销售进程，以及未来的市场发展。不同的群体，对营销的理解是不一样的。对于销售人员，营销就是销售产品或服务；对于企业高管或营销总监，营销代表的是产品或服务在未来的阶段性市场中的表现。销售人员重点关注的是销售额是否增长，而高层关注的是产品或服务的销售动力和生命周期。此外，还要关注营销政策是否能够适应市场的发展趋势、营销背后的市场发展和变化，营销管理管的是这种竞争观念、发展观念、危机观念。

2.营销管理，管的是销售人员的心态，以及对市场的掌控能力。很多企业对营销管理培训不重视，即使进行培训，也基本上是一带而过。很多培训公司为企业做营销培训也是做表面文章，很多人没有做过营销，不具备职业履历，却给在市场一线摸爬滚打的销售人员讲营销，效果可想而知。

作为企业的营销管理中高层人员，他们本身是市场营销的实践者，既具有单独作战的能力，又可以团队协作；既是单兵作战的模范，也是团队管理的核心领导。在各种具体的市场活动中，营销管理者不但本身要管理好市场和教会销售人员管理好市场，还应能管理好销售人员的心态，善于调动、激发销售人员的潜能，以保证市场营销工作的顺利开展。

3.营销管理是企业管理中的核心，也是企业管理之首。涉及营销的企业一般有两种：一种是纯销售型的企业，这类企业没有生产环节，主要管理的内容就是销售和市场，管的是品牌和市场价值。对于这类企业而言，营销管理是企业管理的核心内容。另外一种是集研发、生产、销售于一体的企业，这类企业面临复杂的管理程序和环节。但是不管多么强大的管理队伍与复杂的管理环节，营销管理的最终目标都是为了企业的品牌与信誉，为了帮助企业创造永续价值。因此，无论是哪种类型的企业，所有的管理都服务于营销，从市场营销中来，还得回到市场营销中去。

4.营销管理管的是未来的市场和品牌发展。产品不等同于品牌，很多创业者都会认为产品一进入市场，品牌自然就会产生，其实，二者的关系根本不是这样的。在营销管理中，品牌的管理是重中之重，但在市场磨合初期，一般没有品牌的说法。品牌的内涵既有有形的又有无形的，品牌的建立需要积累、演化、包装，也需要良好的品质和持续增长的销售数据，这一切都需要时间和市场的证明，这个过程就是品牌管理的过程，营销管理应该关注这些背后的工作和品牌的发展。管未来，除了指品牌的未来,还有营销管理导致的市场后续发展,只要产品还有生命力,品牌永恒,那么市场就有未来,企业也就有未来。

总之,营销管理,考验的是企业的战略定位、管理者的高度、市场操作中的过程管理,同时也要看管理者的素质和能力。企业在重视市场营销本身的同时,更应重视营销管理的过程和未来。

十、创业风险

创业风险是指新创企业在经营发展过程中,由于各种不确定性因素(如政策、市场、竞争等环境的变化)而给企业造成巨大损失,甚至导致企业失败的可能性。创业风险具有不确定性,同时它又是客观存在的,若无法进行有效的防范,新创企业的发展将受到制约。因此,识别与防范创业风险是创业者必备的一项能力。

创业风险的识别指的是创业者根据企业经营活动的动态,在风险出现之前运用各种方法认识风险的过程。创业风险的识别方法主要有以下三种:

(一)环境分析法

新创企业的发展离不开内外部环境的变化,包括政治、经济、技术、竞争、消费等环境。企业通过对周围环境的分析,识别环境中潜在的风险与损失的过程称为环境分析法。

(二)财务报表法

财务报表法指的是通过资产负债表、利润表等财务报表来对企业的资产情况进行分析,以发现其中蕴藏的风险。

(三)专家调查法

专家调查法是应用最为广泛的一种方法,是通过专家的经验和能力对风险的可能性及其结果进行预测的方法。

第三节 创业团队的组建与管理

创业团队带头人的作用是非常重要的,就好比阿拉伯数字中的1,有了这个1在最前面,带上一个0,就变成了10,带上两个0就变成了100,带上三个0就变成了1000。创业中所关注的核心要素并不是创业者个体,而是成效更高的创业团队。新创企业会为某个个体创业者或相关者提供就业机会,也可能会成为一家发展潜力巨大的公司,而两者之间的主要差别就是企业内是否有一支质量过硬的创业团队。没有团队的创业不一定会失败,但是,要创建一家没有团队又具有高成长性的企业却是不可能的。

一、团队与群体

团队和群体是不能等同的，团队中成员之间在贡献上是互补的，而群体中成员之间在工作上是完全可以互换的。二者的具体区别在于：

1.团队成员在完成团队目标的时候既要承担个人责任，又要与团队其他成员一起承担失败责任，群体成员在完成工作目标过程中则只需承担个人成败责任。

2.团队的绩效评估依据是以团队整体表现为主，而群体的绩效评估依据则以个人表现为主。

3.团队的目标需要成员间互相协调和依存才能实现，而群体的目标则不需要成员间的相互依存来实现。

4.由于团队更加侧重于成员间的互相协同，所以在信息共享、角色定位、参与决策等方面，团队较群体更加完善。

二、团队角色的描述

（一）培养者

团队中的培养者是思想的原创者，他们有较高的智商，主要是帮助团队产生新思想和解决难题的。培养者与团队中其他成员的思想是有区别的，他思考问题更富有想象力，以一种根本的、横向的方式来思考问题。然而，他们的思想并不是最适合实施的，他们会对原问题失去兴趣，不关心细节问题，很容易犯无意的错误。培养者是个人主义者，喜欢平等独立的工作环境，不易和其他人共事，对批评和表扬很敏感，会轻视其他人的想法，不易与人交流，更希望其他人为配合自身想法而做出调整。培养者愿意将更多的时间投入到与团队目标不符合的想法中。如果太多的培养者聚集在一起，他们会互相防范、竞争，不接受别人的建议，最终会造成团队效率低下。

（二）资源搜索者

资源搜索者虽然也具有创造力，但是他们更多地从其他人处获得原始想法，然后去研究它，而不是自己产生新想法。他们受人欢迎，性格随和、外向，喜欢追根问底，既善于独立思考，又擅长外交、谈判。他们的积极品质对团队的激励富有巨大的影响。

资源搜索者和外界接触较多，能够通过各种方式迅速识别机会，挖掘出有价值的信息并得出较好的应对结果。他们的表现能够带动团队其他成员的热情，避免团队产生停滞和惰性。

资源搜索者受环境影响较大，如果不能得到团队成员的积极反馈和配合，他们会很快失去激情,从而失去对项目的兴趣,不能将任务完成到底。

(三)协调者

协调者严格按照程序做事,目光重点集中在项目的目标上,他们具有很强的凝聚力,能够带动整个团队朝着一个目标共同努力,通常会受到其他人的尊重。

协调者自信、权威,善于沟通并发现其他人的智慧,能够利用这些优势实现团队整体利益。因此,他们一般会成为团队领导,划分其他人的角色和工作边界,但并不一定要成为团队领导才会体现出其价值。

协调者的重要性不在于其比其他人聪明,而是更加成熟,能够辨别清楚其他人的优势,并引导和聚集他们为团队整体目标而努力工作。他们更加重视的是团队的凝聚力、感情和集体观点。

(四)塑造者

塑造者一般精力旺盛,没有耐心,容易急躁、冲动、偏执,喜欢寻找挑战并迎接挑战。他们属于成功导向型的人才,看中的是自己和其他人一起去实现的某个结果。

塑造者能够在讨论中通过考虑想法、目标、现实等因素,快速寻找到一种方法、形成一套方案,并迫切地付诸实施。尽管这个过程中仍然存在怀疑,需要通过结果来再次确认,但是他们依旧表现出高度热情。他们的这种做法往往会使他们的期望结果变为自信。由于他们能够随机应变,做事义无反顾,因此,他们不会介意产生的矛盾和不同寻常的决策。

(五)监督者

监督者一般拥有稳重、冷静、内向的性格,能够清晰地分析其他人的想法,权衡利弊,做出明确判断和决策。他们的监督往往能够使团队避免被误导。

监督者能够非常客观的思考、判断,他们会用时间来验证结论,不会吹毛求疵,能观察到计划或争论的缺陷,不会以自我为中心考虑问题,虽然有时会因为不老练和鲁莽而毁掉团队士气,但是通常是公正的。如果能够很好地激励监督者,就能让他们保持积极性和热情,否则会给团队带来负面影啊。他们能够更好地分析资料和复杂数据,对于起草计划、分析问题、评价他人贡献都能做得很好。

(六)团队工作者

团队工作者的特点是:敏感、善于社交、忠诚于团队、性格温和。他们是好的听众,受人们欢迎。他们一般是按照想法去做事,而不是去挑这些想法的毛病。虽然他们缺少活力和动力,但是他们是没有威胁、容易被激励的。

团队工作者在成员之间容易产生矛盾的团队中是非常重要的,他们能够减少团队的人际关系问题。他们不具有竞争性,但他们对于团队士气具有很重要的作用,特别是在压力和危机之下。

(七)执行者

执行者是团队中做主要工作的角色。他们纪律性强、比较保守但却值得信赖、组织能力强、办事效率高。他们能够将想法和决策变为可管理的具体任务,并转为具体行动。他们能够很高兴地去做需要做的事情,不管他们是否喜欢这些事情。执行者更加喜欢循规蹈矩,愿意在秩序下做事,如果有突如其来的变化,他们会难以适应。他们会努力通过规划、预算来形成体系。虽然他们缺乏灵活性,但是他们在改变和调整发生时具有合作性。

(八)完成者

完成者工作勤勤恳恳、尽职尽责,是优秀的校对者。他们能够积极投入工作,能够镇静地面对问题,准时完成任务,但是本性内向、焦虑,一旦出现什么问题就会不高兴。虽然他们不武断,但是他们却传递着紧迫感,并影响到整个团队,而且他们不能容忍其他人的粗心大意。由于他们细心,导致很难授权他人去做事,但是他们基本上能够完成设定的高标准事情,不会错过每一次机会。

(九)专家

专家的目标专一,他们能够专注获取专业化技能与知识。他们在自己感兴趣的领域内能够充满激情地做事,有着高度职业化的态度。他们有动力、风险精神和决心,自我鞭策,甘于奉献,在一个领域中能够成为一个真正的专家。但是,他们对其他人的工作不感兴趣,与其他人不合群。

专家在基于专业化技能或知识的团队中是关键人物。在这样的团队中,由于他们的专业知识丰富以及对问题的深刻理解和决策能力,他们会是这个团队中好的管理者。

三、创业团队的内涵

创业团队是一个特殊群体,它是由两个或两个以上具有相互利益关系,彼此通过认知和行动以共同承担创建新企业责任及分享所有权,处在新创企业高层管理位置的人共同组建而成的有效群体。它是高层管理团队的基础和基本组织形式,它的工作绩效大于所有成员独立工作绩效的总和。

四、创业团队的作用

(一)创业团队是风险投资的最大风险因素

创业团队是风险投资的最大风险因素。因为风险投资者不进行日常管理工作,不直接管理公司,所以,对于他们来说,最大的风险就是管理风险,即创业团队的风险。为了规避这项风险,风险投资者会在创业团队的评估上做很多细致深入的工作,一旦发现创业团队有诚信问题存在,基本上就会拒绝投资。

(二)创业团队具有更多优势

创业团队的机会识别能力较强,机会开发能力较强,机会利用能力较强。因此,从创业机会的视角来看,创业团队有着其他团队无法相比的优势。

五、创业团队的构成与组建

(一)创业团队的构成

创业团队的构成有狭义和广义之分。狭义的创业团队是指有着共同目的、共享创业收益、共担创业责任与风险的一群创建新企业的合作人群。广义的创业团队不仅包括狭义创业团队中的成员,还包括与创业过程有关的各种利益相关者,例如:风险投资家、专家顾问等创业团队所需要的优势人群。创业团队主要由以下几方面人群构成:

1.初始创建者

创办自己的企业是一个漫长的过程,创办人必须首先是一个优秀的管理者、领导者,一个优秀的管理者需要懂得如何进行企业管理,因此,创办人必须是一个管理的内行。

很多人把别人的成功都看成是机遇的降临,但是当机遇降临的时候,我们必须要有所准备,一是有积累的知识,二是有合理的思维方法。很多企业家不注重知识与方法,艰难地用原始的方法去经营企业,身兼数职,大事小事亲力亲为,被很多市场、竞争等问题所折磨和困扰,因为企业的管理漏洞百出,如果不亲自出马就会出错。这些企业家所从事的更多是劳力工作,而不是脑力工作。作为创业初期的创办人,要想成为一名优秀的管理者,则必须具备以下20项基本能力与技能。

(1)规划人生目标的能力。管理者要能够对自己的人生进行规划、经营、管理,对目标进行分段和细化,并能制定出实施的计划,实现对社会的贡献最大化。

(2)权衡取舍的决策魄力和能力。果断的决策能力是管理者智慧、谋略及胆量的结晶,这种能力有利于管理者在瞬息万变的市场竞争中获得竞争优势。管理者需要在决策的时候对目标进行取舍，选择一种风险较小、较为满意的决策，这才是现实性与先进性结合的明智之举。

(3)计划管理的能力。为了达到某种预期目标，人们一般会凭心理感觉，不计算成本，干到哪里算哪里，结果导致付出了大量的成本而冲减了利润。为避免出现这类问题，管理者在做出决策时，一定要先计划、后实施，科学地运用计划管理，企业才可立足及长远发展。

(4)建立和改善管理制度的能力。制度是用来规范企业管理行为的，不在于多而在于精，要让每个员工内心真正接纳制度的要求，而不是作为一些特权者利用的工具。同时，企业制度适用于企业中的每一个人，其中对员工的承诺一定要兑现。有效率的制度是企业发展的关键。

(5)信息管理的能力。信息管理是企业管理活动的一项重要内容，信息在企业管理系统中发挥着重要作用，企业的管理规模越大，结构越复杂，对信息的需求就越强烈。准确迅速地在各管理要素之间传递信息，能够使企业形成统一的目标、统一的步调。管理者们对企业的有效控制和管理，必须依靠来自组织内外的各种信息。信息是企业生存发展的重要资源，一切有效的管理活动都离不开信息和对信息的管理。

(6)目标管理的技能。目标管理是通过组织目标划分的方法，将相互关联的管理活动结合起来，从而实现全面有效管理的过程。目标管理强调管理的系统性和整体性，是面向未来目标的管理，是重绩效、重成果的管理。

(7)概念技能。运用概念技能，需要管理者把组织看作一个整体，分析各要素之间的关系，并能够考虑如何适应环境。

(8)运用好授权的能力。管理者不应该使自己陷入企业管理的各项细节活动之中，而是要超越细节，关注未来目标，通过授权让团队有效运行起来，实现目标。

(9)理财分析的能力。企业项目盲目上马，资金周转出现困难，经营陷入困境甚至面临破产，这都是因为管理者没有经过理财分析就进行经营决策的结果。因此，企业管理者必须具有理财分析的能力，才能正确决策。

(10)运用财务杠杆和确定支点的能力。初创企业通常会遇到这样两个问题：第一，需要多少资金投入，以及形成多大的产量和销量，才可以使企业盈利；第二，在既定的资金需求金额下，自己出多少钱，再借入多少钱，能够使企业的经济价值最大。企业管理者确定企业杠杆支点的决策过程就是解决这两个问题的过程，支点确定得好，杠杆效益就越大。财务管理利用杠杆的基本目标是：在控制企业总风险的基础上，以较低的代价获得较高的收益。

(11)分析财务报表的能力。财务衰败是一个渐变的过程，它是有迹象的，所有的迹象都清晰地呈现在财务报表上。企业管理者需要具备分析财务报表的能力，才能发现企业管理运作方面的明显缺陷，甚至发现潜在的隐患，及时做出判断和决策，实行相应的措施，有效地防患于未然。

(12)项目管理的能力。企业管理者处理跨领域复杂问题的时候需要具备项目管理的能力,才能实现高效运营。企业在经营运作之中,需要将大项目进行分解,通过项目管理,可大大地提高效率。

(13)商务谈判的能力。谈判是企业经营管理中的一个重要利润区。谈判行为是一项复杂的人类交际行为,它涉及谈判双方的语言、行为和心理等多方面的错综交往。管理者的世界就是一张谈判桌,通过谈判可以更大地获得企业利润。

(14)处理企业危机的能力。企业经营过程中发生的每一个意外或者事故都可能会迅速扩大到更大的范围,直接影响到社会大众,造成严重后果。因此,企业管理者在处理意外或事故的时候所采取的态度和决策,面对危机来临时所采取的方法,会直接影响到企业形象。

(15)剖析和超越自我的能力。能够剖析自我和企业,找出不足,并能够积极地解决问题,这需要有超越自我的勇气,同时也是一种自我挑战,管理者必须具备这样的勇气和能力。

(16)遵守职业道德的能力。管理问题不仅是伦理问题,更是道德问题。我们在任何时候都不能毫无限制地透支自己的道德,不能踏入道德这个"雷池"。企业为了获得更大利益而触犯道德底线,这是不明智的做法。在全球经济一体化的背景下,企业的社会责任既是评价企业道德的标准,又是企业能够进入国际市场的门槛。

(17)建设学习型组织的能力。成功的企业是一个具有学习功能的组织。学习型企业能够使各阶层成员全身心投入,持续学习,这是企业能够持续发展的唯一竞争优势,通过不断学习,企业能够不断地吐故纳新,保持崭新的形象,以生机勃勃的面貌面对外界的多变环境。

(18)良好的社会交往能力。要想在社会中走向成功,良好的社交能力是人类必要的生存能力。企业管理者要想让企业在社会中生存,则必须广交朋友,通过自己的言谈举止、内涵融入社会圈子,这样才能让企业有走向成功的可能。

(19)良好的心态与素养。企业管理者是企业的心理核心,只有通过平时修炼的稳定、良好心态,以天下大任为己任,认清责任,才能成就大事业。

(20)保持身体健康的能力。随着竞争的日趋激烈、工作节奏的加快及生活方式的多元化及人们的身心负担日渐加重,健康水平呈下滑趋势。管理者应该对自己的健康状况进行重新认识,对维护健康进行正确的规划和引导,以达到保健养生、延年益寿的目的。

2.核心员工

(1)核心员工的概念

核心员工是指有较高的专业技术和技能,在本行业中有着丰富的从业经验及杰出的开发和管理才能,天赋较高,而且在工作岗位上经历过较长时间的教育和培训的企业员工。核心员工在现代企业人力资源的竞争中是关键的竞争对象。核心员工一般都在重要岗位上任职，他们能够通过自己的专业技能，为企业经营和发展做出突出贡献，成为企业核心竞争力的源泉之一。

(2)核心员工的特征

核心员工具有以下特征：①数量少。在创业型企业中，核心员工一般都是在企业业务流程的关键环节上任职，他们掌握着核心业务、控制着关键资源，一般数量较少。核心员工的工作效率和质量直接决定了企业的业务流程能否高效运行。如果他们离去，有可能会造成企业业务流程的停止。②期望高。核心员工比普通员工掌握更关键的技能，担任更重要的职位，而且是难以替代的，因此，他们也就成了企业当中人数比例低但是贡献程度最高的群体。他们在职业生涯规划方面的思路非常清晰，有着明确的职业定位和发展目标，能够清晰认识到自己对企业的价值。由于定位不同，他们的期望值要高于普通员工。③易流失。面对创新创业时期的激烈竞争，企业想要持续生存发展下去的关键因素之一就是获得优秀的、合适的人才。很多企业为了挖掘到人才，不惜一切代价开出优于竞争对手几倍的条件。而对于核心员工来说，有诱惑力的条件也是他们所期望的，因此，面对高薪、高职等诱惑，他们也很容易跳槽而流失。④不可替代性。核心竞争力是企业在研发、制造、营销、服务等环节上具备某一个或几个明显的优势，不易被竞争对手所模仿的独特能力。核心员工是企业关键环节上关键知识和技能的拥有者，一旦核心员工离开，会对企业产生很大的负面影响，而且由于岗位对人才的高要求而难以找到合适的人替代。

(3)核心员工的价值

二八定律中提到，一个组织内往往是20%的人创造80%的财富。在创业型企业中，核心员工的价值体现在以下几方面：①帮助企业稳步发展。新创企业在经济环境变幻莫测、市场竞争激烈的时代下，时刻面临着市场风险、技术风险、经营风险等一系列风险，缺乏对这些风险的防范势必会为企业带来不可估量的损失。核心员工素质过硬，对风险有敏锐的观察力和较强的规避能力，他们能够根据企业发展需要稳定高效地完成既定目标，为企业顺利发展起到核心作用。②促使企业创新发展。企业的快速发展、在竞争中保持竞争优势、产品的更新换代、这些都离不开核心员工的攻关与创新。核心员工是企业自主创新的灵魂，他们的创造性劳动可以为企业带来最核心的竞争力。③培养新人使企业可持续发展。培养新员工可以让企业避免出现人才断层，从而保持可持续发展。核心员工往往跟企业一同成长，其长期积累的知识、技能、经验是企业的宝贵财富。核心员工可以通过培养新员工，让自己的知识、技能、经验传承，还可以让企业可持续地长久发展。

(4)留住核心员工的办法

要想留住核心员工，需做到以下几点：①薪酬市场化，满足员工心理平衡。薪酬价值能够体现员工价值，合理的薪酬体系是留住核心员工的重要手段。首先，薪酬体系要保证内部公正性和外部竞争性，应在企业和市场的发展变化过程中，进行相应的调整。其次,薪酬要与员工的工作绩效直接挂钩,通过绩效评估结果,让员工明确自己的努力方向,调整员工的行为习惯和工作目标。再次,薪酬要作为激励员工学习动机的重要手段,鼓励员工学习更多、更广、更深入的知识和技能。

②激励形式多样化,提升员工积极性。激励机制的运用方式单一、忽视激励的多样性、不注重长期激励、激励没有制度保障、薪酬体系单一等特点是新创企业的现状。推行有效的激励机制是创业型企业实现企业目标的重要保证,是适应市场竞争的客观要求,是提高员工素质的重要措施。

③企业管理规范化,保障员工发展空间。基础管理工作混乱、分工不清、权责不明确等问题是新创企业中普遍存在的,企业可以通过目标管理、项目管理贯穿整个经营过程,以绩效为结果,保障员工的基本利益。组织机构臃肿、多头管理、越层指挥、分工不合理、管理职能缺乏、权责不对等、权限过于集中或分散等一系列问题是企业创业初期容易出现的问题,通过企业管理规范化,理顺组织结构,明确部门职能,清晰职位职责,能够使企业形成具有竞争力的可持续发展的管理组织模式。科学的业务流程设计和完善的规章制度匹配,可以使企业拥有一套现代化科学管理体系,通过应用该套体系,明确员工行为规范,可以解决无章可循、有章不循、缺乏协调、相互推诿等多方面问题。企业管理规范是企业全体员工在生产经营活动中共同遵守的规定和标准,是企业解决管理难题,保证健康稳定发展的基础工作,对于保证企业的生产经营活动、提高企业管理水平有着重要的作用。

④组织结构扁平化,减少沟通障碍。扁平化组织结构改变了传统的层级组织结构的上下级组织纵向沟通方式,增强了各组织部门之间的横向联系以及组织内外之间的沟通。由于市场环境瞬息万变,企业需要做出快速反应和决策才能保证企业的竞争优势。因此,扁平化组织结构完全可以增强组织的这种快速反应和决策能力。新创企业的特点是人数较少,因此,采用扁平化结构更能够提高管理效率,降低管理费用,扩展管理幅度,加快信息传递速度,缩小上下级之间的距离,保证每位员工都有机会体现自主性。

⑤企业文化人性化,增强员工归属感。优秀的企业文化能够帮助企业营造良好的环境和氛围,企业文化不仅仅是大公司才需要重视的,新创企业同样需要考虑企业文化的建设。通过企业文化可以提高员工的道德水平,形成企业的凝聚力、向心力,形成企业发展所需要的精神力量,进而影响到企业的经营管理,从而提高企业的整体竞争力。

3.董事会

(1)董事会组建和运行的十大建议:

①深谋远虑:董事会成员的招募不要局限在眼前,要从长远考虑,让董事会成员在公司治理方面的能力适应公司具备一定规模之后的经营情况。

②招募一名全才:招募一名董事,他既要了解董事会运作,又擅长公司治理,而不

要仅仅依靠具有公司治理技能的律师和会计师。

③制定职责说明:为董事会成员制定明确的职责说明,规定董事会在公司战略、风险管理等方面应发挥的作用。

④不要厚此薄彼:董事会成员要认清他们对整个公司股东的义务,不能因为某个股东利益而放弃对其他股东的认识和考虑,哪怕某个股东是公司的最大投资人。

⑤博采众长:董事会成员的构成要考虑到公司战略的多维性,要使成员具备各种不同的背景和能力,能让他们在讨论公司战略的时候从不同视角提出意见。

⑥不要"老好人":董事会成员应该是能够据理抗争,敢于向创业者的经营方式说"不"的人,如果不同意,甚至可以退出。这才是董事会的真正人选。

⑦倾向于志同道合的人:董事会所有成员都要明白如何从利益相关者和公司有利的角度去评价各种问题,争取做到决策一致同意,而不是多数通过。

⑧明确职权的界限:明确董事会主席和 CEO 的不同职权,由于两者的职权内容完全不同,所以不要尝试把两个角色放到一个人身上。

⑨报酬要公正确定:董事会成员的报酬数额要体现公正,有必要的话可以征询专家意见。

⑩注意董事会与 CEO 的等级关系:两者的关系是,CEO 向董事会做出报告。对于创业者来说,要时刻做好准备接受质疑,采纳集体智慧,接受严格的纪律监督。

(2)创业公司不同阶段董事会的构成。从一人董事会、三人董事会、投资人介入董事会、引入独立董事,最后到公司上市,董事会的成员是怎样产生的?应该遵循怎样的原则?

①一人董事会。由于公司成立初期人员缺少,董事会可能只有初创人一人,但是这种情况不能长期存在,因为如果一直是一人董事会,那么他无法获得董事会应该有的建议咨询、人际关系、他人经验及管理问责机制等这些好处。

②三人董事会。三人董事会比一人董事会更加具有合理性。三人董事会除初创人之外,另外两人通常由其他股东组成。这样,在董事会中会形成建议咨询、广泛人际关系、相互问责等机制。

③投资人介入董事会。投资人介入董事会,必须经过所有股东选择认可方能进入董事会。这种情况一般在风险投资阶段是常见的。一般情况下,三人董事会中,投资人一般只占一个席位;五人董事会中,投资人占一到两个席位,初创人并没有失去对董事会的控制,他还能控制其他的席位。

④引入独立董事。独立董事不代表初创人和投资人任何一方的利益,他是董事会中的第三方。这样做的好处是:一是可以避免投资人对董事会的过强控制,二是董事会不会过度倾向于初创人和投资人任意一方的利益,独立董事的观点是独立开明的。为了避免投资人目的过强地去关注公司给他们带来的利益而不是公司的长远发展,独立董事的进入可以解决此类问题,避免投资人全盘控制公司。

⑤公司上市。公司上市之后,先前的股东协议也就无效了。董事会的提名和选举遵从统一的上市公司管理标准,由所有股东组成的提名委员会将在公司年会上提名候选人进入选举。大部分的上市公司都会错开董事会成员。也就是说,董事会的部分席位每年都会选举一次。所以一名董事的任期通常是3~4年。

上市公司董事会中有时还会预留一个替补候选人席位,这种情况通常是那些激进的投资人的行为。这些投资人虽然在上市公司中占有少数股权,但是具有一定的影响力,他们希望通过这种方法来改变董事会组成,把控公司的战略和管理方向,而公司会认为这种做法对自己不利而努力争取这个席位,最终使团队中的成员有可能进入董事会。

4.专业顾问

专业顾问是指掌握某些领域的专业知识,并能向组织提供顾问服务的专业人员。对于创业公司来说,专业顾问包括公司顾问委员会成员、投资方、贷款方、咨询师。作为一个集专业性、服务性于一体的职位,专业顾问往往具有很强的不可替代性,这给他们的工作价值带来一定的保障。作为创业公司的专业顾问,应该站在利益多方之外,客观、科学地对公司的管理和战略问题提出合理的决策建议,这样才能保证公司健康持续发展。

(二)创业团队的组建

1.创业者自我评估

(1)相似性角色。人在交往过程中往往愿意与自己在很多方面相似的人交往,这样可以从感觉上体会到互相了解,更加自信地对未来行为做出反应和预测。他们遵循相似性导致喜欢的原则,更愿意选择在背景、教育、观点上与自己相似的人,因此,团队成员大多数来自于同一领域。但是这种选择团队成员的方式也存在很多问题:知识、技能、欲望重复程度大,产生过大的冗余;企业缺乏其他职能的专门人才而不能让企业进行有效的运营。

(2)互补性角色。相似性角色的选择可以让你在新创企业的管理中感觉到得心应手,但是由于企业的职能是多方面的,这也会让你遇到其他的棘手问题,因此,团队中成员具有各方面的知识、技能、经验对于企业来说是有利的。一个团队成员所缺少的可以由另一个成员来提供,他们形成的整体效果是大于各成员的总和。所以,强调团队成员的互补性可以说是一种更好的策略,可以提供给企业更多样化的人力资源基础。

(3)创业者自我评估。创业者在组建创业团队的时候,需要从知识基础、专业技能、创业动机、承诺、个人特点等多方面进行自我评估,这样才能组建成更加有效的创业团队实施创业。在知识、技能、经验上利用互补性原则考虑,在创业动机和个人特点上利用相似性原则考虑,这是一种选择团队成员的有效平衡方法。

2.选择创业合作者

(1)认知性冲突。认知性冲突是指团队成员在企业经营管理过程中出现对问题的意见、观点不一致的现象。这种对问题存在分歧的现象是有效创业团队存在的一种正常现象,它有助于提高团队的决策质量和组织绩效促进最终的决策在团队成员中的接受程度。

(2)情感性冲突。情感性冲突是指团队成员之间在人格化、个人关系、个人导向方面存在不一致的现象,它会导致团队的绩效被破坏。情感性冲突的发生往往会让团队成员不愿意对问题进行深入的讨论,阻止成员参加有效的关键性活动,从而降低团队绩效。这种冲突往往会导致成员之间的不信任、回避,阻碍团队的开放式沟通和交流。

3.创业团队的五个要素

(1)目标。从广义来讲,团队的目标一般是把一个组织的工作上相互关联、相互依存的人组成一个群体,使之能够以有效的合作方式实现个人、部门和组织的目标。针对创业团队来讲,团队的目标是通过团队成员来完成创业阶段的规划、技术、市场、组织、管理、公关等各项工作,使新创企业能够正常运营。

(2)定位。创业团队的定位是指通某种方法和手段,结合现有组织结构情况,组建一种新的组织形式。这种新的组织形式要能够改变原有的一些习惯性思维定式,使不同领域的成员能够根据创业目标真正组成一个合作性团队组织。

创业团队定位的思路一般是:首先,由谁来选择和决定团队成员;其次,团队的负责人是谁;再次,采取有效措施激励团队成员;最后,制定一套团队管理规范,明确团队各成员的任务,确定团队的组织结构形式。团队规范的内容中,要能够体现出公司的价值观和文化。

(3)职权。创业团队的职权是指团队所需要担负的职责和享有的权限,也就是指团队的工作范围和在范围内决策的支持程度。它是团队目标和定位的延伸。划分职权要取决于团队的目标、定位、类型、规模、结构、业务类型等内容,最后要形成一套职权规范,来确定团队所有成员的职责和权限分工。

(4)计划。创业团队在确定职责和权限之后,要通过计划职能将团队的职责和权限分配给团队的每个成员,通过计划来指导成员的工作内容和具体做法。

(5)人员。创业团队的组建是否成功关键取决于人员的选择和确定。团队要从人员的知识、技能、经验等方面多角度进行考察,并且要考虑这些考察因素是否符合所制定的目标、定位、职权和计划的具体要求。

4.组建创业团队的原则

对于新创企业来说,创业初期最大的难题就是团队的组建和管理,它是新创企业能否成功的一个关键因素。而且,团队的组建和管理是企业人力资源管理的核心,一家企业只有有优势的核心人力资源,成功的可能性才会变大。组建创业团队的时候,

我们需要考虑以下原则:

(1)合伙人原则。新创企业和一般企业在招聘人员的时候有着本质的区别:一般企业是在招聘员工,员工为企业工作;新创企业是在招聘合伙人,合伙人是把工作当作事业来做。新创企业只有把员工当作自己的合伙人,才能够让企业迅速成长。所以,创业团队要找的成员是合伙人。

(2)激情原则。激情是衡量一个人能否成功的关键指标。新创企业初创时期,成员的工作量大、工作时间长,如果对创业事业信心不足,将会产生消极状态,而这种状态将会像传染病一样蔓延到所有团队成员中间,所产生的负面影响是致命的。因此,让成员保持创业激情对于团队工作的有效性具有重要作用。

(3)团队原则。新创企业的成败取决于团队的整体而非个人,团队是企业凝聚力的基础,团队中不存在个人主义,每个成员的价值都会以团队整体价值的贡献度来体现。团队成员要能够以团队利益至上为基础,同甘共苦、积极分享,牺牲个人短期的利益换取团队整体的坚强凝聚力和长期的成功果实。只有这样,团队才能够获得成功。

(4)互补原则。创业团队需要各种不同的人才,包括具有战略眼光的领头人和耐心细致的管理者、对内协调和对外交流的人才、技术和市场两方面的专业人士,缺少任何一个方面,团队都是不健全的。创业团队在选择成员的时候,一要能够弥补目前资源的不足,二要根据目标与现状的差距寻找相匹配的成员。好的团队,成员间的能力能够形成良好的互补,这种互补也有助于强化团队成员间的合作。因此,组建优势互补的团队是新创企业成功的关键。在选择成员的时候还要考虑个人性格和价值观问题,必须要能够听到不同观点和问题的声音,如果成员都喜欢说好听话、论调一致,那么这个团队绝对不是一个优秀的团队。

5.组建创业团队的步骤

组建创业团队需要按照一定的程序来进行,具体步骤如下:(1)创业者需要广泛召集企业界人士、领域专家、目标客户等群体讨论企业的具体职能、经营活动以及关键问题,通过探讨宏观和微观层面的问题来决定企业将来的发展方向。(2)列出包括创业者在内的所有候选团队成员名单和他们的个人特点、所擅长的业务。(3)根据所选项目的特点和企业的组织职能形式来确定创业团队的规模和成员人数。(4)运用比较优势理论、相似性和互补性原则等来确定团队成员。(5)将企业的主要业务活动分配给所有的团队成员。(6)为每一项主要业务活动设定职权范围,并为负责人设定目标。

第四节　创业领导者

一个成功的创业团队,其成员之间应该相互协作,共享富同患难。但一个业团队中绝对不能出现多个领导者，否则在决策执行的过程中，就会出现决策冲突、各自为政的情况，严重的还会导致团队的分裂。这就要求创业团队要有一个领导者，并且领导者要有能够带领团队创业和管理团队方面的能力。

一、创业领导者的角色与行为策略

创业领导者是创业团队的核心人物，扮演着指导者、促进者、交易者、生产者以及风险承担者等角色，是整个创业团队的领导者。创业领导者的行为与创业是否成功有直接的关系。创业者首先要在对创业动机、目标和前景进行认真评估分析后，才能决定是否需要组建团队。如果创业者确定要组建一个团队，就要进一步考虑需要组建怎样的团队，以期获得创业成功所必备的条件和资源。

(一)明确团队的发展目标

明确团队的发展目标是创业领导者首先需要考虑的事情。团队的发展目标能够激励团队成员努力奋斗、克服困难，是团队获得成功的动力。只有目标一致，创业领导者和团队成员才能齐心协力为之奋斗。

(二)合理挑选、使用人才

创业领导者的认知水平、创业技能、创业能力和思想意识从根本上决定了选择哪些成员组成团队。创业领导者挑选团队成员时要考虑的是团队成员是否可以弥补自身知识、技能、能力与创业目标之间存在的差距。创业领导者应当根据团队的需要，选择团队成员，团队成员各司其职、各展所长，促进团队不断发展。

(三)建立责、权、利统一的团队管理机制

一家成功的企业必须定井然有序的组织策略和管理机制。一方面创业领导者要确定谁适合从事何种关键任务和谁对关键任务承担什么责任，以使权力和责任分工明确；另一方面，创业者领导还要妥善处理好创业团队内部的利益关系。企业的报酬体系，不仅包括股权、工资及奖金等金钱报酬，还包括个人成长机会和相关技能培训等方面。

二、创业领导者的个人魅力

成功的创业领导者都有着自身独特的个人魅力，它能吸引各方人才汇聚，让团队成员信服，并时刻充满激情和创造力。创业领导者的个人魅力主要体现在以下几个方面：

(一)诚实正直

诚实正直的人格对一个创业领导者而言,就如同质量对产品的重要性。创业领导者无论是在生活上还是在业务的执行上都必须做到“言出必行”,保持诚信无欺且言行一致,这样才能与他人建立互相信赖的关系。

(二)自信睿智

自信是一个创业者必须具备的基本特征,对创业领导者来说更是不可缺少的个人品质。创业领导者必须通过自信和足够的智慧来分析整合信息,并做出正确的决策,以创造愿景、解决问题。

(三)强烈的企图心

创业领导者必须有长远的目光和明确的愿景,有着影响他人和领导他人的企图心。创业领导者只有保持一颗永不止步、不断向前的心,企业才能继续运营,并实现不断超越。

(四)优秀的协调能力

创业领导者往往业务繁重,如果无法做到合理利用和管理资源,不仅会浪费时间和精力,还会使企业运转出现问题。创业领导者不需要特别优秀的专业技能,但他必须善于把优秀的人才聚集到自己手下,并合理分配资源,让他们为自己工作,做到资源利用的最大化。

(五)老练的处世态度

创业领导者必须具有老练的处世态度,既能和第三方打成一片,又能体贴员工。做一个有幽默感、有人情味的领导更容易营造出团队和谐的气氛,提升团队工作效率。

三、领导者概念的发展阶段

不同时期创业领导者所代表的含义不同,具体表现为以下 3 个阶段。

1.领导者:最初的领导者被称为 leader(领导者),他是整个企业的支柱,可以决定企业的一切事务,能够带领下属完成各种目标。但领导者一旦出现问题,企业就将面临倒闭的危险。

2.管理者:20 世纪中期的领导者被称为 manager(管理者),他是企业团队的负责人,但不一定拥有最优秀的专业技能和最大的权力。

3.协调者:发展到如今,企业领导者一般是人员、物资和现金等资源的协调者。

因为只有合理搭配人力、物力和财力，才能维持企业的正常运转。

第五节　创业团队的社会责任与分工合作

创业团队中的每个人都是社会中的一员，都肩负着一定的社会责任。团队成员之间是否能进行良好的分工合作，影响着整个团队的发展和未来。因此，明确创业团队的社会责任与分工合作对创业者来说是相当重要的。

一、创业团队的社会责任

有这样一句话："能力越大，责任也越大。"作为一支成功的创业团队，在获取利益的同时，也不可忘了回馈社会。一个团队的成功是建立在政府支持和社会接纳的基础之上，假如没有这些客观基础，团队也就失去了发展的平台。因此，团队领导者要以身作则，培养成员的社会责任感，使企业的每一个员工都可以在实际的日常行为中履行社会责任。

（一）经济责任

企业要生存就必须盈利，因此，在遵纪守法的前提下，以最小的成本获取最大的利润是企业发展壮大的根本。随着利润的增加，企业需要向国家缴纳的赋税也相应增加，国家用于社会建设、巩固国防、开展慈善、扶贫等的资金就越多，这为丰富民众生活和满足民众需求提供了保障。

（二）法律责任

创业团队开展一切经营活动都必须遵守法律法规。例如，创业初期创业项目是否合法，是否允许经营；创业团队成员是否有劳动权利限制等。在创业初期，创业者应该了解相关法律法规，以确保合法经营，避免违法，保障自己应有的合法权益。创业者需要了解的法律法规包括《中华人民共和国公司法》《中华人民共和国个人独资企业法》《中华人民共和国劳动法》《中华人民共和国企业劳动争议处理条例》《中华人民共和国反不正当竞争法》《中华人民共和国消费者权益保护法》等。

（三）公益责任

创业团队在关注自身利益的同时，还应努力使自己的企业运营活动、产品及服务产生积极影响。创业团队应关心当前的社会环境，本着回报社会的理念，尽量为弱势群体和社会公益奉献自己的一份力量。

二、创业团队的分工合作

携程网创始人之一的梁建章曾说:“一个一流的技术与二流的团队的组合在效能上还不如一个二流的技术与一流的团队的组合。”这句话说明了创业团队中各成员分工合作的重要性。著名的贝尔宾团队角色理论提出,“一支结构合理的团队应该由九种角色组成,每位团队成员必须清楚自己和其他人所扮演的角色,了解如何相互弥补不足,发挥彼此的优势”。这九种角色及其在团队中的作用如表 10-1 所示。

表 10-1　团队中各角色及作用

类型	角色	在团队中的作用
谋略导向	审议员/监督者	分析问题和情景;对繁杂的材料予以简化,并澄清模糊不清的问题;对他人的判断和作用做出评价
	专家	提供专业建议
	智多星/创新者	提供建议;提出批评并有助于引出相反意见;对已经形成的行动方案提出新的看法
人际导向	协调者	协助明确团队目标和方向;帮助确定团队中的角色分工、责任和工作界限
	凝聚者	给予他人支持与帮助,扭转或克服团队中出现的分歧
	外交家/信息者	提出建议,并引入外部信息
行动导向	执行者	将计划转换为实际步骤
	完成者	强调任务的目标要求;查漏补缺,督促他人完成任务
	鞭策者	寻找和发现方案;推动团队达成一致意见,并朝向决策行动

团队成员之间要做到职责清晰、分工明确、资源共享,从而使团队更为高效。一般来说,团队成员分工合作需要满足以下原则:

1.角色清晰。团队成员的角色安排要清晰,不能出现角色模糊、角色超载、角色冲突、角色错位、角色缺位等现象。

2.职责明确。明确团队成员的职责,避免因职责不明和混乱而使团队效率降低。

3.坚持以人为本。团队成员角色职责制定要坚持以人为本的原则。创业领导者应根据每位成员的能力、特点和水平,把他们放到最适合的角色岗位上,给他们提供施展才华的平台。

4.平等。团队中的每一位成员都非常重要,不能只强调某一位成员的作用,而忽视其他成员的作用。

5.立足现实。角色职责制定要立足现实,确保每位团队成员都能够明白团队对他们的期望值。

6.目标思想明确。要将团队的荣誉作为最高的目标思想，而不是强调个人英雄主义。

7.协调沟通。要保证团队各角色成员之间的良好沟通，并进行上下级职务双向互动。

第六节 大学生创业团队常见的问题

一、创业意识

大学生创业团队战斗力的提升是针对创业团队战斗力缺乏而言的，为此，要论述大学生创业团队战斗力提升的途径，就有必要对其反面做一番了解，以便对症下药。创业团队战斗力缺乏在创业过程中表现为团队组织管理者短视、团队成员缺乏监督等，究其原因，可以大致归为以下几个方面：

（一）创业团队没有明确的创业目标，是导致战斗力缺乏的最主要原因

创业者在组建创业团队进行创业实践之时，没有对组建创业团队的目的、创业团队的类型等一系列问题展开系统的思考，只是凭一时的创业冲动，或者是感受到巨大的就业压力而采取的一种暂时逃避的行为。俗话说："大海航行靠舵手"，而一叶受创业目标不明确的管理者掌舵的创业团队扁舟，在创业汪洋中的命运可想而知。

（二）创业成员之间丧失必要的信任，缺乏工作之中的沟通，出现各自为政的局面，是创业团队战斗力缺乏的内在原因

"祸起萧墙"讲的就是这个道理。由于创业团队的成员大都来自不同的领域，因此，彼此之间在认知及技能上存在异质性。由于创业团队成员没能正视这种知识或背景上的不同点，在创业的过程中较少地去交流想法，团队中就形成了信息闭塞的压抑气氛。在这种状态下，即使创业团队的管理者制订了完美的创业计划，也不能够将此类创业团队盘活，而注定是以创业失败告终。

（三）创业团队整体信息闭塞，固守陈规，缺乏最新的市场调查作为有力的创业指导，这是大学生创业团队战斗力提升的又一阻碍

换句话说，创业团队管理者只是一味地关注原先制订的创业目标或创业计划，认为自己的创业目标肯定符合激烈的市场竞争的需要，逐渐带领整个团队步入关起门来创业的怪圈，拒绝创新，使创业团队失去活力，导致创业失败。

（四）大学生创业过程中自身的缺陷，是未能提升创业团队战斗力不容忽视的原因

学习是在校大学生的主要任务，而组建创业团队进行创业活动相对于学习来说，充其量只能算是在校大学生的副业，即使是毕业大学生进行创业活动也同样存在类似问题。毕业大学生进入社会开始创业，对社会大环境方方面面的认识还不全面，创业经验相对缺乏，组建团队进行创业在大多数情况之下，只能是处处碰壁，心有余而力不足。

【案例分享】

重庆某大学传媒系学生刘夏的创业团队组建之路

刘夏是重庆某大学传媒艺术系的大二学生，在一次与老师进行暑期调研活动时，他发现重庆有些品牌设计公司的生意不错，这个发现激发了他创业的想法。

听到刘夏的想法后，早有创业想法的学装潢专业的王昊，立即表示赞同。于是，两人立马找到老师，在老师的帮助下，他们获得了一间免费的教室作为工作室。在接下来的一个月里，两人为了尽快让工作室走上正轨并且营业，都开始跑起了业务，但由于自身能力有限，效果不佳。

这时，两人想到了再找一些有能力的、想创业的同学加入他们的团队，为工作室添砖加瓦。让刘夏和王昊没想到的是，他们的合伙创业招聘单刚发出去，就有不少人回应。经过他们的认真筛选，仅仅一周的时间，整个团队的主创人员已全部确定下来。团队的成员各有所长：在大学生机器人比赛中认识的大三学长胡斌，动手能力强；参加辩论赛认识的大三学姐严莎莎，以口才见长；大一的学弟黄勇，计算机软件技术好；有在广告公司打工经历的丘斌，以创意见长；中文系大三学生刘文，写得一手好文章，擅长把握品牌的文化定位和人文精神；还有刘德海，擅长编程并获得过微软编程比赛大奖……他们组织在一起，正好是一家设计公司完整的人员配备。

这些富有创业激情和能力的人一加入，工作室的氛围立马变得不一样了。为了明确工作室中各位成员的职务，他们给自己"封官"，根据自己的特长和能力来命名，如设计总监、策划总监、行政总蓝、创意总监、销售经理等。在团队成员的齐心协力下，工作室终于拿到第一单业务，一家连锁洗衣店要求他们为其进行企业形象设计。

接下这单业务后，每个人都格外珍惜这次机会。为了让设计与众不同，刘夏和同事们到洗衣店市场了解和观察消费者的购买行为，并且查阅了大量资料。最终他们拿出了两套设计方案，而两套方案都得到了洗衣店的认可。

第一单业务的成功增加了他们的创业激情，随后他们不断积累经验，开拓业务。

2010 年 6 月，重庆市政府发布征求第八届中国（重庆）国际园林博览会吉祥物的公告，刘夏和王昊创立的工作室格外重视这次机会。经过对客户需求的仔细分析，他们设计出了体现重庆市精神形象和地域特色的吉祥物——珊珊和诚诚，被重庆市政府征用，由此打响了工作室的名声。

2010 年 7 月，第二届西部国际动漫节在重庆举办。在学校的支持下，他们的工作室承担了本学校展厅的装修方案，这是他们首次接下大型展会项目。他们充分利用从学校湖里捞上来的鹅卵石、艺术学院用剩的废纸箱、学校附近捡的碎木块，营造出了别具一格的视觉效果。通过这次展会，很多公司都了解到他们的工作室，并向他们提出了订单意向，工作室的业务变得越来越多。

2010 年 8 月，工作室向有关部门提出公司注册申请；9 月中旬，公司获批成立；9 月底，他们的工作室变成了公司。10 万元注册资金中，财政拨付 4 万元，按照相关政策，他们还得到税收减免和金融支持以及 3 年内工商执照审验费用全免的优待。

2011 年，公司半年的业绩突破 500 万元，纯利润 50 多万元，令同行企业对这些“毛头孩子”刮目相看。到了 2012 年，他们公司的业务已经遍布深圳、东莞、北京、福建等地，客户中不乏雀巢公司、上海采瑞化妆品有限公司等大型企业。

启　示

他们能够成功是因为工作室的成员都有着创业的激情和创业的梦想，而且各有所长，可谓一个较为完美的团队。在这个团队中，各成员各司其职，共同为工作室的发展贡献自己的力量。

创业者和创业团队都是创业的主导者。有人适合独立创业，如具有一定的资金、有极强的独立性等。有人适合团队创业，如与人相处融洽。在团队创业中，有的创业者适合担任主导人物，有的创业者只适合扮演参与者的角色。因此，创业者要根据自身的情况进行具体分析，再决定是选择自己独立创业，还是集聚一些拥有相同梦想的伙伴来共同创业。

【综合训练】

腾讯马化腾五兄弟：黄金创业团队

腾讯的马化腾创业五兄弟堪称难得，其理性堪称标本。

十多年前的那个秋天，马化腾与他的同学张志东“合资”注册了深圳腾讯计算机系统有限公司；之后，又吸纳了曾李青、许晨晔、陈一丹三位股东。这五个创始人的 QQ 号，据说是从 10001 到 10005。为避免彼此争夺权力，马化腾在创立腾讯之初就和四个伙伴约定清楚：各展所长、各管一摊。马化腾是 CEO（首席执行官），张志东是 CTO（首席技术官），曾李青是 COO（首席运营官），许晨晔是 CIO（首席信息官），陈一丹是 CAO(首席行政官)。之所以将创业五兄弟称为"难得",是因为直到 2005 年,这五人的创始团队还基本保持这样的合作阵形,只有 COO 曾李青挂着终身顾问的虚职而退休。

都说"一山不容二虎",尤其是在企业迅速壮大的过程中,要保持创始人团队的稳定合作尤其不容易。在这背后,工程师出身的马化腾一开始对于合作框架的理性设计功不可没。从股份构成上看,五个人一共凑了 50 万元,其中马化腾出了 23.75 万元,占 47.5%的股份;张志东出了 10 万元,占 20%的股份;曾李青出了 6.25 万元,占 12.5%的股份;其他两人各出 5 万元,各占 10%的股份。虽然主要资金都由马化腾所出,他却自愿把所占的股份降到一半以下——47.5%,"要他们的总和比我多一点点,不要形成一种垄断、独裁的局面。"而同时,他自己又一定要出主要资金,占大股。"如果没有一个主心骨,股份大家平分,到时候也肯定会出问题,同样完蛋"。

保持稳定的另一个关键因素,就在于搭档之间的"合理组合"。

据《中国互联网史》作者林君回忆:"马化腾非常聪明,但非常固执,注重用户体验,愿意从普通的用户角度去看产品。张志东是脑袋非常活跃、对技术很沉迷的一个人。马化腾技术上也非常好,但是他的长处是能够把很多事情简单化,而张志东更多是把一件事情做得完美化。"许晨晔和马化腾、张志东同为深圳大学计算机系的同学,他是一个非常随和而又有自己的观点,但不轻易表达的人,是有名的"好好先生";而陈一丹是马化腾在深圳读中学时的同学,后来也就读于深圳大学,他十分严谨,同时又是一个十分张扬的人,能在不同的状态下激起大家的激情。

如果说其他几位合作者都只是"搭档级人物"的话,那么曾李青则是腾讯五个创始人中最好玩、最开放、最具激情和感召力的一个,与温和的马化腾、爱好技术的张志东相比,是另一个类型。其大开大合的性格,也比马化腾更具备攻击性,更像拿主意的人。不过或许正是这一点,也导致他最早脱离了团队,单独创业。后来,马化腾在接受多家媒体的联合采访时承认,他最开始也考虑过和张志东、曾李青三个人均分股份的方法,但最后还是采取了五人创业团队,根据分工占据不同的股份结构的策略。当然,经过几次稀释,最后他们上市所持有的股份比例只有当初的 1/3,但即便是这样,他们每个人的身价都还是达到了数十亿元人民币,是一个皆大欢喜的结局。

问题:结合案例,请问你看到的是一支怎样的创业团队?如果你即将创业,你打算怎样打造一支卓越的创业团队?

要点提示:(1)能够像马化腾这样,既包容又拉拢,选择性格不同、各有特长的人组成一支创业团队,并在成功开拓局面后还能依旧保持着长期默契合作,是很少见的。(2)马化腾的成功之处,在于其一开始就很好地设计了创业团队的责、权、利。能力越大,责任越大;权利(权力)越大,收益也就越大。

【思考题】

1.试分析创业者应具备的能力与素质。

2.如何进行创业能力的评价?

3.试述创业团队的组建方法。

4.结合案例分析说明创业领导者应具备什么特质。

5.如何明晰创业团队的社会责任并进行合理分工协作?

6.当前大学生创业团队有哪些常见问题?有何解决对策?

第十一章

创业环境与政策

【学习目标】

1.了解大学生创业的国内环境。

2.掌握创业环境的评估方法。

3.熟悉国内外与大学生创业相关的政策。

4.学会利用创业政策为创业服务。

【学习指南】

1.通过SWOT分析、波特五力模型分析,学习评估创业环境。

2.通过案例分析、资料库创建,了解与自己息息相关的创业政策。

3.通过量表测试、问卷调查,了解自身对创业环境的掌控能力。

第一节　创业环境

一、创业环境的内涵

(一)创业环境的含义

创业环境是指那些与创业活动相关联的因素的集合,即对创业者创业思想的形成和创业活动的开展能够产生影响和发生作用的各种因素和条件的总和。具体包含三层含义:一是创业环境是创业活动的领域,在很大程度上规定了创业的性质和活动范围。所有的创业活动都是具体的、现实的,都要有一个明确的方向和目标。在哪个行业里创业、创什么样的业,都要从实际出发,受环境的支配,不能随心所欲。二是创业环境是创业者面临的处境。环境在本质上是一个动态系统,具有较大的不确定性。

创业环境始终处于不断的发展变化过程中，使创业者不断面临新的情况，需要解决新的问题。三是创业环境是创业活动的基本条件。环境是一种客观存在，存在是决定意识的。创业环境对创业活动的决定性作用在于它能为人们的创业活动提供各种精神的或物质的条件，从各个方面影响着创业活动的进程，决定着创业活动的成败。

(二)创业环境的分类

创业环境可以从多个角度进行分类，其基本的分类有如下几种：

1.按创业环境的构成要素，可以分为经济环境、政治法律环境、科技环境、商务环境、教育环境、社会文化环境以及自然环境等。

2.按创业环境的层次，可分为宏观环境、中观环境和微观环境。企业的创业环境是有层次的，形成了一个分级系统。宏观环境是指一个国家或一个经济区域范围内的创业环境；中观环境是指某个地区或城市、乡镇的创业环境等；微观环境是指企业的文化氛围、团队合作精神、创新精神等。

3.按创业环境是否有形的物质，可分为硬环境和软环境。硬环境是指企业创业环境中有形要素的总和，如有形基础设施、自然区位和经济区位。软环境是指无形的环境要素总和，如政治、法律、经济、文化等。硬环境是企业成长的物质基础，软环境在企业的成长过程中也变得越来越重要。而且在一定时期内，硬环境的变化是有限度的，而软环境的改善能够弥补硬环境的缺陷，提高硬环境的效用，最终成倍提高整体环境的竞争力。

4.按创业环境的社会属性，可分为社会环境与自然环境。社会环境也可称为国情，是指创业者所处的国家和社会的政治制度、经济制度、法律制度、思想文化、风俗时尚，以及政府在特定历史时期的路线、方针、政策等方面的条件。自然环境是指创业者面对的地理资源、气候等自然状况。社会环境和自然环境作为开展创业活动的宏观背景，它们的变化能对创业活动产生巨大的不可抵抗的影响。创业者只能利用它们，而无法改变它们。

5.按创业环境对创业组织的影响，可分为内部环境与外部环境。内部环境是创业组织内部各种创业要素的总称，如人员、资金、设施、技术、产品、生产、管理、运营等方面的情况。内部环境是创业者的“家园”。俗话说：“家和万事兴”，内部环境对创业活动的开展至关重要。处理好内部关系，优化内部环境，是创业活动生存的根基。

外部环境是创业组织外部各种创业条件的总称，包括社会的、自然的、政治的、经济的、合作的、竞争的、远处的、近处的形势和情况，对创业组织的发展具有广泛的影响力，是创业组织发展的保证。创业组织要适应的正是这种环境。

6.按创业环境的资金环境，可分为融资环境与投资环境。融资环境是指创业者为了扩大创业实力需要聚集资金的社会条件。投资环境特指创业者资金投向的项目行业及地区概况。融资与投资是创业活动不可分割的两个方面，同样都受特定地区人们的经济收入、消费观念、风险意识以及国家政策等环境因素的影响。

7.按创业环境的竞争性依存度，可分为合作环境与竞争环境。创业的合作环境是指创业者对外扩张、寻求发展、建立协作伙伴关系的环境氛围，通常指相关行业、供应商、经销商、广告商、技术所有者、风险投资公司及新闻媒体等单位的情况；竞争环境是指创业者所处的行业状况，包括行业的经营思想、产品质量、技术力量、管理水平、营销政策等。合作环境与竞争环境是创业组织生存与发展极为重要的外部条件，任何创业者都无法脱离这两个环境而存在。

8.按创业环境要素的使用过程，可分为生产环境与消费环境。生产环境是指创业者的资金转化为产品的过程所需要的各种因素，包括劳动力、生产设施、原材料、技术服务、动力供应、交通运输等状况；消费环境是指创业者的商品转化为货币的过程所需要的各种条件，包括特定地区人们的富裕程度、消费观念、消费水平，以及市场和竞争对手等方面的状况。

二、创业环境分析模型

创业环境分析模型有很多，运用较多的是 GEM 分析模型、PEST 分析模型、SWOT 分析模型等。

（一）GEM 分析模型

创业环境是一个复杂的动态系统，要认识创业环境的关键要素和影响条件，一个非常好的工具是借助“全球创业观察”的创业研究模型。

“全球创业观察”研究的“创业”是指创业者投资兴办实业及相关的经济活动，研究的对象是影响创业活动的各种环境因素以及创业与经济增长的关系，研究的根本目的是回答以下广受关注的问题：创业活动率在不同的国家和地区存在什么差别？创业活动与国民经济增长有什么联系？为什么有些国家的创业活动率比其他国家的高？采取哪些措施可以提高创业活动率？

GEM 分析模型从社会、文化、政治三个方面进行分析，将促进国家经济增长的条件分为一般条件和创业条件两类，如图 11-1 所示。

GEM 的研究方法是通过三类主要数据对地区创业活动进行分析，这三类数据是电话抽样调查、专家访谈、第三者收集的标准经济数据。

（二）PEST 分析模型

PEST 分析模型是利用环境扫描，分析总体环境中的政治（Political）、经济（Economic）、社会（Social）与技术（Technological）四种因素的一种模型。简单而言，是指对宏观环境的分析，即一切影响行业和企业的宏观因素。不同行业和企业根据自身特点和经营需要，在做市场研究时，利用该分析模型能有效地了解市场的成长或

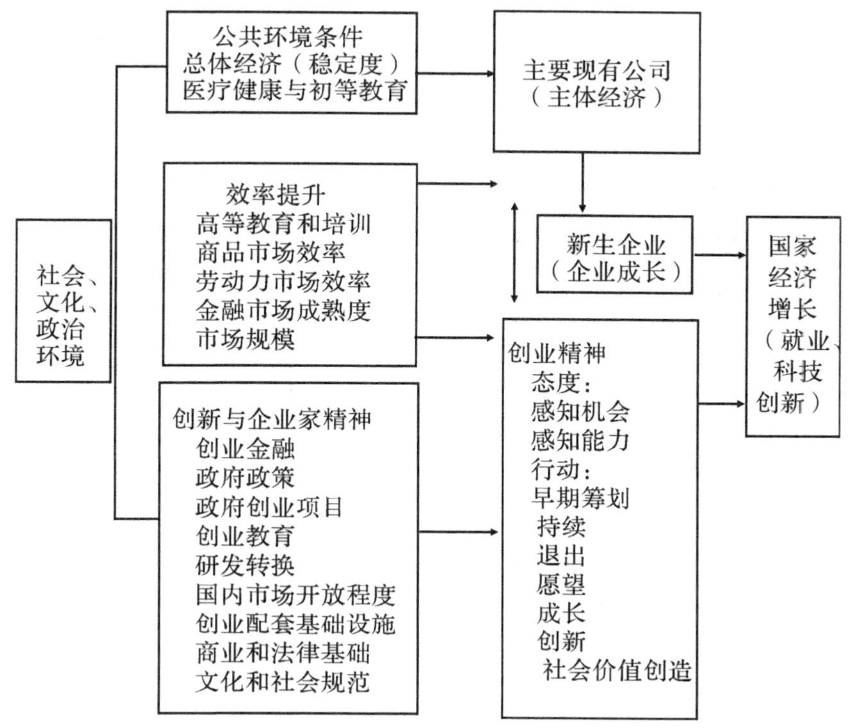

图 11-1 GEM 分析模型

衰退，以及企业所处的环境、潜力与运营方向，是帮助企业考察外部环境的一种常用方法。

1.政治环境

政治环境包括一个国家的社会制度，执政党的性质，政府的方针、政策、法令等。不同的国家有着不同的社会性质，不同的社会制度对组织活动有着不同的限制和要求。即使社会制度不变的同一国家，在不同时期，由于执政党的不同，其政府的方针特点、政策倾向对组织活动的态度和影响也是不断变化的。

重要的政治环境变量有：执政党性质，政治体制，经济体制，政府的管制，专利数量，环境保护法，产业政策，投资政策，政府补贴水平，反垄断法规，与重要大国关系，地区关系，对政府进行抗议活动的数量、严重性及地点，民众参与政治行为等。

2.经济环境

经济环境主要包括宏观环境和微观环境两个方面。宏观经济环境主要指一个国家的人口数量及其增长趋势，国民收入、国民生产总值及其变化情况，以及通过这些指标能够反映的国民经济发展水平和发展速度；而微观经济环境主要指企业所在地区或所服务地区的消费者收入水平、消费偏好、储蓄情况、就业程度等因素。这些因素直接决定着企业目前及未来的市场大小。

重要的关键性经济变量有:GDP及其增长率、中国向工业经济转变、贷款的可得性、可支配收入水平、居民消费(储蓄)倾向、利率、通货膨胀率、政府预算赤字、消费模式、失业趋势、劳动生产率水平、汇率、证券市场状况、外国经济状况、进出口因素、不同地区和消费群体间的收入差别、价格波动、货币与财政政策。

3.社会文化环境

社会文化环境包括一个国家或地区的居民受教育程度和文化水平、宗教信仰、风俗习惯、审美观点、价值观念等。

关键的社会文化因素有:妇女生育率、人口结构比例、人口移进移出率、社会保障计划、生活方式、平均可支配收入、对政府的信任度、对政府的态度、对工作的态度、购买习惯、对道德的关切、储蓄倾向、社会责任、对职业的态度、对权威的态度、城市和农村的人口变化、宗教信仰状况等。

4.技术环境

技术环境除要考察与企业所处领域的活动直接相关的技术手段的发展变化外,还应及时了解国家对科技开发的投资和支持重点、该领域技术发展动态和研究开发费用总额、技术转移和技术商品化速度等。

(三)SWOT分析模型

SWOT分析方法是根据企业自身的既定内在条件进行分析,实际上是将企业内外部条件的各方面内容进行综合和概括,分析企业组织的优劣势、面临的机会和威胁的一种方法。其中:S代表Strength(优势),W代表Weakness(弱势),O代表Opportunity(机会),T代表Threat(威胁)。SWOT可以分为两部分:第一部分为SW,主要用来分析内部条件能够做的;第二部分为OT,主要用来分析外部条件可能做的。利用SWOT分析方法可以从中找出对自己有利的、值得发扬的因素,以及对自己不利的要避开的东西,发现存在的问题,找出解决办法,并明确以后的发展方向。根据这个分析方法,可以将问题按轻重缓急分类,明确哪些是急需解决的问题,哪些是可以稍微拖后一点的事情,哪些属于战略目标上的障碍,哪些属于战术上的问题,并将这些研究对象列举出来,依照矩阵形式排列,然后用系统分析的思想,把各种因素相互匹配加以分析,从中得出一系列相应的结论,而结论通常带有一定的决策性,有利于领导者和管理者做出较正确的决策和规划。

SWOT分析方法常常被用于制定集团发展战略及分析竞争对手情况,在战略分析中,它是最常用的方法。使用SWOT分析方法时,通常先分析环境因素,把握应用规则,通过构造SWOT矩阵,制订行动计划。制订计划的基本思路是:发挥优势因素,克服弱势因素,利用机会因素,化解威胁因素;考虑过去,立足当前,着眼未来。运用系统分析的综合分析方法,将排列与考虑的各种环境因素相互匹配加以组合,得出一系列公司未来发展的可选择对策。

三、中国创业环境分析

(一)改革开放以来我国的创业发展历程

从计划经济到市场经济,从互联网到移动互联网,随着时代的变迁,一波又一波的弄潮儿前赴后继,迸发出惊人的创造力。回顾改革开放以来的历次创业浪潮,社会、经济、科技、政策环境并不相同。创业浪潮很大程度上与政府的支持、社会资金的宽裕程度、投资人的态度、社会的包容度有关。随着社会的演化,创业者形态多变,从个体户到合伙人,从小商贩到创客……创业者,从来都是推动中国经济发展的主要动力。新时代的大众创业浪潮,如何推动产业从劳动力密集型向技术、资本密集型升级,值得期待。如今,中国正掀起第四次创业浪潮。2015 年 3 月,“大众创业、万众创新”在 2015 年政府工作报告中出现。国务院总理李克强指出,打造“大众创业、万众创新”和增加公共产品、公共服务成为推动中国经济发展调速不减势、量增质更优,实现中国经济提质增效升级的“双引擎”。

1.第一次创业浪潮——1979—1989 年草根创业:个体户爆发

对于 20 世纪六七十年代的经济情况,《邓小平文选》总结指出:“中国社会实际上从 1958 年开始到 1978 年二十年时间内,长期处于停滞和徘徊状态,国家的经济和人民的生活没有得到多大的发展和提高。”而在“文革”结束后,800 万名知青返城,就业成为社会问题。机关单位安置有限,知青只能靠摆地摊,从事理发、修鞋、磨刀、修伞、修家具、卖小吃等行业维持生计,人们管这叫“练摊”。为缓解就业压力,解决温饱问题,1979 年 2 月,中共中央、国务院批转了第一个有关发展个体经济的报告,允许各地可根据市场需要,在取得有关业务主管部门同意后,批准一些有正式户口的闲散劳动力从事修理、服务和手工业等个体劳动。个体户的出现,激活了一个封闭已久的经济体对物质的渴望,王石、柳传志、任正非、张瑞敏等中国第一代企业家亦在这时“倒腾”出第一桶金,并借助时代的机遇,成就各自非凡的事业。

2.第二次创业浪潮——1992—1997 年下海潮:扔掉“铁饭碗”

自个体经济为人们打开新天地后,市场经济迅速席卷全国,发财致富日渐成为全民理想。而在 20 世纪 80 年代末 90 年代初,全国掀起了一股全民经商潮,其中最为典型的是“国企员工下海”。1992 年初,中国改革开放总设计师邓小平“南巡”指出计划和市场都是经济手段,明确提出“三个有利于”标准。“南巡”进一步打破了人们的思想禁锢,激发人们跳出体制,投身市场经济之海的热情。据人社部数据显示,1992 年,有 12 万名公务员辞职下海,1000 多万名公务员停薪留职。据了解,面对充满未知数的商海,公职人员更多以“停薪留职”或请长假的方式“下海”,为自己留后路。这一代的创业者中,包括了俞敏洪、郭广昌、王传福等后来的业界大佬,而他们所领导的企业,也逐渐成长为奠定中国经济竞争力的基石。

3.第三次创业浪潮——1997—2000年浪潮之巅:互联网袭来

经济体制的改变,让人们解决生存问题;而科技的发展,却改变生活方式。中国的互联网元年,在1997年开启。中国互联网络信息中心(CNNIC)曾在1997年12月1日发布第一次《中国互联网络发展状况统计报告》,指出全国共有上网计算机29.9万台,上网用户数62万。该中心自此后形成半年一次的报告发布机制。尽管经历了2000年互联网泡沫的惨烈溃败,互联网时代的步伐并未减缓。百度、腾讯、阿里巴巴正是在这一时期迅速崛起,成为中国新兴经济的代表。而其所代表的互联网,将在未来以"颠覆一切"的形象,改变整个中国的经济结构。

4.第四次创业浪潮——2014年至今大众创业:全民创业

2014年,中国经济进入"新常态",一波新的创业浪潮也正在兴起。坐落在深圳南山区华侨城创意园的柴火创客空间,因李克强总理的到访而为人所熟知,这被认为是点燃本轮创业浪潮的星火事件,这股创业浪潮的动因主要是技术的发展从根本上打开了创业的空间。智能手机出现后,创业机会比PC端时代更多了。因为手机可以做到实时地把人、服务、位置、产品联系起来,可以提供原来在PC端时没有办法提供的互联网解决方案,如O2O,当下可以网上点餐送外卖等。

(二)中国创业环境分析

近年来,政府高度重视创新创业,为创新创业营造了良好的环境,市场机会、文化和社会规范、政府税收优惠、有形基础设施等方面拥有一定的优势地位。创业服务从政府为主到市场发力,涌现出一批市场化的新型孵化机构。根据科学技术部高技术产业开发中心公布的数据,截至2017年底,我国共有科技企业孵化器4069家,场地面积1.18亿平方米,在孵企业17万家,创业带动就业249万人。此外,中国电信公布了截至2017年底的主要用户数据:移动用户净增近3500万户,达到2.5亿户,其中4G用户超过1.8亿户;宽带用户超过1.53亿户,其中上市公司宽带用户达到1.34亿户。创业环境日新月异,创业观念与时俱进,带动创新创业规模不断增大,效率显著提高,出现了大众创业、草根创业的"众创"现象。创业主体从"小众"到"大众",越来越多的草根群体投身创业;创业活动从内部组织到开放集聚,创新创业不再是单枪匹马,而是互帮互助;创业理念从技术供给到需求导向,满足个性化需求成为创新创业的出发点。但是在国际化程度、金融支持、研究开发转移和创业教育等方面,我国与发达国家差距仍然很大,这些都是制约中国创业活动的重要因素。

1.新创企业国际化相对不足

国际化程度指新创企业所拥有的国外客户的比重。我国国外客户比重在1%～25%和25%以上的新创企业数量在GEM成员国中排名均非常低,这除了跟国内经济环境的开放程度、文化开放性、国际化基础、行业分布等因素有关以外,或许还表明中国经济总体平稳,国内市场总量大,创业者不需要或者无意拓展国际市场。但从长远来看，新创企业的国际化对于自身可持续发展，提高创业者整体的素质乃至提高国家整体比较优势都是十分必要的。

2.金融支持力度有待加强

在金融支持的途径方面，我国在注入创业投资、IPO及权益资金、债务资金和政府补贴方面仍处于很低的水平，因此需要进一步拓展创业金融支持的途径。从全球范围看，创业的金融支持最主要的来源是私人权益（Private Equity），只有以色列例外。中国的民间资本还很少进入创业市场，政府给创业者提供小额贷款的扶持政策，其数量和范围都很有限。中国创业的金融支持来源以自有资金、亲戚朋友投资或其他私人股权投资为主，金融环境对创业的支持和扶持还有很大的改善空间。

3.科研成果转化水平不高

在研究开发方面，亚洲国家相对于GEM其他发达国家都有明显的差距。研发成果的市场化转移过程是否顺利，表明研发成果转化为生产力水平的高低，也反映出创业者是否能抓住商业机会。很多研究成果是从学校、研究所出来，再走进市场。由于没有很好的转化渠道和成熟可用的系统，研究成果的转化效率都还不是很理想。在知识产权保护方面，我国比较落后，法规的制定和实施效果尚不显著，对知识产权的保护意识没有深入人心，非法销售盗版软件、音像制品的情况非常普遍。

4.创业教育发展相对落后

创业教育是激发创业活动的重要因素和力量。中国与其他GEM参与国家和地区在教育与培训方面相比，还处于落后水平。在所有关于创业教育的问题上，中国的平均水平低于GEM参与国家和地区的均值。中国以应试为主的教育没有很好地鼓励创造性，反而压抑了创新思维。在提供关于市场经济知识和创业知识的整体培训方面，我国处于中等水平；在商业、管理教育创业类课程的开发和项目管理能力培训方面，我国与先进国家和地区相比差距也很大。

四、大学生的创业环境

大学生创业环境，是指大学生创业活动的外部条件，它是各种客观因素的综合体。大学生特定的创业环境可分为大环境和小环境。大环境是指社会、地区的支持条件；小环境是指学校和家长的相关因素，以及创业场所、创业的各种设备和工具条件等。大环境的营造必须依靠社会的大力支持，才能得以实现；小环境的营造主要靠学校和师生的共同努力。此外，还可以从硬件环境和软件环境两个方面来分析，硬件环境包括政府资金支持、有形的基础设施建设等，如实践基地建设、实验室建设、网络通信建设等；软环境则包括金融、服务、商务环境等。

(一)大学生创业的有利环境

1.提供了政策支持

国家和地方各级政府为大学生创业提供了强有力的金融政策支持。现在很多地方政府设立了专项资金扶持和贴息贷款,通过这种途径在短期内扶持多数创业人。政府为大学生自主创业提供各方面的保障,主要采用经济、行政以及法律的手段。例如,简化不必要的程序;建立创业教育培训中心,免费为大学生提供项目风险评估和指导;尽快落实国家针对大学生创业的税收减免优惠政策;大学生创办的企业被认定为青年就业见习基地的,可享受政府有关补贴等。

2.加强了创业培训

政府部门除在资金上支持大学生创业外,还通过学校等教育机构对大学生进行创业培训,培训内容包括申请贷款程序、创业者应具备的心理素质、基本的金融知识等。这一系列培训,使创业大学生能坚持理想,贯彻计划,取得最终的成功。学校环境方面,如学校政策鼓励支持,形成创业文化;在学校建立配套科技园,加强创业教育,通过创业实践或比赛等多种形式,培养大学生创业能力。同时向大学生适度开放校内市场,以利于大学生创业实践,搭建创业服务平台。比如,有些学校的市场营销专业的实训基地,就给学生提供了一个自主创业的平台,给学生一个门面,让学生自己去经营管理。

3.营造了宽容失败的环境

对于大学生创业失败的,审查机构审查其非人为故意造成的,可以免除其所贷资金的利息,并可相应延长其还贷期限。对于希望重新创业并提交可行计划的,仍可在其未还清所欠贷款的情况下,再次提供无担保贷款,以此营造宽容失败、鼓励创业的社会环境。大学生毕竟很年轻,即使失败了,在心理上他们也能有一定的承受能力,家人也会理解和包容他们。

(二)大学生创业的不利环境

1.创业扶持政策多,但落实力度不够

许多创业扶持政策不协调,从中央和地方出台的各项扶持政策来看,主要集中在新创企业注册、税收和资金支持等方面,而针对大学生创业教育、培训和指导等方面的政策明显不足,而且各个职能部门都是基于各自的视角制定相应的政策,不太注重各项政策之间的协调和整合。

另外,一些优惠政策缺乏相应的配套措施和实施细则,难以执行。据了解,不少大学生创业者在办理各种登记手续时,由于相关部门不知如何操作,结果还是按正常程序走,大学生创业者并没有享受到优惠待遇。此外,在实际操作中,有关资金扶持的创业政策对大学生新创企业的规模、创业领域等具有一定的要求,能享受到这些优惠政策并不是一件容易的事情，再加上资金支持的力度不大，使得很多大学生创业者没有申请的积极性，政策的执行效果大打折扣。

2.创业教育和培训体系不健全

系统的创业教育是大学生成功创业的重要保障。发达国家基本上都有比较完善的创业教育体系，如美国的创业教育贯穿小学、初中直至研究生的整个正规教育过程。我国的大学生创业教育始于20世纪末，以1998年清华大学举办的大学生创业计划竞赛为开端，主要着眼于解决大学生的就业问题而不是培养创业人才，虽然取得了一定的成绩，但与国外相比仍然存在较大差距。作为当前大学生创业教育的重要基地，各所高校虽然也重视大学生创业教育，但由于受办学理念和应试教育等因素的影响，并没有将创业教育上升到应有的高度，缺乏对创业教育的正确认识。

在教育对象上，很多高校是将大学生创业教育视为就业指导的一部分，主要面向即将毕业的学生，而没有将其融入大学生培养的全过程；在教育师资方面，高校教师大多是学术专家出身，普遍缺乏创业经历和实践能力，难以满足大学生创业教育的需要；在课程体系设置方面，创业教育课程所占的比重偏低，有的甚至没有列入培养计划；在教育方式上，偏重于理论教育，如向大学生灌输创业的意义以及创业的基本知识等，忽视对大学生创业技能的培养。以应试教育为导向的教育体系，从一定程度来说制约了大学生的创新能力和开拓精神，不注重实践，造成大部分大学生只有创业的概念和想法，但是实际上没有实施行动。

除高校外，很多地方政府都针对大学毕业生开展了创业培训活动，收到了一定的效果，但培训的层次总体上还比较低，培训内容的针对性也不强，而且缺乏系统性和连续性，走过场的形式主义做法较多，难以收到预期的培训效果。

3.创业融资面临较大困难

资金是任何创业者都必须具备的一项重要资本，对大学生创业者来说更是如此，如果缺乏足够的资金支持，大学生创业就很难取得成功。大学生创业资金中绝大部分来自于个人和家庭，其他渠道的融资则非常有限。不少大学生尽管具有很高的创业热情，但因为缺乏足够的启动资金而没有实施创业，或因为中途资金缺乏而导致创业失败。虽然政府部门和一些高校设立了一些大学生创业扶持基金，但基金规模普遍不大，而且由于牵涉面广，对大学生创业个体的扶持力度较小。尽管社会上也有一些风险投资基金，但由于我国的资本市场还不完善，而且风险投资机构对投资项目的发展前景和创办团队的管理能力等要求较高，现实中很多大学生根本达不到这么高的要求，申请风险投资对大多数大学生创业者来说是遥不可及的事。此外，由于大学生创业申请的贷款额度一般较小，且缺乏有效的信用担保，银行出于控制贷款风险、降低信贷审批成本等方面的考虑，往往不太愿意给大学生创业项目提供信贷支持，因此使国家出台的相关信贷优惠政策难以得到有效执行。

4.社会创业文化有待积极培育

创业文化是创业软环境的重要内容,创业文化是否盛行和被广泛接受,决定了社会作为一个整体是否能够更好地接受和支持创业者进行创业。在创业文化环境上,我国还受到一些主客观因素的制约,这些因素难免会削弱或动摇创业者的热情和勇气。

尽管改革开放已有30多年,但相对保守的传统文化对当前的创新创业仍然有较大的负面影响。从社会整体来看,虽然有很多人通过自力更生、艰苦创业取得了成功,也引起了很好的社会反响,但社会整体的创业氛围还不够浓厚,依然有不少人认为学生毕业后就应该去政府机关、事业单位工作或者到大企业就职,而对选择自主创业的大学生则会产生诸多消极联想和猜疑,认为其是因为没本事找到好的工作才去创业。一般而言,家长都希望子女在毕业后能找到一份稳定的工作,而不太支持甚至坚决反对子女去冒险创业,从而压抑了不少大学生的创业欲望。目前社会流行的观念是"以成败论英雄",颂扬成功的创业英雄容易,宽容创业失败者却很难,从而使大学生在放弃工作选择去创业时面临很大的心理压力,担心创业失败而不敢大胆开拓。此外,社会整体的诚信意识还比较淡薄,一些人迷信厚黑学一类的谋略文化和斗争文化,钻营投机,彼此算计,不以失信为耻反以为荣,各种违法、违规经营和商业欺诈行为屡见不鲜,严重扰乱了市场经济秩序,给涉世未深、缺乏商场历练的大学生创业者带来了很大阻碍,影响了大学生创业活动的积极开展和正常发展。

5.创业风险管理机制不完善

创业的失败率很高,大学生初次创业的失败率可能更高。初次创业者往往趋于理想化,很难预计可能遇到的困难并进行合理的应对准备,这就是所谓的盲目创业,加上社会缺乏对创业者进行心理疏导的机制与氛围,创业者失败后很容易在情绪上受到伤害,进而引起其他不良后果。这也是很多有创业意向的大学生最后不能下定决心走上创业之路的重要原因之一。创业者在创业失败后还面临着资产清算的问题。我国关于破产保护和清算的法律法规尚不健全,社会对这方面的认识与观念也有很多误区,企业的债务有可能被转嫁到投资者和创业者本人身上,失败的创业者可能面临高额的债务和其他问题,而无法得到法律的保护,从而引起更多的不安和危机。一旦创业者遇到困难,除了家人,似乎没有地方可以寻求有效帮助。

创业环境的培育需要一个过程,并且需要创业者们共同努力推动创业环境的改善。对于当前创业环境存在的不足,创业者们也需要正确对待。创业环境整体上有成熟程度的区分,但每个人适应创业环境的能力却具有个性特征,因此每个人对创业环境的要求是不同的。创业环境的建设绝对不只是政府的事,而是全社会的事,并且政府创造环境的能力是有限的,环境本身具有较大的惯性,创业者能够做的就是尝试去适应。也就是说,创业者首先要关注的是自身适应环境的能力。创业者与环境的互动有两个方面:一方面是创业者自身可以提升能力,可以更多地通过自己的创造和创新去适应环境，或者说把环境的不利化为有利；另一方面是政府和社会在创业环境上提供一些便利条件。只有两方面共同努力，才能使创业者在创业时获得有利的环境。面对所谓“恶劣”的创业环境，创业者会发现确实很艰难，但是如果条件很好，并不意味着创业者就不能取得成功。中国改革开放 30 年，早期的 10 多年创业者也没有因为客观环境的不足而放弃创业的选择。甚至可以说，正是环境的某些不健全给他们带来了充分的发挥空间，因为机会与困难往往是相伴而来的。

创业的软环境对于创业的影响要比硬环境更为深刻且具有能动性，软环境的改善是创业环境建设的主动力。创业软环境由影响创业的规制、规范和认知等方面的因素构成，只有每个因素都得到改善才有助于创业环境的根本改变，而首先要解决的则是观念问题。

第二节　创业政策

一、创业政策概述

创业政策是政府制定的鼓励新企业创立、成长的政策和支持措施，其目的是促进创新和创造。由于创业型企业不能产生足够的内部资源而自我维持，所以需要从政府等外部主体获取政策支持，提高生存和成长的能力，抵抗外部环境不确定性所带来的路径依赖。

（一）创业政策背景

中国在改革开放后一直维持着快速的经济增长，要继续维持经济的健康、快速增长，就必须调整经济结构，转变增长方式，提高中国企业的竞争力。转变经济增长方式、提高中国企业竞争力的关键是促进创新与创业，而要解决经济结构调整过程中出现的一系列问题，也必须发挥创新创业精神，这些已成为全社会的共识。因此，创新创业教育得到了全社会的关注和支持。

国家领导人多次强调转变经济增长方式和创新创业人才的重要性，确定了创新创业教育的全局性和战略性意义。从中央政府到地方政府，各相关部门出台了很多支持创新创业的政策。

尽管 2003 年以来，国家已经出台颁布了一系列促进高校毕业生创业的优惠税收政策文件，为了鼓励和支持高校毕业生自主创业，各省市也在注册登记、税收优惠、银行贷款等方面出台相关的优惠政策。但是，当前我国仍需要系统制定与完善促进大学生创业的长期税收优惠政策，利用税收优惠政策引导大学生进行专业型创业，促进针对大学生自主创业的金融扶持等。准备创业的人一定要详细了解国家及地方政府的创业政策，对其加以充分运用，降低创业成本，提高创业成功的概率。

(二)创业政策利用

就调查报告显示,对扶持大学生自主创业的相关政策、法规经常关注,很了解的人占26.1%;偶尔关注,比较了解的人占45.3%;知道一点的人占19.9%;不了解的人占8.7%。接受调查的大学生中,47.7%的人认为大学生创业优惠政策的作用很大,31.2%的人认为大学生创业优惠政策的作用一般,5%的人认为大学生创业优惠政策的作用基本没有,也有16.1%的人不清楚大学生创业优惠政策的作用。由此可见,大学生对于政府出台的创业政策还是持肯定态度的,只是由于很多人对创业政策的不了解,影响了其对于创业优惠政策的利用。因此,计划创业的人应积极主动关注政府出台的创业政策,只有对创业政策有所了解,才有可能更好地加以利用。

利用政府的创业政策,一方面可以为创业者或新创企业筹集创业资源,另一方面还能够在一定程度上提升新创企业的社会形象。当然,每个人的创业方向、创业特点不同,每项创业政策的适用范围和对象也不同,创业者在利用创业政策时,要选择适合自己的政策,既要适合自身的创业条件,也要适合自身的创业行业和创业类型,适合自身的创业过程。同时要切实发挥好政策的实际效应,使政策的运用能真正降低经营成本,改善经营状况,提升经营能力,为实现企业的发展壮大做出贡献,使企业走上长期发展的道路。

(三)完善创业政策

发展创业型经济的主角是个人,关键在环境。因此,中国目前创业政策的制定应从系统性的角度考虑,充分借鉴创业政策的理论框架,系统分析创业政策的着力点和对象,从需求方的角度出发,尽可能减少创业障碍、降低创业风险,从鼓励创业政策、支持创业政策、服务创业政策和保护创业政策等几方面加以完善,以刺激创业活动,促进创业型经济的发展。

1.整合创业政策,扩大受益面

从目前中国出台的创业政策的受益对象看,有直接主管部门的群体,其创业支持政策较多,创业支持的力度较大。如共青团中央出台了大量的青年创业支持政策,人力资源和社会保障部出台了很多针对下岗失业人员的创业支持政策,科技部出台了许多针对高科技创业的支持政策等。但没有直接主管部门的群体,其创业支持政策较少,如失地农民、农民工乃至广泛的人民大众等。所以,针对目前中国创业政策扶持对象少、受益面小的现状,政府可通过发布相关支持全民创业的政策,扩大创业政策的受益面,将其扩大到普通民众,以形成促进全民创业的政策环境,加快中国创业型经济的发展。

另外,政府支持创业的政策也要体现地区差异。对于欠发达的西部地区,应该集中增加基础设施、创业培训、地域资源机会开发、技术可获得性等方面的投入;对于发达的沿海和中部地区，要充分发挥人力资本优势，增加技术含量高、就业辐射力强、具有国际竞争力的创业机会的开发和投入。

2.制定创业教育和培训政策

创业教育政策对于推动中国创业教育发展、培养创业文化、形成创业理念有着至关重要的作用。所以，政府应制定相应的创业教育政策，使创业教育纳入整个教育体系的范畴之内，以规范创业教育管理，提高创业教育质量，扩大创业教育的受益范围。通过创业教育政策的制定，应使创业教育贯穿于小学、中学、大学各个层次的学校教育，甚至涵盖学前教育和成人教育，形成一个完整的创业教育体系。通过创业教育的普及，在全社会营造一种重视并鼓励创业的创业文化，并通过拨款、立项、学科规划等手段引导创业教育的发展。创业培训是提升全民创业意识和创业能力的重要手段，政府应通过相关创业培训政策的制定和实施，加大对创业培训工作的支持力度，并通过建立合理的指标考评体系，不断提高创业培训的质量。

3.完善创业环境政策

创业环境会影响人们对创业机会的识别和对创业成功可能性的判断，从而影响创业决策。良好的创业环境，可以通过人为地控制环境变量，更大限度地释放人们的企业家精神，从而实现更加广泛的创业热潮，促进经济增长。所以，政府应通过政策措施不断完善创业环境。如通过大量宣传创业成功人士的故事、分析创业失败原因、推广创业成功经验，让全社会的人都认识创业，让创业者成为年轻人的偶像和学习目标，从而在全社会形成鼓励创新、允许失败的创业文化，营造良好的创业氛围。

另外，应进一步完善社会保障和保险制度，加快对创业者及其招聘的劳动者提供社会保障、人事管理、教育培训、职称评定等方面便利政策的落实，消除创业者创业失败的后顾之忧，促使其做出创办企业的决策。

4.优化创业服务政策

政府应通过制定政策措施加大对创业服务中介机构的支持力度，完善服务机构向创业者提供的服务信息和公共产品，健全创业服务中介组织，推动创业咨询服务工作的开展，建立由企业家、创业成功人士、专家学者及政府工作人员共同组成的创业服务专家队伍，逐步形成创业服务指导专兼职队伍。同时，政府应根据城乡创业者的需求，组织开展项目开发、方案设计、风险评估、开业指导、融资服务、跟踪扶持等“一条龙”创业服务，建立创业信息、政策发布平台，搭建创业者交流互助的有效渠道；建立创业项目资源库、创业者信息管理服务系统，设立创业服务热线，接受创业者的咨询和投诉，注重对创业失败者的指导和服务，帮助他们重树信心，再创新业。

5.合理定位创业扶持政策

政府制定创业扶持政策的基本目标应是减少创业障碍，促进创业活动。因此，政府出台的创业扶持政策，不能只从政策供给的角度出发，仅从资金、税收、管理等方面给予扶持，而应侧重于从需求端考虑，将扶持政策前移到创业投资的前期，充分挖掘和创造机会以吸引创业者投资。如通过发展风险投资、发展高技术、鼓励出口、降低市场准入和创业壁垒、加强孵化基地建设等措施，减少新创企业的进入和退出障碍，降低新创企业的进入门槛，同时扩大中小型企业的经营领域，进一步减少以致消除垄断和行业歧视。

6.保障创业政策连续性

创业活动本质上就是一个充满不确定性的动态过程，企业在成长的不同阶段会面临许多不同的资源需求问题和成长战略的适时调整问题。而由于创业型企业对外部制度和支持政策存在较强的依赖性，因此要求国家对创业的支持也应随着时间的推移，呈现出阶段性、系统性和连贯性的特征。从创业融资来看，一方面，创业型企业在创立阶段就缺乏资金，而且在企业的成长过程中，还需要持续的研发投入，所需投入的资金较多；另一方面，大多数创业型企业是建立在具有不确定性的新市场机会基础之上，投资者对新市场机会的价值认识、对企业持续资金投入而引起的财务风险意识和对创业者的创业能力存在信息不对称，从而导致企业从外部获得资金的困难。所以，政府的政策支持就成了解决创业型企业融资的重要途径。由于创业型企业在创业的不同阶段对资金有不同的需求，就要求创业政策资金支持的形式也应多种多样。只有将支持新企业快速成长的创业政策（旨在培育创业能力）和创新政策（旨在培育创新能力）结合起来，才能真正全面地促进经济发展和提升国家竞争力。据此，需要针对创业型企业的成长阶段，构建一个全新的完整的两阶段（新企业形成和新企业生存与成长）创业政策工具体系框架，既要使政府制定的各种政策工具能够支持创业型企业的创建，譬如强调政府对创业教育的关注以及创业技能的投入，同时还要完善创新政策工具，实行风险投资税收优惠，扩大风险资本规模，加快创业板市场的建设等，促进创业型企业的持续发展。

这种框架体系应特别强调政策的连续性与创业型企业成长阶段性的匹配，这不仅符合创业、创新要素向企业集聚，优化科技资源配置的政策精神，而且能极大地增强政策的可操作性，有效促进创业型企业快速成长。因此，还需要建立专门的由专家、政府、企业等组成的公益性机构来制定、实施和监督创业政策，并对其效果进行科学评估，为创业政策的改进和创新提供依据，以更好地服务于创业型企业。

二、部分国家部委创新创业政策

近年来，政府各相关部门对创新创业日益关注，纷纷出台政策、制定计划、下发文件，全力促进创新创业的发展。教育部一方面加强开展高校的创新创业研究，另一方面在高校中大力推进创新创业教育，将之作为素质教育的核心部分，使创新创业教育和创业活动在全国各地高校中迅速开展。

2014年，《国务院关于印发注册资本登记制度改革方案的通知》（国发〔2014〕7号）指出，要改革工商注册流程，颁发电子营业执照证件；《国务院办公厅关于做好

2014年全国普通高等学校毕业生就业创业工作的通知》(国办发〔2014〕22号),指明了高等学校创新创业工作的方向。2015年国务院发布《关于发展众创空间推进大众创新创业的指导意见》(国办发〔2015〕9号)、《关于进一步做好新形势下就业创业工作的意见》(国发〔2015〕23号)、《关于深化体制机制改革加快实施创新驱动发展战略的若干意见》,把创新驱动发展上升为国家战略。2018年国务院发布《关于推动创新创业高质量发展打造"双创"升级版的意见》(国发〔2018〕32号),为深入实施创新驱动发展战略,进一步激发市场活力和社会创造力指明了方向。

【小贴士】

鼓励和支持创业的政策体系

2013年3月,刘延东在中国大学生自主创业工作经验交流会暨全球创业周峰会开幕式的主题演讲中提到,政府大力扶持创业,初步形成了鼓励和支持创业的政策。一是积极放宽市场准入,特别是对高校毕业生等群体给予倾斜,针对青年大学生实施了"青年引领计划""女大学生创业扶持行动"等。二是广泛搭建创业平台。截至2012年,大学生创业和孵化基地已达2000余个,总面积330万平方米。三是实施税费减免和费用补贴,提供资金支持。截至2010年,仅各级政府和高校设立的大学生创业扶持资金累计就达16亿元。2009年中国证券市场推出创业板,为新创企业开辟了新的融资渠道,截至2014年2月26日,已有379家公司成功上市。

(一)发改委创新创业政策

国家改委会(以下统称为发改委)表示:创业创新正在成为中国经济增长的一个重要引擎。国家发改委将认真落实国务院相关文件要求,从放宽市场准入、加大政策扶持力度、优化创新创业生态和规范市场竞争秩序等方面对创业创新提供更多的政策支持。共青团中央从支持青年创业的角度出台了大量的政策文件,并从创业活动和创业教育的角度给予了大力支持。从2013年8月1日起,我国对小微企业中月销售额不超过2万元的增值税小规模纳税人和营业税纳税人,暂免征收增值税和营业税,并抓紧研究相关长效机制。这将使符合条件的小微企业享受与个体工商户同样的税收政策,为超过600万家小微企业带来实惠,直接关系几千万人的就业和收入。这是对新创企业的一项实质性优惠政策。

1.鼓励创业投资的政策措施

2005年,发改委等十部委出台了《创业投资企业管理暂行办法》,对备案的创业投资企业给予一定的政策扶持,并在之后国家的中长期科技规划中进一步明确了推动我国创业投资发展的有关政策措施。2007年,为配合财政部、国家税务总局对创业投资企业的支持,发改委发布了《关于配合财税部门做好创业投资企业税收优惠政策实施工作的通知》，对创业投资企业投资于符合条件的中小高新技术企业投资额的70%抵扣应纳税所得额，并在此后相继出台了进一步的促进措施、优惠措施等，极大地促进了国家自主创新和创业的发展。

2.中小企业创业培训工作

在中小企业创业培训上，发改委发起了“国家中小企业银河培训工程”。该工程以中小企业经营者和中小企业创业者为培训重点，兼顾中小企业经营管理人员、服务机构从业人员以及政府部门有关人员，依托各地区中小企业管理部门和各类服务（培训）机构开展培训工作。该工程主要开展了以下培训：对创业者开展创业知识和创业技能培训；对中小企业经营管理者及专业技术人员开展工商管理基础知识、法律法规、产业政策和企业信息化建设等培训；对中小企业服务机构从业人员开展专业知识和服务技能培训；对各级政府部门中直接从事中小企业管理工作的人员开展法律法规和相关促进中小企业发展政策措施的培训。

近年来，发改委继续加大中小企业的创业培训力度，除利用其全国信息平台提供各种管理、技能、创业培训之外，还举办各种适应形势发展的培训。

（二）人力资源和社会保障部创新创业政策

人力资源和社会保障部（原劳动和社会保障部）是较早、较系统地开展创业培训，推进创业工作开展的部门之一，在下岗失业人员和其他人员创业方面颁布了一系列政策，给予了大力支持。2005年年底，人力资源和社会保障部制定出台了《关于印发城镇技能再就业计划和能力促创业计划的通知》，决定在“十一五”期间开展“城镇技能再就业计划”和“能力促创业计划”；2006年发布《关于贯彻落实国务院进一步加强就业再就业工作通知若干问题的意见》中，明确表示要“鼓励自谋职业和自主创业”；2007年下发《关于进一步加强创业培训推进创业促就业工作的通知》，要求在全国大中城市广泛开展创业培训，并将培训对象从目前以下岗失业人员为主逐步向青年学生、进城务工的农村劳动者等群体扩展。2008年，人力资源和社会保障部下发《关于推动建立以创业带动就业的创业型城市的通知》，开展创建创业型城市的工作。创建创业型城市工作中很重要的一部分是健全该城市的创业培训体系，并通过创建工作扩大创业培训范围，将有创业愿望和培训要求的城乡劳动者全部纳入创业培训对象范围，实现创业培训全覆盖。2010年4月7日，人力资源和社会保障部、教育部、财政部、中国人民银行、国家税务总局、国家工商行政管理总局下发了《关于实施2010高校毕业生就业推进行动，大力促进高校毕业生就业的通知》，要求实施“大学生创业引领计划”，大力推进高校毕业生自主创业，加强创业教育和培训，提高创业意识，强化创业服务，完善创业扶持体系。同年5月4日，人力资源和社会保障部下发了《关于实施大学生创业引领计划的通知》，提出要让有创业愿望并具备一定条件的大学生都得到创业培训，准备创业的大学生都得到创业指导服务。此外，人力资源和社会保障部于2012年和2013年发布的《关于做好高校毕业生就业服务工作的通知》中，分别要求深入开展创业指导进校园活动和鼓励高校毕业生自主创业；2014年发布的《关于实施大学生创业引领计划的通》决定于2014—2017年实施新一轮“大学生创业引领计划”。

（三）科技部创新创业政策

《科技部关于开展2014年创新人才推进计划组织推荐工作的通知》（国科发政〔2014〕72号）要求，根据《国家中长期人才发展规划纲要（2010—2020年）》和《创新人才推进计划实施方案》（国科发政〔2011〕538号），在开展2014年创新人才推进计划组织推荐工作时，要坚持向科研一线和企业科技人才倾斜，对企业科技人才适当放宽推荐条件。科技部印发的《国家科技成果转化引导基金设立创业投资子基金管理暂行办法的通知》（国科发政〔2014〕229号），规范了国家科技成果转化引导基金设立创业投资子基金工作。《科技部财政部关于2014年度中小企业发展专项资金科技创新、科技服务和引导基金项目立项的通知》（国科发计〔2014〕166号）称，科技部和财政部已完成2014年度中小企业发展专项资金科技创新、科技服务和引导基金项目立项审定工作，中小企业发展专项资金科技创新、科技服务和引导基金项目立项共计3825项，中央财政预算计划安排资金34.8437亿元。其中科技创新项目2386项，计划安排资金19.8437亿元；科技服务项目954项，计划安排资金10亿元；引导基金项目485项，计划安排资金5亿元。《财政部办公厅关于2014年度科技型中小企业创业投资引导基金项目申报工作的通知》（国科办计〔2014〕24号）要求做好科技型中小企业创业投资引导基金（以下简称引导基金）项目申报工作。《科技部关于成立国家创新调查制度咨询专家组的通知》（国科函计〔2014〕184号）指出，为促进创新调查工作重大事项决策的科学化、民主化、规范化，科技部决定成立国家创新调查制度咨询专家组，负责对建立国家创新调查制度的顶层设计、重点任务部署、创新活动统计调查方案制定和创新监测评价报告等提供咨询和建议，并接受委托开展政策调研和战略研究等相关工作。《科技部关于认定北京厚德科创科技孵化器有限公司等104家单位为国家级科技企业孵化器的通知》（国科发火〔2014〕364号），认定104家单位为国家级科技企业孵化器。2015年印发的《科技部关于进一步推动科技型中小企业创新发展的若干意见》（国科发高〔2015〕3号）提出，实施创新驱动发展战略，深化科技体制改革，充分发挥市场在资源配置中的决定性作用和更好发挥政府作用，激发科技型中小企业技术创新活力，促进科技型中小企业健康发展。《科技部关于印发〈发展众创空间工作指引〉的通知》（国科发火〔2015〕297号）要求深入实施创新驱动发展战略，加快推进大众创业、万众创新，指导和推动各众创空间健康可持续发展。

(四)教育部创新创业政策

教育部对创新创业的支持政策主要体现在对创业教育、大学科技园区建设及创业孵化基地建设的支持上。2002年教育部就确定了中国人民大学、清华大学、北京航空航天大学、黑龙江大学、上海交通大学、南京经济学院、武汉大学、西安交通大学等高校率先进行创业教育试点工作,这些高校有步骤有层次地进行创业教育探索,形成了"课堂式创业教育""实践式创业教育"以及"综合式创业教育"三种比较典型的创业教育模式。近年来,教育部从组织、政策、教育思想上不断提高创新创业教育的地位,推动了创新创业教育在高校和职业技术院校中的迅速发展,对学生创业意识的培养和创业知识的普及起到了很大的推动作用。

1.思想上的支持

教育部在《教育部关于当前形势下做好普通高等学校毕业生就业工作的通知》(教学〔2008〕321号)中,要求各高校"加大创业教育工作力度,实现高校毕业生自主创业人数明显增加"。高等学校要整合学校教务、科研、就业、学生工作、学生社团等系统的优势,采取灵活多样的形式,普遍开展创业教育,培养学生的创新精神和创业能力。各地教育行政部门和高校要充分利用当地的经济技术开发区、高新技术开发区、工业园区和大学科技园区,为高校毕业生和在校学生构建创业孵化基地,组织创业实践。对有创业意愿的学生提供项目引导、技能培训、专家指导、法律援助等公益性服务。各地教育行政部门要加大投入,并积极争取人力资源和社会保障、科技、财政等部门的支持,在政策、经费、项目等方面大力支持毕业生自主创业。

此外,教育部在《国家中长期教育改革和发展规划纲要(2010—2020年)》中,要求各高校加强就业创业教育和就业指导服务,提高人才培养质量。《教育部关于全面提高高等教育质量的若干意见》(教高〔2012〕4号)要求,各高校把创新创业教育贯穿人才培养全过程,制定高校创新创业教育教学基本要求,开发创新创业类课程,纳入学分管理;大力开展创新创业师资培养培训,聘请企业家、专业技术人才和能工巧匠等担任兼职教师;支持学生开展创新创业训练,完善国家、地方、高校三级项目资助体系;依托高新技术产业开发区、工业园区和大学科技园等,重点建设一批高校学生科技创业实习基地;普遍建立地方和高校创新创业教育指导中心和孵化基地;加强就业指导服务,加快就业指导服务机构建设,完善职业发展和就业指导课程体系;建立健全高校毕业生就业信息服务平台,加强困难群体毕业生就业援助与帮扶。

2.组织上的支持

在组织上,教育部进一步采取一些重要行动来促进创新创业教育发展,建立了以高教司、科技司、学生司和就业指导中心四个司局联动的机制,形成了创新创业教育、创业基地建设、创业政策支持、创业服务"四位一体"的工作格局。

2010年4月,教育部会同科技部制定了《高校学生科技创业实习基地认定办法

(试行)》,为即将开展的以国家大学科技园为主要依托,重点建设一批“高校学生科技创业实习基地”,以推动创新创业教育和大学生自主创业工作实现突破提供了参考标准,计划以国家大学科技园为主要依托,全面建设100个“高校学生科技创业实习基地”,并计划通过多种形式建立省级、地市级大学生创业实习和孵化基地。“高校学生科技创业实习基地”的认定和设立必将打造全方位创新创业教育,促进学生自主创业平台的建设。2010年5月4日,教育部下发《教育部关于大力推进高等学校创新创业教育和大学生自主创业工作的意见》(以下简称《意见》),标志着创新创业教育进入了教育行政部门指导下的全面推进阶段。同年5月13日,教育部“高等学校创新创业教育指导委员会”成立,该委员会在教育部领导下对高校创新创业教育工作进行研究、咨询、指导、评估和服务,它的建立对进一步进行创新创业教育的相关研究,指导、规范和促进创新创业教育具有重大意义。

2011年2月,教育部高等教育司组织“高等学校创业教育教学基本要求专家组”(以下简称专家组),就高等学校创业教育教学的开展工作进行研究,并于2012年8月发布《普通本科学校创业教育教学基本要求(试行)》,要求高等学校创造条件,面向全体学生单独开设“创业基础”必修课,同时发布了“创业基础”课程的教学大纲,为推动高等学校创业教育科学化、制度化、规范化建设,切实加强普通高等学校创业教育工作提供了政策支持。2013年6月,由教育部高等教育司组编,专家组全体成员参编的普通本科学校创业教育示范教材《创业基础》正式出版。

3.政策上的支持

为进一步落实和完善对大学生自主创业的扶持政策,实施“大学生创业引领计划”,教育部对高校学生自主创业实行税费减免,提供小额担保贷款,落实创业补贴政策,加强创业培训和服务工作。在《意见》中,教育部明确指出,自2011年1月1日起,毕业年度内的高校毕业生在校期间创业,可向所在高校申领“高校毕业生自主创业证”。教育部部长袁贵仁强调,要“认真做好‘高校毕业生自主创业证’的审核发放工作,把好事办好,全力支持高校毕业生自主创业”。

教育部2012年5号文件《教育部关于做好“本科教学工程”国家级大学生创新创业训练计划实施工作的通知》明确规定,在“十二五”期间实施国家级大学生创新创业训练计划,以促进高等学校转变教育思想观念,改革人才培养模式,强化创新创业能力训练,增强高校学生的创新能力和在创新基础上的创业能力,培养适应创新型国家建设需要的高水平创新人才。国家级大学生创新创业训练计划内容包括创新训练项目、创业训练项目和创业实践项目三类。对中央部委所属高校创业实践项目,每个项目经费不少于10万元,其中,中央财政经费应资助5万元左右。中央部委所属高校分为A、B、C三组,分别给予不同力度的支持。

（五）财政部和国家税务总局等创新创业政策

财政部和国家税务总局主要从创业投资企业的发展以及新创企业的税收优惠上支持创业活动。财政部、国家税务总局发布《关于促进创业投资企业发展有关税收政策的通知》，对创业投资企业采取股权投资方式投资于未上市中小高新技术企业的行为，在符合既定条件下给予一定的税收减免。此外，财政部、国家税务总局还发布《关于支持和促进就业有关税收政策的通知》，明确规定高校毕业生从毕业年度起三年内自主创业可享受税收减免政策。其中，高校毕业生在校期间创业的可向高校申领“高校毕业生自主创业证”；离校后创业的，可凭毕业证书直接向创业地县以上人社部门申请核发（就业失业登记证），作为享受政策的凭证。

（六）共青团中央创新创业政策

全球创业观察（GEM，由美国百森商学院、英国伦敦商学院和多家知名学术机构共同完成，调查覆盖全球 35 个国家，其经济总量占全球经济总量的 92%）报告显示，无论是在发达国家还是在发展中国家，青年都是最具创业活力和创业潜力的群体。共青团中央、中华全国青年联合会作为全国最有影响力的青年组织，以青年创新创业为突破口，对青年人创新创业教育和创新创业活动给予了大力支持，在全社会创新创业教育的支持中占有重要地位。它开展的各种活动得到了青年人的热情支持，取得了巨大成就。

2003 年 11 月，共青团中央、中华全国青年联合会、中华全国工商业联合会等 7 家机构倡导发起中国青年创业国际计划（Youth Business China，简称 YBC）。这是一个旨在帮助青年创业的教育性公益项目，通过动员社会各界特别是工商界的资源，为创业青年提供导师辅导以及资金、技术、网络支持，帮助青年成功创业。2005 年 9 月，联合国国际劳工组织与共青团中央、中华全国青年联合会合作，启动 KAB（Know About Business）创业教育项目，开始在全国高校范围内推广“大学生 KAB 创业基础”课程，并成立项目推广中心，建立培训基地，设立 KAB 创业教育（中国）研究所，大力培训高校师资，开展创业教育研究。2010 年，共青团中央和科技部共同实施“农村青年科技特派员创业行动”，探索一条农村青年以科技促创业、以创业促增收的发展道路；2011 年，共青团中央和农业部共同发起促进农村青年的创业就业行动，大力开展农村青年创业培训；2012 年，共青团中央和农业部继续共同发文，支持和帮助农村青年科技创业，要求各地团委和农业主管部门整合各方科技支持力量，促进科技要素带动资金、人才、信息、管理等生产要素向农村创业青年集聚，更好地发挥科技对农村青年创业的支撑作用，促进更多的农民运用科技增收致富。

共青团中央还通过开展“中国青年创业行动”“成功创业计划”“中国青年创业周”“中国青年企业家管理创新奖”评选和“全国农村青年创业致富带头人和服务农村青

年增收成才奖”评选等活动，深化中国青年就业创业行动，引导广大青年自主创业，通过创业带动就业。

（七）《国务院关于推动创新创业高质量发展打造“双创”升级版的意见》文件解读

《国务院关于推动创新创业高质量发展打造“双创”升级版的意见》是指导新时代“双创”工作的重要文件。该文件指出了当下“双创”的五个问题：一是大中小企业融通发展还不充分，二是科技成果转化机制尚不健全，三是创新创业国际合作不够深入，四是部分政策落实不到位，五是存在创新创业生态不够完善等问题。

该文件以推动创新创业高质量发展这一使命要求，提出了打造“双创”升级版的五个具体目标和八项举措。相比以往的文件，以下内容需要创业者和相关部门特别关注：

1.在市县一级建立农村创新创业信息服务窗口。这条意见特别重要。对于农村来说，信息即机会，以前农村缺乏互联网，信息获得很难，今天老百姓尽管可以便利获得互联网，但是更需要准确的创新创业公共信息。

2.对个人在二级市场买卖新三板股票比照上市公司股票，对差价收入免征个人所得税。对于新三板流动性来说，这是个利好的信息，但是要根本改变现在的新三板流动性，可能还需要很多工作。

3.数据方面，稳步推动公共数据资源开放，加快推进政务数据资源、社会数据资源、互联网数据资源建设。大数据共享和建设是当前热点，但是对于不同的数据的开放程度，国家的规定和政策是不同的，注意不同的提法。

4.将国家级科技企业孵化器和大学科技园享受的免征房产税、增值税等优惠政策范围扩大至省级，符合条件的众创空间也可享受。这意味着众创空间也可享受减税利好。

5.支持退役军人参加创新创业大会和比赛。这意味着“双创”大会又有了新的队伍。

6.鼓励金融机构探索开展知识产权质押融资。创新型中小企业缺乏抵押物，利用知识产权质押融资是金融创新，但是知识产权评估是关键。

7.深入推进城镇低效用地再开发，健全建设用地“增存挂钩”机制，优化用地结构，盘活存量、闲置土地用于创新创业。小城镇土地利用低效是个历史遗留问题，一方面要鼓励土地整合，另一方面要注意防范土地的炒作。

8.安排一定比例年度土地利用计划，专项支持农村新产业新业态和产业融合发展。新产业急需新的用地，农村土地利用的优势可以发挥了。

9.深化以科技创新为核心的全面创新。全面创新显然不仅仅包含技术创新，还包含产品创新、商业创新、社会创新和制度创新等，需要加强研究。

10.把创新创业教育和实践课程纳入高校必修课体系，允许大学生用创业成果申请学位论文答辩。大学生毕业论文答辩一直是高校难题，尤其是文科学校很多情况下都是学生走过场。今后可以不再是形式化的论文，而是将创新融入创业实践项目中。这应该是很受欢迎的举措，希望高校可以有效执行起来。

11.引导中小企业等创新主体参与重大技术装备研发加强众创成果与市场有效对接。国家很多特殊领域包括装备领域，都没有对民营企业开放。此次装备领域开放是一个信号，未来更好的市场化应该是没有禁止的。

三、部分省市创新创业政策

（一）北京市创新创业政策

2016 年 6 月发布的《中共北京市委关于深化首都人才发展体制机制改革的实施意见》提出，对于符合条件的创新创业人才，将通过积分落户办法优先办理引进。此外，在中关村人才管理改革试验区开展外籍人才出入境管理改革试点，出台外籍人才及团队出入境实施办法。《国务院办公厅关于建设大众创业万众创新示范基地的实施意见》（以下简称《意见》）（国办发〔2016〕35 号）支持“双创”示范基地探索创新、先行先试，在拓宽市场主体发展空间、强化知识产权保护、加速科技成果转化、加大财税支持力度、促进创业创新人才流动、加强协同创新和开放共享等方面加大改革力度，激发体制活力和内生动力，营造良好的创新创业生态和政策环境。《意见》确定了首批共 28 个“双创”示范基地，包括北京市海淀区等 17 个区域示范基地、清华大学等 4 个高校和科研院所示范基地、海尔集团公司等 7 个企业示范基地，分类推进“双创”示范基地建设，并提出了各类型示范基地的建设目标和建设重点。《北京市简化优化公共服务流程方便基层群众办事创业工作方案》（京政办发〔2016〕15 号）部署简化优化公共服务流程相关工作，切实解决群众“办证多、办事难”问题，进一步提高公共服务质量和效率，为基层群众提供公平、可及的服务，更好地推动大众创业、万众创新，激发市场活力和社会创造力。

《北京市人民政府关于进一步做好新形势下就业创业工作的实施意见》（京政发〔2015〕59 号）提出，深入实施就业优先战略，包括坚持稳增长与促就业良性互动、推动就业结构调整升级；积极推进创业带动就业，包括优化创业准入环境、搭建就业创业服务平台、加大资金支持力度、减轻创业税费负担、调动科研人员创业积极性、鼓励农村劳动力创业、挖掘电子商务领域就业创业潜力；努力稳定就业；加大就业帮扶力度；加强就业创业服务和职业培训；健全就业创业工作机制。《北京市人民政府关于大力推进大众创业万众创新的实施意见》（京政发〔2015〕49 号）提出，积极构建创新创业服务体系，着力培育创新创业发展形态，全面优化创新创业空间布局，不断完善创新创业保障机制，适应和引领经济发展新常态，以创新带动创业，有效激发全社会创新潜能和创业活力。《国家工商行政管理总局关于促进中关村国家自主创新示范区创新发展的若干意见》(工商办字〔2015〕161 号)提出,全面贯彻落实党中央、国务院关于进一步放宽市场准入、优化市场环境、激发企业活力、增强经济发展内生动力的部署要求,以及习近平总书记关于创新驱动发展战略的重要论述精神,充分发挥工商行政管理职能作用,促进中关村国家自主创新示范区向具有全球竞争力的科技创新中心发展。《北京市人才工作领导小组办公室关于印发中关村国际人才创新创业生态系统建设工程的通知》(京人才发〔2015〕3 号)提出,深入实施重大人才工程,拓宽国际人才创新平台,打造国际人才创业平台,支持企业开发国际人才,打造跨境协同创新平台,建设跨境合作创新平台,完善跨境科技金融服务,建设国际人才市场体系,抢占知识产权与技术标准制高点,营造国际人才发展的"软环境"。

《北京市教育委员会关于印发北京高等学校高精尖创新中心建设计划的通知》(京教研〔2015〕1 号)提出,为贯彻落实习近平总书记关于北京全国政治中心、文化中心、国际交往中心、科技创新中心城市战略定位讲话精神,全面增强自主创新能力,服务北京全国科技创新中心建设及"高精尖"产业结构调整,发挥北京高校科技智力资源优势,深化机制体制改革,释放创新活力,搭建高水平国际化创新平台,以抢占未来经济科技发展的先机和科技创新体制机制改革桥头堡,争做科技创新排头兵,决定实施"北京高等学校高精尖创新中心建设计划",建设一批北京高校高精尖创新中心,启动一批北京高校高精尖项目。

(二)上海市创新创业政策

上海市政府 2009 年根据《上海市人民政府关于进一步做好本市促进创业带动就业工作的若干意见》(沪府发〔2009〕1 号)制定《上海市鼓励创业带动就业三年行动计划(2009—2011 年)》(沪府办发〔2009〕5 号),要求加大鼓励扶持创业的力度,充分发挥创业带动就业的倍增效应。2011 年,上海市政府发布《关于推动科技金融服务创新促进科技企业发展的实施意见》(沪府发〔2011〕84 号),上海市财政局印发《上海市科技型中小企业信贷风险补偿暂行办法》的通知,引导和鼓励商业银行加大对本市科技型中小企业的信贷投放力度,进一步促进本市科技企业的发展。此外,还印发《上海市促进创意设计产业发展财政专项资金实施办法(试行)》(沪财教〔2012〕80 号),要求规范促进创意设计产业发展财政专项资金的使用和管理,提高资金使用效益,发挥财政资金的引导带动作用,改善创意设计产业发展环境,加快推进本市创意设计产业发展和"设计之都"建设。上海市经济信息化委、财政局、商务委印发《上海市企业自主创新专项资金管理办法》(沪经信法〔2013〕353 号),要求加快构建以企业为主体、市场为导向,产学研相结合的产业技术创新体系。

《关于加快上海创业投资发展的若干意见》(沪府发〔2014〕43 号)指出,创业投资是指向具有高成长潜力的未上市新创企业,特别是中小微创新型企业进行权益性投资，并为之提供创业管理服务，以期所投资企业发育成熟或相对成熟后，主要通过权益转让获得资本增值收益的一种股权投资行为。充分发挥市场对资源配置的决定性作用，加快推进上海“创新驱动发展、经济转型升级”战略，努力提升上海创业投资的国际竞争力和影响力。上海市政府印发《关于促进本市跨境电子商务发展的若干意见的通知》（沪府办发〔2015〕32 号）、《关于进一步做好新形势下本市就业创业工作的意见》（沪府发〔2015〕36 号），深入推进就业创业优先战略，认真实施积极的就业创业政策，在扩大规模、提高质量、促进民生改善和社会和谐稳定、促进金融服务创新，支持上海科技创新中心建设，进一步推动科技与金融紧密结合，提高科技创新企业融资的可获得性。《上海市政府印发〈上海市加快促进服务贸易发展行动计划（2016—2018）〉的通知》（沪府办发〔2015〕52 号）提出，要加快发展服务贸易，进一步提升服务贸易在推进本市经济结构调整和贸易转型升级中的积极作用，形成产业升级新支撑、外贸增长新亮点、现代服务业发展新引擎和扩大就业新渠道。

此外，上海市政府印发《关于本市促进外贸转型升级和持续稳定增长的若干措施的通知》（沪府办发〔2015〕53 号），《上海市人民政府关于取消和调整一批行政审批等事项的决定》（沪府发〔2016〕10 号）指出，要取消和调整一批行政审批等事项，共计 14 项；要深化行政管理体制改革，进一步转变政府职能，持续推进简政放权、放管结合、优化服务，提高政府效能，为企业松绑减负，为创业创新清障搭台，激发市场活力和社会创造力，促进经济社会发展。此外，上海市政府印发《鼓励留学人员来上海工作和创业的若干规定》，鼓励留学人员和科技工作者来上海落户创业。

（三）浙江省创新创业政策

浙江省人民政府印发《浙江省人民政府关于支持大众创业促进就业的意见》（浙政发〔2015〕21 号），提出要实施就业优先战略，拓展新的就业领域；着力发展智力密集型、技术密集型等产业，提高劳动密集型产业附加值，进一步提高就业吸纳能力；大力发展信息经济、环保、健康、旅游、时尚、金融、高端装备制造等七大产业，培育就业新的增长点，加快形成推进产业转型升级与促进就业的良性互动机制。《浙江省人民政府关于大力推进大众创业万众创新的实施意见》（浙政发〔2015〕37 号）强调，要加大创业服务力度，加强创新支撑能力，推动新技术、新业态、新模式、新产业发展，力争经过三到五年努力，建成以民营经济和“互联网＋”为特色的创业创新生态体系。

《浙江省人民政府办公厅关于印发浙江省“小微企业三年成长计划”（2015—2017 年）的通知》（浙政办发〔2015〕62 号）中提到，为大力促进小型微型企业（不含“规上”企业、“限上”企业及个体工商户，以下简称小微企业）持续健康发展，充分发挥小微企业在深化改革、搞活经济、保障民生、扩大就业等方面的重要作用，把“小微企业三年成长计划”作为经济转型升级“组合拳”的重要一招，牢牢把握扶优汰劣、结构优化的要求，着力推动小微企业由“低、散、弱”向“高、精、优”迈进。力争用 3 年的时间，构建起有利于小微企业成长、升级的有效工作机制和平台，更好地促进浙江经济转型升级和质量效益提升。

此外，浙江省人民政府办公厅还印发《关于加快发展众创空间促进创业创新的实施意见》(浙政办发〔2015〕79 号)，指出要培育发展众创空间等新型创业服务平台，以营造良好创业创新生态环境为目标，以激发全社会创业创新活力为主线，以构建众创空间等新型创业服务平台为载体，培育 1000 家以上具有较强专业化服务能力的众创空间等新型创业服务平台，聚集创业投资机构 30 家以上，吸引科技创业创新人才 50 万人以上，培养创业导师 5000 人以上。同时，印发《浙江省人民政府办公厅关于创新重点领域投融资机制鼓励社会投资的实施意见》(浙政办发〔2015〕11 号)，要求创新重点领域投融资机制，充分发挥社会资本特别是民间资本的积极作用，鼓励和引导社会资本特别是民间资本投资生态建设、公共服务、基础设施等重点领域，打破行业垄断和市场壁垒，充分发挥民间投资的活力。

而浙江省人民政府《关于大力发展电子商务加快培育经济新动力的实施意见》(浙政发〔2015〕49 号)指出，要推进“电商换市”，加快构建完善的电子商务产业体系，推进电子商务政策、模式、管理和服务创新，推动解决电子商务发展中的深层次矛盾和问题，建立开放、规范、诚信、安全的电子商务发展环境。《浙江省人民政府办公厅关于推进黄酒产业传承发展的指导意见》(浙政办发〔2015〕115 号)则提到，要以传承保护和创新发展为主线，紧紧把握黄酒多样化消费趋势和“互联网＋”发展趋势，按照“强创新、育品牌、拓市场、扬文化、重安全”的思路，着力推进黄酒产业技术创新、名企名品名师培育、消费市场拓展、传统技艺文化传承和食品安全保障，推动黄酒产业持续较快发展。《浙江省人民政府办公厅关于推进丝绸产业传承发展的指导意见》(浙政办发〔2015〕114 号)中称，要推进丝绸产业结构调整，以传承保护和创新发展为主线，按照原料基地化、技术高新化、品牌国际化、人才梯队化、产业和文化一体化的要求，着力推进丝绸原料基地建设、丝绸创新发展、名企名品培育、丝绸人才培养以及产业与文化的融合发展。《浙江省人民政府办公厅关于扶持木雕根雕石刻产业传承发展的指导意见》(浙政办发〔2015〕121 号)指出，要适应经济发展新常态和大众消费新特点，深入挖掘文化内涵，加快木雕、根雕、石刻产业结构调整，着力打造知名品牌，提升产品附加值，促进木雕、根雕、石刻产业与相关产业融合发展，在传承的基础上培植新的产业优势。

《浙江省人民政府印发浙江省“互联网＋”行动计划的通知》(浙政发〔2016〕2 号)提到，要推进“互联网＋”发展战略部署，充分运用“互联网＋”促进新技术、新产品、新业态和新模式的发展，为加快推进经济社会转型升级提供强大动力。

《浙江省人民政府办公厅关于推进高等学校创新创业教育的实施意见》(浙政办发〔2016〕9 号)要求，推进创新创业意识和价值教育、能力与素质教育、实习与实训教育、实战与孵化教育，构建全链条式创新创业人才培养体系；深化高校、政府、企业之间的合作，努力推进校内外联动的创新创业实践基地建设；积极构建以“项目抚育、政策扶持、创业辅导、苗圃孵化、社会扶植、示范辐射”为核心的创新创业生态圈，形成统一领导、齐抓共管、多方参与、全社会共同关心支持创新创业教育和大学生自主创业的良好环境。

（四）福建省大学生创业优惠政策

1.建立健全弹性学制管理办法

建立健全弹性学制管理办法，将福建省高校毕业生自主创业扶持政策范围延伸至普通高校在校大学生。实施弹性学制，放宽学生修业年限，允许调整学业进程，保留学籍休学创新创业，在校生休学创业的修业年限在原有学制基础上可延长 2～5 年，学生可根据创业需要与高校协调确定休学年限，办理相关休学手续。

2.提供创业担保等优惠政策

大学生自主创业可申请最高 30 万元的创业担保贷款，担保基金和贴息资金从就业专项资金中列支。高校毕业生创业者享受所在地经营场所、公共租赁住房政策，有条件的地方给予 2 年期免费，电信运营商应给予宽带资费的优惠。鼓励我国台湾地区青年大学生、科技创新人才、资深创业导师及专业服务机构来闽创业。高校毕业生、就业困难人员自主创业，本人及其招收的应届高校毕业生可同等享受社会保险补贴政策对其租用经营场地在闽创业给予每年最高 3000 元的创业资助；将小额担保贷款额度由原来的 10 万元、8 万元、5 万元统一调整为不超过 10 万元。

3.支持返乡创业

深入实施农村青年创业富民行动、大学生返乡创业计划，出台支持返乡人员创业的扶持政策。鼓励设立各类返乡创业园，以土地租赁方式进行返乡创业园建设的，形成的固定资产归建设方所有。鼓励时电子商务第三方交易平台渠道下沉，带动基层创业人员依托其平台和经营网络开展创业。对通过自营或第三方平台销售福建省农产品，年销售额超过 5000 万元的 B2C 企业，年销售额超过 1 亿元的 B2B 企业，福建省商务厅给予最高不超过 100 万元的奖励。支持有条件的县、乡建设一批农村互联网创业园，为福建省农村电商提供网站建设、仓储配送、网络技术等服务，对从业人员达 100 人以上的，福建省人社厅给予 20 万元一次性奖励。做好返乡人员社保关系转移接续等工作，及时将电子商务等新兴业态创业人员纳入社保覆盖范围，探索完善返乡创业人员社会兜底保障机制，降低创业风险。支持妇女围绕传承民族文化从事手工业创业，开发民族、民间手工艺新作品。

4.支持科技人员创业创新

激发科技人员创业积极性。高等学校、科研院所职务科技成果转化收益可由重要贡献人员、所属单位约定分配，未约定的，从转让收益中提取不低于于 50% 比例用于奖励对完成、转化职务科技成果作出重要贡献的人员和团队；从事创业创新活动的业绩作为职称评定、岗位聘用、绩效考核的重要依据；吸引各类海内外人才来闽创办科技型企业，简化外籍高端人才来闽开办企业审批流程，探索改事前审批为事后备案。实施“工程技术人才回归创业工程”，鼓励闽籍在外工程技术人才回乡创业创新。对回归的工程技术人才，在研发项目立项、职称评定等方面给予倾斜支持；进一步完善人才社会服务与保障机制。建立科研人员双向流动机制。加快落实国有企事业单位科研人员离岗创业政策，经同意离岗的，可在3年内保留人事关系，并与原单位其他在岗人员同等享有参加职称评定、社会保险等方面的待遇，3年内要求返回原单位的，按原职级待遇安排工作；支持高校、科研院所高级科研人员带领团队参与企业协同创新，并给予生活津贴补助。

【小贴士】

福建省创业政策汇总

1.福建省人民政府关于大力推进大众创业万众创新十条措施的通知（闽政〔2015〕37号）。

2.福建省教育厅关于深化高等学校创新创业教育改革十六条措施的通知（闽教学〔2015〕23号）。

3.福州市人民政府印发关于鼓励和支持台湾青年来榕创业就业的实施办法的通知（榕政综〔2015〕236号）。

4.福建省教育厅关于开展高等学校创新创业教育改革项目申报工作的通知（闽教高〔2015〕30号）。

四、部分国内高校关于大学生创业的政策

九校联盟（简称C9）被喻为中国高校的“常春藤联盟”，是中国高校教育顶尖力量的代表。C9中8所高校（中国科学技术大学未公布其2015年毕业生就业报告）公布了《2015年毕业生就业质量报告》，对其毕业生发展方向进行分析。2015年，制造业、金融业以及IT、公共服务是C9学子们热衷的行业；从毕业生男女比例看，并非“阴盛阳衰”，男生数量明显占优。据统计，清华大学毕业生直接创业人数为60人，创业领域主要集中于新媒体、互联网和文化创意。上海交通大学毕业生直接创业人数为28人，创立公司27家。而其他如南京大学、北京大学、复旦大学也积极响应国家鼓励创业创新的政策，分别成立相应的国家级创业委员会与创业基地。如2015年7月，北京大学被教育部授予“全国大学生创新创业指导研发基地”称号，这是目前全国教育系统唯一一家官方认定的大学生创新创业教育基地；而在同年南京大学大学生创业园也总计有50个学生创业项目。此外，西安交通大学、浙江大学、哈尔滨工业大学也有相应的辐射自身整个地区的创业项目，多用特色校内课程和学生创业大赛进行学

生创新创业教育。

(一)复旦大学大学生创业园

1.提供免费常规服务

经审核认定的大学生新创企业(项目)可免费使用大学生创业园,免费使用权视企业发展情况暂定为三个月至一年不等。

免费提供常用办公设备:办公桌椅、电脑、用电、网络系统、电话接入及空调等。

免费提供公共文秘、财会、人事服务。

免费提供创业咨询和辅导、项目评估、管理培训服务。

免费办理大学生创办企业各类证照,协助落实有关财税优惠政策。

提供投融资、项目申报、专利与标准化、公共培训、人力资源、高校人才实习基地、中介(法务、税务、代理记账)、公共研发、市场拓展等高效的平台服务。

2.提供创业辅导

外聘富有实战经验的企业家、知名院校的教授,以及心理辅导员等专业人士,组成辅导顾问团,以解决大学生新创企业在创业不同阶段出现的问题;专职辅导员暂由复旦大学生创业园服务中心企业发展部人员担任。

3.开设创业辅导课程

开设创业辅导课程,包括创业者的心理辅导(课程、面谈形式)、创业实务课程培训、创业者分享论坛、成功新创企业参观与学习及拓展训练。

4.提供投融资服务

对于考核后立项的项目给予天使资金资助、投资;提供融资贷款服务及负责企业申请政府购买、代理记账、税务代理服务;提供财税政策、融资知识培训讲座;对申请国家创新基金创业项目的大学生新创企业予以包装,设专人帮助申请,同时对符合条件的复旦大学生创业园服务中心予以 1∶1 投资匹配。

5.提供全职公共文秘

提供全职公共文秘,为大学生创业服务。全职文秘的工作包括:负责大学生创业办公室日常及对外接待事务,协助进行对大学生新创企业的评估工作,负责大学生新创企业各项行政事务,包括文秘工作,如电话记录、会议安排,以及内部人事工作及综合管理工作。此外,全职文秘还根据需要帮助大学生新创企业完成简单的财务记账工作。

(二)部分高校的创业实践平台

很多高校为大学生提供了很好的创业实践平台,鼓励和支持大学生创业。如表 11-2 所示。

表 11-2　部分高校的创业实践平台

高校	相关内容
清华大学	创业大赛:挑战杯、大学生创业机会大赛
	创业教育:KAB创业教育系统课程
	建立创业园,形成一批与创业有关的学生社团、协会,如学生科技创新协会、学生职业发展协会
北京大学	北大科技园孵化学生创业中心
	“北大科技园杯”创业计划大赛
复旦大学	“聚劲杯”创业大赛
	大学生创业研究中心、上海市大学生科技创业基金复旦分基金、创业导师团
北京航空航天大学	创业管理培训学院
	北航大学科技园、北航科技孵化器
中南大学	大学生创业教育工程:建设创业教育教学系统,建设创业教育实践系统,搭建创业服务平台,建设大学生创业网,成立中南大学创业与创业成长研究中心

（三）福州大学创业扶持政策及项目

1.1000 万元助大学生创业。2006 年,“福州大学新楚大学生创业助力工程”正式启动,该工程由福建省经济贸易委员会、福州大学、福州福大自动化科技有限公司联合实施,福大自动化科技公司董事长陈新楚先生出资 1000 万元人民币,对福州大学学生进行创业投资。福建省经济贸易委员会组织专家为大学生提供免费创业培训,吸引了 1784 名本科生、研究生报名参加创业培训班。

前期培训后,福州大学将从中挑选 150 人参加企业实务等方面的培训,如企业基础管理、财务控制等,之后进入实训阶段。福大自动化科技公司设立创业实验室,选派管理、科技管理、技术人员,为这 150 名大学生设立一个创业项目库。创业团队或个人进行创业前的模拟运作,同时由相关专家,结合创业计划、市场前景,对各创业团队或个人集中培训或个别指导。最后,再根据各团队的表现,由福大自动化科技公司确定创业投资项目,给予每个创业项目 8 万～10 万元的首期资金支持。此后,福州大学、福大自动化科技公司还将给予跟踪指导。

2.根据《福州大学关于做好 2015 年毕业生就业创业工作的实施意见》(福大委〔2015〕1 号)文件精神,学校给予毕业后以工商注册创办企业、电子商务创业、合伙创业等形式进行创业且满 1 年的毕业生 2000 元/人的自主创业奖励金。申请材料为:企业、创业实体需提供企业基本情况登记表和企业章程复印件;电子商务创业项目需提供真实的支付宝链接或网店链接;其他自主创业相关证明材料。

【思考题】

1.请谈谈你对大学生创新创业政策利用的看法。

2.试述在创业起步阶段,可以从创新创业政策中获得哪些帮扶。

3.请列举当前国家和省市发布的最新创新创业政策。

4.在企业中,创新创业政策收集主要途径有哪些?

5.你的朋友有没有在创业?他们在创业过程中遇到哪些法律问题?他们是如何应对这些法律问题的?假如你在创业过程中遇到这些法律问题,你会如何解决?

第十二章

创业机会与创业风险

【学习目标】

1.认识创业机会的定义、类型和特征。

2.掌握创业机会的来源、识别与开发。

3.熟悉创业项目的选择过程。

4.熟悉创业风险的类型与特征。

5.掌握创业风险的防范措施。

6.理解商业模式的内涵和赚钱逻辑。

7.熟悉商业模式的开发方法。

8.熟悉商业模式设计工具的运用。

【学习指南】

1.通过对相关案例、资料的欣赏与分析,了解创业机会的定义、类型与特征,以便熟悉创业机会的来源,识别创业机会并进行开发。

2.通过收集、整理、分析典型案例,了解创业风险的类型、特征,以便更好进行创业风险防范。

3.通过对成功创业者的案例剖析,了解商业模式的内涵和赚钱逻辑,以利于掌握成功的商业模式的开发方法。

21 世纪以来,我国高等教育由最初的大学精英化,逐渐向教育大众化转变,这一转变造成了大学生毕业后就业压力的增加,出现了毕业大学生从就业转向创业的择业变化。相对于就业,创业对大学生提出了更高的要求。虽然在校深造期间,大学生掌握了一些较高深的理论性知识,但创业更多考验的是大学生的综合能力。如何看待自己的创业问题,如何正确地选择创业机会,是当代大学生不得不认真思考的问题。

第一节 创业机会概述

所谓机会,是指每个人在各种经济和社会活动中遇到的有利情况。它能够促进人们自身事业的发展,帮助他们取得成功。在经济和社会发展的过程中,存在着很多机会,而创业机会是机会中的一种。每个创业者对于机会的认定都是不同的,它会根据创业者本身的特质、知识、经历的不同而不同。所以,创业者抓住创业机会的关键就是认真了解创业机会,即所谓的"慧眼识珠"。

一、创业机会的界定

什么是创业机会呢?卡森(Casson)认为,创业机会是指在新的生产方式、新的产出或新的生产方式与产出之间的关系形成过程中,引进新的产品、服务、原材料和组织方式等,得到比创业成本更高价值的情形。柯兹纳(Kirzner)认为,创业机会初期的状态是"未明确界定的某种市场需求,或未得到利用,也可能是未得到充分利用的资源和能力"。

创业机会包含创业者的创业理念和新企业想法。创业理念是指创业者或创业团队对于创业机会或环境需求设立的一个设想过程。一个好的创业理念,是实现创业者理想和识别创业机会的第一步。当然,创业理念相当于一个工具,它还需要进一步转化成有价值的创业机会。只有当创业收益超过成本,创业者能够从中获得利润时,创业理念才能变成创业机会。所以,创业者要相信这个创业理念或新企业想法能够给人们带来一个或更多的新产品和新服务产品,只有这样,才能通过一定的经济行为来完成最终目标。

由此可见,一个好的创业机会通常要符合以下标志:实现目标(创业者或创业团队的愿望),某个市场的真实需求(具有购买能力或购买欲望的消费者未被满足的需求),有效的资源和能力,一定的市场竞争力,能够收回创业成本。因此,创业机会也可以理解为一种商业机会或市场机会。

二、创业机会类型

(一)根据创业机会可识别性分类

根据创业机会的可识别性分类,可将创业机会分为潜在创业机会和显现创业机会。所谓显现创业机会,是指在市场上存在的明显的未被满足的市场需求;而潜在创业机会,是指隐藏在现在某种需求背后的某种未被满足的市场需求。例如,在20世纪80年代兴起的"吸氧热"是一个显现创业机会;我国化妆品市场日益兴旺,这也是一个显现创业机会。而很多创业机会都属于潜在创业机会,这就需要创业者运用敏锐的嗅觉去挖掘。例如，个别创业者通过分析化妆品市场的需求，找到了一个隐藏在化妆品市场背后的大市场——工业护肤细分市场。

（二）根据创业机会来源分类

根据创业机会的来源分类，可将创业机会分为行业创业机会和边缘创业机会。所谓行业创业机会，是指出现在新企业经营领域内的创业机会；而出现在不同行业的交叉点、结合部的创业机会称为边缘创业机会。通常情况下，创业者对于行业领域内的创业机会非常重视，而往往忽视了行业与行业之间的“夹缝”，这就导致行业创业机会的效益相对较差，而“夹缝”中出现的创业机会，竞争不激烈，机会利用的效果也较好。

（三）根据创业机会影响时间分类

根据创业机会的影响时间分类，可将创业机会分为现实创业机会和未来创业机会。所谓现实创业机会，是指目前市场存在的尚未被满足的某种市场需求；而未来创业机会是指目前市场上还没有或仅表现为极少数人的消费需求，但预期在未来某段时间内会出现的大量市场需求。通常，把握未来创业机会能够更快地获得市场主动权。例如，在 20 世纪 60 年代，西欧和美国都热衷于制造大型豪华汽车，而日本汽车业在对市场进行分析后得出结论：随着家庭人口变少，就业机会和闲暇时间增多，一户一车将会向一户多车的方向转变。于是，日本汽车业着手研制小型汽车，并在 20 世纪 80 年代时，在美国市场上形成了强有力的竞争优势。

三、创业机会的基本特征

（一）客观性和偶然性

创业机会是客观存在的，无论新企业是否能够意识到，它都客观存在于市场环境中。然而，对于新企业来说，创业机会并不是每时每刻都会显露出来，这就是所谓的偶然性。这就需要新企业通过努力，从市场环境变化的必然规律中预测和寻找创业机会。

（二）时效性和不确定性

通常，创业机会具有很强的时效性。俗话说：“机不可失，时不再来。”新企业如果不能及时捕捉机会，就会使机会从身边流失。另外，创业机会也具有不确定性，对机会的利用，结果很难预料，一旦创业者没有把握好创业机会，就很可能会将机会演变成风险。

（三）均等性和差异性

对于拥有相同市场的同类新企业来说，创业机会是非常公平的。但是，由于新企业的创业者不同，他们对同一创业机会的认识往往会产生差异。而且，由于新企业的创业者的素质和能力不同，在利用同一创业机会时，收获的效益也会产生一定的差异。

第二节　创业机会的识别与评价

机会是靠自己创造的，等着机会从天而降的人，注定是一个生活的失败者。善于主动发现机会，是一个优秀的创业者必须具备的一项素质。人们会遇到问题，在解决问题的过程中，必然存在着一种未知的商机，抓住了这种商机，就能顺利地展开创业。

一、创业机会的来源

（一）从需求中挖掘机会

创业的根本目的是满足市场和客户的需求。即使市场和客户没有得到相应的服务，优秀的创业者也能及时地发现问题存在，并且把问题作为自己的创业项目。例如，四川绵阳有一位大学毕业生发现远在郊区的本校师生，每天需要往返于市区和郊区之间，且交通十分不便，于是这位大学生就创建了一家客运公司。这就是把问题转化为创业机会的成功案例。

（二）从变化中把握机会

但凡市场结构和需求发生重大变化时，必然会产生一些市场空白，这些市场空白就是可利用的最佳创业机会。这很容易让人联想到所谓的"市场投机者"。姑且不论投机行为是否合法，但是善于投机的人，必定是善于利用市场变化进行创业的人。世界著名的管理大师彼得·德鲁克曾经说过，"成功的创业者，就是那些善于在市场上寻找变化，并能随着这种变化作出及时、积极回应的投资人。"这种变化或许来自国家政策的调整，或许来自某行业的结构调整、市场的重新整合、人口结构的变化，以及人们精神上的需求变化等。例如，随着私人轿车拥有量的增加，衍生出汽车代驾、汽车销售和保养维修、二手车买卖等诸多创业机会。

（三）从竞争中"劫取"机会

同一行业的参与者，必然有水平高低之分，或者在业务水平和经验上参差不齐。一个有实力的创业者，在面对行业竞争者时，能吸收竞争对手的长处，弥补自己的短处，逐渐拉大自己与同行的距离。不妨看看自己的同行，他们能给客户提供哪些更优质、更迅捷的服务，这些是否自己能做到，如果觉得没问题，那么你已经发现了一个相当不错的创业机会。

（四）自主发明创造机会

如今是一个高速发展的时代，各行各业的创新产品都在源源不断地涌入市场。假如你自信有这样的实力，可关注一下创新行业，在创新产品上下一番工夫，这不失为不错的创业选择。比尔·盖茨靠着自身的发明创造，造就了商业帝国。但是在此提醒在校的大学生们，每个人的成功都是有特定的时代、地域、人文背景的。比尔·盖茨的成功，不仅仅因为他是个计算机天才，也因为他所处的时代背景和环境，不是人人都可以成为比尔·盖茨，也不是所有人都可以像他一样未完成学业就可以去创业。

（五）新生知识、新生技术里藏有机会

随着现代化的生活要求和水平的日益提升，人们对于生活质量有着更高的要求，伴随而来的是许多新知识、新技术的产生。或许这些行业平常很少受人关注，但随着社会的发展，这些行业迟早将被大多数人熟知，如生态环保、资源再造利用等。这些关系到我们每个人的新兴行业里藏有大量的有待开发的创业机会。

【案例分享】

“神马”带来的意外惊喜

安璇是一名刚毕业的大学生，她不像大多数的毕业生那样，一头扎进就业大军中，而是一门心思捣鼓自己的事业。由于社会经验不足、资金有限、没有进行市场调查等因素，她好不容易开起来的一家创意玩偶店，短短三个月，惨淡的经营业绩就让她几乎失去撑下去的勇气。

一次，70岁的外婆戴着老花镜，边看报纸边狐疑地问：“妞妞，你那个店里有最近很流行的‘神马’吗？明儿也带来让姥姥看看。”明知“神马”是网络用语的安璇，为了不让外婆失望，斩钉截铁地说：“有，我明天就带给你看。”可是，连安璇也没见过的“神马”到底是什么样子的？一回到家，安璇立马上网搜寻，有些网友发挥自己的想象力，给“神马”设计出一个样子：外观似骡子，颈长而粗；头较大，耳朵呈扇状；体背平直，尾短似球，四肢细长；背毛长达60～80厘米，呈黑色、浅灰色或驼色。

看到网友们设计的“神马”，安璇灵机一动，以此为雏形，依葫芦画瓢，打造出了一匹驼色的憨态可掬的“神马”来。隔天，安璇兴致勃勃地拿着自己做出来的“神马”到外婆家，没想到被“90后”小表妹看到了，平时就爱稀奇古怪玩意儿的她非央求着要带着"神马"到学校去。

次日，表妹告诉安璇一个好消息，说同学们都很爱这个"神马"，都想买一个回去。可数量太多，十分为难的安璇躺在床上辗转反侧，一个想法在她的脑海里闪现：既然大家都喜欢，为什么不能开发属于自己的玩偶呢？第二天，她带着自己独创的"神马"找到一家玩偶生产厂家，经过和厂家细致地沟通，她一口气订了 1000 只"神马"。标价 50 元的"神马"刚"出炉"就被一抢而空。尝到创业甜头的安璇，又赶紧加急订了一批，这次她设计了雌雄两个角色，给本来就抢手的"神马"更是加了一把力！

细心的安璇注意到最近几个月店里玩偶的销售数量明显下滑，在调查中有不少人反映玩偶太过单一。为了改变现状，安璇开始在网上查找更多的玩偶网络名字，包括"鹳狸"(管理员)、"鹑鸽"(春哥)、"萌萌"等。这下，安璇的小店又红火起来。现在，她在网络上广发"英雄帖"，征集网友笔下的各种神兽，一旦被选中，还会获得奖金。这样，创意玩偶层出不穷，给安璇带来了莫大的财富！

在很多人看来，一个简单、逗趣的网络用语，只是平时的玩笑话，但是说者无意，听者有心。安璇的成功，更加说明一个创新的创业项目对刚创业的大学生来说是多么可贵。

二、创业机会的识别

自从美国爆发次贷危机以来，全球经济受到了或多或少的影响，形成了更加困难的就业环境。大学生在这样的背景下选择创业，应该慎之又慎。如今发现创业机会不是什么难事，但是适合他人的机会并不一定适合每一个大学生创业者。所以，如何识别创业机会，是每个大学生创业者的必修课之一。

能否准确识别正确的创业机会，是关系到能否创业成功的重要前提之一。从创业的角度来说，它是创业的起点，也可能是创业的终点。在一个错误的机会里谋求发展，那你所做的一切努力注定是徒劳的。尤其是对于大学生创业者来说，他们能支配的创业资金非常有限，大多是借来的，如果将有限的创业资金投入到不合时宜的创业项目里，那失败对于大学生创业者的打击将会是成倍的，大学生创业者甚至从此失去再次创业的信心。因此，那些希望自主创业的大学生，事先必须对所出现的创业机会有比较客观、准确的甄别。

大学生对于创业机会的选择，通常可以从以下几个方面考虑。

(一)创业时机是否成熟

每个创业者对于时机的把握都有很大的主观性，这需要创业者先对自己有全面、客观的认识，在选择创业之前，不妨先问问自己这样的几个问题：

1.你了解你将要进入的行业吗？

2.你有不同于竞争对手的特点吗？

3.你协调的各种资源能满足这个项目的需求吗？

4.你是否充分做好了吃苦耐劳的心理准备？

5.你是否能接受创业带给你的各种失败的打击？

假如你对这5个问题答案都是肯定的，那你就具备了把握创业时机的主观条件。在创业的过程中，你可以自信地许下诺言，即便失败也有能力承受。

一单看似就要失败的生意，为什么最后能奇迹般地顺利做成呢？答案是：以自己的真诚和客户交流，打动客户；面对失败永不言弃以及坚韧、吃苦的精神，这就是一个成功创业者应该具备的素质。

创业时机是否成熟，客观因素是不得不考虑的。另外，对于呈现在面前的创业机会，是否能发现其中蕴藏的巨大商机，这种商机的潜力是否足够巨大，也是要考虑的。假如这些外在条件没有达到预期，那就得再三掂量一番。

只有将创业能力和创业条件进行综合考量，你才能确定这是不是一个最佳的创业时机。

（二）对市场信息和变化规律的掌握是否充足

市场环境往往决定了你的创业构想是否可行，尤其是在如今变幻莫测的市场里，“昨天的老皇历并不一定适用于今天”。创业者必须做到随时掌握市场的动态信息，才能长久地立于不败之地。特别是对大学生创业者来说，在学校学到的只是一些常规知识，而市场上大多考验的是创业者随机应变的能力。跟不上市场变化的节奏，就很有可能被市场无情地淘汰。因此，掌握市场动态信息及其变化规律，是识别创业机会的必要参考。

（三）选择的创业机会是否实际可行

我们总是劝人要量力而行，这句话同样适用于大学生创业者。假如以上几个因素你都已具备，但是所看中的创业机会大大超出了你所能承受的范围，那么最好不要行动。因为在不切实际的创业选择上一意孤行，无异于飞蛾扑火。创业者在憧憬成功的同时，也应该考虑到可能失败。试问，失败之后，你将何去何从？

对于创业机会的开发，应秉承以下3个原则。

1.正确认识资源平台

长久以来，人们一直认为创业只有在具备了资源平台的前提下，才能顺利地开展。这样的想法有一定的道理。创业者在发现一个创业机会后，一般会努力收集有关方面的资源（人脉关系、社会关系、资金提供者、技术等），从而将所有可利用的资源重新整合，作为创业的基础。对于大学生创业者来说，实际情况是他们很难获得足够的资源，如可靠的项目、充足的资金、发达的人脉网，这些都是大学生创业者很难具备的。因此，大学生创业者要转变创业开发的思路，认识到创业并非只有在各种资源齐备的前提下才能进行,在资源缺乏的情况下也能找到机会。从创业的本质来说,市场经济无论是好与坏,始终都有机会,我们要做的就是去发现和利用这些机会。

资源分为两种,即有形资源和无形资源。有形资源通常包括资金、设备等,这或许是一些大学生创业者的硬伤,但是也不能忽视对无形资源的开发,有时候无形资源所起到的作用要大于有形资源。例如,创业者小李通过独特的经营,将一家脆弱的新手机店,经营为有一定名气的成熟手机店。如果他不是合理地整合自己的资源,是绝对办不到这些的。

2.具有创新理念

对于大学生而言,创业本身就是对生活方式的一种创新。因此,创新是大学生创业的动力和发展的源泉。根据相关机构统计,近几年来,全世界平均每年约有100万家新公司诞生,这些新公司大多数都是那些有意创业,或者找不到工作被逼创业的大学生所开办的,而且规模多在20人以下。因此,创新与创业是当代青年大学生的历史使命,学习创新与创业是我们立人、立家、立业、立国的首要任务。只有具备创新精神的创业者,在市场中才更具生命力和竞争力。

3.尊重个性与兴趣

有句话叫"兴趣决定成功",或者还可以在后面加一句"兴趣包容失败"。当做一件感兴趣的事时,你可以斗志高昂,乐此不疲地沉浸在努力的喜悦中。即便最后结果不尽如人意,你还是会为能拥有这样一次"检验兴趣"的过程而感到欣慰,不会感到无所获。同样,当你决定实施一项创业项目时,也应该尊重你的个性与兴趣。假如项目与兴趣存在着严重的冲突,就应该评估一下利润与损失的快乐是否成正比。

三、创业机会评价

"创业有风险,学生应谨慎",这并非信口开河。现今,我国的大学生创业成功率远远低于欧美发达国家。根据2011年的统计数据,我国大学生成功创业的比例为3%～4%,同期美国的这一比例却高达20%～25%,这一差距不得不令教育机构重新重视对大学生创业的教育和指导。

面对如此不乐观的创业成功率,每个大学生创业者都应对创业机会做出及时、准确的评价和取舍。对创业机会盲目取舍,不是错失良机,就是深陷泥潭。这个世界上不存在零风险的投资,投资的过程中会不时地出现各种不可预知的阻碍,或许会成功,也可能失败。创业成功说明你的运气比别的创业者好;创业失败或许是在为你下一次创业成功奠定基础。

总之,在选择创业机会之前,要对创业机会有预先的评价。

(一)创业机会评价的分类

创业机会的评价可分为风险评估、市场评估和效益评估,这3个方面的分析如下。

1.风险评估

对于大学生创业者来说，创业机会的风险评估主要应从宏观和微观两个方面分析。

(1)宏观风险评估。自美国次贷危机爆发以来，全球各大经济体都受到了不同程度的影响。这样的经济影响将会是一个长期的过程，并非一朝一夕就能恢复元气。历史告诉我们，每一次经济危机爆发，必然会改变普通消费者的消费理念和消费方式。

(2)微观风险评估。微观风险评估就是将创业过程中能遇到的各个环节上的风险进行估计。

①项目盲目性评估。大学生创业之前，一定要亲自去做市场调研和分析。仅凭空泛的想象，只能是盲目创业。只有了解了市场的行情，才具备创业的基础。大学生一般不具有深厚的经济基础，因此，建议大学生创业者选择从那些启动资金不高、人员配置简单的小项目做起。

②技能风险评估。大学生创业之前，需要考虑自身缺乏技能、实践经验的现实。真正的技术只有通过实践才能检验出来，这样的技能在学校实验室里是学不到的。

③竞争力风险评估。眼光长远的创业者，一定着眼于将来企业能够发展壮大。企业是否具有竞争力决定了企业的发展。

④管理风险评估。虽然有些大学生无论是在理论还是技术上都有着十足的把握，但是缺乏企业管理的经验，可能导致创业以失败告终。因此，建议大学生以网店或者家庭创业的方式做起，慢慢地锻炼管理能力，积累管理企业的经验。

⑤无意识风险评估。无意识风险，简单来说，是指创业者心理层面的影响。例如，过于依赖某人、过度追求成本与收益的平衡，以及抱有投资侥幸心理。这些风险看似是无形的，其破坏性却是不可估量的。

2.市场评估

①定位评估。一个好的创业机会，一定具有市场定位。例如，你所针对的消费人群是哪些，你的创业项目走的是高端市场还是低端市场。市场定位不仅让创业者明确了努力的方向，也留给了消费者更加良好、清晰的购买服务印象。

②运作评估。创业机会运作评估主要包括顾客、供货商、经销商、替代产品的社会性，以及同行竞争力度这五大要素。只有掌握了这些，你才能清晰地认识到企业在市场上的地位。

③规模评估。创业起步的规模决定了一家企业在市场上的发展力度。例如，规模较大的企业往往进入市场的阻力较小。不同的市场规模往往也是影响创业是否可行的因素。比较完善的市场规模，其成长空间不足，创业前景和利润的上升空间自然也很有限。

④产品服务的成本评估。创业成本是否能够得到控制,这关系到今后的利润是否可观。这里所说的成本不仅包括资金成本,还包括劳动成本和服务成本。假如创业者的投入以牺牲自己的健康为前提的,那即便有着高昂的资金收益,也是不合算的。

3.效益评估

①税后净利润。假如一个创业机会能让创业者赚取15%的税后利润,那么这个创业机会值得一试。如果税后利润在5%以下,则不值。

②毛利率。一般毛利率越丰厚的创业机会,风险性越低,越容易达到收支平衡。相反,那些毛利率较低的创业机会,其风险性较高,一旦做出错误的决策,对创业者的打击和损失就较严重。通常好的创业机会毛利率要控制在40%以上,假如毛利率低于20%,则可以果断地放弃这个创业机会。

③收支平衡的时间。一家正常运转的企业,一般在创业两年内达到收支平衡,两年后开始盈利。假如三年还达不到收支平衡,企业就很难再有发展前途。

④市场活力考察。当项目置身于一个具有高度活力的市场时,相应的利益回报率就越高。选择不同时期入市,遭遇的入市门槛有所不同。选择在市场活跃期投入资金创业,一般入市的门槛比较低;选择在市场低潮期入市,则入市门槛比较高。

⑤市场自由度。无论是赢还是输,都可以自由地选择继续或退出市场。但有时候市场会牢牢地拴住你的资金,不但不会让你退出,反而会逼迫你继续向市场投入,这样的创业机会需谨慎选择。

(二)创业机会评价的目标

1.认识创业机会的价值。创业机会评价不管是对创业主体还是对风险投资商来说,都是一个挖掘创业机会价值的必要过程。一个创业机会能不能开发,其根本标准是看该创业机会本身是否能够给消费者带来持续的商业价值。因此,对创业机会进行评价的目的是挖掘其潜在的商业价值。

2.减少创业风险。风险与价值是同时存在的。对于创业者来说,创业资源往往是紧缺的,而创业环境往往又具有不确定性。因此,如何规避创业风险是创业者最关心的问题。

3.吸引风险投资。对于创业者来说,创业资金一般是最为紧缺的。如果在这个时候吸引风险投资,就能够很好地促进创业机会的开发。不过,风险投资商的钱也不是那么容易就能拿到的,风险投资商需要对创业者所提供的创业机会进行科学评估,通常这些评估是很苛刻的。如果将风险投资商的评价和创业者的评估结合起来,以此作为创业者评价创业机会的标准,这样就能在风险投资商进行风险投资评价时起到一定的借鉴作用,又能为吸引风险投资打下基础。

第三节　创业项目选择

一、创业项目选择过程

创业项目的确定一般需要经过这样几个步骤：创业环境分析、创业市场调研、创业机会评估。

（一）创业环境分析

创业环境是指创业者周围的境况，是在创业者创立企业的整个过程中，围绕着新创企业生存和发展变化，对其产生影响或制约新创企业发展的一系列外部因素及其组成的有机整体。创业环境包括政府政策、政府项目、金融支持、教育培训、研究开发转移、切入时机、商务环境和有形基础设施、文化和社会规范。我国的创业环境和创业环境分析方法等内容已在本篇第二章“创业环境与政策”中进行了详细分析，这里不再赘述。

（二）创业市场调研

1.创业市场调研的内容

创业市场调研是指为创业项目的相关决策提供依据或者为验证创业决策中的相关推断和策划而进行的各种市场信息的收集、整理、分析和应用的过程。因此，市场调研对创业项目的前期规划和设计有着关键性的支持作用。

（1）政策调研。创业者只有熟悉政策，利用好政策中对自己有利的因素，规避不利因素，才能少走弯路，从而更快地让企业启动起来，事半功倍地打好创业这场战役。

（2）行业调研。创业者对自己即将从事的行业，需要有全面、充分、系统、细致的考察与评估。比如，你即将进入的行业是属于成长型行业，还是属于已经成熟甚至达到饱和状态的行业？主要的合作商和客户是谁？未来的发展趋势如何？只有对此类问题有了深入的了解，你才会知道如何更好地进入特定的市场。

（3）产品和服务调研。对同类产品的调研，主要解决以下问题：这些同类产品的外观、色彩等都有什么特点？这些同类产品具有什么样的优势，是质量取胜，还是功能取胜？同行业中失败的产品存在什么样的问题？……对这些问题的答案都是你创建未来产品特色和优势的有效依据。对目标消费人群的调研分析，需要着重了解以下问题：哪类人群可能是你的长期客户？他们更看重同类产品的什么功能和服务？他们期望得到什么样的服务？

（4）客户调研。进行客户调研就是了解客户需求的过程，了解即将开发的产品和服务能否满足客户和市场的需求。客户调研包括对客户的消费心理、消费行为等特征进行调查分析，研究社会、经济、文化等因素对购买决策的影响，同时还要了解潜在客户的需求情况、影响需求的各因素变化情况、消费者的品牌偏好等。

(5)商业模式调研。商业模式，就是企业通过怎样的模式和渠道来盈利。商业模式是企业生存的根本，因此在企业启动之前，需要了解成功企业的商业模式是怎样的，失败企业的商业模式又是怎样的。只有这样，才能在确立自己企业的商业模式时有所借鉴、扬长避短。

2.创业市场调研的方法

(1)间接调查法

创业者收集市场信息的方法有两种：一种是间接方法，另一种是直接方法。间接法收集市场信息就是收集已存在的、别人调查整理的二手信息、情报、数据或资料。这些间接信息可以从各个渠道得到，如报纸、杂志、互联网、行业协会、研究机构、政府部门、统计机构、银行财税、咨询机构等。

(2)直接调查法

收集市场信息最直接的方法就是直接观察或者调查相关人员有关问题或感受，根据得到的答案或信息整理出有用的市场信息。通常直接收集信息的方法有问卷调查法、面谈访问法、电话询问法、观察调查法、实验法。

(三)创业机会评估

创业机会评估的一个重要部分是创业机会与个人的匹配问题，接下来会有详细的介绍。

二、适合大学生的创业项目

国内的学者和创业者普遍认为，中国的创业机会非常多，很多留学海外的人员以及外企高级管理人员也正是被这一点所吸引而在国内走上创业道路。

实际上，中国丰富的创业机会，是有深刻的社会经济结构因素支撑的。中国人口多，贫富悬殊大，众多产业还处在初级发展阶段或者在寻求转型发展，人们多方面的基本需求远未得到满足，而且需求越来越呈现出多样化，这些都为创业者提供了无限可能。

对于想创业的大学生来说，最好是依托自身的优势，以此起步，进而逐渐提高创业活动的层次。大学生创业者了解年轻人市场，有较强的信息搜集能力和丰富的创意等，这些都能帮助大学生创业者找到适合自己的创业机会。这里总结出大学生创业的七种典型的商业机会。

(一)满足大学生学习和生活需求的产品和服务

大学生创业者对于学生市场的需求是最为了解的，这是多数大学生开始创业时首先考虑到的方向。创业者可以通过回顾自己在大学生活中遇到的问题或不满的地方,也可以通过访谈在校大学生,了解大学生的各种重要需求,然后从中挑选出最适合自身的创业机会。做校园代理是大学生常见的创业方式,如考研、考证、旅游、手机卡等大学生常用的产品和服务,这些业务的成本和风险都很低。

(二)特色零售店或服务项目

零售和服务行业的进入门槛不高,对资金、技术和团队的要求较低,服务的对象又非常广泛,随着消费需求的持续变化,商业机会层出不穷,每年都会有新的模式和新的企业迅速崛起,这一行业适合多数大学生进行创业。零售和服务行业最需要的就是商业模式和服务的创新,创业者把自己的独特创意融入其中,就有可能开创出新的零售模式或特色服务项目。在长沙市太平街有一间特色小店,该店主要销售年轻人喜欢的各种个性化小玩意,尤其是店里的特色服务项目——蜗牛慢递,非常有创意。蜗牛慢递的特色在于客户可以任选送到的时间,内容可以是任何东西(甚至可以是无形产品),这些东西都加入了创意或特色。

(三)网上开店或网络服务

"80后"、"90后"大学生对互联网非常熟悉,互联网上的创业机会也异常丰富。最普通的网上创业就是开网店,在淘宝网上注册账户卖自有产品或代销,浙江省的义乌工商学院就非常鼓励甚至要求学生开网店进行网上创业。网上开店的秘诀在于通过透彻理解网上购物行为,合理规划产品的品类,高水平地展示产品,积极管理客户评价等方面来提高网店的利润。大学生还可以创造出特色的网络服务,以低成本实现客户价值。例如,财客在线就是通过满足年轻人理财记账的需要而成功的,通过会员付费和广告收入来盈利。

(四)处于同质商品阶段的小产品的品牌化经营

成熟行业给大学生的创业机会比较少,毕竟行业格局已经形成,只有一些零散型的产业才有创业的机会,例如那些处于商品化阶段的日常用品或农产品。这些小产品的行业内竞争层次很低,同质化的产品相同的价格很难做大企业和打造品牌,企业的利润也很微薄。创业者需要转换经营思路,进行品牌化运作,将产品的档次提升,甚至加入一些创意元素。创业者可以从杯子、镜子、梳子、玩具等日用品以及农产品中选择创业项目,将小产品打造出特色品牌。这类创业的进入门槛比较低,风险也不高,需要大学生以高端化或回归自然的品牌运作来从小产品中开发出大市场。例如,德青源品牌鸡蛋,2002年以来每年以150%的速度快速增长,2009年实现销售额5亿元,成为全国鸡蛋市场第一品牌。

（五）提供个性化的产品或服务

现代消费者对于产品或服务的个性化程度要求越来越高，收入水平的提高和市场需求的多样化为个性化产品或服务的需求提供了坚实的购买基础。“80后”、“90后”消费者对个性化产品或服务的需求更高、更敏感，而这类产品或服务创业成功关键在于准确和快速掌握市场需求的能力，这为大学生开展个性化产品或服务的创业提供了天然的优势。创业者需要把握的除了基于个性化需求的定位，还需要从商业模式上进行创新，在提供个性化服务的同时寻求规模化经营，并保持较低的成本。个性化的创新机会有可能通过将其他行业的特点引入新行业中满足客户的多重需求，甚至开发出全新的市场，形成新的商业模式。通过引入个性化的元素使传统产业释放巨大活力，Zara算是一个非常卓越的成功案例。

（六）开发具有技术含量的新产品

大学生创业者尤其是理工科专业的研究生和博士生可以开发出新产品，以创新技术作为创业的关键资源，组建公司来生产和销售创新产品（或提供技术服务）。新产品的开发是很难靠某个人就能成功的，它需要一个团队来协作开发，一般以导师为核心的研究团队有可能开发出更高技术含量的新产品。创业者如果自身无法开发新产品，那么就要寻找可以合作创业的新产品开发者，这需要创业者与研发人员的能力互补。这种创业形式可以获得政府相关机构的大力支持，尤其是与政府产业扶持政策相关的战略性新兴产业和其他重点产业，更有可能成为政府关注与扶持的典型创业项目。

（七）国外最新成功模式的移植

发达国家的经济与技术走在我国的前面，它们曾经历过的商业机会也很可能在今天的中国出现。这需要用历史的眼光来看待经济和技术的发展，找出不同经济阶段的典型商业形态，从而借鉴发达国家成功把握这些机会的商业成功经验。

携程网创始人之一的季琦说过：“中国式的创新更多是继承式的创新，在借鉴欧美发达国家商业模式的情况下，结合中国具体情况，进行改造式创新和应用。因为人类的物质、精神需求和享受，总是从低级到高级，从简单到复杂。欧美的服务业已经先于我们发展，已经经过了客户的需求选择，中国的服务业也大体会遵循他们的发展轨迹。因此，在服务行业继承欧美的成熟商业模式特别有价值。研究他们成长的轨迹和成败的原因，对于我们这些后来者也非常有益。”在高科技领域（尤其是互联网），这一滞后发展模式更加明显，美国等先进国家最先开发出新技术和新商业模式，国内创业者迅速跟进，在模仿中进行再创新。

国内目前知名的互联网公司大多是从美国借鉴或模仿过来的，例如当当网是从亚马逊网站得到启发的，腾讯是直接模仿MSN发家的，淘宝网则从e-Bay借鉴而来。2011年广受关注的团购网站也是发源于美国，拉手网、团宝网、美团网等迅速崛起的团购网站都是模仿美国网络团购业的领导者Groupon公司。

三、创业项目与个人匹配

创业活动是创业者与创业机会的结合，影响创业机会识别既有主观因素，也有客观因素。由于创业者个性特质的差异，更由于各个创业者所面临的创业环境和资源约束条件的不同，创业者尽管发现了创业机会，但这并不意味着要创业，更不意味着成功就在眼前，因为并非所有机会都适合每个人。

（一）判断创业机会是否适合自己的主要依据

判断创业机会是否适合自己的主要依据在于机会特征与个人特质的匹配。学者们普遍认同，一方面，创业者识别并开发创业机会；另一方面，创业机会也在选择创业者。只有当创业者和创业机会之间存在着恰当的匹配关系时，创业活动才最有可能发生，也更有可能取得成功。

（二）个人特质和机会特征匹配理论

2009年，张爱丽在借鉴多学科有关创业机会研究成果的基础上，提出个人特质和机会特征匹配理论，为创业机会的识别过程提供了有价值的见解。个体能否感知到创业机会的存在，取决于他们是否拥有先前经验和特定知识去甄别外部信息，这意味着掌握特定领域的知识对识别创业机会至关重要。从个人特质和机会特征匹配的视角看，创业机会识别过程大体可分为以下两个阶段。

1.识别“第三人机会”阶段

所谓“第三人机会”，是指对于某些市场主体而言感知到的某种潜在机会。创业者依据先前经验和认知因素，对外部信息进行搜集、分析和甄别，通过增补型匹配、互补型匹配和结构性匹配三种匹配方式，识别出第三人机会。

①增补型匹配，指有关顾客信息与创业者所掌握的知识相同或相似，或者有关技术的信息与创业者所掌握的技术知识相同或相似，从而能产生类似于成员—组织匹配理论中的增补型匹配的效果，这种匹配会增强创业者的创业意图。

②互补型匹配，指个人因素或机会因素能在一定程度上改善创业环境或者补充创业环境所缺少的东西，从而产生类似于成员—组织匹配理论中的互补型匹配的效果。例如，创业者掌握了有关顾客需求的先前经验，外部环境提供了相关新技术的信息，如果这种新技术信息能用来解决创业者认知的顾客需求，那么，创业者先前掌握的关于顾客问题的知识与外部环境提供的关于新技术的信息就属于互补型匹配。显然，互补型匹配有利于识别创业机会。

③结构性匹配，指已知某种知识关系（如某种技术或服务适合应用于某类顾客）通过直接推理、类比推理、相似性比较、模式匹配等方式，把这种知识关系应用于改进新的潜在或实际的顾客需求与创业者所拥有的知识、技术和服务方法或新技术之间的匹配上，这与认知领域结构匹配理论中的结构性匹配相类似。

2.识别"第一人机会"阶段

"第一人机会"阶段是指对于创业者本人而言有价值的机会的阶段。根据创业意图理论，创业者在考察创业机会时会重点考察机会特征中的营利性和不确定性，而机会的创新性与机会的营利性和不确定性密切相关，同时创业者个人的认知因素、成就需要、自我效能感也有所区别。因此，在识别出第三人机会的基础上，若该机会的创新性、营利性和不确定性程度，能与特定创业者个人特质中认知因素、成就需要和自我效能感相匹配，那么创业者就可能感知和识别出第一人机会。如果两者不能匹配，那么，创业者就会放弃第三人机会。可见，创业机会是否适合自己的主要依据在于机会特征与个人特质的匹配。

第四节　创业风险的识别与防范

创业风险是指在企业创业过程中存在的各种风险。由于创业过程中存在着各种不确定性和未知因素，例如环境的不稳定、创业机会复杂、创业团队成员实力的参差不齐，导致创业的结果也是截然不同的。那么作为大学生创业者，究竟该如何识别创业风险呢？

一、创业风险的主要类型

由于创业环境的不确定性，创业机会与新创企业的复杂性，创业者、创业团队与创业投资者的能力与实力的有限性，而导致创业活动偏离预期目标的可能性。从创立企业的功能上，创业风险可分为五大类，即创业管理风险、创业市场风险、创业资金风险、创业技术风险和创业环境风险。

（一）创业管理风险

创业管理即创业者对机会、资源和团队三者的协调管理，它要求企业管理层做到持续注入创业精神和创新活力，增强企业的战略管理柔性和竞争优势。一名优秀的创业者，可以不具备优秀的个人技术，但他一定要是一名优秀的管理者。发达国家成功的新创企业，都是由技术专家、管理专家、营销专家和财务专家组成的有机结合体。

创业管理风险，即创业者对机会、资源和团队三者任何一方面出现协调管理不当的风险。创业管理更强调团队中不同层级员工的协同创业，而不是单打独斗式的创业。拥有先进技术是技术型公司成功的重要基础之一。但仅有技术，没有得力的管理人才,先进技术的效用也得不到最大限度的发挥。管理不是小事情,它关系到创业者能否充分整合现有资源,形成团队合力,共创成功。

(二)创业市场风险

创业市场风险是指在市场实施期间,由于市场环境的变化导致创业失败的情况。简单地说,新企业在创业之初,总会推出一些新型产品吸引消费者,许多消费者因为对新产品陌生,都采取观望态度。假如这种情况长时间持续下去,往往会使企业半路夭折;或者创业者对产品价格定位失误,导致产品的销售业绩长时间徘徊在低位,也会导致创业失败。

新产品推向市场能否得到市场的认可,是很难预料的。所以,在将产品推向市场前要多做调研,使产品尽可能地符合大众需要。此外,在遇到问题时,还要及时进行调整,做到时刻紧跟市场脉搏。

(三)创业资金风险

在创业风险中,最致命的恐怕要数资金风险了,因为创业中投入的资金极有可能会血本无归。大学生在创业初期,缺乏资金是最普遍存在的问题。例如,创立销售型企业,资金短缺有可能导致货源供应不上,就有可能流失客户;或者创立某高科技技术企业,资金一旦供应不上,导致高科技技术无法转化成现成的产品,时间一长,辛苦研究的技术就会迅速贬值,最后的结果是前期的投资付诸东流。

(四)创业技术风险

技术创新与产品生产之间存在着天然的鸿沟,不是所有技术创新都可以在实践中转化为产品。一旦新技术在产品生产过程中出现障碍,那么掌握新技术的创业者极有可能要面对失败的结局。

影响创业的因素很多,包括市场需求变化,政治、政策、法律法规的调整,以及突发的自然灾害等。这些因素共同构成了创业的大环境,其中任一因素的改变,都有可能给创业者带来致命的打击。因此,大学生创业之前,必须重视创业环境的分析和预测,从而将创业风险降至最低。

二、创业风险的特征

(一)客观性

创业风险往往是客观存在的,它不会因为人的意志而转移,无论创业者是否意识到,它都会客观地存在于市场环境中。由于企业的内外部环境的发展变化具有不确定性,所以创业风险也是无处不在的。例如,每件产品都有生命周期,在每个阶段都会客观存在着风险，一旦产品的结构、质量、更新换代速度等某一个方面与市场需求脱节，就会导致产品缺乏竞争力，那么该产品就会被市场淘汰，企业也很有可能被迫停止运营。所以说，创业风险的客观性要求创业者采取正确的态度，承认和正视风险，积极应对风险。

（二）不确定性

创业风险最大的特征就是具有不确定性。通常情况下，创业风险会随着环境的变化而产生，也会随着环境的变化而消失。例如，国家政策的变化、遭受意外事故（战争的爆发、台风的袭击）、人为失职破坏等，虽然这些变化的发生是有原因的，但是发生的时间肯定是难以预计的，也就是这种难以预知性造成了创业风险的不确定性。也就是说，客观条件的不断变化导致了创业风险的不确定性，而不确定性会通过很多形式表现出来，如不幸事件发生与否的不确定性，损失发生的不确定性，可测定的不确定性。

（三）潜在性

很多创业风险不一定存在于表面，它往往还具有潜在性。例如，企业如果在产品或服务等方面与消费者发生纠纷或造成消费者重大损失，就会使企业的整体形象遭到损害，导致企业信誉度大大降低，最终使得企业陷入危机。

（四）损益双重性

通常情况，风险和机会是同时存在的。在一定范围内，风险会随着创业环境的变化或时间的推移变为机会。所以说，风险对于创业收益不仅只有负面影响，如果能够把风险充分利用起来，反而会使风险很大程度地受到控制，并转化为新的创业机会。

中美史克公司有效控制并处理了重大危机，并占领了更多的市场份额。这也充分地说明了创业者在面临风险时，不应该消极地预防，更不应该惧怕，而是应该将风险当作一种经营机会，敢于承担风险，在与风险的斗争中战胜风险。

（五）可测性

虽然风险具有不确定性和潜在性，但创业者同样也可以根据详细的系统分析来推断风险，从而将某种风险发生的概率及其造成的经济损失程度降到最低。另外，风险的预测过程也就是对风险的分析过程，它对风险的控制与防范、决策与管理具有举足轻重的作用。

（六）相关性

创业者面临的风险与其投资创业行为及决策有着紧密的联系。同一风险事件对不同的创业者来说所产生的风险程度是不同的，同一创业者由于其决策或采取的策略不同，也会面临不同的风险结果。例如，20 世纪 80 年代，全球范围的兼并、收购热潮，使众多大公司、跨国公司实现了多元化经营。可是在执行的时候，这些公司中很多公司并没有达到预期的效果，有的甚至发现自己进入了一个完全陌生的行业，既做不好新行业的经营，又耗费资源和时间，最终以失败告终。不过也有些公司成功了，公司规模得到了较大的扩张，多元化经营使得企业在市场竞争中游刃有余，有效地提升了企业的效益。决策是创业者根据自身状态自主选择的结果，决策是否正确，直接影响着创业者面临的风险及其程度。

三、创业风险的防范措施

（一）做好创业前期的准备

创业是否成功，很大程度上取决于创业前期的准备工作是否充足。前期准备不充分，就为创业埋下了很大的隐患。通常大学生创业前期，要客观判断自己是否具备创业相关的技术、技能和素质，同时要衡量创业所需资金是否在自己可承受的范围内。其他准备工作还包括市场定位调查、产品销售渠道分析、创业团队构成分析等。

（二）强化风险识别意识

创业者应该明白这样一个道理：在创业过程中，风险是如影随形的。大投资有大风险，小投资有小风险。树立正确的风险意识，并强化自己的风险嗅觉，才能以最小的代价面对风险带来的危害。还没走出大学校门，就想着“天上掉馅饼”的好事，许多骗子就是利用大学生这种迫切的心理，早早设计好一些连环套，等着大学生往里钻。因此，再次提醒大学生，创业风险无处不在，要不断提高风险意识，为自己的创业多加一份保险。

（三）拓展融资渠道，科学管理资金

资金的多少决定项目的发展。确定企业运作的项目后，创业者要明确资金的来源是否充足、可靠，同时不应将资金来源单一化，多元化的融资渠道能够大大降低创业风险。对资金做到科学化管理是很有必要的，创业者应在企业内部建立良性运转的资金管理制度，保证创业资金合理利用，避免出现资金浪费等不良现象。

大学生创业融资小技巧如下：

1.巧选银行，贷款货比三家。相对来说，大学生创业选择贷款是个很不错的融资方法。大学生在向银行贷款时要根据自身条件，仔细选择贷款银行。一般地方银行对贷款者的手续要求低一些，但利率浮动较大。国有商业银行利率较低，但手续要求严格。大学生要对各银行的利率及额外收费情况做详细调查，选择付出成本最低的

银行贷款。

2.亲情借贷。这无疑是最快速、最有效的融资方法。假如你的亲人有剩余钱款存在银行，你可以高于银行利息为借贷条件，快速凑齐创业资金。这样不仅解决了个人资金问题，亲人们也能有所收益。

3.创业融资宝。这是指将个人私有物品进行抵押贷款，只要价值在300元以上的物品都可以进行抵押，或是在法律允许下，抵押他人的物品，为创业者贷款。

(四)积极利用社会资本

社会资本是个广泛的概念，它包括师生关系、合作伙伴关系以及客观关系等。大学生创业者的根本问题是经验的缺乏，这时不妨利用师生关系，从他人的身上学习一些创业经验。创业者也可以良好、诚信、优质的务，牢牢抓住客户，客户也能客观上分担创业者的风险。当然，在如今这个提倡合作共赢的经济时代，与上下游企业展开纵向合作，也不失为降低风险的好措施。

社会资本是一笔无法用具体数字来衡量的财富，有时候它比金钱资本更具有帮助性。一个好的创业者，一定掌握着足以支撑企业发展的社会资本，这样才能使自己在面对任何困难时都能做到八面玲珑，不至于使企业陷入无路可走的困境。

第五节 商业模式的设计

一、商业模式的内涵

什么是商业模式？商业模式的概念在很早的时候就被引进我国。1887年10月，亚信总裁田溯宁到美国融资，美国著名的投资商罗伯森问他："你们公司的商业模式是什么？"当时田溯宁被问得一头雾水。罗伯森举例说："一块钱进入你们公司，绕着公司转了一圈，出来的时候变成了一块一。商业模式指的就是这多出的一毛钱是从哪里来的？"其实罗伯森对商业模式的描述，重点突出的是企业内在逻辑，偏向于企业赚钱的过程，忽视了为客户创造价值。

如今，学术界对商业模式有着更全面、更客观的定义。商业模式是指为了实现客户价值最大化，将企业内在和外在所有要素进行整合，从而形成高效率且具有独特核心竞争力的运行系统，并且通过推出的产品和服务，达到持续盈利目标的组织设计的整体解决方案。其中，"整合""系统""高效率"是先决条件和基础，"核心竞争力"是方法和手段，"客户价值最大化"是主观目的，"持续盈利"才是最终的检测结果。确定企业的商业模式，不仅仅是告诉你企业的努力方向，更指明了通往这个方向的道路。

二、商业模式的赚钱逻辑

(一)发现商业价值

或许很多大学生创业者都有这样的商业理念:只要生产出来产品,就会有顾客前来购买。这种商业理念是错误的,产品的价值在于核心竞争力,如果绕过这一价值发现,创业者就会陷入错误的思维逻辑。这是许多创业者创业失败的重要原因之一。

(二)匹配商业价值

新创立的企业,不可能拥有满足客户需求的所有资源和能力,这就造成企业常常要独自面临巨大的机会成本风险。商业模式的确定,可以为企业明确商业合作伙伴,降低创业风险,满足客户需求。

设想你创立的企业,拥有一两家可靠的原料供应商,就能帮助企业更快速地发展。假如没有这些原料供应商的支持,那你就不得不付出高昂的库存成本,库存成本提升了,产品就无法在价格上取得优势。假如你能稳定地从供应商那里下订单,供应商将成为你忠实的合作伙伴,这不仅可以为你节省库存成本,还能大大降低成本风险。明确与企业价值相同的商业合作伙伴,就是匹配商业价值。

(三)获取商业价值

获取商业价值和产生商业价值并非一个概念。企业最大的商业价值无非就是产品创新。眼下许多新创企业能够做创新的开拓者,利用创新产生较大的商业价值,但是由于创业者不懂得推销创新产品,导致最后无法享受创新成果。成功的商业模式可以为企业获取这样的商业价值,无视商业模式的企业,就等于忽视商业价值的获取,最终造成"竹篮打水一场空"。

三、商业模式开发方法

(一)开发产业链空白区

创业者可通过审视产品或者客户服务的价值链来发现价值链的哪个阶段能够以其他方式增加价值,或者从产业链中寻找经营空白区,利用这种空白区制定商业模式,从而达到获取利润的目的。

(二)差异化经营战略

大多数的创新想法,都是源自一种差异化的经营策略。何为创新?与传统有明显区别的就叫创新。寻找这种创业区别,实际上就是一种差异化的经营。

1.定义:差异化战略也称特色优势战略,是指企业力求在顾客广泛重视的一些方面,在该行业内独树一帜。它选择许多顾客重视的一种或多种特质,并赋予其独特的地位以满足顾客的要求。它既可以是先发制人的战略,也可以是后发制人的战略。

2.差异化战略类型:(1)产品差异化战略。产品差异化的主要因素有:特征、工作性能、一致性、耐用性、可靠性、易修理性、式样和设计。(2)服务差异化战略。服务的差异化主要包括送货、安装、顾客培训、咨询服务等因素。(3)人事差异化战略。训练有素的员工应能体现出以下六个特征:胜任、礼貌、可信、可靠、反应敏捷、善于交流。(4)形象差异化战略。

3.实施途径:(1)使用具有独特性能的原材料和其他投入要素;(2)开展技术开发活动;(3)开展严格的生产作业活动;(4)开展特别的营销活动;(5)扩大经营范围。

(三)树立品牌核心价值

对创业者来说,掌握资源的多少往往决定着企业的发展。因此,商业模式一定要向客户展示企业的核心能力和关键资产的价值所在。

1.核心能力:这是企业战胜竞争者的优势所在,它包括独特的产品制作设计能力、企业创新能力等。核心能力有四大特征:(1)独特的服务和技术。例如,联邦快递的服务口号是:我保证这辈子都不迟到,如有延误,原款退还。(2)体现客户价值。例如,利郎商务男装宣传语为:忙碌不盲目,放松不放纵,张弛有度。(3)不可被模仿。例如,依云矿泉水突出的"矿泉水中的奢侈品"理念。(4)可向新行业、新机会转型。例如,手机销售企业可随时转型为手机电池经营企业。

2.关键资产:指企业所拥有的稀缺的、有价值的事物,包括品牌、工厂设备、独特的合作关系等。例如,某企业拥有"中国驰名商标"品牌,或者有行业领先的技术设备,这些都属于企业的关键资产。

(四)合作伙伴网络发展

再大的企业,都不会完全拥有执行所有任务的资源,它们需要通过合作伙伴的帮助来完成整个供应链的各种活动。合作伙伴越多,表明企业可利用的资源越多元化。网络化的合作伙伴,能保证企业的供应链稳定运转。

四、商业模式八大核心原则

(一)持续盈利原则

判断商业模式是否成功的唯一的外在标准是看该企业能否持续盈利。因此,设计商业模式的重要原则就是能盈利和如何盈利。当然,这里指的是持续盈利。持续盈利是指既要能盈利,又要能有发展后劲,具有可持续性,而不是一时的、偶然的盈利。它是对一家企业是否具有可持续发展能力的最有效的考量标准。

（二）客户价值最大化原则

商业模式能否持续盈利，与该模式能否使客户价值最大化有着直接联系。如果该商业模式不能满足客户价值，那么，即使盈利也只是暂时的、偶然的，是不具有持续性的。相反，如果一个商业模式能使客户价值最大化，即使暂时不盈利，但终究也会走向盈利。所以，应把对客户价值的实现与满足当作企业始终追求的目标。

（三）资源整合原则

整合就是要优化资源配置，有进有退、有取有舍，以获得整体的最优。

1.优化企业内部价值链，获得专业化集中优势

企业要集中于产业链的一个或几个环节，不断优化内部价值链，获得专业化优势和核心竞争力，同时以多种方式与产业链中其他环节的专业性企业进行高度协同和紧密合作。

2.深化与产业价值链上下游企业的协同关系

企业要通过投资、协同、合作等战略手段，深化与产业价值链上下游企业的关系，在开发、生产和营销等环节上进行密切协作，使自身的产品和服务进一步融入客户企业的价值链当中，以提高产业链的整体竞争能力。

3.强化产业价值链的薄弱环节，释放整体效能

具体的做法包括：由强势的高效率企业对低效率企业进行控制，建立战略合作伙伴关系，由产业链主导环节的领袖企业对产业链进行系统整合。

4.把握关键环节，重新组织产业价值链

企业必须识别和发展所在产业价值链的核心价值环节（高利润区）.并将企业资源集中于此环节，培育核心能力，构建集中的竞争优势，然后借助这个环节的竞争优势，获得对其他环节协同的主动性和资源整合的杠杆效益，使企业成为产业链的主导，构建起基于产业链协同的竞争优势。

（四）创新原则

一个成功的商业模式不一定是在技术上的突破，而是对某一个环节的改造，或是对原有模式的重组、创新，甚至是对整个游戏规则的颠覆。商业模式的创新形式贯穿于企业经营的整个过程之中，贯穿于企业资源开发、研发模式、制造方式、营销体系、市场流通等各个环节。也就是说，在企业经营中，每一个环节上的创新都有可能变成一种成功的商业模式。

（五）融资有效性原则

融资模式的打造对企业有着特殊的意义。我们知道，企业的生存、发展和成长都离不开资金，资金已经成为所有企业发展中绕不过的障碍和很难突破的瓶颈。只要解决资金问题，就赢得了企业发展的先机，从而掌握市场的主动权。从一些成功企业的发展过程来看，无论其表面上对外阐述的成功理由是什么，都不能回避和掩盖资金对其成功的重要作用，而许多企业创业失败的原因就是没有建立有效的融资模式。例如，巨人集团，仅仅因为近千万元的资金缺口就轰然倒下；曾经与国美不相上下的国通电器，拥有过30多亿元的销售额，也仅仅因为几百万元的资金缺口而销声匿迹。所以说，商业模式设计很重要的一环就是要考虑融资模式。

（六）组织管理高效率原则

每个企业管理者梦寐以求的境界就是高效率，这也是企业管理模式追求的最高目标。用经济学的眼光衡量，决定一个国家富裕或贫穷的砝码是效率，决定企业是否有盈利能力的也是效率。从现代管理学理论来讲，一家企业要想高效率地运行，首先就得从企业的愿景、使命和核心价值观入手，这是企业生存、成长的动力。其次要有一套科学的、实用的运营和管理系统，解决系统协同、计划、组织和约束的问题。最后，还要有科学的激励方案，这是如何让员工分享企业的成长果实的问题，也就是向心力的问题。

（七）风险控制原则

商业模式设计得再好，如果抵御风险的能力很差，就会像在沙丘上建立的大厦一样，经不起任何风浪。这里的风险指的是系统外的风险，如政策、法律和行业风险，也指系统内的风险，如产品的变化、人员的变更、资金的不继等。

（八）合理避税原则

合理避税并不是逃税。合理避税是在现行的制度、法律框架内，合理利用有关政策，设计一套有利于利用政策的体系。合理避税做得好也能大大增加企业的盈利能力，不可小觑。

五、商业模式的类型

（一）多边平台商业模式

实际上，多边平台商业模式是一种具有普遍性的商业模式，传统的农贸市场就是典型的多边平台商业模式。某个机构提供一个固定场所，为到这个场所交易的多个购买者和销售者提供相应的服务，以此获得利润。这个平台上至少有平台机构、销售者和购买者三方参与。在很长的时间里，这种模式并没有引起人们的过多关注。随着信息技术的发展，这种平台有了新的表现形式——基于互联网的交易平台，并得到了迅猛发展。多边平台商业模式日益成为这个时代重要的商业模式。微软Windows操作系统、百度、微信、淘宝、京东商城、大众点评、亚马逊、当当网等都是利用现代信息技术发展成功的多边平台经典案例。

多边平台将两个或两个以上有明显区别但又相互依赖的客户群体集合在一起，通过促进各方客户群体互动来为参与各方创造价值。多边平台是连接各方客户群体的中介，其成功的关键是必须能同时吸引和服务所有客户群体并以此来创造价值。例如，淘宝网连接了商家、消费者、广告商、金融机构等多方参与者，能够同时满足这些参与者交易的需要、资金安全的需要、信息分析的需要，因而获得了巨大的成功。多边平台需要不断吸引更多用户的参与以使平台价值得到提升，从而吸引更多参与者加入，提升平台价值。

【案例分享】

大众点评的多边平台式商业模式

大众点评的核心价值主张是为消费者提供客观、准确的本地化消费信息指南，包括餐饮、休闲、娱乐等生活服务方面的信息评论和分享。大众点评是消费者在该网站发布、自主管理和交易各类生活服务相关信息的网络平台。大众点评搭建了商家、消费者、广告商、移动运营商等多方参与的交易和信息共享平台。

大众点评不断加强多方合作，陆续推出方便用户的各种服务方式。依托庞大、翔实且即时更新的消费指南信息，大众点评不仅吸引了新华网、千龙网、21CN等网站以及光线传媒等电视媒体与其展开内容合作，还与中国移动、中国联通、中国电信、空中网、诺基亚、掌上通等合作，推出基于短信(SMS)等无线技术平台的信息服务，为中国近5亿名手机用户提供随时、随地、随身的餐馆等商户信息。在广泛的会员基础上，大众点评推出国内首个餐饮积分体系，并与中国国际航空公司、上海大众汽车俱乐部等开展合作，以贵宾卡的形式为会员提供消费、积分、礼品兑换和积分抵扣消费额等服务。此外，大众点评还在GPS领域与新科电子、M1展开合作，所有汽车用户利用车载GPS导航系统或手机地图就可以精确定位美食目的地。

截止到2015年第一季度，大众点评月活跃用户数超过2亿名，收录商户数量超过1400万家，覆盖全国2500多个城市及美国、日本、法国等近百个热门旅游国家和地区，并在全国160多个城市设立分支机构。依托良好的商业模式，大众点评多次被清科投资、China Venture评为中国最具投资价值的企业之一。

(二)长尾式商业模式

传统的商业观念认为，企业只能面向大众用户大批量提供少数几种产品，通过规模效应降低成本和价格，以大批量的销售获得利润。随着信息技术的发展，物流和供应链技术与管理水平的大幅提升,现在利基市场即长尾市场提供种类多而数量少的产品,也能够取得与追求规模化销售,为大众市场服务的企业一样的盈利水平,甚至更高。一大批经营或涉足经营利基产品的网络企业迅猛发展起来。乐高玩具、亚马逊、孔夫子旧书网、淘宝、百度、当当网、唯品会、今夜酒店特价等都是其中的佼佼者,甚至余额宝也是运用长尾模式的典型例子。

克里斯·安德森(Chris Anderson)针对这种现象提出了长尾理论。安德森认为,虽然长尾市场是以一种网络现象突显出来的,但其起源要早于亚马逊和易趣这样的网络企业,甚至比网络还要早。长尾是一系列商业创新的巅峰,可以追溯到一个多世纪以前,网络只是使酝酿了几十年的供应链革命的诸多要素简单地结合在一起。长尾市场作为一种新的市场形态,与传统大众市场相比,它能够满足被大众市场忽视或放弃的、认为没有盈利的客户需求。根据长尾理论,即使全世界只有一个消费者的产品,也能实现交易并获利。企业通过少数几种产品卖遍天下的时代正在结束,一个小众、个性化消费的时代正在来临。长尾市场不仅仅是互联网企业的专利,它几乎无处不在。从音乐、电影、电子图书、报纸等可数字化的媒体产品到食品、卫生清洁用品等实体产品,都存在长尾市场。这样的案例不计其数。例如,激增的微酿啤酒等酒类长尾、个性化定制的T恤等服饰类长尾、网络大学出现的教育长尾、网络书店出现的图书长尾等。

在中国,存在于各地的隐形冠军、利基市场、定制企业、小众市场、独特体验等企业活动,都非常适合长尾理论。长尾市场会为互联网时代的企业家、创业者带来无限的创业机会。

安德森认为,长尾经济有以下六个特点:

1.在任何市场中,利基产品都远远多于热门产品,而且由于技术的发展,利基产品的比重以指数级的速度增长。

2.由于技术的进步,获得利基产品的成本正在显著下降,且利基市场有力供应空前丰富的产品。

3.随着需求搜索和自动推荐等技术和工具的发展,个性化的利基产品容易被找到。

4.需求曲线日益扁平化,即热门大批量产品的流行度会下降,越多利基产品会流行。

5.虽然利基产品单个销量有限,但大量各种类型的利基产品聚合起来,会形成一个与大众产品市场相抗衡的大市场。

6.基于上述五点,需求将不受供给瓶颈、信息匮乏和空间有限性的限制。

长尾式商业模式是基于强大的平台与低成本的物流和供应,向注重个性化消费的市场提供种类繁多而数量很少的产品和服务,从而形成的一种新型商业模式。

【案例分享】

唯品会的长尾式商业模式

传统时尚零售行业由于长期存在信息不对称的状况，导致了巨大的商品溢价空间，也推高了消费者的消费成本，同时形成了过季产品的大量积压，这是传统时尚零售行业面临的顽疾。唯品会是一家专门经营大幅折扣名牌商品的B2C企业，它执行的“闪购模式”其实并不复杂，核心就是帮助品牌商处理过季尾货，同时在互联网上利用限时特卖的方式，刺激和调动消费者的冲动型消费。

因为专营折扣商品，唯品会一度被业内人士诟病，而其实时尚零售库存价值巨大。定位于时尚的行业有两大特点不容忽视：一个特点是产品的个性化特别强，另一个特点是产品的时效性特别强。用时尚衡量商品，一方面导致过时产品容易惨遭“淘汰”厄运；另一方面，个性化的时尚选择让过时产品也有可能“咸鱼翻身”。在质量过硬的条件下，消费者对时尚零售折扣产品还是会产生极大的个性化需求。

唯品会定位于品牌特卖，不仅填补了为有时尚化个性需求的消费者提供集中打折商品的市场空白，同时还为众多时尚品牌商提供了一个体面地处理库存的平台，从而保证了货源的足够供给。2012年，中国服装品牌的库存危机浮出水面，品牌供应商和唯品会之间的互利共赢关系变得更加紧密。

（三）免费式商业模式

近年来，免费模式成了一种非常流行的商业模式，各种免费模式让人眼花缭乱。免费模式正在颠覆人们传统的商业观念，让消费者获得了一种全新的商业体验。对企业来讲，免费模式也已经成了突破旧的发展模式、实现后来居上的赶超模式。例如，百度的无数信息供用户免费搜索，绝大部分电子邮箱可以免费使用，微信免费给用户提供了一个社交场所。如果你用过“滴滴打车”这款App，那么，从2012年至今可能已享受过很多次免费或低价乘坐出租车的服务，甚至你可以得到免费的饮水机、用机这样的实物产品，也可以到某家4s店吃一顿免费的午餐。

有的人可能会想，这仅仅是互联网时代才有的现象。实际上，早在互联网出现以前，免费模式已经发挥了巨大的商业威力。人们熟知的吉列剃须刀就是以免费模式发展起来的，还有小孩喜欢吃的果冻，也是一种借助免费模式而流行起来的食品。克里斯·安德森针对这些现象又提出了免费式商业模式的概念，并获得了广泛认同。

所谓免费式商业模式，就是在某个市场上，至少有一个庞大的客户群可以持续享受到免费产品或服务，通过交叉补贴（即以其他细分客户付费的方式给免费客户提供补贴）支撑企业运营并实现盈利的商业模式。交叉补贴有很多方式：用付费产品补贴免费产品，例如用昂贵的爆米花来补贴不怎么赚钱的电影票，或者反过来以免费或廉价的爆米花吸引观众来看电影。用日后付费补贴当前免费,例如移动通信公司免费赠送手机,但用户必须使用两年以上该公司的通信服务。付费人群给不付费人群补贴,例如,用户可以在百度免费得到想要的信息,广告商会替你支付相关费用。根据交叉补贴方式的不同,免费式商业模式又可以分为以下四类:

1.免费模式一:直接交付补贴

产品一付费、产品二免费。也就是说,吸引用户掏腰包购买其他东西的那件产品免费,而当他得到这件免费或低价的产品时,很可能会购买其他产品。例如,一个老年人在超市排长队购买 1.5 元一斤的鸡蛋时,她很可能会买点其他产品。古利模式就是这种免费模式的典型。

2.免费模式二:第三方市场

这是一种最常见的免费模式。在这种免费模式中,第三方通过付费来参与前两方之间的免费商品交换。类似百度这样的平台,通过很多免费的内容、产品和服务来吸引大批用户,同时通过销售广告位来获取收入。这种免费模式的出现带来了颠覆性的变化。例如,传统报纸正在受到互联网免费内容和免费报纸的夹击,面临挑战。

3.免费模式三:免费加收费模式

这种模式通常也称为免费增收模式,是在网络经济中最为常见的一种商业模式。经营者提供的服务内容形式多样,分为从免费到昂贵收费等不同等级,通常大量基础用户享受没有任何附加条件的免费服务和产品,一小部分用户会购买增值服务和产品,这部分付费用户支付的费用用来补贴免费用户。这种模式之所以能够运转,是因为给免费用户提供服务的边际成本几乎为零,部分免费用户可能会转变为付费用户。Skype 公司提供了基于网络的免费通话服务,在它的用户中,90%的普通用户可免费拨打电话,只有 10%的专业用户付费。传统电信运营商起初并没有理解这种模式,很不以为然。但是,随着时间的推移,这一模式已使 Skype 成为全球最大的跨国语音通信服务商,极大地影响了传统通信市场。另外,如网络游戏免费、游戏道具付费;网易邮箱对大量普通用户免费,少数 VIP 用户收费等。

4.免费模式四:非货币市场

这是人们选择免费赠送的、没有寄希望以任何形式获得金钱报酬的一种免费模式。百度百科、博客等都属于这种模式,内容提供者并不需要获得货币收入,只是喜欢赢得声誉、被关注和得到认可的感觉,以及不容易被察觉的其他考虑,例如表达观点、分享快乐、帮助他人、得到满足感,或者纯粹出于个人兴趣等。

(四)非绑定式商业模式

非绑定式商业模式的概念认为,企业是受到经济因素、竞争因素和文化因素三种因素驱动而形成的不同业务组成,这些业务包括产品创新型业务、客户关系型业务和基础设施型业务,三种业务类型发展的驱动因素各不相同。产品创新型业务的职责是开发新的、有吸引力的产品和业务；客户关系型业务的职责是搜寻和获取客户，并与客户建立良好关系；基础设施型业务的职责是构建和管理平台。同一组织中这些业务类型彼此之间会发生冲突，或导致不利的权衡妥协，因而主张在一家企业内分离三种业务，一家企业的业务应该聚焦于其中某一项。

该理论对综合型业务公司和为大企业服务的中小型企业的商业模式设计具有很好的参考意义。例如，传统的移动通信企业一般都同时经营三种业务：产品创新型业务包括语音、数据和内容；基础设施型业务包括设备管理、网络维护与运营；客户关系型业务包括客户获取、客户维护等。国外已有通信企业将网络维护运营外包给电信设备制造商；国内通信企业经常与第三方在创新技术、服务媒体内容等方面合作，都取得了不错的效果。

六、商业模式设计的基本方法

在了解商业模式的构成框架之后，就需要设计商业模式了。每个创业者都想为自己的企业设计一套独特的、全新的商业模式来覆盖产业内现有的企业。虽然商业模式创新是一件非常困难的事情，但很多企业都在模仿改进现有商业模式的基础上收获了巨大成功，例如腾讯、百度等。即便已经设计了一套独特的商业模式，也会面临其他企业的快速模仿或利用相似的商业模式开展竞争。因此，在模仿与竞争中，设计商业模式显得极为重要。

（一）全盘复制法

全盘复制法比较简单，即对经营状况良好的企业的商业模式进行简单复制，根据自身企业状况稍加修正。全盘复制法主要适合同行业的企业，特别是细分市场、目标客户、主要产品相近或相同的企业，甚至可以直接对竞争对手的商业模式进行复制。全盘复制优秀企业的商业模式需要注意以下三点：(1)复制不是生搬硬套，需要根据企业自身的区域、细分市场和产品特性进行调整；(2)要注重对商业模式细节的观察和分析，不仅要在形式上进行复制，更要注重在流程和细节上进行学习；(3)为避免和复制对象形成正面竞争，可在不同的时间和区域对商业模式进行复制。

【案例分享】

中国的 Airbnb——小猪短租

Airbnb 成立于 2008 年 8 月，是一家联系旅游人士和家有空房出租的房主的服务型网站，它可以为用户提供各式各样的住宿信息。用户可通过网络或 APP 发布、搜索房屋租赁信息，并完成在线预订程序。2011 年，Airbnb 服务令人难以置信地增长了 800%，用户遍布 190 个国家近 34000 个城市，发布的房屋租赁信息达到 5 万条，被《时代周刊》称为"住房中的 eBay"。与此同时,中国出现大批效仿者,例如小猪短租、住百家、途家、蚂蚁短租、爱日租等。

小猪短租的创始人陈驰把创业目光放在短租项目上,并不是亲身体验或者灵光乍现,只是有同事向他介绍了 Airbnb 的模式,而当时他也正在 OTA(Online Travel Agency,即在线旅行社)行业做酒店预订业务。陈驰听完同事的介绍之后,觉得这个项目在国内还没有开展,如果能抢占市场会带来很大的商机。小猪短租于 2012 年 8 月上线,运营不到半年就获得晨兴创投的千万美元融资。

陈驰对小猪短租的商业模式毫不讳言:借鉴美国的 Airbnb 模式,提供平台为房东和用户做线上撮合性交易。这种线上预订交易根据房源不同又分为两种:一种是自有房东将自己的多余房间分享出租,另一种是职业租客在平台上经营出租。对于短租平台的精髓,陈驰总结为"分享经济、协同消费"。

(二)借鉴提升法

通过学习和研究优秀的商业模式,对商业模式中的核心内容或创新概念给予适当提炼和节选,并对这些创新点进行学习,如果这些创新点比企业现阶段商业模式中的相关内容更符合企业发展需求,企业就应结合实际需要,引用这些创新点并使其发挥价值。通过引用创新点来学习优秀商业模式的方法适用范围最为广泛,对不同行业、不同竞争定位的企业都适用。

【案例分享】

小猪短租玩起"文艺范儿"

为了在激烈的同质化竞争中寻找差异化的品牌特色,小猪短租开始突出"文艺""有人情味的住宿"等特点。2015 年 7 月完成 6000 万美元 C 轮融资之后,它特地聘请了作家、前媒体人潘采夫担任公关副总裁。

小猪短租推出了一系列名人跨界合作的项目。潘采夫通过自己原有的文艺圈人脉,为小猪短租营造了一个"文艺范儿"的品牌特性,希望吸引关注社交网络、喜爱尝试新鲜事物的文艺青年。首批名人房源有前国家女排名将薛明的花店住宿、作家古清生在神农架的深山小院、作家王小山在北京的四合院、导演高群书的电影主题房、网络红人作业本在北京的隐藏民居等。

不过,对于小猪短租和国内众多短租平台来说,目前最大的困难仍在于如何吸引更多优质的房源和房客。由于征信机制不完善,出于安全、隐私和卫生考虑,人们对共享房屋的接受程度仍然有限。与国外相比,中国的房源也普遍缺乏文化气息和多样性,而且与酒店相比,短租房屋也未必有价格优势。至于小猪短租的"人情化"个性房源等能在多大程度上培育这个市场,还需要时间来证明。

（三）逆向思维法

通过对市场领导者商业模式或行业内主流商业模式的研究学习，模仿者有意识地实施反向学习，即市场领导者商业模式或行业内主流商业模式如何做，模仿者则反向设计商业模式，直接切割对市场领导者商业模式或行业内主流商业模式不满意的市场份额，并为他们打造相匹配的商业模式。

【案例分享】

奇虎360以逆向思维颠覆杀毒软件行业

2009年以前，杀毒软件行业看上去是一个很成熟的行业，软件厂商包括消费者在内，都一直信奉"一手交钱、一手交货"的杀毒软件经营思路。该行业被瑞星、金山等几个巨头垄断，巨头之间的竞争基本陷入僵持状态。表面上看，这是一个饱和的、不可能让后来者进入的领域，后期的小公司在这个行业几乎没有生存空间。但是，奇虎360改变了既定规则。2009年，它在杀毒软件市场上推出了反其道而行的服务策略——杀毒软件终身免费。除免费之外，奇虎360还将自己的产品定位从单纯的杀毒演进为电脑的"安全卫士"，给那些不懂也懒得去学习计算机知识的人使用。这些策略为其带来了惊人的用户量。奇虎360彻底颠覆了杀毒软件行业，其商业模式也逐渐演变为免费增收模式。

采用逆向思维法学习商业模式时有三个关键点：(1)找到市场领导者商业模式或行业内主流商业模式的核心点，并据此制定逆向商业模式；(2)企业在选择逆向制定商业模式时，不能简单追求反向，需确保能够为消费者提供更高的价值，并能够塑造新的商业模式；(3)防范市场领导者的报复行动，评估领导者可能的反制措施，并制定相应的对策。

（四）相关分析法

相关分析法是在分析某个问题或因素时，将与该问题或因素相关的其他问题或因素进行对比，分析其相互关系或相关程度的一种分析方法。相关分析法需要根据影响企业商业模式的各种因素，运用有关商业模式设计的一般知识，利用影响因素与商业模式一一对应的方法确定企业的商业模式。利用相关分析法，可以找出相关因素之间规律性的联系，研究如何降低成本，达到价值创造的目的。例如，亚马逊通过分析传统书店的商业模式，在网上开办电子书店；eBay的网上拍卖也来自传统的拍卖方式。

(五)关键因素法

关键因素法是以关键因素为依据来确定商业模式设计的方法。商业模式中存在多个因素影响设计目标的实现,其中若干个因素是关键的和主要的。关键因素法通过对关键成功因素的识别,找出实现目标所需的关键因素集合,确定商业模式设计的优先次序。关键因素法主要有五个步骤:(1)确定商业模式设计的目标;(2)识别所有的关键因素,分析影响商业模式的各种因素及其子因素;(3)确定商业模式设计中不同阶段的关键因素;(4)明确各关键因素的性能指标和评估标准;(5)制订商业模式的实施计划。

(六)价值创新法

对一些从未出现过的商业模式设计,往往需要进行创新,即通过价值要素的构建、组合等设计出新的商业模式。这一点在互联网企业表现尤为明显,例如,盛大网络最先创建网络游戏全面免费、游戏道具收费的模式,开创了网游行业新的商业模式CSP(Come-stay-pay)。至今各大网游公司依旧沿用这一商业模式在运营。Airbnb和优步创建的通过共享资源而获取收益的模式,也成为现今最流行的一种商业模式。

七、商业模式设计工具

(一)商业模式画布

商业模式并不仅仅是各种商业要素的简单组合。商业模式的构成要素之间必然存在内在联系,一套好的商业模式可以把这些要素有机地联系在一起,从而阐明某家企业或某项活动的内在商业逻辑。

奥斯特瓦德提出的商业模式设计框架很好地回答了商业模式涉及的上述三个基本问题,可以帮助理清商业模式。该框架包含九个关键要素:客户细分、价值主张、渠道通路、客户关系、收入来源、核心资源、关键业务、重要伙伴和成本结构。参照这九个要素就可以描绘分析乃至设计和重构企业的商业模式,如图 11-2 所示。

1.客户细分:用来描述一家企业想要接触和服务的不同人群或组织。主要回答以下问题:

(1)我们正在为谁创造价值?

(2)谁是我们最重要的客户?

2.价值主张:用来描绘为特定细分客户创造价值的系列产品和服务。主要回答以下问题:

(1)我们应该向客户传递什么样的价值?

(2)我们正在帮助客户解决哪一类难题?

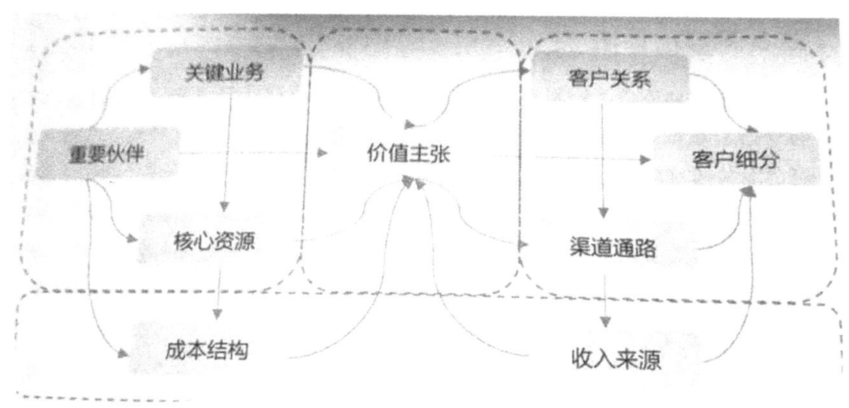

图 12-1　商业模式画布

(3)我们正在满足哪些客户需求?

(4)我们正在提供给客户细分群体哪些系列的产品和服务?

3.渠道通路:用来描述企业是如何与其细分客户群体接触、沟通,从而传递其价值主张的。主要回答以下问题:

(1)通过哪些渠道可以接触到细分客户群体?

(2)如何接触细分客户群体?

(3)如何整合渠道通路?

(4)哪些渠道最有效?

(5)哪些渠道的成本效益最好?

(6)如何把渠道与客户的接触和沟通过程进行整合?

企业可以选择通过自有渠道、合作伙伴渠道或两者混合来接触客户。其中,自有渠道包括自建销售队伍和在线销售,合作伙伴渠道包括合作伙伴店铺和批发商。

4.客户关系:用来描述企业是如何沟通、接触客户细分群体而建立的关系类型。主要回答以下问题:

(1)每个客户细分群体希望我们与之建立和保持何种关系?

(2)我们已经建立了哪些关系?

(3)这些关系成本如何?

(4)如何把这些关系与商业模式的其余部分进行整合?

5.收入来源:用来描述企业从每个客户群体中获取的现金收入(需要从收入中扣除成本)。主要回答以下问题:

(1)什么样的价值能让客户愿意付费?

(2)他们现在付费购买什么?

(3)他们是如何支付费用的?

(4)他们更愿意如何支付费用?

(5)每项收入来源占总收入的比例是多少?

6.核心资源:用来描绘让商业模式有效运转所必需的最重要的因素。主要回答以下问题:

(1)我们的价值主张需要什么样的核心资源?

(2)我们的渠道通路需要什么样的核心资源?

(3)我们的客户关系需要什么样的核心资源?

(4)我们的收入来源需要什么样的核心资源?

7.关键业务:用来描绘为了确保其商业模式可行,企业必须做的最重要的事情。主要回答以下问题:

(1)我们的价值主张需要哪些关键业务?

(2)我们的渠道通路需要哪些关键业务?

(3)我们的客户关系需要哪些关键业务?

(4)我们的收入来源需要哪些关键业务?

8.重要伙伴:让商业模式有效运作所需要的供应商与合作伙伴的网络。主要回答以下问题:

(1)谁是我们的重要伙伴?

(2)谁是我们的重要供应商?

(3)我们正在从伙伴那里获取哪些核心资源?

(4)合作伙伴都执行哪些关键业务?

(5)我们为合作伙伴带来了什么价值?

9.成本结构:运作一套商业模式所引发的所有成本。主要回答以下问题:

(1)什么是商业模式中最重要的固定成本?

(2)哪些核心资源花费最多?

(3)哪些关键业务花费最多?

(二)精益画布

慕尔雅(Ash Maurya)研究了奥斯特瓦德的九要素框架后,根据自己的创业经验认为,这个设计框架不适合类似大学生这样没有创业和企业经营经验的群体。他以精益创业理论为指导,对奥斯特瓦德的九要素框架进行了改造,提出了新的设计框架——精益画布(见图11-3)。他认为,创业者必须关注和研究的商业模式要素有:问题、解决方案、关键指标、独特卖点、门槛优势、渠道、客户群体分类、成本分析和收入分析九项。

1.问题和客户群体。要基于解决客户的问题进行创业。问题和客户群体的匹配是商业模式设计的核心,通常应该放到一起来考虑。

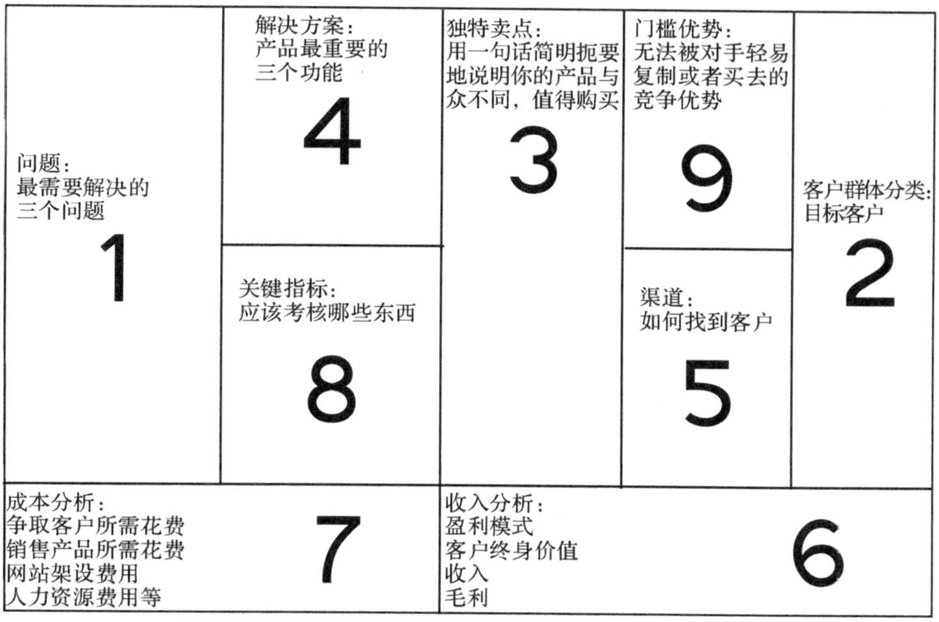

<table>
<tr>
<td rowspan="2">问题：
最需要解决的
三个问题
1</td>
<td>解决方案：
产品最重要的
三个功能
4</td>
<td rowspan="2">独特卖点：
用一句话简明扼要地说明你的产品与众不同，值得购买
3</td>
<td>门槛优势：
无法被对手轻易复制或者买去的竞争优势
9</td>
<td rowspan="2">客户群体分类：
目标客户
2</td>
</tr>
<tr>
<td>关键指标：
应该考核哪些东西
8</td>
<td>渠道：
如何找到客户
5</td>
</tr>
<tr>
<td colspan="2">成本分析：
争取客户所需花费
销售产品所需花费
网站架设费用
人力资源费用等
7</td>
<td colspan="3">收入分析：
盈利模式
客户终身价值
收入
毛利
6</td>
</tr>
</table>

图 12-2　精益画布

(1)针对每个目标客户群体，阐述他们最需要解决的 1～3 个问题。

(2)列出现存备选方案。你的产品没出现时，客户是如何解决这类问题的？

(3)找出其他可能与目标客户进行互动的客户。

(4)锁定潜在的早期客户，尽量细分目标客户群体，细化典型客户特征。

2.独特卖点。这是商业模式设计最重要和最难的部分。对创业者来说，其迎接的第一个挑战不是卖产品，而是得到潜在客户关注。因此，独特卖点必须精炼为寥寥数语，要与众不同，要有打动人的新意。当然，独特卖点不需要也不可能一开始就很完美，而需要逐步完善。

(1)找出你的产品的不同之处，从首要解决的问题出发寻找独特卖点。

(2)针对早期客户做设计，避免产品平庸化和大众化。

(3)专注于产品的最终成效，即产品能为客户带来什么好处。

(4)认真选择常用于营销、宣传品牌的词语，并高频率使用。

(5)明确地阐述你的产品是什么，客户是谁，为什么选择你的产品。

3.解决方案。针对每个问题提供相对简单的方案，不要急于制订详细的解决方案，制作一个最小可行产品就可以了。因为随着对提出问题的验证和测试，可能会重新定义问题，这是创业活动中的常见现象。如此循环往复，将解决方案不断完善。

4.渠道。无法建立有效的客户渠道是初创企业失败的主要原因之一。初创企业的首要任务是学习，而不是扩张，因此，刚刚开始的时候，任何能把产品推荐给潜在客户的渠道都可以利用。如果企业的商业模式需要大量客户才能成功，那么从一开始就考虑好渠道的扩张问题非常重要,要尽早把渠道建立起来并进行测试。渠道有很多种,需要注意的是,有些渠道根本不适合本企业。在选择早期渠道的时候,一般会考虑下面这些问题:

(1)免费与付费。免费还是付费不能一概而论,要认真考虑到底哪种渠道适合你的企业。从本质上讲,没有渠道是真正免费的。

(2)内联与外联。内联式渠道使用的是"拉式策略",让客户自然而然地找到你,例如博客、SEO、电子书、白皮书、网络讲堂;外联式渠道使用的是"推式策略",让产品接触客户,例如 SEM、传统媒体广告、展销会、直接打电话、访谈等。

(3)亲力亲为地进行推销。自己直销不仅是一种营销渠道,也是面对面与客户交流的手段。创业者创业初期首先要做的就是学会自己销售自己的产品。

(4)不要过早地寻求合作伙伴。虽然初创企业可以借用大企业的渠道和信誉来推广自己,但是如果没有好的产品,又怎能获得合作伙伴呢?

(5)做口碑之前先留住客户。初创企业要做出有口碑的产品。

5.收入分析。创业初期的产品是一件最小可行产品,是否适合一开始就收费销售呢?这是很多创业者在创业初期都感到很困惑的一个问题。收费是检验商业模式风险的最重要部分,只有将产品真正销售给客户,客户愿意为该产品付费,才能真实地检验商业模式的可行性。

(1)价格也是产品的一部分,通过客户对价格的态度,对产品和商业模式进行调整。

(2)什么样的价格适合什么样的客户,商品的价格决定了客户群体细分。

(3)让客户付费购买产品也是一种初级形式的商业模式验证。

6.成本分析。从产品制作到推向市场的过程中会发生各种支出,要把这些支出都列出来。同时,要想准确预测企业将来会产生哪些开销是很困难的,应该把重点放在当下。例如:

(1)访谈 30～50 个客户需要多少成本?

(2)制作并发布最小可行产品需要多少成本?

(3)现在的资金消耗率是多少?用固定成本和变动成本来分析。

然后,把收入和成本分析结合起来,计算出一个盈亏平衡点,以此估算需要花费多少时间、精力和金钱才能达到这个平衡点,从而确定商业模式的优先顺序。

7.关键指标。任何一家企业,总能找到少数几个关键指标来评估其经营状况。这些指标不仅能衡量企业的发展,也可以帮助找出客户生命周期中的重要时段。戴夫·麦克声尔(Dave McClure)将创业公司最需要关注的指标分为五大类:获取(Acquisition)、激活(Activation)、留客(Retention)、收入(Revenue)和口碑(Referral),并将这五个成功创业关键元素的首字母缩写 AARRR 称为"海盗指标"。

(1)获取,指的是把普通访客转换成对产品感兴趣的潜在客户的过程。

(2)激活,指的是感兴趣的潜在客户对产品的第一印象感到满意。

(3)留客,评估的是产品的“回头率”或者客户的投入程度。这个指标是用来评估产品和市场匹配程度的关键指标。

(4)收入,评估的是客户为产品付钱的情况。

(5)口碑,是一种比较高级的客户获取渠道,满意的客户会再推荐或者促成其他潜在客户来使用你的产品。

8.门槛优势。在商业模式中,人们常常把“首创”称为优势。其实,首创很可能是劣势。因为开辟新市场(风险控制)的艰难重任落在了创业者的肩膀上,而紧紧跟随的后来者随时都有可能将其全套招数收入囊中,除非创业者能不断超越自我和跟风者。而这就需要真正的“门槛优势”了。要知道,福特、丰田、微软、苹果等都不是首创者。杰森·科恩(Jasin Cohen)提出了一个有趣的观点,认为任何可能被山寨的东西都会被山寨,特别是当别人看到你的商业模式确实可行时。真正的门槛优势必须是无法轻易被复制或者购买的,符合这个定义的门槛优势有:(1)内部消息。(2)“专级客户”的支持和好评。(3)超级团队。(4)个人权威。(5)大型网络效应。(6)社区。(7)现有客户。

有些门槛优势一开始只是提供给客户的价值,但是随着时间的推移,逐渐发展成了独有的优势。例如,大型鞋类网上商城 Zappos 的 CEO 谢家华就非常注重让员工和客户满意。这一点体现在这家公司的各种(从表面看来)似乎不符合商业常理的政策上:客服代表可以花无限多的时间来和客户交流沟通,只为让客户满意;公司实行 365 天退货政策,并包双向邮费。这些政策让 Zappos 品牌脱颖而出,还为其吸引了大批愿意帮忙宣传的忠实客户。而这也是 2009 年亚马逊花费 12 亿美元收购 Zappos 的重要原因之一。

【案例分享】

Car2go“随租随行”商业模式

戴姆勒公司的核心业务是汽车制造和销售。为了适应全球性城市化的趋势,减轻城市交通压力,改善城市生态环境,戴姆勒公司推出了 Car2go“随租随行”的汽车共享服务概念,由其商业创新部门进行商业模式设计,并在该部门的规划下进行验证测试。“随租随行”为城市居民提供城际的 Smar 汽车服务。客户可以随时使用这些汽车,行程结束后,驾驶员可以在城市里任何一个地方停车走人。该模式力图实现自由、随性的汽车租赁服务。

2008 年 10 月,戴姆勒公司投放了 50 辆 Smart 汽车供 500 多名研发中心员工及其家属使用,以进行初步的测试验证。2009 年,该项测试范围进一步扩大到公司分支员工,提供服务的汽车超过 100 辆;到 3 月底,向 12 万名乌尔姆市民和游客提供

200辆汽车进行公开的外部试运营，同时，在美国得克萨斯州的奥斯汀市也开始试运营。目前，该项目已在华盛顿、柏林、多伦多等29个城市运营，约投入12.5万辆Smart汽车。2015年3月，该项目正式登陆重庆，重庆成为其进军亚洲市场的首站。“随租随行”商业模式创新的路径非常清晰明了：公司内部设计商业模式原型—面向公司员工测试—面向国内公众测试—面向外国公众测试—不断完善并确定商业模式—正式投入运营。

【综合训练】

医学专业毕业的李若云平常在家人眼中一直是一个乖乖女。大学毕业后，她按照家人的意思，规规矩矩地进入了一家国有企业上班。本来生活一直非常安逸，但是在李若云的心里，一直有一个自主创业的梦想。看着过去的那些同学，一个个通过自主创业当上了小老板，李若云的创业梦想就更加强烈了。

终于，3年后，李若云放着国有企业的“铁饭碗”不端，毅然辞职开始了创业。过去为了培养创业能力，单位里有什么活，李若云都是抢着干，而且任劳任怨，从不言辛苦。有什么关于创业的消息，她恨不得像兔子一样支起耳朵听。她觉得第一次创业必须选择一个好项目。在经过再三斟酌后，李若云拿出3年全部的积蓄，开办了一家房地产租赁咨询公司，这可是一个热门的行业。

以后的一个月里，李若云工作勤勤恳恳，早出晚归，可是生意一直是入不敷出。一个月下来，她就赔了1万多元。直到5个月后，生意才有了稍微稳定的收入。但是近半年来，她总共赔了4万多元。

无情的现实令李若云对创业的决定进行深入的思考。在她看来，创业绝对不应该是儿戏，残酷的现实告诉她，一定是某个环节出了问题。她觉得自己已经快支撑不住了，再这么下去恐怕也是回天乏术。于是，在公司开张的第6个月，李若云关掉了公司。

请问：

1.结合本章内容，你能帮李若云分析一下她创业失败的原因吗？

2.你认为李若云是否属于善于发现创业机会的创业者？如果是，她有哪些地方值得创业者学习？如果不是，那么善于发现创业机会的创业者应该具备哪些素质？

【思考题】

1.请谈谈你对创业机会的理解。

2.试述大学生如何识别和开发创业机会。

3.试述创业风险的类型及防范对策。

4.商业模式创新有哪些途径？

5.如何设计商业模式？有什么方法和工具？

6.如何探索和验证商业模式?

7.选择一种你们团队共同认可的商业模式设计工具,合理运用商业模式设计方法,设计出你们团队创业项目的商业模式。

第十三章

创业资源

【学习目标】

1.认识创业资源的含义、作用和分类。

2.掌握创业资源的获取途径和影响因素。

3.熟悉创业资源的开发。

4.熟悉资源整合的方式。

【学习指南】

1.通过对相关案例、资料的欣赏与分析,了解创业资源的含义、作用和分类,以便利于发掘身边的创业资源。

2.通过收集、整理、分析典型案例,了解创业资源的获取途径和影响因素。

3.通过对成功创业者的案例剖析,了解如何进行资源开发和资源整合。

第一节　创业资源概述

一、创业资源的含义

创业的前提条件之一是创业者拥有或者能够支配一定的资源。所谓资源,依照目前战略管理中最有影响力的资源基础理论的观点,企业是一组异质性资源的组合,而资源是企业在向社会提供产品或服务的过程中,所拥有的或者能够支配的用以实现自己目标的各种要素以及要素组合。概括地讲,创业资源是企业创业以及成长过程中所需的各种生产要素和支撑条件。对于创业者而言,只要是对其创业项目和新创企业发展有所帮助的要素,都可以归入创业资源的范畴。创业资源对于创业活动的重要意义不仅仅局限在单纯的量的积累上,而应当看到创业过程实质上是各种创业资源重新整合，支持企业获取竞争优势的过程。从这一角度看，创业活动本身是一种资源的重新整合。

二、创业资源的作用

在此将创业过程分为企业创立之前的机会识别和创立之后的企业成长过程两个阶段，分别考察创业资源在每个阶段中如何发挥作用。

（一）机会识别过程

机会识别与创业资源密不可分。从直观的含义上看，机会识别是要分析、考察、评价可能的潜在创业机会。柯兹纳（Kirzner，奥地利经济学家）认为，机会代表着一种通过资源整合、满足市场需求以实现市场价值的可能性。因此，创业机会的存在本质上是部分创业者能够发现其他人未能发现的特定资源价值的现象。例如，在同样的产品或者盈利模式下，一些人会付诸行动去创业，其他人却往往放任机会流失；有的人会经营得很成功，有的人会遭受损失。对后者来说，往往是缺乏必要创业资源的缘故。

（二）企业成长过程

企业创立之后，一方面，创业者仍需要积极地从外界获取创业资源；另一方面，已经获取的创业资源在企业发展过程中逐渐被整合、利用。资源整合对于创业过程的促进作用是通过创业战略的制定和实施来实现的。丰富的创业资源是企业战略制定和实施的基础和保障。同时，充分的创业资源还可以适当校正企业的战略方向，帮助新创企业选择正确的创业战略。需要注意的是，新创企业拥有的创业资源必须加以有效整合，才能形成企业的核心竞争优势。资源整合，就是把企业所拥有的自然资源、信息资源和知识资源在时间和空间上加以合理配置、重新组合，以实现资源效用的最大化。必须注意的是，这种资源效用的最大化，并非简单的各项资源各安其位、各司其职，而是能够通过重新整合规划，创造企业独特的核心竞争力，实现企业在市场上的竞争优势。

三、创业资源的分类

早期的学者将资源分为三种类型，即物质资源（存货、设备）、财务资源（资金、贷款）、人力资源（劳动力、管理者）。资源基础理论强调资源的异质性和独特性。因此，这些资源演变为后来描述更加细致的组织资源（技能和知识的结合）、技术资源（技术诀窍）和声誉资源，后来学者提出了突出创业者重要性的一种资源——社会资本，又称网络资源或关系资源。另外，创业过程通常被解释成组织的形成过程，所以对于新创企业来说，组织资源是具有标志性意义的一类资源。

学术界对创业资源的分类大致有以下五种类型。

(一)按来源分类

创业资源按其来源可以分为自有资源和外部资源。自有资源是指创业者或创业团队自身所拥有的可用于创业的资源,如自有资金、技术、创业机会信息等。外部资源是指创业者从外部获取的各种资源,包括从朋友、亲戚、商务伙伴或其他投资者等收集到的投资资金、经营空间、设备或其他原材料等。自有资源特别是技术和人力资源的拥有状况,会影响外部资源的获得和运用。

(二)按存在形态分类

创业资源按其存在形态可以分为有形资源和无形资源。有形资源是指具有物质形态的、价值可用货币度量的资源,如组织赖以存在的自然资源以及建筑物、机器设备、原材料、产品、资金等;无形资源是指具有非物质形态的、价值难以用货币精确度量的资源,如信息资源、人力资源、政策资源以及企业的信誉、形象等。无形资源往往是撬动有形资源的重要手段。

(三)按性质分类

根据资源的性质,可将创业资源分为6种资源,即物质资源、声誉资源、组织资源、财务资源、智力和人力资源、技术资源。

1.物质资源

物质资源是指创业和经营活动所需要的有形资产,如厂房、土地、设备等。物质资源有时也包括一些自然资源,如矿山、森林等。

2.声誉资源

声誉资源是一种无形资产,包括真诚、信任、尊严、同情和尊重等。在商业关系中,声誉资源已成为商业运营成功的决定性因素,比任何有形资产更为重要。

3.组织资源

组织资源包括组织结构、作业流程、工作规范、质量系统。组织资源通常指组织内部的正式管理系统,包括信息沟通、决策系统,以及组织内部正式和非正式的计划活动等。一般来说,人力资源需要在组织资源的支持下才能更好地发挥作用,企业文化也需要在良好的组织环境中培养。

4.财务资源

财务资源包括资金、资产、股票等。对创业者来说,财务资源主要来自个人、家庭成员和朋友。由于缺乏抵押物等多方面原因,创业者从外部获取大量财务资源比较困难。

5.智力和人力资源

智力和人力资源包括创业者与创业团队的知识、训练、经验，也包括组织及其成员的专业智慧、判断力、视野、愿景，甚至是创业者本身的人际关系网络。创业者是新创企业中最重要的人力资源，因为创业者能从混乱中看到市场机会。创业者的价值观和信念，更是新创企业的基石。如果说新创企业之间的竞争实际上是创业者个人之间的竞争，这样的判断也并不夸张。人力资源中包含的社会资源，主要指由于人际和社会关系网络而形成的关系资源。社会资源对创业活动非常重要，因为其能使创业者有机会接触到大量的外部资源，有助于透过网络关系降低潜在的风险，加强合作者之间的信任。

6.技术资源

技术资源包括关键技术制造流程、作业系统、专用生产设备等。技术资源与智慧等人力资源的区别在于，后者主要存在于个人身上，会随着人员的流动而流失，而技术资源大多与物质资源结合，可以通过法律手段予以保护，形成组织的无形资产等资源。

（四）按对生产过程的作用分类

创业资源还可以按照其对生产过程的作用分为生产型资源和工具型资源。生产型资源直接用于生产过程或用于开发其他资源，例如物质资源，像机器、汽车或办公室，被认为直接用于生产产品或提供服务；工具型资源则被专门用于获得其他资源，例如财务资源，因为其具有很大的柔性而被用于获得其他资源，如用来获得人才和设备。产权型技术可能是生产型资源，也可能是工具型资源，这要根据其所依存的条件区分如果依赖于某个人，则可能是工具型资源；如果是以专利形式存在的，则可直接用于生产过程。需要指出的是，个人的声誉资源和社会网络有些时候也可以用来吸引其他资源，因此我们也将其归为工具型资源。

（五）按其在创业过程中的作用分类

创业研究学者通常将创业资源划分为两类：一类是运营性资源，主要包括人力资源、技术资源、资金资源、物质资源、组织资源和市场订单等资源；另一类是对新创企业生存和发展具有关键作用的战略性资源，主要指知识资源。知识型社会给企业带来了持续而深远的影响，知识成为企业进行生产、竞争的关键，企业组织工作的重要任务是战略性地开发和利用知识资源。由于新创企业的高度不确定性及创业者和资源所有者之间的信息不对称性，知识资源对运营性资源的获取和利用具有促进作用。另外，还有学者将创业资源分为离散资源和系统资源两种类型。离散资源的价值相对独立于组织环境，合同和技能属于这类资源。系统资源的价值则体现在这种资源是网络或系统的组成部分，比如分销网络或团队能力，其价值依赖于所处的系统环境。

第二节　创业资源的获取

一、创业资源获取的途径

获取创业资源的途径分为市场途径和非市场途径两大类。当创业活动进行时，需要的资源有活跃的市场，或者有类似的可比资源进行交易时，可以采用市场交易的途径，其他情况下则可以采用非市场交易的途径。

（一）通过市场交易途径获取资源

通过市场途径获取资源的方式包括资源购买、资源联盟和资源并购。

资源购买是指利用财务资源通过市场购入的方式获取外部资源，主要包括购买厂房、装置、设备等物质资源，购买专利和技术，聘请有经验的员工等。需要注意的是，品牌、信用、专利等隐性知识资源虽然可能会附着在非知识资源之上，可通过购买物质资源（如机器设备等）得到，但很难通过市场直接购买。因此，需要新创企业通过非市场途径去开发或积累。对创业者来说，购买资源可能是其最常用的资源获取方式，大部分资源尤其是物质资源、技术资源、人力资源等，都可以通过从市场上购买的方式得到。

资源联盟是指通过联合其他组织，对一些难以或无法自己开发的资源实行共同开发。这种方式不仅可汲取显性知识资源，还可汲取隐性知识资源。但资源联盟的前提是联盟双方的资源和能力互补且有共同的利益，而且能够对资源的价值及其使用达成共识。通过联盟的方式共同研究开发获取技术资源也是创业者经常采用的方式，尤其是对于高科技企业来说，通过与高等院校和研究机构联盟，可以在不增加设备投入的同时，及时得到企业发展所需要的技术资源，使企业保持可持续发展的后劲。

资源并购是通过股权收购或资产收购，将企业外部资源内部化的一种交易方式。资源并购的前提是并购双方的资源尤其是知识等新资源具有比较高的关联度。资源并购是一种资本经营方式，通过这种方式可以帮助创业者缩短进入一个新领域的时间，从而及时把握商机，实现创业目标。

（二）通过非市场途径获取资源

通过非市场途径获取资源的方式主要有资源吸引和资源积累。资源吸引是指发挥无形资源的杠杆作用，利用新创企业的商业计划和创业团队的声誉，通过对创业前景的描述和创业团队良好声誉的展示来获得或吸引物质资源（厂房、设备）、技术资源

(专利、技术)、资金和人力资源(有经验的员工)。创业者在接触风险投资商或者技术拥有者的过程中,可以通过对创业前景的描述或团队良好声誉的展示,获得资源拥有者的信赖,吸引其主动将拥有的资源投入到新创企业。

资源积累是指利用现有资源在企业内部通过培育形成所需的资源,主要包括自建企业的厂房、装备,在企业内部开发新技术,通过培训增加员工的技能和知识,通过企业自我积累获取资金等。创业者很多时候会采用资源积累的方式来筹集企业所需的人力资源或技术资源。通过资源积累的方式获取人力资源可以作为一种激励方式,激发创业团队或企业员工的工作积极性,提高工作效率;通过资源积累的方式获取技术资源,则可以在获得核心技术优势的同时,保护好商业机密。获取资源贯穿创业的整个过程,在创业的初始阶段,它具有更加重要的作用。对于多数新创企业来说,由于初始资源的缺乏,创业者需要取得资源供应商的信任来获取资源。但无论如何,采用多种途径同时获取不同资源总是正确的选择。

洛朗斯·凯普伦(Laurence Capron,美国策略学教授)和威尔·米切尔(Will Mitchell,美国管理学教授)2010年经过对162家电信公司长达10年研究得出结论,与采用单一途径的企业相比,通过多种方式获取资源的企业更有优势:它们在未来5年内继续经营的概率比那些主要依赖资源联盟的企业高46%,比专注于资源并购的企业高26%,比坚持内部研发的企业高12%。

二、创业资源获取的影响因素

资源获取是在识别资源的基础上,得到所需资源并用之于创业过程的行为。对于新创企业而言,是否能够从外界获取所需资源,首先取决于资源所有者对创业者或创业团队的认可,而这一认可在很大程度上取决于商业创意的价值。商业创意为资源获取提供了杠杆,一项能被资源所有者认同的、有价值的商业创意,有助于降低创业者获取资源的难度。除了商业创意的价值,影响创业资源获取的因素还包括创业导向、创业者的先前工作经验、资源配置方式、创业者的管理能力、社会网络等。

(一)创业导向

创业导向的概念源于战略管理领域的战略决策模式研究,其根源可以追溯到战略选择理论。该理论强调企业通过市场分析来选择并实施战略行为和新市场进入行为。概括地讲,创业导向反映了企业建立新事业、应对环境变化的一种特定心智模式,是一种态度或意愿,这种态度或意愿会导致一系列创业行为。

在常见的创业研究模型中,创业导向被划分为三个维度:创新性、风险承担性和前瞻性。创新性是指企业热衷于能够带来新产品、新服务、新工艺的新思想、新观点和新的实验手段。风险承担性是指管理者愿意承担较大和有风险事务的程度。前瞻性是指企业通过预测未来需求并改造环境,来寻找比竞争对手更早引入新产品或新服务的机会。在日益激烈的竞争环境中,新创企业往往需要采取更多的创新行为、承担更多的风险来参与竞争,以取得良好的企业绩效。在明确的创业导向指引下,企业能够创造性地整合资源、利用资源,并在资源的动态获取、整合、利用过程中,注意区分不同的资源,充分发挥知识资源的促进作用。为此,创业者要注重创业导向的培育和实施,充分关注创业团队的价值观、组织文化和组织激励等影响创业导向形成的重要因素。

【小贴士】

课堂小组讨论活动

一项调查显示,5%的在校大学生认为创业面临的最大难题是缺乏资金,90%有工作经验的 MBA 学生以及其他在职学习的学生则认为创业面临的最大难题是缺乏好的商业创意。为什么这两类人群的看法如此不同?

(二)创业者的先前工作经验

创业者的先前工作经验分为创业经验和行业经验两大类。

创业经验是指先前创建过新的企业或组织,是创业者在此过程中所获得的感性和理性的观念、知识和技能等,它提供了诸如机会识别与评估、资源获取和公司组织化等方面的信息。行业经验是指创业者在某行业中的先前工作经历,它提供了有关行业规范和规则、供应商和客户网络以及雇用惯例等信息。

创业过程本身就是一个知识转移的过程。从先前创业经验中转移而来的知识能够提高创业者有效识别和处理创业机会的能力,有助于发现、获取创业资源。拥有创业经验的创业者有一种“创业思维定势”,驱使他们寻求和追求那些最好的机会。在不确定性和时间压力下,先前创业经验提供了有利于对创业机会做出决策的隐性知识,这种隐性知识可以通过创业者而转移到新创的组织里,因此,拥有较多创业经验的创业者更容易获得可取的特定机会,从更多的途径获取到创业资源。此外,先前创业经验还提供了帮助创业者克服新创企业面临的新的不利因素的知识。这些都能够帮助创业者规避风险,增强他们的资源获取能力。

先前行业经验中所积累的顾客问题知识、市场服务方式知识、市场知识等造就了创业者的“知识走廊”,强化了其发现创业机会、获取资源的能力。同时,先前行业的管理经验能够帮助创业者解决创建和管理创业团队过程中遇到的诸多困难,而且管理能力越多,获取资源的可能性越大。此外,拥有先前行业经验的创业者往往享有更强的社会网络,其在先前行业中获得的公正声誉和处理利益相关者之间关系的技能,有利于新创企业获得合法性认可。

（三）资源配置方式

资源配置是人们对相对稀缺的资源在各种不同用途上加以比较做出的有利选择。在创业过程中，资源总是表现出相对的稀缺性，创业者不可能获取到所有资源以开发创业机会，因此要求创业者对有限的、稀缺的资源进行合理配置，充分利用好已有的资源、身边的资源、别人不重视的资源，发挥资源的杠杆撬动作用。资源的配置方式有市场交易与非市场交易两种。在市场经济条件下，大多数资源可以通过市场交易而得到。但是，由于资源的异质性、效用的多样性和知识的分散性，人们对于同样的资源往往具有不同的效用期望，有些期望难以依靠市场交易得到满足。因此，如果通过资源配置方式创新，能够开发出资源新效用，使之更好地满足资源所有者的期望，创业者就有可能从资源所有者手中获得资源使用权，以开展生产经营活动。

（四）创业者的管理能力

创业资源获取的关键往往取决于企业的软实力。创业者的管理能力是企业软实力的主要表现，创业者的管理能力越强，获取资源的可能性越大。创业者的管理能力可以从其沟通能力、激励能力、行政管理能力、学习能力和外部协调能力等多方面予以衡量。良好的沟通能力可以使创业团队表现出坚强的凝聚力，采取共同的行动，从而更容易获取必要的外在资源；团队激励和合作有助于企业综合能力的提升，产生团队外溢效果，获取必要的资产和资源；较强的行政管理能力有利于将各种资源进行较完美的匹配与组合，使企业的正常运作更有效率，企业因而会根据成员的要求和组织发展的需要，去吸引更多的人力资源和其他无形资产；学习能力则可以不断地提升自身管理能力，了解外部市场的变化和新创企业内部的需求，对其做出理性判断，运用一定的方式获取企业所需的资源；外部协调能力是创业者个人才能的外向性应用，创业者的外部协调能力越强，与合作者（如供应商、销售商等）达成一致的可能性就越大，创业者就可以利用外部资源为企业服务，得到资源获取的外在效应，在获取必要资源的同时，为企业创造良好的发展环境。

（五）社会网络

社会网络是多维度的，能够提供给企业正常运转所需的各种资源，也是新创企业重要的资源之一。社会网络是隐性知识传播的重要渠道，它能通过促进信息的快速传递而协助组织学习，同时还可以大大降低企业的交易成本，帮助获取与企业需求相匹配的资源，因此对于创业资源的获取具有重要意义。社会网络的关系强度、关系信任以及网络规模对创业资源的获取具有正向影响，因此新创企业应关注强关系网络的维护和利用以弥补其合理性的不足。强关系网络的主体通常以家庭、亲戚、朋友为主，与强关系频繁密切接触，更易于获取资金、技术、人力等运营资源和有益的创业指导。

第三节　创业资源的开发

一、人脉资源的开发

人脉即人际关系，体现为人的人缘和社会关系，是经由人际关系而形成的人际脉络。人脉资源的开发主要有熟人介绍、参与社团、利用网络等途径。在个人创业过程中，人脉资源是第一资源，拥有各种良好人脉关系的创业者，可方便地找到投资、找到技术与产品、找到渠道等各种创业机会。

开发人脉资源是创业成功的基本条件，需要注意以下人脉资源的特性：

1.长期投资性。平时要注意人脉资源的积累，不要事到临头才去找人帮忙，在公司做业务也一样，现在不是你的客户，明天就可能成为你的客户。因而你必须从现在开始建立联系，毕竟人脉资源的形成需要很多时间和精力，这也是一种投资。

2.可维护性和可拓展性。人脉资源可以通过合作、交流、关心、帮助、友情、亲情等进行维护，并且会不断得以巩固。当然，如果不去维护，彼此之间就会变得疏远，所以人脉资源需要经常性地维护，同时在维护中可以不断地发展新的人脉关系。

3.有限性和随机性。每个人一生中能认识多少人？包括老师、同学、同事、亲戚、朋友、客户等，每个人的人脉资源都是有限的，你的发展同样也会受到你的人脉资源的限制。同时，你所认识的人可能没有能力帮助你，有能力帮助你的人你可能不认识，所以在客观上就需要你不断认识更多的人，但是每个人的能力又是有限的，不可能认识所有那些潜在的帮助者。

4.辐射性。你的朋友帮不了你，但是你朋友的朋友可以帮你。因此，熟人介绍是一种事半功倍的人脉资源开发方法，可以加快人与人之间信任的速度，降低交往成本，提高合作成功的概率。

人脉资源的开发一定要注意培养健康的人脉资源，要以自身的人格魅力来积聚人脉资源。为此，创业者需要不断提升自身的素质、人格、品质。

二、人力资源的开发

创业的整个过程都需要人来推动企业运营，因此人力资源成为创业中的关键因素。优秀的人才是有价格的，企业不支付高薪，人家就不愿意来；反之，也不是每个人都是为了高薪活在世界上的，关键在于创业者有无能力、依靠什么来吸引人才。优秀的人才不是天生的，都是在实践锻炼中成长起来的，关键在于创业者能否慧眼识人才，给人以机会和提携，能让人迅速成长。人的想法也是不断变化的，虽然当初创业者靠概念、愿景吸引一些人才，但如何留住人才又是一个难题。求才、爱才、育才、重才是新创企业人力资源开发的重要内容。

新创企业的人力资源，包括创业发起者、核心团队成员、管理团队与其他人力资源。创业发起者的经验、知识、技能都是新创企业的无形财产，许多投资人正是把对创业发起者的认知，作为决定是否投资企业的依据。优秀的创业发起者应该具备的素质包括创业激情、工作经验、社会关系、专业知识等。随着事业的发展，这些素质也成为吸引其他人加入创业过程的重要因素。

核心团队成员是指在创业初期加入团队，以创业发起者为中心，团结在周围的团队成员。他们从各自的视角为创业发起者筹划，并且能够很好地完成自身职责范围内的工作，是创业发起者同甘共苦的朋友。创业初期，创业者需要清晰发掘出自己的核心伙伴，如果选择不善，将会给企业今后的发展带来障碍。可以从两个渠道来找核心伙伴：一是依靠自己的人脉网络，二是求助于熟人推荐。

随着新创企业发展到一定阶段，部分创业初期的核心成员的能力与精力可能出现不能胜任的情况，就有必要从外部引进管理团队，推动企业管理的规范。与此同时，新创企业应根据企业发展战略，相应地建立起一套人才资源规划体系。

(1)建立完善的激励体系，精神激励与物质激励共同运用，用奖惩制度去激发员工的潜能，让员工的潜能发挥到极致。

(2)建立培训机制，培养人才，让人才在企业里发挥其最大的潜能，为企业做出贡献。

(3)善待员工，让员工有一种家的感觉。善待员工是留住人才的重要法宝。

(4)要量才而用，用人的长处、控制人的短处，不要为了节省开支而凑合。

(5)分工明确，也可根据职务的重要与否适当地兼职。

(6)引入外部力量，如通过培训班等方式快速找到自己所需要的人才。

三、信息资源的开发

当今社会的飞速发展给创业者提出一个新的信息时代的视角，信息资源对很多创业者来说就是成功的机遇。而机遇转瞬即逝，要善于整合把握。信息资源与人力、物力、财力以及自然资源一样，都是新创企业的重要资源，应该像开发、整合其他资源那样整合信息资源。

效率主要取决于两个因素：信息存量和创业者的理性程度。信息存量是指创业者掌握的相关市场信息、产品或技术信息、创新信息，以及政府政策与相关法规。创业者理性程度受到先前经验、认知能力、创造性、社会网络的影响。开发信息资源的过程，就是处理信息存量与创业者理性程度的匹配过程。在这一过程中，要做好以下三个方面的工作：

第一，抓住有用的信息。随着信息技术的发展，信息与日常生活越来越密不可分，最直接的体现就是信息量的剧增和信息流转速度的加快。在信息大爆炸的时代，创业者如何在最有效的时间内获得最有效的内外部信息，抓住成功创业的机遇往往较为困难。

第二,开发信息资源应该得到创业者的高度重视。企业在做决策时,关心的问题是来自包括竞争对手、政府、行业合作伙伴、客户等在内的周边环境的变化。对创业者而言,信息是不对称的,了解周边环境的变化信息,才能做到"知己知彼,百战不殆",才能做到"有的放矢"。所以,只有重视开发信息资源,才能更好地抓住转瞬即逝的成功机遇。

第三,整合管理好企业内部的信息资源,进行信息资源的规划。资源规划是指通过建立健全企业的信息资源管理基础标准,根据需求分析建立集成化信息系统的功能模型、数据模型和系统体系结构模型,然后再实施通信计算机网络工程、数据库工程和应用软件工程的一个系统化的企业信息化解决方案,以使企业高质量、高效率地建立高水平的现代信息网络。

四、技术资源的开发

在创业初期,创业技术是最关键的资源。美国的微软公司和苹果公司,最初的创业资本不过几千美元,创业人员也只有几人,但是能够迅速获得成功,就是因为他们拥有独特的创业技术。

新创企业成功的关键是首先要开发出或者寻找到成功的创业技术,原因有以下几点:第一,创业技术是决定创业产品的市场竞争力和获利能力的根本因素。第二,创业技术核心与否决定了所需创业资本的大小。对于技术创新的企业来说,创业资本只要保持较小的规模便可维持企业的正常运营。第三,从创业阶段来说,由于企业规模较小,因此对管理及人才的需求度不像成长期那样高,创业者的企业家意识和素质是创业阶段最关键的人才及管理资源。

开发技术资源时,可以考虑整合企业外的技术资源。做成功企业的核心是要有好的产品,而企业的产品必须做到专业化。要做到产品专一,在同一领域内做到最专,技术上要处于领先水平。企业的成功经验表明,新创企业开发技术资源时,可以尽可能多与科研院所、高等院校合作,因为那里有技术上的前沿人才,而且科研院所、高等院校的人才也很愿意把技术资源转化为产品,实现技术成果转化。

开发技术资源时,一定要注意以市场需求、顾客满意为导向,不能只关注技术而忽视市场反应。要以用户体验为中心,整合资源创造新的产品和服务。例如,在手机行业中,韩国企业以外观设计为突破点,赢得消费者的赶超方式曾得到过外界部分的肯定,而后苹果公司将艺术与工业结合所产生的奇迹,更让人意识到以消费者体验为中心确定竞争优势的普遍意义。技术资源的主要来源是人才资源,重视技术资源的整合也就是注重人才资源的整合。技术资源的整合,不仅要整合、积聚企业内部的技术资源,还要整合外部的可利用的技术资源。整合技术资源只是起点,技术资源整合是为了技术的不断创新。企业只有通过自主研发并拥有自主知识产权,才能保持技术的领先，保持市场优势地位。

创业总是和创新、创造及创富紧密联系在一起。缺资金、少设备、缺少雇员等资源限制，实际上也会成为一种优势，因为这会迫使创业者把有限的资源更加集中整合利用，用有限的资源获得更多的价值。同时，也应注意发挥资源杠杆效应。尽管存在资源约束，但创业者并不会止步于当前的限制，成功的创业者善于利用关键资源的杠杆效应，利用一种资源撬动和获得其他资源，来完成自己的创业目标。例如腾讯众创空间，他们做得更多的是资源的互换，进行资源结构更新和调整，积累战略性资源。此外，还应设置合理的利益机制。创业者之所以容易从亲戚那里获得资金，就因为亲戚之间是利益相关者，更是一个利益整体。所以，创业者应该借助利益机制，把明显的、潜在的、直接的、非直接的利益相关者整合起来，利益关系越强、越直接，整合到资源的可能性就越大。

【案例分享】

从 60 平方米小店到吸金 9500 万美元的美国最火沙拉店

这个创业案例的主角是纽约最火的沙拉店 Sweetgreen。从一间 60 平方米小店到美国最火的店，它的成功之处在于采取 O2O 模式。2007 年，三个大学生在学校附近开了一间不到 60 平方米的小店。当时，专门开店卖沙拉还是一件新鲜事，该店开张前两周，一个顾客都没有。

如今，Sweetgreen 在 8 个州开了 41 间分店，另外 7 间分店正在筹备之中。截至去年，Sweetgreen 筹集到的风投总额达到 9500 万美元。

用餐高峰期疯狂排队，顾客平均等候时间约为 20 分钟，通过手机软件和网站可以直接下单，直接到店铺取菜的顾客可以避过午餐的人潮。Sweetgreen 的沙拉不算便宜，最高价的沙拉超过 15 美元，大部分主菜的价格大约 10 美元。它的大部分食材都从当地农户和食品供应商那里采购，加上其独特的秘制酱料，一次又一次挑战着顾客们的味蕾。Sweetgreen 的所有食物始终是新鲜的，而且有益健康，菜单跟随季节变化而不断更新。

Sweetgreen 的三个创始人 Nicolas Jammet、Nathaniel Ru 和 Jonathan Neman 曾就读于华盛顿乔治城大学金融和管理专业。“我们有着健康、平衡的生活方式，但是我们很难找到一家能够满足我们需要的餐厅，只能被迫吃汉堡和比萨饼等高热量低营养的食品。”健康饮食是被很多人长期忽略的巨大市场，毕业后他们向家人筹集费用，立即在校区附近开设了第一家 Sweetgreen。从 2013 年开始，美国在线 AOL 创始人史蒂夫·凯斯对 Sweetgreen 多次注入巨额资金。2014 年，Sweetgreen 的销售额达到 5000 万美元。

Sweetgreen 是如何把“吃草”做成爆品的？

1.拒绝反季节蔬菜

下一个迎来新变革的将会是食品行业。美国在过去的十五年里掀起了愈演愈烈的有机食品热。美国人越来越关注食品质量,提供优质食材的大型连锁超市在美国遍地开花。一部分美国人不仅关注食物的种类,而且越来越在意自己吃的东西从哪里来。

大多数人吃到的都是反季节蔬菜,但是Sweetgreen希望改变顾客对食物的认知。很多食材虽然只在菜单上停留很短的时间就会被更换,但顾客也能及时体验到当季的特色食物。Sweetgreen希望顾客能吃到土地里自然生长的食物,人们应该尊重大自然,保持和自然的节拍。

2.有格调的店面和设计感的包装

Sweetgreen每一间店都有独一无二的设计,同时一致保持简约主题、以绿白为主的色彩搭配、绿色的植物,切合其"自然"主题,很受年轻人欢迎。

Sweetgreen所有的分店里都有一件共同的装饰品,那就是挂在墙上的春、夏、秋、冬四个字,迎合了随着四季变换的菜谱。Sweetgreen很多分店的装修会选用回收的二手木料。在马里兰的一间分店,墙体和桌椅的木料分别来自于旧谷仓和保龄球跑道。此外,其打包的餐盒也是用回收纸做成。

3.玩转社群

在美国,虽然健康饮食越来越受到重视,但比较昂贵的价格还不能被普通大众所接受。即使是现在,每天到Sweetgreen这样的沙拉店解决午餐还只是小众人群的选择。

当初开张的时候,人们还不太能接受Sweetgreen这样新奇的事物,一段时间里,小店门可罗雀。三个创始人购置了一些音箱,每周六和周日都在店外播放音乐。奇怪的是,顾客渐渐多了起来。将音乐与食物联系起来,也许是热爱生活的人本能的选择。也是因为这个缘故,Sweetgreen每年都会举办自己的音乐节。"人们不是要买你做的东西,而是要买你做那些东西的方式。"Sweetgreen经常会举办一些其他的社交活动,将年轻人带到一个农场中,举办一场沙拉Party。大家都希望自己友善、迷人、漂亮的乡土气息对久居城市的年轻人有着很强的吸引力,他们一起听厨师讲解蔬菜的知识,也可以自己亲手采摘,然后制作沙拉。他们真正要做的便是与更多的小社群紧紧联系在一起,这些铁杆粉丝是传播健康饮食最好的群体。

(资料来源:http://www.201980.com/chuangye/canyon/16310.html.)

第四节 资源整合模拟实训

一、实训目的

通过本次实训，帮助学生将创业思维运用于资源获取。很多时候，资金不是创业者最重要的资产，利用手头资源而不是需要的资源起步，将提高创业成功的概率。

二、实训要求与内容

（一）活动准备

每个团队发一个信封，里面装有50元人民币和资源挑战活动要求。

资源挑战活动要求：

1.在打开信封前，你的团队可以用尽可能多的时间做计划，但是一旦打开信封，你的团队就只有2个小时的时间在某天（下次上课之前）去赚尽可能多的钱。

2.信封中的50元是你的团队拥有的唯一的种子资金。

3.不能从事非法活动，不能购买彩票，不能参与各种形式的抽奖，不能参与赌博。

4.在进行活动（2小时）之前和之后，不能募集资金。

（二）课堂活动内容

1.PPT展示

要求每个团队在3分钟内展示PPT，需要回答下列问题：你做了什么？你赚到了多少利润（利润必须以现金形式体现，展示结束后收到的资金或赚到的钱都不算数）？关于资源，你学到了什么？

2.课堂讨论

建议讨论以下问题：

（1）你收到任务时感受如何？

（2）你的团队是如何产生后来实施的那项创意的？50元的种子资金发挥了什么作用？

（3）这次活动中最令你感到意外的是什么？为什么？

3.评分

团队得分将由以下因素决定：赚取的利润额，团队的创造力。

【综合训练】

蒙牛的快速发展离不开资源整合

"蒙牛速度"在中国企业界引人注目。CCTV 2003"中国经济年度人物"对牛根生的颁奖词写道:"他是一头牛,却跑出了火箭的速度!"蒙牛创造了多项全国纪录,例如:荣获中国成长企业"百强之冠",位列"中国乳品行业竞争力第一名",拥有中国规模最大的"国际示范牧场",并首次引入挤奶机器人,是中国乳界收奶量最大的农业产业化"第一龙头";蒙牛单品销量居全球第一,液态奶销量居全国第一,"消费者综合满意度"列同类产品第一。

蒙牛集团的创立者牛根生当年创业时,也跟很多人一样,缺一少十,可是蒙牛却跑出了火箭一般的速度:他整合工厂,整合政府农村扶贫工程,整合农村信用社资金。没运输车,整合个体户投资买车;没宿舍,整合政府出地,银行出钱,员工分期贷款。这样,农民用信用社贷款买牛,蒙牛用品牌担保农民生产出的牛奶包销,蒙牛一分钱没花,整个北方地区 300 万农民都在为蒙牛养牛。蒙牛与亿万消费者、千万股民、百万奶农及数十万产销大军结成命运共同体,被人们称为西部大开发以来"中国最大的造饭碗企业",由此有了一段流传甚广的民谣:"一家一户一头牛,老婆孩子热炕头;一家一户两头牛,生活吃穿不用愁;一家一户三头牛,三年五年盖洋楼;一家一户一群牛,比蒙牛的老牛还要牛。"

请问:蒙牛的案例告诉我们什么样的道理?

【思考题】

1.创业者一般拥有哪些资源?

2.创业者为什么经常受到资源匮乏的约束?

3.影响创业资源获取的因素有哪些?

4.有人说创业者是赌徒,而实际上创业者可以将风险控制在可承受范围内。请结合实际案例分析其原因。

5.人们常说创业是白手起家、无中生有,对此你怎么看?

第十四章

创业计划书

【学习目标】

1.认识什么是创业计划书以及为什么要撰写创业计划书。

2.了解如何撰写创业计划书。

3.熟悉创业计划书的推介与评价。

【学习指南】

1.通过对相关案例、资料的欣赏与分析，了解什么是创业计划书以及为什么要撰写创业计划书。

2.通过收集、整理、分析典型案例，了解如何撰写创业计划书。

3.通过对成功创业者的案例剖析，熟悉创业计划书的推介与评价。

第一节　创业计划概述

作为创新创业教育体系的重要组成部分，大学生创业指导服务应着力把创业精神、创业知识、创业能力传递给每一个学生，加强大学生创业专业化、个性化指导服务，全力助推大学生成功创业。其中，指导学生写好创业计划书是重要的一环。

一、创业计划的概念

创业计划(Business Plan)也称创业计划书，是创业者在创业初期为企业勾画的蓝图，包括产品开发生产、市场营销、财务、人力资源等职能计划的综合。通过撰写创业计划书，可以对创业进行全面、系统的内外环境及必要条件的客观分析，帮助创业者理清思路，引导企业顺利度过起步阶段。

二、创业计划的作用

(一)知己知彼,百战不殆

创业计划书是创业者为自己开拓事业而量身定制的一面镜子,在撰写创业计划书的过程中,创业者必须冷静而谨慎地对自己和即将开始的创业活动进行全面审视,包括政治、经济、文化环境,产品或服务是否符合市场需求,企业可持续发展的战略等。只有对创业前景拥有清晰认识,才能帮助创业者更好开展创业活动。

(二)抛砖引玉,获得风投

一份好的创业计划书是创业者打开风投大门的垫脚石。对于尚在雏形中或尚待创办的新企业,风险投资者无从获知它的商业数据,一般只能通过创业计划书来了解企业前景,判断是否具有投资潜力和利益回报。因此,创业计划书的质量和水平很大程度上决定了企业是否能够获得风险投资者的青睐。

(三)群英汇聚,百舸争流

创业计划书是创业者展示产品和服务的载体,同时也是展现创业者思想和才华的工具。一份优秀的创业计划书,不仅能使投资者看到创业者的潜力和决心,也能让有识之士看到希望和未来,将志同道合的人吸引到创业的团队中来,打造属于这一群人的梦想舞台,实现他们的人生理想。

同时,创业计划书也是一个书面的承诺工具。创业者在撰写计划书时必须慎重部署企业发展战略,确定创业可行性,为企业发展初期定下比较具体的方向和重点,从而使员工清晰了解企业的经营目标,给予他们信心和承诺,激励他们为达成目标而努力。

一份具有前瞻性的创业计划书意味着创业战略能够顺利展开,企业可以稳步发展,投资者和员工利益能够得到有效保障。而缺乏战略思考能力和良好部署的创业者必将在创业过程中因遭遇环境、经济、技术、人员等变化导致应对无措,无法适应激烈的市场竞争,最终被淘汰。因此,只有具有长远目光和战略思考能力的创业者,才能获得投资者和创业团队内部成员的支持。

(四)整合资源,运筹帷幄

撰写创业计划书前,必定要对创业过程进行全面思考,完成自我评估、市场调研、产品研发、市场定位、制定营销策略、人事安排、财务规划等等。创业计划书的书写实际上是对这些创业过程中各种凌乱、分散的信息和要素进行充分的研究,找出它们内在的联系,对它们进行调整和重组,实现有机承接,形成完整流畅的商业运作计划。

并且，在这个过程中，创业者要对社会资源进行分析和运用，充分利用优惠政策、行业人脉等获得创业平台和资金，真正做到整合各方面资源，胸有成竹地开创事业。

第二节　创业计划书的编写

一、创业计划的内容

创业计划书是创业者计划创立业务的重要文本。创业计划书用以描述与拟创办企业相关的内外部环境条件和要素特点，为业务的发展提供指示图和衡量业务进展情况的标准。通常创业计划书是市场营销、财务、生产、人力资源等职能计划的综合。

（一）创业计划的关键信息

创业者提供的产品和服务千差万别，因此创业计划书不可能一成不变。但出色的创业计划书必然有相似的核心内容，以便投资者和其他创业者快速获得有效信息。为了加深记忆和理解，本书将创业计划书必备的关键信息通过“7C 分析法”逐一进行阐述。

1.概念（Concept）。让创业计划书阅读者快速了解企业所提供的产品或服务的特性，以及这个领域未来发展的前景如何。

2.顾客（Customers）。分析企业的产品或服务所适合的客户群体类型，了解客户群体的需要、购买力，并对潜在的客户群体特征做出判断，预测市场销售情况。通过详细的市场调查，了解企业产品或服务的市场需求，为改良和开发新产品以及市场销售带来可靠依据。

3.竞争者（Competitors）。竞争者一般是指与本企业提供相似产品或服务，并且所服务的目标顾客也相似的其他企业。作为创业者，需要了解竞争者的类型，他们来自何方，他们的实力，与自己是直接还是间接竞争关系，他们出售的产品或服务与自己的相似度，他们的优势或弱点以及销售区域和业绩状况。同时，分析自己的竞争优势及劣势，预测所能占到的市场份额，这样才能帮助创业初期的企业趋利避害、扬长避短，进一步制定竞争策略和经营方案，为企业发展奠定良好基础。

4.能力（Capabilities）。创业者本人的能力从根本上决定了企业的发展态势。因此，在创业初期，创业者必须进行深入客观的自我分析，了解自己的长处和短处，以便构建互补型的团队，弥补个人能力的欠缺，同时也为自己设立能力成长的目标，通过自身的不断进步带动企业的良好发展。

5.资本（Capital）。按照西方经济学理论，资本属于投入（生产资料）部分，包括劳务、土地、资本。而从企业会计学理论来讲，资本是指所有者投入生产经营能产生效益的资金，可能是现金也可以是资产，如货币、机器、厂房、原料、商品等。作为创业者，要清楚在创业初期需要投入多少资本，自己可以承担的部分有多少，不足部分是通过借贷、融资或是其他方法获得，当拥有充足的启动资金时如何使用这些宝贵的资源，让企业赢在起跑线上。

6.公司(Company)。根据投资主体和所成立机构的法律形式，企业的设立条件、投资者承担的责任、税收征缴、财务核算等都不相同，因此创业者需要根据自己的实际情况成立相应的机构，如个体工商户、一人独资企业、一人有限责任公司或股份有限公司等，选择相应的法律形式对创业进行保障，同时也为企业的发展提供基础。

7.持续经营(Continuation)。“持续经营”定律源于会计学的假设，当企业还没有到达破产、关闭等清算环节时，必须按照持续经营原则进行会计处理。因此，创业者在对自己的企业进行战略部署和规划时，要仔细分析会对企业产生关键性影响的风险因素，并经过调查、研究、协调等初步制定有效的应急预案，将风险因素降低到最少，同时也要避免将过多的经历耗散在非关键性风险上。只有积极主动地维护企业，才能实现创业初期持续经营。

创业计划书的内容可以根据项目变化而不同，但万变不离其宗，只要按照“7C 分析法”抓住目标关键信息，提供的数据和分析翔实准确，就能撰写出一份合格的计划书。

(二)创业计划的基本内容

一般来说，创业计划书中应该包括以下内容：创业的种类，资金规划及资金来源，资金总额的分配比例，阶段目标，财务预估，营销策略，可能的风险评估，创业的动机，股东名册，预定员工人数等。创业计划书的文本格式及主要内容如下。

1.封面

创业计划书封面的设计要美观和具有艺术性，一个好的封面会使阅读者产生最初的好感，形成良好的第一印象。

2.计划摘要

计划摘要浓缩了创业计划书的精华。它涵盖了计划的要点，要求做到一目了然，以便读者能在最短的时间内对计划做出基本判断。计划摘要一般包括以下内容：公司介绍，组织及管理者，主要产品和业务范围，市场概貌，营销策略，销售计划，生产管理计划，财务计划，资金需求状况等。

计划摘要要尽量简明生动，特别要说明自身企业的不同之处。

3.企业介绍

这部分的目的不是描述整个计划，也不是提供另外一个概要，而是对公司做出介绍，重点介绍公司理念和如何制定公司的战略目标。

4.行业分析

在行业分析中，应该正确评价所选行业的基本特点、竞争状况以及未来的发展趋势等内容。

关于行业分析的典型问题有：

(1)该行业发展程度如何？现在的发展动态如何？

(2)创新和技术进步在该行业扮演着怎样的角色？

(3)该行业的总销售额是多少？发展趋势怎样？

(4)该行业的产品或服务价格趋向如何？

(5)经济发展对该行业的影响程度如何？政府是如何影响该行业的？

(6)有什么因素决定着该行业的发展？

(7)该行业竞争的本质是什么？你将采取什么的战略？

(8)进入该行业的障碍是什么？你将如何克服？该行业典型的回报率有多少？

5.产品(服务)介绍

产品介绍应包括以下内容：产品的概念、性能及特性，主要产品介绍，产品的市场竞争力，产品的研究和开发过程，发展新产品的计划和成本分析，产品的市场前景预测，产品的品牌和专利等。

在产品(服务)介绍部分，创业者要对产品(服务)做出详细的说明，说明要准确，也要通俗易懂，使不是专业人员的投资者也能明白。产品介绍一般都要附上产品原型、照片或其他介绍。

6.人员及组织结构

在企业的生产活动中，存在着人力资源管理、技术管理、财务管理、作业管理、产品管理等。而人力资源管理是其中很重要的一个环节。因为社会发展到今天，人已经成为最宝贵的资源，这是由人的主动性和创造性决定的。企业要管理好这种资源，更是要遵循科学的原则和方法。

在创业计划书中，必须要对主要管理人员加以说明，介绍他们所具有的能力，他们在本企业中的职务和责任，他们过去的详细经历及背景。此外，在这部分中，还应对公司结构进行简要介绍，包括：公司的组织机构图；各部门的功能与责任；各部门的负责人及主要成员；公司的报酬体系；公司的股东名单，包括认股权、比例和特权；公司的董事会成员；各位董事的背景资料。

7.市场预测

市场预测应包括以下内容：

(1)需求预测；

(2)市场现状综述；

(3)竞争厂商概览；

(4)目标顾客和目标市场；

(5)本企业产品的市场地位。

8.营销策略

对市场错误的认识是企业经营失败的主要原因之一。在创业计划书中，营销策略应包括以下内容：

(1)市场机构和营销渠道的选择；

(2)营销队伍和管理；

(3)促销计划和广告策略；

(4)价格决策。

9.生产制造计划(结合具体情况，不是所有创业计划书都有该部分)

创业计划书中的生产制造计划应包括以下内容：

(1)产品制造和技术设备现状；

(2)新产品投产计划；

(3)技术提升和设备更新的要求；

(4)质量控制和质量改进计划。

10.财务规划

财务规划的重点是现金流量表、资产负债表以及损益表的制备。

现金流量表反映的是企业现金的来源和去向。流动资金是企业的生命线，因此，企业在初创或扩张时，对流动资金需要预先有周详的计划和进行过程中的严格控制。

损益表反映的是企业的盈利状况，它是企业运作一段时间后的经营结果。

资产负债表反映的是某一时刻的企业状况。投资者可以用资产负债表等财务报表中的数据得到的比率指标，来衡量企业的经营状况以及可能的投资回报率。

11.风险与风险管理

这一部分内容主要是揭示创业过程中的风险因素，包括：

(1)公司在市场、竞争和技术方面都有哪些基本风险；

(2)准备怎样应付这些风险；

(3)就你看来，公司还有一些什么样的附加机会；

(4)在现有资本的基础上，公司如何进行扩展；

(5)在最好和最坏的情形下，你的五年计划表现会如何。如果你的估计不那么准确，应该估计出你的误差范围到底有多大。如果可能的话，要对你的关键性参数做最好和最坏的设定。

二、创业计划书的编写步骤

编写创业计划书是一个展望项目的未来前景，细致探索其中的合理思路，确认实施项目所需的各种必要资源，再寻求所需支持的过程。

需要注意的是，并非任何创业计划书都要完全包括上述内容。创业内容不同，相互之间的差异也就很大。

创业计划书的编写过程大致可分为以下六个阶段：

第一阶段：经验学习。

第二阶段：创业构思。

第三阶段：市场调研。

第四阶段：方案起草，形成创业计划书全文。

写好全文，加上封面，将创业计划书的要点抽出来写成提要，然后按下面的顺序排列起来：

(1)市场机遇与谋略；

(2)经营管理；

(3)经营团队；

(4)财务预算；

(5)其他与受众有直接关系的信息和材料，如企业创始人、潜在投资人等，甚至要包括重要人员的配偶和其他家庭成员。

第五阶段：最后修饰阶段。

首先，根据创业计划书的内容，把最主要的东西做成 1～2 页的摘要，放在前面。其次，检查一下，千万不要有错别字之类的错误，否则别人对你是否做事严谨会产生怀疑。最后，设计一个漂亮的封面，编写目录与页码，然后打印，装订成册。

第六阶段：检查。

可以从以下几个方面加以检查：

(1)你的创业计划书是否显示出你具有管理公司的经验。

(2)你的创业计划书是否显示出你有能力偿还借款。

(3)你的创业计划书是否显示出你已进行完整的市场分析。

(4)你的创业计划书是否容易被投资者所领会。创业计划书应该备有索引和目录，以便投资者较容易地查阅各个章节。同时，还应保证目录中的信息流是有逻辑的和有现实依据的。

(5)你的创业计划书中是否有计划摘要并放在最前面。计划摘要相当于公司创业计划书的封面，投资者首先会看它。为了保持投资者的兴趣，计划摘要应写得引人入胜。

(6)你的创业计划书在文法上是否全部正确。

(7)你的创业计划书能否打消投资者对产品(服务)的疑虑。

第三节　创业计划书的推介与评价

一、创业计划书的推介途径与方法

编写创业计划书的目的是获得创业所需的各种资源。根据资源类型的不同，创业计划书有不同的推介途径和方法。

(一)针对资金资源的创业计划书推介途径与方法

1.关注投资信息。创业者需要主动获取报纸、杂志、电视、网络等媒体上投资者寻找项目的信息，也可以通过主动发布信息，如申请网上展会等吸引投资者。

2.参加创业性洽谈会。创业性洽谈会汇聚了众多投资者，也是招商融资效果较好的招商投资类品牌展会。创业者可以通过经常参加创业性洽谈会，认识一些投资人，积累人脉，为创业活动融资做准备。

3.股权融资。股权融资即通过风投公司、私募基金获得资金。

风险投资(Venture Capital)简称 VC，意为创业投资。广义的风险投资泛指一切具有高风险、高潜在收益的投资；狭义的风险投资是指以高新技术为基础，生产与经营技术密集型产品的投资。一般来讲，风险投资机会源于风险投资企业自行寻找、第三人推荐或创业者自荐。创业者将创业计划书交给风险投资企业，由风险投资企业对项目进行广泛、深入和细致的审查评估，包括对项目的管理、产品与技术、市场、财务等方面进行分析，作出投资决定。一旦投、融资双方对项目的关键投资条件达成共识，一致同意交易条件与细节，双方就可以签署最终交易文件，投资生效。

私募基金(Privately Offered Fund)是指通过非公开方式，面向少数机构投资者募集资金而设立的基金。一般来讲，某些创业项目也是私募基金感兴趣的对象，而投资数额则根据项目的可投性来决定。

4.债务融资。债务融资是指通过亲情融资、商业信用融资获得资金。

亲情融资是成本最低的创业"贷款"，通常是创业者筹集启动资金最常见、最简单且最有效的途径。通过向亲戚朋友借钱，不仅可以快速获得资金，大部分时候还能免去利息，减少资金成本。

商业信用融资是指企业之间在买卖商品时，以商品形式提供的借贷活动，是经济活动中一种最普遍的债权债务关系。这种融资建立在个人良好的信誉基础上，它筹资便利，与商品买卖同时进行，无须另外办理正式筹资手续。它可以通过应付账款融资，即卖方允许买方在购货后的一定时间内支付货款的一种商品交易形式，也可以通过商业票据融资。商业票据是指由金融公司或某些企业签发，无条件约定自己或要求他人支付一定金额，可流通转让的有价证券，是持有人具有一定权力的凭证，如汇票、本票、支票等。

5.创业基金支持。创业基金支持是指通过YBC基金、天使基金等获得资金。

中国青年创业国际计划(Youth Business China,简称YBC)是一个旨在帮助青年创业的教育性公益项目,通过动员社会各界特别是工商界的资源,为创业青年提供"一对一"的导师辅导以及"无利息、无抵押、免担保"的资金支持,引导青年进入工商网络,帮助青年成功创业,成就具有社会责任感的未来企业家。创业者可以登录YBC官方网站,下载"YBC创业资金申请表""创业计划书模板""现金流量表",填写完成后,发送到创业项目所在地的YBC地方"天使基金"办公室邮箱。

天使基金是指专门投资于企业种子期、初创期的一种风险投资。因为它的作用主要是对萌生中的中小企业提供"种子资金",是面目最慈祥的风险资金,帮助中小企业脱离苦海、摆脱死亡的危险,因而获得"天使"这样崇高的名称。天使基金一般由申请人首先提出申请,须同时送交申请表、详细的创业计划书、申请基金投资及资金使用计划、申请人的投入资金、资本及其相关证明以及其他相关证明。届时,基金将建立项目评估专家组,评估有关申请项目的可行性和运作情况。为了保证项目的质量和数量,项目采用评审审核机制。由二级基金管理机构组织有关专家对创业项目进行初步审核,对于审批通过的项目,由基金管理机构与项目申请人签订孵化资助协议或投资协议。

(二)针对政策资源的创业计划书推介途径与方法

对于创业者来说,政府部门制定的支持性政策在创业活动中也扮演了重要的角色。在政策允许和鼓励的条件下,创业者可获得小额贷款、零首付注册公司、税收减免等优惠,特别是政策基金,它是创业者的"免费皇粮"。创业者不用担心投资方的信用问题,而且政府投资一般都是免费的,进而降低或免除筹资成本。但申请创业基金有严格的要求,政府每年的投入有限,筹资者需面对其他筹资者的竞争。一般来说,政府更倾向于支持高科技创新的企业。为了赢得这些资源,创业者要精心准备一份专门递呈给政府部门的创业计划书。这一类型的创业计划书类似于传统的项目可行性分析报告,在计划书中,应当强调公司的项目投资可行性,尤其要注重公司的社会效益和社会成本,只有项目的社会影响较为良好,才有可能成为政府部门关注的对象。

(三)针对吸引创业团队成员的创业计划书推介途径与方法

对创业者来说,最难的是找到可以胜任业务且可信赖的人组成创业团队。创业初期,往往是一些志同道合的人在一起合作,催生创业激情和创业项目,但往往这种比较自然和原始的方法无法组建成一个比较完整的团队。在创业活动真正开始以后,团队就应该考虑吸收补充新鲜血液,弥补团队的短板。一般来说,团队人员不需要太多，能满足基本的需求就可以了。团队人员要具有较强的学习能力、创新能力，要有积极主动的工作态度，同时要具备坚韧不拔的毅力。对项目的理解、表达能力、执行能力、社会资源能力、思维创新能力等方面的差异不能太大。在吸纳创业成员前应当先对行业人才进行调查，获取潜在合作伙伴的信息，也可以通过熟人推荐或者潜在的合作伙伴了解创业项目的具体情况，让他们看到希望和用武之地，激发他们的热情，最终成功吸引他们加入团队。

（四）针对客户资源的创业计划书推介途径与方法

这一类创业计划书的主要对象是公司大型客户群体、原材料供应商、行业协会等，如果能够获得这些合作关系并能维持良好，那对创业者而言，帮助是非常大的。因此，在必要的时候，创业者也需要向这些合作伙伴提交创业计划书，从双赢的角度出发，阐明自身的优劣势以及双方进一步发展合作关系的有利之处。基于这一要求，创业计划书就要有针对性地指出具体的合作方案以及合作双方可能获取的利益，使合作者了解双方合作的意义，进一步加强合作。

二、成功创业计划书的构成要素与评价

成功的创业计划书应该能给风险投资者充分的信息，并且能够激起投资者的兴趣。为了确保创业计划书能起作用，创业者应把握以下要素：

（一）关注产品

在创业计划书中，应提供所有与企业的产品或服务有关的细节，包括企业所实施的所有调查。需回答的主要问题包括：

1.产品正处于什么样的发展阶段？

2.它的独特性怎样？

3.谁会使用企业的产品，为什么？

4.产品的生产成本是多少？售价是多少？

5.企业发展新的现代化产品的计划是什么？

创业者应该把风险投资商拉到企业的产品或服务中来，这样风险投资商就会对产品有兴趣。在创业计划书中，创业者应尽量用简单的词语来描述每件事。创业计划书的目的不仅是要让投资者相信企业的产品会在市场上产生革命性的影响，同时也要使他们相信企业有证明它的论据。创业计划书对产品的阐述要让投资者感到：投资这个项目是值得的。

（二）敢于竞争

在创业计划书中，创业者应细致分析竞争对手的情况。需回答的主要问题包括：

1.竞争对手都是谁？他们的产品是如何实现其价值的？

2.竞争对手的产品与本企业的产品相比，有哪些相同点和不同点？

3.竞争对手所采用的营销策略是什么？

要明确每个竞争者的销售额、毛利润、收入以及市场份额，然后再讨论本企业相对于每个竞争者所具有的竞争优势，要向投资者展示顾客偏爱本企业的原因是：本企业的产品差别化程度高，性能价格比优越。创业计划书要让它的读者相信，本企业不仅是行业中的有力竞争者，而且将来还会是确定行业标准的领先者。在创业计划书中，创业者还应阐明竞争者给本企业带来的风险以及本企业所采取的对策。

（三）了解市场

创业计划书要给投资者提供企业对目标市场的深入分析和理解。要细致分析经济、地理、职业以及心理等因素对消费者选择购买本企业产品这一行为的影响，以及各个因素所起的作用。创业计划书中还应包括一项主要的营销计划，计划中应列出本企业打算开展广告、促销以及公共关系活动的地区，明确每一项活动的预算和收益。创业计划书中还应简述一下企业的销售战略，比如：企业是使用外面的销售代表还是使用内部职员？企业是使用转卖商、分销商还是特许商？企业将提供何种类型的销售培训？此外，创业计划书还应特别关注一下销售中的细节问题。

（四）表明行动方针

企业的行动计划应该是无懈可击的。创业计划书中应该明确下列问题：

1.企业如何把产品推向市场？如何设计生产线，如何组装产品？企业生产需要哪些原料？

2.企业拥有哪些生产资源及需要什么生产资源？生产和设备的成本是多少？

3.企业是买设备还是租设备？

4.解释与产品组装、储存以及发送有关的固定成本和变动成本的情况。

（五）展示管理队伍

把一个思想转化为一家成功的企业，其关键的因素就是要有一支强有力的管理队伍。这支队伍的成员必须有较高的专业技术知识、管理才能和多年工作经验，要给投资者专业的肯定的感觉。其中，管理者的职能就是计划、组织、控制和指导企业实现目标的行动。在创业计划书中，应首先描述一下整支管理队伍及其职责，然而再分别介绍每位管理人员的特殊才能、特点和造诣，细致描述每位管理者将对企业所做的贡献。创业计划书中还应明确管理目标以及组织机构图。

（六）出色的计划摘要

创业计划书中的计划摘要十分重要。它必须能让风险投资者有兴趣并渴望得到更多的信息，它将给读者留下长久的印象。计划摘要是创业者所写的最后一部分内容，但却是投资者首先要看的内容。如果企业是一本书，它就像是这本书的封面，做得好就可以把投资者吸引住。你要像对待广告一样来写摘要，文章明了，但要感人，绝不能草草了事。

【思考题】

1.创业计划书有什么作用？创业计划书包括哪些内容？

2.创业计划书的制定过程包括哪几个阶段？

3.推介创业计划书的途径与方法有哪些？

第十五章

新创企业的设立与管理

【学习目标】

1.了解新创企业的基本类型。

2.掌握新创企业设立的基本形式和流程。

3.熟悉新创企业的市场营销过程。

4.熟悉新创企业管理的内容。

【学习指南】

1.通过对相关案例、资料的欣赏与分析，了解新创企业的类型、开办形式和流程。

2.通过收集、整理、分析典型案例，了解新创企业的市场营销及整合促销等内容。

3.通过对成功创业者的案例剖析，了解新创企业管理的内容。

大学生创业成功的动力，来源于激情。在实际创业过程中，大学生必须把这种动力变成能力，学会初创企业运营的知识，否则没有办法把美好的创业蓝图变成现实。大学生要根据成熟的创业计划选择一定的经营方式，相应地选择企业形式，登记注册，创新创业初期阶段的市场营销与企业管理，实现创业期的生存，平稳进入成长期，使创办的企业持续健康发展。

第一节　新创企业的设立

一、新创企业的类型

(一)最佳实践型

最佳实践型企业属于创业企业中的典型企业类型。这类企业的管理者会虚心学习和应用各种经过实验证明有效的管理经验，他们设定的企业目标很高，信心也很足。此外，这类企业注重决策管理的效率，在创新性和能动性方面表现出众，尽心维护员工的利益，关心员工的需求。对于这类企业来说，持续的发展是正常现象，在企业经营管理和业绩的获得上几乎不会出现问题。

1.优势

最佳实践型企业拥有的优势包括：再高的增长目标也可以很自信地去达到；重视企业人才的培养，能够吸引并留住各类优秀人才；拥有长期稳定的现金流，能在恰当的时候扩大规模；能够保持与顾客需求和技术变化的始终同步。

2.劣势

一般情况下，这类企业在任何方面出现问题的概率都非常低，基本不会出现。但是，它们对市场调研的依赖程度高，一旦市场调研结果出现问题，将会影响企业的经营发展。

3.经营要点

智者千虑，必有一失。但是最佳实践型企业却从来都会避免每一个问题的出现，它们积极追求企业的发展；重视员工需求和建议，广泛听取意见；灵活进行决策管理；掌握各类信息，做到胸有成竹；保持沟通顺畅，积极应对变化。

4.主要特征

(1)快速增长行业的企业多属于最佳实践型，一般采取全国化或国际化布局，以城市为基础寻求发展。

(2)运营管理透明化，信息内部公开化，上下级沟通顺畅，员工职业素养提升快。

(3)员工薪酬待遇高、晋升机会多、工作环境充满正能量。

(4)设定目标长远，企业愿景能与利益相关者共同分享。

(5)以快速增长抢占市场份额作为自身竞争力的体现。

(6)具有品牌效应和创新能力，鼓励冒险精神。

(7)对内部指标和市场调研依赖程度高。

(8)主动扩大规模。

(9)多做慈善，勇于承担社会责任。

(二)数据依赖型

数据依赖型企业一般作风都比较保守、谨慎，它们通常会通过对经营数据的慎重分析来获取稳定的发展。这种类型的企业通过努力会获得员工持续成长的表现和能够避免负债的现金流。但是由于企业的保守做法，通常会出现员工进取心不强和沟通方式松散的问题，他们做事一般都会按部就班，没有创新积极性。

1.优势

数据依赖型企业有以下优势：保守稳定发展的风格，使其可以避免出现财务赤字,更愿意通过自身营利所得进行自投资;关注经营数据,使其更容易提早意识到问题;对员工的关怀度较高。但是,它们不会产生成为某个领域领军人物的目标。

2.劣势

数据依赖型企业在成长的各阶段和各方面都会遇到各种问题和状况。虽然它们对增长目标期望较低,但是在竞争中,信心也会相对较弱。

3.经营要点

这类企业一般不用把目标定得太高,只需要制定一套成熟的发展战略,比如,制定合理的经营目标,自筹资金扩大企业规模,关注企业财务状况和指标的变化,提高员工待遇。创业者要注意的是稳定的经营策略无法帮你避免问题,甚至会出现副作用。

4.主要特征

(1)数据依赖型企业有以下主要特征:一般愿意选择成熟产业。

(2)注重将数据作为经营决策的依据。

(3)员工的薪酬待遇高。

(4)企业发展目标一般会定位较低。

(5)风格相对保守谨慎,更在意生存问题。

(6)在市场中处于被动状态,需求的增长不会导致规模的扩大。

(7)跨国发展的可能性很小。

(三)管理控制型

管理控制型企业的关注点在客户和供应商一侧,对企业内部员工缺少重视。企业的人才策略消极,对员工不大方,不愿意在员工招聘与培养上冒任何风险,但它们会时刻紧盯市场动向,尽全力维护客户。由于它们的机制缺乏灵活性,因此在各方面的表现并不均等,但最终往往都能达成既定的成长目标。

1.优势

管理控制型企业的发展一般比较稳定,对待员工的方式虽然不能称得上很好,但是很少出现相关问题。

2.劣势

这类企业由于无法提供给员工发展空间,所以难以留住优秀员工,员工也不会全身心付出。由于它们的管理张力不够,因此会出现利润空间有限、无法把握发展良机、不能灵活地对企业经营进行调整以适应市场的变化等问题,这也是它们的发展目标较低的一个主要原因。

3.经营要点

在劳动力资源充足的市场环境下,专注于供求关系可以让管理控制型企业实现相应的业绩目标。如果能在员工的关注度和待遇上有进一步的提高,企业的表现会更完善。

4.主要特征

(1)关注市场供求双方的意愿与关系。

(2)发展缺乏竞争力。

(3)根据市场调研做相关决策。

(4)缺乏在员工工作环境、晋升机制和待遇方面的关注,员工支持度低。

(5)管理机制不灵活,不积极进行管理改革。

(6)在增长需求确定的情况下不会扩大规模。

(7)一般在国内发展,与地方社区缺乏紧密联系。

(四)传统中庸型

传统中庸型企业的经营重点在销售方面,缺乏过多的经营管理方面的实践和改革。在内部员工待遇、业务增长、风险控制等方面表现平常,各方面表现比较平衡。

1.优势

传统中庸型企业不是领域中的排头兵,不需要考虑突破、颠覆的问题。企业运营基本稳定,对销售的重点关注让它们对企业的持续增长保持十足信心。

2.劣势

这类企业的增长目标比较低,由于侧重于企业的销售导向,因此面临着员工招聘、留存和素质培养等方面的人才问题,不容易达成推进管理改革的共识。虽然传统中庸型企业在技术、理念方面缺乏先进性,但是它们的发展空间也是有一定量的,侧重于销售的实在经营业绩能够让企业保持成功。

3.经营要点

侧重于销售的实在经营业绩能够让企业保持成功。

4.主要特征

(1)经营策略谨慎,在市场需求不确定的情况下,不会贸然扩大规模。

(2)缺乏领导力层面的创新。

(3)由于侧重于销售导向,企业更看重的是与客户的沟通,维护客户关系是企业经营的重要内容。

(4)缺乏和供应商之间的交流。

(5)员工不会被作为重点对象关注,缺乏对员工的信任,但是会重视员工对经营和销售层面的看法。

(6)更关注企业所在的当地市场。

(五)行业先锋型

行业先锋型企业更加积极地采用新技术、新流程,对企业的经济发展目标和规模扩张更加关注。这类企业缺乏对内部管理的关注，会出现很多基础管理问题。

1.优势

行业先锋型企业由于关注技术和创新，从而获得了快速增长、高利润率等巨大回报。同时，这类企业对于维持高增长所需的外部资金支持并不担心，因此，企业的董事会话语权极强。

2.劣势

在企业快速增长和扩张的同时，会出现因条件不成熟而盲目扩张所带来的麻烦。而管理层是否能够对既定目标始终保持共识是这类企业需要解决的另一个难题。

3.经营要点

技术创新和流程创新可以推动企业快速发展，但是，在快速创新发展过程中，组织内部的有效管理也是重要保障。同时，企业还要注意妥善处理外部投资者与其他利益相关者之间的关系。

4.主要特征

(1)一般选择在成熟产业寻求发展。

(2)拥有新技术、新流程。

(3)经济增长目标较高。

(4)会主动扩大规模。

(5)重视董事会的意见。

(6)更加关注国际市场。

(六)反向操作型

反向操作型企业对于前几类企业的管理实践不太关注，但是，它们却能够把很多问题和麻烦转移给其他企业。在经营方面，它们具有自己的一套方法，使得业绩能够保持增长。

1.优势

这类企业的员工职业素质和工作效率都比较高，一般不会出现管理问题。企业的利润保持较好，内部各部门都能适应企业的发展，能够抓准扩张的时机。此外，企业具有较好的现金流。

2.劣势

这类企业经常会把自身放在最佳管理实践的对立面，但是又不会出现过多的经营问题。

3.经营要点

反向操作型企业通常都会在无视最佳管理实践的情况下良好发展，其成功的原因基本上是多种独特举措与特殊市场背景共同作用的结果，也就是说，它们更加关注的是有效性。

4.主要特征

(1)在有关员工的支持方面,如内部晋升、薪酬待遇、技能培训、鼓励创新等的评定得分都是很低的。

(2)不必利用机遇与回报来吸引员工。

(3)在决策的过程中,不会依赖市场调查、数据、指标等方面的内容。

(4)不能积极快速地应对变化。

(5)不会及时更新技术和流程。

(6)不会过分关注企业发展规划。

(7)在发展地域和产业类型方面考虑较少。

二、新创企业设立形式的选择

(一)个人独资企业

个人独资企业是指由一个自然人投资,财产为投资者个人所有,投资者以其个人财产对企业债务承担无限责任的经营实体。创业者开办个人独资企业意味着一个人创业。

1.优势

首先,创业制约因素较少。开设、转让与关闭企业等,一般仅需向工商部门登记即可,手续简单;创业者在企业经营管理上有很大的自由度和灵活性;有关企业的经营数据可保密。有利于保持竞争优势。其次,只需缴纳个人所得税,税后利润全部归创业者个人所有。此外,对创业者来说,创业成功带来的收获,不仅是经济利益,更是自我价值的充分体现与肯定。

2.劣势

由于个人独资企业要求个人承担无限财产责任,因此,当企业经营出现问题,发生资不抵债的情况时,创业者就需要承担无限清偿债务,而不是有限责任,这有可能会造成创业者倾家荡产。

3.适合群体

打算在小型加工、零售商业、服务业领域开办较小规模企业的创业者,适合开办个人独资企业。

(二)合伙制企业

合伙制企业,是指由 2 个以上(包含 2 个)合伙人订立合伙协议,共同出资,合伙经营,共享收益,共担风险,并对合伙企业债务承担无限连带责任的经营性组织。合伙人可以采取货币、实物、土地使用权、知识权或其他财务权利出资,也可以用劳务出资。从创业角度看,合伙制企业一般都是由几个在创业方面志趣相投的伙伴组成的创业团队。

1.优势

多个人合伙开办企业，资金来源更广，信用度较高，筹措资金较容易且途径较多，如银行贷款。从创业的角度看，合伙创业能够集思广益，增强创业企业的决策能力和经营管理能力，有利于提高企业的市场竞争力。

2.劣势

合伙制企业要求合伙人承担无限连带责任，当企业出现经营问题的时候，容易使所有合伙人的家庭财产产生经营风险。因此，合伙人在企业经营过程中，必须以相互信任为基础。如果合伙人产生意见分歧、互不信任，就会影响企业的有效经营，从而导致经营风险的出现，进而导致合伙人的财产损失。此外，合伙人不能够在不经过全体合伙人同意的情况下，自由转让财产份额。对于创业者来说，不能进退自由，这也是一种约束。

3.适合群体

有意涉足广告代理、咨询服务、会计师事务所、法律事务所、零售商业等领域的创业者，适合开办合伙制企业。

（三）有限责任公司

有限责任公司是指由 2 个以上 50 个以下自然人共同出资设立，投资者以其出资额为限对公司承担责任，公司以其全部资产对公司承担责任的法人组织。我国最新修订的《中华人民共和国公司法》规定，有限责任公司的最低注册资本不得低于 3 万元，允许分期缴纳注册资本，全体股东首次出资额不得低于注册资本的 20%，其余部分在公司成立后两年内缴足。注册不同行业的有限责任公司，工商管理部门对其注册资本的最低额度有具体要求。与以上两类企业相比，有限责任公司的创业者规模明显较大。

1.优势

有限责任公司要求以出资人的出资额比例为限承担公司的经营风险，这种方式可以有效分散创业风险，使创业者能通过优化投资组合取得最佳的投资回报。此外，有限责任公司允许多个自然人进行投资，可以促进资本的有效集中。这种多元化的产权结构，对于创业企业的科学化决策更加有利，从而促进企业稳定经营并逐步扩张。

2.劣势

首先，开办有限责任公司需要双重纳税，即公司盈利要上缴公司所得税，创业者作为股东还要上缴企业投资所得税或个人所得税。其次，由于不允许公开发行股票，因此，筹集资金的范围和规模有限，难以适应扩张的生产经营需要。此外，由于产权不能充分流动，创业企业的资产运作也会受到一定的限制。

3.推荐人群

有意开办中小型企业的创业者,适合开办有限责任公司。

三、新创企业设立的流程

(一)选择公司的形式

普通的有限责任公司最低注册资金为3万元,需要2个或2个以上股东。从2006年1月起,新的《中华人民共和国公司法》规定,允许1个股东注册有限责任公司。这种特殊的有限责任公司又称"一人有限公司"(公司名称中不会有"一人"字样,营业执照上会注明"自然人独资"),最低注册资金为10万元。

(二)注册公司的步骤

1.核名

到工商局领取一张"企业(字号)名称预先核准申请表",填写你准备取的公司名称。核名由工商局上网(工商局内部网)检索是否有重名,如果没有重名,就可以使用这个名称,随后会核发一张"企业(字号)名称预先核准通知书"。

2.租房

到写字楼租办公室,签订租房合同,并让房屋的产权人提供房产证及身份证的复印件。

3.注册公司

到工商局领取公司设立登记的各种表格,包括设立登记申请表、股东(发起人)名单、董事经理监理情况、法人代表登记表、指定代表或委托代理人登记表。填好后,连同核名通知、公司章程、租房合同、房产证复印件一起交给工商局。大概3个工作日后可领取营业执照。2015年10月1日开始实施"三证合一",即将工商营业执照、组织机构代码证、税务登记证三证合为一证。

4.刻章

携带经办人身份证原件、复印件各一份,法人身份证原件、复印件各一份,营业执照副本原件、复印件各一份,到公安局备案并到公安局指定的刻章社刻公章、手章及财务专用章。

5.去银行开基本户

携带营业执照、法人身份证、经办人身份证、公章、财务专用章及手章到银行填表申请基本账户。开基本户时,还需要购买一个密码器,今后公司开支票、汇款时,都需要使用密码器来生成密码。

6.办理税务登记备案

财务人员携带本人身份证、会计证到税务局进行办税员备案,并进行报税软件备案、审计制度备案，申请购买发票，和银行、国地税签订扣税三方协议，并根据租房合同金的千分之一的税率缴纳印花税。

7.购买报税软件按时进行纳税申报

凭税务局报税软件备案表去购买报税软件，并每月按时进行纳税申报，即使没有业务收入也要进行零申报，否则会被罚款。从2014年3月1日开始实施认缴制，有限责任公司的注册资本为在公司登记机关登记的全体股东认缴的出资额。公司章程规定股东需在规定的期限内，缴足应缴的注册资本。股东在实缴资本时由会计事务所根据银行进账单、银行询证函出具验资报告。

第二节　新创企业的经营与管理

一、新创企业的市场营销

（一）找准目标市场

目标市场选择的前提和基础是必须对整体市场进行细分，企业通过对市场进行细分，发现一些潜在需求或未被满足的需求，并结合企业自身的目标和资源，分析竞争的情况，找到理想的市场机会，这就是目标市场的选择。

1.目标市场

目标市场就是通过市场细分后，企业准备以相应的产品和服务满足其需要的一个或几个子市场。它是企业在市场细分之后若干子市场中，所运用的企业营销活动之“矢”而瞄准的市场方向之“的”的优选过程，是一个特定的市场。企业通过市场调研掌握市场需求和消费者的购买心理，接着进行市场细分和目标市场选择。在买方市场的情况下，除极个别的产品外，大多数产品对顾客而言，都有很多种选择。同时，任何企业也不可能满足一种产品的所有市场需求，而只能满足其中一部分消费者的需求。企业需要把“这一部分消费者”筛选出来，确定为自己的主要进攻市场即目标市场，并充分利用企业的资源，发挥企业优势，形成企业的特色，制定出有针对性的市场营销策略。在撰写创业计划书时，大学生创业者就要科学分析企业经营的目标市场，这直接关系到企业的初创阶段是否顺利，甚至将长久地主导企业的发展方向和发展速度。

2.市场细分

找准目标市场后，企业就要科学实施市场细分。新创企业通常在创业计划阶段基本完成市场细分，在商业计划中进一步准确细分。市场细分是20世纪50年代中期美国市场营销学家温尔·斯密（Wendell R.Smith）提出的，其产生与发展经历了以下几个主要阶段：大量营销阶段、产品异化营销阶段、目标营销阶段。市场细分主要指以消费者需求的某些特征或变量为依据,区分具有不同需求的顾客群体。市场细分后所形成的具有相同需求的顾客群体称为细分市场,在同类产品市场上,同一细分市场的顾客需求具有较多的共同性,不同细分市场之间的需求具有较多的差异性,企业应明确有多少细分市场及各细分市场的主要特征。市场细分的作用,表现为有利于发现市场机会,有利于掌握目标市场的特点,有利于制定市场营销组合策略,有利于提高企业的竞争力。

大学生创业者在理解市场细分观念时,要区分市场细分不是对自己企业的产品进行分类,也不是按照企业的性质进行分类,而是按照顾客的需要和欲望进行分类。新创企业在进行市场细分时,一般应把握以下四个要求:

1.要有明显特征。市场细分应使企业营销人员能够识别有相似需求的顾客群体,这些群体应有企业能分析的明显的特征和行为。

2.要可以实现。要根据企业的实力,量力而行。在进行市场细分时,企业应考虑划分出来的细分市场,必须是企业有足够的能力去占领的子市场,在这个子市场上,能充分发挥企业的资源优势。

3.要有适当的盈利。在市场细分中,被企业选中的子市场必须有一定的规模,即有充足的需求量,能够使企业有利可图,并实现预期利润目标。如果细分市场的规模过大,企业"吃不了,无法消化",在竞争中处于劣势;如果规模过小,企业又"吃不饱"现有的资源得不到最佳利用,利润就难以确保。因此,细分市场的规模必须恰当,才能使企业得到合理的利润。

4.市场要有发展潜力。市场细分应有相对的稳定性,因为细分市场一旦被企业选定为目标市场,它应给企业带来的利益不仅是目前的,还必须能够给企业带来较长远的利益,所以,企业在进行市场细分时必须考虑市场未来发展是否有潜力。

(二)确定目标市场的程序

1.确定目标市场的步骤

细分市场—评价细分市场—确定目标市场—制定目标市场策略。

2.评价细分市场

新创企业评价细分市场,主要围绕市场是否具有适合企业的规模和良好的发展前景、吸引力,企业的目标及资源优势等,理性选择企业早期的经营内容。首先,要评价细分市场有没有适当的规模特性,如新创企业经常会选择一些小的细分市场,此时应根据企业自身的属性、条件,评估市场是否会由于规模过小而不能给企业带来所期望的销售额和利润。其次,也要评价细分市场有没有未来的发展前景。某一细分市场虽然具备了企业所期望的规模和发展前景,但可能缺乏盈利能力。新创企业要根据迈克尔·波特的分析理论(即五力模型),决定某一细分市场是否具有长期利润吸引力。结合新创企业的目标和资源,有时会放弃部分有吸引力的细分市场,因为它们不符合企业的长远目标。当细分市场符合企业的目标时，企业还必须考虑自己是否拥有足够的资源保证在该细分市场上取得成功。即使具备了必要的能力，企业还需要发展自己的独特优势。只有当企业能够提供具有高价值的产品和服务时，才可以进入这个目标市场。

3.确定目标市场

市场经过细分、评价后，可能会得出若干个可以选择的细分市场。大学生创办新企业时需要确定目标市场的范围，即通常在五种目标市场类型中选择其中一种。

(1)产品/市场集中(单一细分市场)：企业选择一个细分市场作为目标市场，只生产一种产品来满足这一市场消费者的需求。这种策略的优点主要是能集中企业的有限资源，通过生产、销售和促销等专业化分工提高经济效益，一般适合实力较弱的大学生创办的小企业。但是，选择这种目标市场类型存在着较大的潜在风险，如消费者的爱好突然发生变化，或有强大的竞争对手进入这个细分市场，企业很容易受到损害。

(2)产品专业化(多个细分市场)：企业选择几个细分市场作为目标市场，只生产一种产品来分别满足不同目标市场消费者的需求。这种策略可使企业的某种产品树立起很高的声誉，扩大产品的销售范围，但如果这种产品被全新技术产品所取代，其销量就会大幅下降。

(3)市场专业化(市场集中)：企业选择一个细分市场作为目标市场，并生产多种产品来满足这一市场消费者的需求。企业提供一系列产品专门为这个目标市场服务，容易获得这些消费者的信赖，产生良好的声誉，打开产品的销路。但如果这个市场消费群体的购买力下降，就会减少购买产品的数量，企业就会产生滑坡的危险。

(4)有选择专业化(产品集中)：企业选择若干个互不相关的细分市场作为目标市场，并根据每个目标市场消费者的需求，向其提供相应的产品。这种策略的前提是每个细分市场都必须是具有前景和经济效益的市场。

(5)选择全部细分市场(整体市场)：企业把所有细分市场都作为目标市场，并生产不同的产品满足各种不同的目标市场消费者的需求。大学生创办企业经过艰苦积累后发展为大型企业时，可以根据企业发展战略目标选用这种策略。

新创企业积极稳妥的目标市场是选择一种产品的销售或生产，即在企业创办之初应当从事单一产品服务，把它做起来，逐步做好，甚至做精，再结合企业在发展过程中的状态评估目标市场，科学选取新目标市场范围。

4.制定目标市场策略

企业决定选择哪些细分市场为目标市场，有三种目标市场策略可供选择(图 15-1)。这三种目标市场策略各有其长处和不足，企业应根据具体的情况加于选择。一般而言，无差异性市场策略、差异性市场策略一般适合于生产规模大、实力雄厚的大企业，而密集性市场策略则适合新创企业。

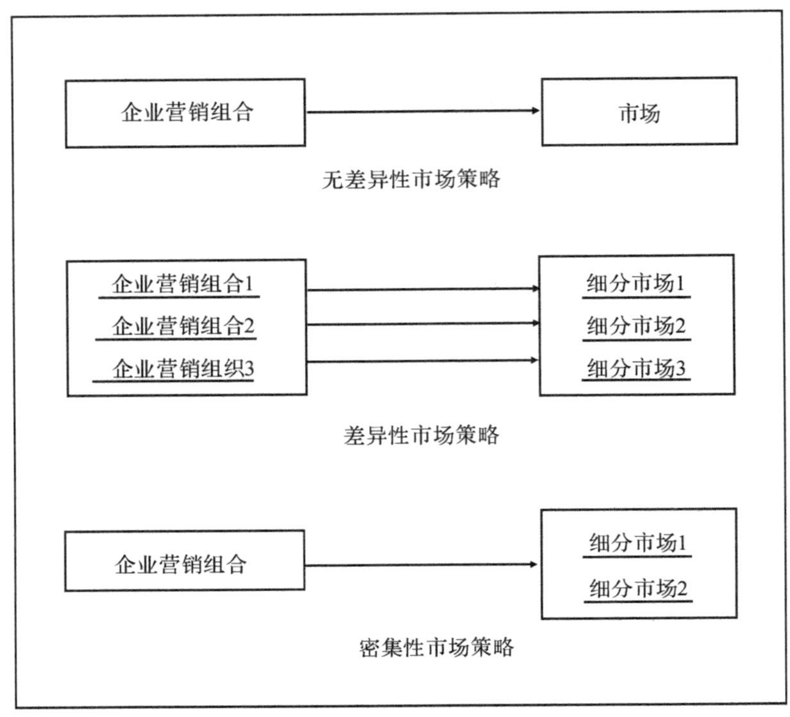

图 15-1　三种不同的目标市场战略

密集性市场策略也称集中性市场策略，是指企业集中力量去满足一两个目标市场消费者的需要。由于企业认为自己的资源有限，企业会集中所有的力量在这一两个目标市场上，争取在这一两个市场上获取较高的市场占有率，不断取得竞争优势，逐渐扩充自己的实力。这种策略的优点是投资少，见效快。因为企业只有一两个目标市场，资金的需要较少，同时由于这一两个目标市场是企业的命根，企业必然会竭尽全力对目标市场作深入的调查研究，及时收集顾客意见，及时反馈信息，及时按消费者的需求和欲望去改进产品，提供最佳服务，迅速产生销售效果。但由于企业只有这一两个目标市场，万一它们发生变化，就会导致企业经营失利，使企业难以翻身。风险大，是这种策略的不足。新创企业在确定采用何种目标市场策略时，一定要考虑企业资源、产品的同质性、产品所处的生命周期阶段、市场的同质性、竞争状况。

（三）确定产品价格

企业进行市场细分，确定目标市场之后，紧接着要思考的是目标市场各方面的竞争情况。对新创企业而言，面对的目标市场中往往存在一些捷足先登的竞争者，有些竞争者在市场中已占有一席之地，并树立了独特的形象。新进入的大学生创办企业怎样使自己的产品有效区别于现存的竞争者产品，这就是市场定位的问题。确定产品价格，是市场定位的重要方面。

1.市场定位的概念和作用

市场定位是为了适应消费者心目中某一特定的看法而设计的企业、产品、服务及营销组合的行为。市场定位根据不同定位的对象而不同，一般有企业(公司)定位、品牌定位、产品定位三个层面。产品定位就是将某种具体的产品定位于消费者心中，让消费者一产生类似需求就会联想起这种产品。产品定位是其他定位的基础，因为企业最终向消费者提供的是产品，没有产品这一载体，品牌定位与企业定位也就难以维持。品牌原本是产品的一种特殊标志，但品牌定位不同于产品定位。当一种知名品牌代表某一特定产品时，产品定位与品牌定位没有太大区别；当一种知名品牌代表多种产品时，产品定位就区别于品牌定位。品牌定位比产品定位内涵更宽，活动空间更广，应用价值更大。企业定位是企业组织形象的整体或其代表性的局部在公众心目中的形象定位，企业定位是最高层的定位，必须先定位他们的产品和品牌，但它的内容和范围要广得多。

市场定位能创造差异，有利于塑造企业特有的形象。它能适应细分市场消费者或顾客的特定要求，以更好地满足消费者或顾客的需求，形成企业竞争优势。

2.定位策略

定位策略主要包括产品定位策略、品牌定位策略和企业定位策略三种，其中，价格定位隶属产品定位策略。市场营销中的产品是一个包含三个层次的整体产品，产品定位的目的是让有形、无形的产品在顾客心目中留下深刻的印象，因此产品定位必须从产品三个层次的各种特征，如功能、价格、技术、质量、安装、应用维护、包装、销售渠道、售后服务等方面入手，使其中的一个或几个能与其他同类产品区分开来，且区别越大越好，特色越明显越好，看上去就好像是市场上“唯一”的。归纳起来，产品定位策略有属性定位、价格与质量定位、功能和利益定位。

3.价格制定

价格是产品最明显、最能反映其质量和档次特征的信息。新创企业的产品在一定意义上就是一种全新的产品，新产品上市前的价格制定是企业产品定位的重要内容，直接关系到企业形象甚至企业的存亡。新产品上市后的价格管理，是评判一个营销组织新产品营销执行水平的一个重要标志，也是极其重要的内容。

(1)定价方法

新创企业定价一般采用三种方法，即成本导向定价法、竞争导向定价法和需求导向定价法。

第一，成本导向定价法：以产品成本作为定价基础，再加上预期利润来确定价格的定价方法，是目前最常用、最基本的定价方法。具体方法有：

①成本加成定价法，即按照产品单位成本加上一定比例的毛利来定出售价，其公式为：产品售价＝单位成本×(1＋成本加成率)，成本加成率即预期利润占总成本的百分比。

②变动成本定价法,即只要产品价格高于单位变动成本,产品的边际收入就大于零,销售量增加就能引起总收入增加,该价格就可以接受。

③盈亏平衡定价法,即以企业总收入与总成本保持平衡为依据来确定产品价格。

第二,竞争导向定价法:以市场上同类竞争产品的价格为定价依据,并根据竞争变化来调整价格的定价方法。具体的方法有:

①随行就市定价法,即企业跟随行业中的主要竞争者的价格,或跟随各企业的平均价来确定自己的产品价格。

②限制进入定价法,即企业制定低于利润最大化的价格,以限制其他企业的进入。

③密封投标定价法。采用此法定价时,是以设想竞争者将定什么价为基础,而不是以自己的成本或需求为基础,企业的目的主要是为了中标,其要价必须低于其他竞争者,但是定价不能低于成本水平。这种方法主要用于投标交易方式。

第三,需求导向定价法:根据市场需求状况和消费者对产品的感觉差异来确定产品价格的定价方法。其特点是灵活有效地运用价格差异,对平均成本相同的同一产品,价格随着市场需求变化而变化,不与成本因素发生直接关系。需求导向定价法主要包括认知价值定价法、需求差异定价法和逆向定价法。

(2)定价策略

一般情况下,新产品的价格制定主要考虑影响价格制定的因素和定价目标、定价方法。新创企业在进行产品定价时,要考虑如下方面:

第一,利用产品自身的差异化。新企业新产品价格策略上要善于制定原则,结合企业发展愿景和产品定位进行。高质高价定位,高价格是一种高贵质量的象征。只要企业或产品属于"高质"的类别,且高质量、高水平服务和高档次能使顾客实实在在地感受到,就可以用这种定位。高质低价定位,新创企业将高质低价作为一种竞争手段,目的在于渗透市场,提高市场占有率。对新创企业来说,由于产品和企业的知名度低,很难进入其他企业已经稳定的销售渠道中去,因此,企业不得不暂时采取高成本低效益的营销战略,如上门推销,大量进行商品广告,向批发商和零售商让利,或交给任何有意经销的企业销售。

第二,考虑渠道环节的影响。新创企业的销售渠道相对较少,但是也要充分发挥有限的渠道的作用,因为它是影响新产品价格的重要因素之一。什么样的渠道就有什么样的价格几乎成为中国市场新产品价格判断标准。即使是同样产品,在不同渠道也有不一样的价格。新产品选择什么样的渠道,基本上决定了新产品定价策略上的取向。

第三,重视品牌的长期性影响。品牌对新产品价格影响十分明显,特别是经营耐用消费品的企业,在制定新产品价格定价策略时必须考虑品牌因素,品牌在其中起着推波助澜的作用。

第四，发挥技术水平的影响力。新企业从事原创性技术水平下的新产品生产，新产品的价格受高技术的影响巨大。大学生创办的企业要努力在专业技术应用的新产品上动脑筋，企业未来发展才会快速迅猛，这也是大学生群体创业的优势特征，也是未来企业的希望所在。

第五，遵从行业价格水平的影响。新创企业制定任何新产品价格都不可能摆脱企业所处的行业，因为行业价格水平会自动为企业的新产品价格设定上限。客观上新技术的价格优势在技术壁垒消除后，规模效益成为行业特征，价格就会回归真实。

第六，研判消费者价值认知对制定新产品价格的影响。随着中国市场越来越成熟，不少企业采用小范围试销的手段，不断在目标人群中测试新产品的市场价格，从而为新产品价格选择提供决策依据。新创企业同样可以试点销售，谨慎地在目标客户中测试对产品价格的反应，尽可能为企业带来高收益。

第七，采用成本价格核定方法制定新产品价格。新创企业不能忽视成本价格核定方法的作用，它能帮助大学生创业者规避因市场经验的缺乏而导致的盲目决策所形成的失误。

第八，注意分地区制定新产品价格。企业根据商品的特性，所在地区的市场态势、交货条件、费用分摊等不同情况，对不同地区实行不同价格的策略。

（四）疏通分销渠道

分销渠道即分销路径或分销路线，它是指商品从生产者转移到消费者手中所经过的路径。新创企业要在激烈的市场环境中使自己的产品销售之路畅通无阻，不是一件容易的事。企业要建立一套适合自身优势的产品分销渠道，使企业产品进入目标市场路径多、渠道畅。

1.建立合适的分销渠道

新创企业应选择经济、合理的分销渠道，把商品送到目标市场。一条分销渠道是指某种货物或劳务从生产者向消费者移动时取得这种货物或劳务的所有权或帮助转移其所有权的所有企业和个人。因此，一条分销渠道主要包括商人中间商（因为他们取得所有权）和代理中间商（因为他们帮助转移所有权）。此外，它还包括作为分销渠道的起点和终点的生产者和消费者，但它不包括供应商、辅助商等。一条分销渠道关系到企业在何地、何时、由什么组织向消费者提供商品和劳务，同时包括渠道的长短、宽窄决策，中间商和选择以及渠道的分析评价和变革等内容。在理解时，要注意分销渠道和市场营销渠道是两个不同的概念。

2.设计有效的分销渠道

在密集性分销、多种代理、选择性分销、某个区域或某级渠道包销代理、目标客户销售、专营性分销、分公司和专卖店等传统分销形式中，能否寻找到适合新创企业的分销渠道，这关系到企业的成败。

(1)确定渠道目标

新创企业建立渠道目标就是把渠道建立为某种样式的渠道,渠道目标一般强调企业的成败速度,体现便利、突出选择性、重视服务性。满足客户需要是新创企业追求的分销目标。在相互竞争又相互依存的环境中使自己的产品销售之路畅通无阻,做好客户所需要的服务类型和水平的调查是新创企业重点关注的工作,然后分析相关因素的影响,如产品因素、市场因素、企业的自身因素、经济效益因素、中间商因素和宏观环境因素。企业要有自知之明,即正确评价企业自身的状况。例如,相对于市场,新创企业是弱者;相对于产品,新创企业是强者。企业如果没有发展到一定程度是无法掌控市场的,市场又是不断在变化,经销商的势力和分销渠道是企业难以影响的。因此,新创企业要从某个优势点做起,建立适合自身的产品销售渠道,确定渠道方案。

(2)制定渠道方案

在制定渠道方案时,新创企业主要考虑渠道成员的类型、数量、条件等。渠道成员的类型需要根据渠道目标、企业实力和竞争状况等综合考虑。通常企业在选择渠道成员时首先考虑的是依靠中间商还是使用自己的销售队伍,如果是使用中间商,又要考虑是使用经销商还是使用代理商。在渠道成员数量方面,通常采用密集性分销策略、选择性分销策略和专营性分销策略。渠道成员的条件主要在价格政策销售条件、中间商的许可,双方的服务与责任。

(3)发展分销新形式

第一,新创企业结合企业产品进行渠道方案的评估和理智选择,这主要包括对每种方案预计的销售额与成本费用的经济性进行比较,选择企业可控性较强的渠道、能适应形势不断变化的适应性强的渠道。第二,随着社会化分工越来越细化,大学生创业者不断摸索或感知市场内在规律,科学管理产品分销。第三,合理利用资源,重视利益分配。企业在进行产品分销时,充分运用资源即内部资源、外部资源,还要进行利益分配,即企业自身利益、员工利益、各类经销商利益、消费者利益、预期利益、现实利益的分配,建立同发展共分享的利益机制,推动分销渠道的持续繁荣。

二、整合促销手段

新创企业在正确地选择自己特定的服务对象后,在企业与中间商和消费者之间建立起稳定有效的信息联系,实现有效的沟通,通过整合促销,想方设法地将产品推向市场,有效地发展市场,从而增强企业的竞争优势。根据大学生创办企业的现状,整合促销主要是指企业在市场营销中,对广告、人员服务推销、营业推广和公共关系等促销手法的综合运用。

(一)广告促销

在市场营销中,广告是指企业将产品、劳务等信息,采用向广播、电视、报纸、网络等付费的方法,借助大众媒体向公众传播信息。由于各种媒体有不同的特点,企业在选择广告媒体时,必须注重广告的内涵、广告媒体的特点,合理选择适合本企业的营销目标、目标市场等需要的宣传方式。

一般来说,主要考虑以下因素:(1)广告目标要求,即企业对信息传播的要求,这是企业首先需要考虑的,如信息传播覆盖率、接轴率、重复率和最低时间限度、信息的可信度以及产生的效应等。(2)产品的特征。不同性质的产品应采用不同广告媒体,如专业性很强的产品,可采用杂志宣传。(3)消费者的特点。要选择对目标消费者最有效、最容易诱发其购买欲望的广告媒体。(4)不同媒体收费标准不同。企业应根据自己实际情况,合理选择适合自己情况的广告媒体。

(二)人员服务推销

人员服务推销,是指企业通过推销人员向消费者提供服务如口头交谈等方式传递信息,影响消费者购买的一种推销活动。人员服务推销能主动与客户进行有效接触,面对面地交流,服务及时,当场解答消费者提出的问题,取得消费者的信任;而且灵活多样的服务容易产生"不一样"效果,形成事半功倍的成效,如容易取得第一手资料,并把它及时反馈到企业,产生新产品新市场。

要达到人员服务推销应有的效果,企业需加强对推销人员的服务理念和销售思想、推销技术的训练,通常要注意以下内容:(1)通过市场调查、查阅资料、广告开拓、他人介绍等方式寻找消费者(包括潜在客户)。(2)在推销前进一步了解消费者情况并设计在面对顾客后如何推销的行为。(3)利用多种合情合理的方式接近顾客,即直接与顾客接触。(4)重视推销面谈,抓住顾客心理,灵活地在服务交流中说服顾客购买企业产品,如将商品特性与顾客的购买欲望联系起来,通过产品、文字、音响、影视、证明等样品或资料劝导顾客购买商品,通过售后追踪消费者提供新产品等。(5)审时度势,抓住时机,促使交易达成。

(三)营业推广

营业推广是指能够迅速刺激需求,鼓励购买的各种促销活动,目前采用比较多的营业推广方式有赠送样品、派发优惠券、附送赠品、有奖销售、现场演示、购买折扣、展销等。

1.确定营业推广目标

目标市场不同、产品不同,营业推广的目标也不同。通常,新创企业的早期营业推广目标是针对消费者的,即刺激消费者购买,鼓励现有消费者增大购买量,吸引潜在消费者使用，争取其他品牌的使用者。新创企业在发展阶段的营业推广目标是针对中间商的，即刺激中间商购买、销售本企业产品，同时刺激推销员推销新产品，开拓新的市场，努力提高企业的销售业绩。

2.制定营业推广方案

在进行产品营业推广前，新创企业要先制订切实可行的营业推广方案，通常包括推广的规模、推广的对象、推广的方式、推广的时间、推广的时机和推广费用等因素。

（四）公共关系

公共关系是指企业或组织为了适应环境，争取社会公众的了解、信任、支持和合作，树立企业良好的形象和信誉而采取的有计划的行动。企业公共关系的对象主要是顾客、供应商、经销商、政府、社会和媒介等。新创企业进行公共关系的活动方式主要有：通过新闻媒介向社会公众介绍企业、产品、团队，以吸引消费者的注意，如产品介绍、人物专访等；举办专题活动，邀请参观企业，举办联谊活动等，主动与政府机构、社会团体、供应商、经销商等外部组织加强联系和沟通，争取他们对企业的理解和支持；建立电子网站，发布企业公关广告，介绍宣传企业；利用处理异议的过程，传播新创企业好口碑，即在企业生产推销过程中针对顾客提出的异议，企业要认真分析异议的类型及其主要根源，有针对性地实事求是进行处理，做到时效优先、客户优先。

实践中，整合促销手段应结合新创企业的发展状态和战略目标而定，如在成长期，创业企业可根据企业所控制的资源情况，改变企业创业初期的销售渠道，畅通沟通渠道，引导需求，扩大销售，突出企业特点，树立企业形象，实现稳定的销售市场。

三、新创企业管理

（一）战略管理

战略对新创企业的发展具有举足轻重的作用，是新创企业的生命，是创业取得成功的关键。对于一家没有发展战略的新创企业而言，任何环境的变化、任何突发事件都是危机，都可能导致企业“夭折”。新创企业正处于企业的生命初期，“凡事预则立，不预则废”，而“预”强调的就是企业战略的制定。

企业战略管理是企业在宏观层次通过分析、预测、规划、控制等管理手段，实现充分利用本企业的人、财、物等资源，以达到生存和适度发展，提高经济效益的目的。企业战略管理是对企业战略的设计、选择、控制和实施，直至达到企业战略总目标的全过程。战略管理涉及企业发展的全局性、长远性的重大问题，诸如企业的经营方向、市场开拓、产品开发、科技发展、机制建立、组织机构改组、重大技术改造、筹资融资等。战略管理的决定权通常由总经理、厂长直接掌握。

1.新创企业战略指导思想

新创企业战略指导思想是指导战略制定和执行的基本思想，它主要包括以下几个方面：

(1)市场导向，需求驱动，尽力满足社会需求。在社会主义市场经济体制不断完善的过程中，大学生创办企业生产经营活动运转的轴心不再是国家计划，而应该是市场，企业要围绕市场运转，实现自主经营，自负盈亏，千方百计满足市场需求，提高市场占有率。

(2)依靠质量、服务、成本取胜。适应经济结构转型的新要求，增长方式从粗放型向集约型转变，企业要改变粗放式管理，转向精细化管理，努力提高产品的技术含量和附加值，保证和提高产品质量，不断改善服务，努力降低成本。

(3)实现系统整体优化。大学生新创企业也是一个由各方面有机结合而成的复杂系统，要对企业生产经营的诸要素进行科学组合与优化配置，实现系统整体优化，协调和平衡局部与局部之间、局部与整体之间相互适应的关系，努力使企业早期获得市场并有较好的经济效益。

(4)敢于竞争，主动提高大学生新创企业竞争优势。在市场竞争整体系统中，必须适应优胜劣汰的激烈竞争，主动向所在行业标杆学习，善于调动和运用自己的各种资源，在竞争中求得生存与发展，努力较快地度过企业初期的发展阶段。

(5)起点适中，注重发展，立足长远。大学生新创企业制定和实施企业战略时，必须具有长远发展的观点，切忌急功近利、一步到位。新创企业要结合大学生自身优势，克服资金少、市场缺乏等困难，适当降低起步时的高标准，理智控制发展速度，不断改造内涵，加大技术改造和新产品研发力度，增强团队建设，重视企业文化，为企业未来发展增添后劲。

(6)以人为本，强化人才队伍建设，形成整体合力。大学生创办企业之初，就要重视以人为中心的管理，真正体现尊重员工、理解员工和关心员工，充分依靠和调动全体员工的积极性和创造性，不断提升企业精英人才的团队合作能力，以“团结向上，激情超越”的精神去实现企业的战略目标。

2.新创企业战略目标

新创企业战略目标是企业在一定的战略期内总体发展的总水平和总任务。它决定了新创企业在该战略期间的总体发展的主要行动方向，成为企业战略的核心。确定战略目标要注意以下几点：

(1)对象明确。企业有预期服务的对象，有明确的任务和预期达到的目标。

(2)定量和定性相结合。对企业预期达到的结果，既有定量指标，又有定性描述的内容。在定量指标方面，包括有产品产量、净产值，销售收入、利润、产品质量性能、生产率、新产品开发品种等，以及其他内容如技术改造项目、人才培训、职工福利等。

(3)明确的时间界定。新创企业的各阶段目标要清晰并可以在规定时期内实现，长、中、短期目标要有相互衔接性。

3.新创企业战略重点

新创企业战略重点是指企业对于实现战略目标具有决定性作用的关键方面或关键环节。它通常包含战略优势与战略劣势两方面内容。

(1)战略优势是指企业在较长时期内,在关系全局经营成败方面拥有强大的实力、丰富的资源和优势地位。

新创企业的战略优势是企业在激烈的竞争中取胜的法宝。优势因素主要指企业在吸引顾客、争夺市场等方面具有超过竞争对手的多种能力,这反映在人力、技术、资金、经营能力等方面。优势因素还包括新创企业占据有利的地理位置,处于新兴产业,拥有特许经营权,享有优惠待遇,具有良好形象等。

新创企业应该逐步建立和发展多种战略优势,构成企业自身的相对完备的战略优势系统。战略优势系统是企业的各种战略优势互相联系、有机结合的整体。战略优势系统的构成要素就是各种战略优势,如技术优势、产品优势、质量优势、价格优势、营销优势等。新创企业要适时合理地发挥各种战略优势的具体作用,保持和增强战略优势,形成企业良性循环。

(2)战略劣势是指新创企业在实现战略目标中,对出现的薄弱环节或因素,在资金、人力、物资、技术和管理等方面科学采取针对性措施,达到扬长避短、综合平衡,使劣势逐渐转为优势。

4.新创企业战略管理内容

大学生新创企业战略管理内容有战略制定、战略执行、战略控制等环节。

(1)战略制定的依据

新创企业战略制定,必须在企业内、外环境分析基础上展开。①企业外部环境分析:科学分析企业的外部环境是正确制定战略的重要基础,为此,要及时收集和准确把握企业的各种外部环境信息,尽可能“穷尽”,如国家经济发展战略,国民经济和社会发展的长远规划和年度计划,产业发展与调整政策,国家科技发展政策,宏观调控政策,本部门、本行业和本地区的经济发展战略,服务对象(顾客)的情况,竞争对手的情况,供应厂家的状态,协作单位的情况,潜在竞争者的消息等。②企业内部条件分析:分析新创企业现有的人员素质、技术素质和管理素质,产、供、销、人、财、物的现状以及在同行业中的地位等,明确企业已有的优势和存在的薄弱环节。

(2)战略制定的程序

战略制定一般由以下程序组成:①明确战略思想;②分析外部环境和内部条件;③确定战略宗旨;④制定战略目标;⑤形成战略重点;⑥制定战略对策;⑦进行综合平衡;⑧进行方案比较及战略评价。

(3)战略执行

为了有效执行企业制定的战略,一方面要依靠各个层次的组织机构及员工的共同配合和积极工作;另一方面,要通过企业的经营综合计划、各种专业计划、预算、具体生产作业计划等,具体化地实施战略目标。

(4)战略控制

战略控制是将战略执行过程中实际达到目标所取得的成果与预期的战略目标进行比较,评价达标的程度,分析原因,及时采取有力措施纠正偏差,以保证战略目标的实现。实践表明,大力推行目标管理,适时根据市场进行战略调整。战略重组企业的资本结构等是实施战略执行和战略控制的有效途径。

5.新创企业战略管理特点

(1)整体性

企业战略管理的整体性包括两个方面的含义:一方面,将企业战略看成一个完整的过程来加以管理;另一方面,将企业视为一个不可分割的整体。新创企业战略管理强调整体优化,而不是仅仅强调某一个战略单位或某一个职能部门的重要性。企业战略管理通过制定企业的宗旨、目标、战略和决策来协调企业各个组织部门和员工的行为。

(2)长期性

企业战略管理注重的是企业长期、稳定和一定速度的发展。企业战略管理的时间跨度一般在 3 年以上,5～10 年之内。

(3)权威性

企业战略管理重视的是企业领导者按照一定程序,对企业重大问题做出判断、决策,并将其付诸实施的过程。企业战略是新创企业有效经营的必要前提,大学生创业之初要充分发挥战略的整体效益功能。

(4)环境适应性

企业战略管理重视的是企业与其所处的外部环境的关系,其目的是使企业能够适应、利用环境的变化。大学生新创企业是与社会不可分割的一个开放的组成部分,它的存在和发展在很大程度上受其外部环境因素的左右。

6.新创企业战略对策

新创企业战略对策是指为实现企业战略目标而采取的重大举措,它包括从属于企业战略的企业生产经营活动的各种方针、策略和措施等。大学生新创企业的战略对策要做到针对性和可操作性强,真正结合到企业初期发展的实处。企业战略管理是企业管理的中心,新创企业更是万事开头难。能否引领企业走上健康快速的发展之路,关键在企业初创阶段形成企业战略并有效实施。大学生新创企业要遵循“以生存为首要目标,适度快速发展”的战略管理目标,坚持生存重于发展原则,并以此展开企业的组织机构建设和低成本运行等,降低经营风险,使企业在市场竞争中存在,完成经营管理经验、知识、资产、人力资源等积累,形成企业发展的产业基础。

（二）人力资源管理

人力资源管理作为近20年来出现的一个崭新的和重要的管理学领域，超出了传统人事管理的范畴，其内容极为丰富。人力资源管理，就是指运用现代化的科学方法，对与一定物力相结合的人力进行合理的培训、组织和调配，使人力、物力经常保持最佳比例，同时对人的思想、心理和行为进行恰当的诱导、控制和协调，充分发挥人的主观能动性，使人尽其才，事得其人，人事相宜，以实现组织目标。

1.现代人力资源管理内容

源于传统人事管理，而又超越传统人事管理的现代人力资源管理，主要包括以下具体内容和工作任务。

(1)制订人力资源计划

根据组织的发展战略和经营计划，评估组织的人力资源现状及发展趋势，收集和分析人力资源供给与需求方面的信息和资料，预测人力资源供给和需求的发展趋势，制订人力资源招聘、调配、培训、开发及发展计划等政策和措施。

(2)人力资源成本会计工作

人力资源管理部门应与财务等部门合作，建立人力资源会计体系，开展人力资源投入成本与产出效益的核算工作。

(3)岗位分析和工作设计

对组织中的各个工作岗位进行分析，确定每一个工作岗位对员工的具体要求，形成书面的工作岗位职责说明书，作为招聘工作的依据，同时也是对员工的工作表现进行评价的标准，进行员工培训、调配、晋升等工作的根据。

(4)人力资源的招聘与选拔

人力资源的招聘与选拔，应遵循平等就业、双向选择、择优录用等原则。

(5)雇佣管理与劳资关系

员工一旦被组织聘用，就与组织形成了一种雇佣与被雇佣、相互依存的劳资关系。为了保护双方的合法权益，有必要就员工的工资、福利、工作条件和环境等事宜达成一定协议，签订劳动合同。

(6)上岗教育、培训和发展

为了提高广大员工的工作能力和技能，有必要开展富有针对性的岗位技能培训。对新招聘人员进行教育，帮助新员工了解和适应组织，接受组织文化，明确职业道德和组织纪律、劳动安全卫生、社会保障和质量管理知识与要求、岗位职责、员工权益及工资福利状况等。对于管理人员，尤其是对即将晋升者有必要开展提高性的培训和教育，目的是促使他们尽快具有在更高一级职位上工作的全面知识、熟练技能、管理技巧和应变能力。

(7)工作绩效考核

对照工作岗位职责说明书和工作任务，对员工的业务能力、工作表现及工作态度等进行评价，并给予量化处理。这种评价可以是自我总结式的，也可以是他评式的，或者是综合评价。考核结果是员工晋升、接受奖惩、发放工资、接受培训等的有效依据，它有利于调动员工的积极性和创造性，检查和改进人力资源管理工作。

(8)帮助员工的职业生涯发展

这样做有利于促进组织的发展，使员工有归属感，进而激发其工作积极性和创造性，提高组织效益。人力资源管理部门在帮助员工制订其个人发展计划时，有必要考虑它与组织发展计划的协调性或一致性。

(9)员工工资报酬与福利保障设计

人力资源管理部门要从员工的资历、职级、岗位及实际表现和工作成绩等方面，为员工制定相应的、具有吸引力的工资报酬福利标准和制度。合理、科学的工资报酬福利体系关系到组织中员工队伍的稳定与否。工资报酬应随着员工的工作职务升降、工作岗位变换、工作表现好坏与工作成绩进行相应的调整，不能只升不降。员工福利是社会和组织保障的一部分，是工资报酬的补充或延续。它主要包括政府规定的退休金或养老保险、医疗保险、失业保险、工伤保险、节假日，并且为了保障员工的工作安全卫生，提供必要的安全教育培训、良好的劳动工作条件等。

(10)保管员工档案

随着企业进入发展期，人力资源管理越来越发挥作用。企业的发展、竞争，本质上是人力资源的竞争。新创企业由早期的创业者个体作用发挥，逐步转移到企业发展期的人才群体魅力体现。

2.新创企业遵循人力资源管理规律

新创企业开办时，克服人员少、资金少、市场小等困难，建立了相应的部门组织，真可谓“麻雀虽小，五脏俱全”，充分调动“所有的人做所有的事”。实际上，新创企业在初创时，很少会按正式人力组织方式运作。典型的情况是，虽然有名义上的分工，但运作起来是哪急、哪紧、哪需要，就都往哪里去，呈现出一种高度“有序”的状态。这个阶段看似“混乱”，实际上每个人都清楚组织的目标和自己应当如何为组织目标做贡献，没有人计较得失，没有人计较越权或越级，相互之间只有角色的划分，没有职位的区别。然而，随着企业进入发展期，人与人之间逐步发生微妙变化，效率低了，怨言多了，团队散了。

在新创企业发展阶段，怎样有效地使企业组织规范化，员工归属感强？第一，新创企业在早期要重视企业文化的打造，应通过企业愿景使成员在集体层次和个人层次上都承担责任，明确一个大家共同追求的、有意义的远景目标。也就是要使企业员工清楚哪些是个人的责任、哪些是大家共同的责任，使员工具有执着的敬业精神，以及愿意树立为企业资献力量的价值观。第二，新创企业在发展中要建立科学的符合企业实际的组织运行制度,用制度定职责,用岗位规范流程,用绩效倡导平等。新创企业人事关系与协调最好在开始时就有原则性章程,依照企业发展目标设立岗位职责,选择适合的员工匹配岗位,适度交叉任职,开展绩效评价,重视决策过程,在民主基础上领导权威,制定基本的行动准则。第三,新创企业在管理中要强化员工队伍建设,尤其是核心团队打造。创业成功与否,在很大程度上取决于员工队伍的素质,特别是创业团队的建设,其中创业团队领袖是核心。在创业阶段,创业团队负责人必须尽力使新创企业成为真正的团队,既要重视全员培养,更要注重核心成员的训练。创业团队应关注如何选定能胜任关键工作的适当人选及其职责所在,必须确立领导核心,建立起创业者的领导权威,在创业团队逐步实现企业目标的过程中,坚持激情,超越自我,平等分享,共同发展。

大学生创业者对新创企业的管理常常表现为粗放式管理,企业的核心一般就是创业团队的负责人或者本人,其能力的大小、社会责任意识等直接关系到企业的成败。在创业之初,大学生创业者常常身兼多职、事必躬亲,直接向顾客推销过产品,亲自与供应商谈判过折扣,亲自到车间里追踪过顾客急要的订单,甚至在库房里卸过货、装过车,跑过银行催过账,策划过新产品方,制定过工资计划,被经销商骗过,让顾客当面训斥过等等,同时他们也高度集权,与合作伙伴利益共享、风险共担。其实这才叫创业,要不一切怎么会从无到有?由于创业者对企业经营全过程的细节了如指掌,才使得"生意"越做越精,企业越来越红火。在企业发展逐步进入良性阶段时,大学生创业者一定要遵循现代人力资源管理的要求,冷静理智,尽快在总结中科学地量身定做企业的规章制度,提升企业发展愿景,重视员工素养,强化管理流程,注重平等绩效,实现人职合一,倡导新技术新管理。"细节是魔鬼",新创企业往往就是因为在现代人事资源管理细节上下的功夫不够,而与成功失之交臂。

(三)财务管理

财务管理是有关资金的筹集、投放和分配的管理工作,是以取得最高的回报率的方法筹集资本并管理企业资本的过程。新创企业财务管理的基本内容包括成本与收入的管理与控制、企业财务目标即利润的规划与预测、各项资金的有效配置和管理及如何在国家税收调控下实现节税和避税,以达到投资人收益最大化的目的。这些基本内容又都围绕新创企业的财务管理目标而展开,包括利润最大化、股东权益最大化、每股盈余最大化几个方面。财务管理工作,是新创企业经营管理的核心。创业者在创业的过程中,从融资到资金的使用,再到利润的分配,都需要创业者具备良好的财务管理能力。大学生作为一名创业者,必须熟悉一定的财务知识,学会创业的财务基础知识,千万不能盲目行事。

1.财务管理的内容

(1)筹资活动的管理

在计划经济条件下,企业的资金是上级单位下拨的。而在市场经济条件下,市场为企业提供了许多筹集资金的渠道,可以发行股票,可以发行债券,可以向银行借款,还可以租赁。企业到底通过哪几种渠道筹集资金?每一种渠道筹集的资金各占多大的比重?筹资管理就是侧重于资金的来源渠道、所需的数额、项目构成及成本的管理。

(2)投资活动的管理

企业筹集的资金有不同的用途,有很多的投资渠道,如固定资产投资就可以投资很多项目,在证券市场上购买股票、基金、债券等。投资活动的管理就是侧重于资金的投向、规模、构成的管理。

(3)经营活动的管理

经营活动的管理是指对投资项目经营中的占用资金的管理,包括现金管理、存货管理和应收账款的管理。例如,新创企业到底需要多少现金,应根据企业自身业务特点确定,尽量节约。新创企业的资金需要量,要将现金余额降到最低限度。

(4)分配活动的管理

分配活动的管理是指对企业盈利后的资金分配的管理。它研究的是:如何在所有者当中进行分配,分什么股利,分多少等。分配的决策同时又是投资的决策,因为分配多了留的就少,分配少了留的就多,留下来的资金又构成了下一个循环的资金来源。所以从这个意义上说,分配的决策也就是筹资的决策,或者说分配的决策同时又是筹资的决策。

2.财务管理的职能

(1)财务决策

财务决策是有关资金筹集和使用的决策,它分为四个阶段:情报活动、设计活动、抉择活动、审查活动。财务决策是财务管理的核心职能。管理的重心在经营,经营的重心在决策。财务决策正确与否,取决于财务信息情报的收集,财务决策方案的设计、抉择和审查。

(2)财务计划

财务计划就是财务规划和财务预算。规划和预算在市场经济条件下显得尤为重要,没有长期的规划和科学合理的预算,很难想象一家企业的管理是有效的。财务规划包括财务预测和本量利的分析,财务预算是计划和控制的主要手段。

(3)财务分析

财务分析是指以财务报表为基础的分析,即通过各种会计核算进行定量定性分析,计算出各种比率,或根据经验,对财务状况、获利能力、发展趋势做出判断。

(4)财务控制

财务控制就是通过计划、预算和规划对整个资金运转的过程加以控制。财务计划制订出来就要执行，所以执行计划的手段就是财务控制。比如，实际成本与预算成本之间可能存在差异，在分析这些差异后，通过财务控制对财务计划、财务规划和预算进行调整。

(5)融资

资金融通简称为融资，融资是指在经济运行过程中，资金供求双方运用各种金融工具调节资金盈余的活动，是所有金融交易活动的总称。金融市场是资金融通市场。在金融市场上交易的是各种金融工具，如股票、债券、储蓄存单等。资金融通一般分为直接融资和间接融资两种。直接融资是资金供求双方直接进行资金融通的活动，也就是资金需求者直接通过金融市场向社会上有资金盈余的机构和个人筹资；与此对应，间接融资则是指通过银行所进行的资金融通活动，也就是资金需求者采取向银行等金融中介机构申请贷款的方式筹资。

3.重视新创企业财务管理

(1)新创企业财务管理的新特点

与传统企业相比，新创企业的财务管理伴随着企业的成长而不断完善，实现动态平衡的成长型。它主要表现为企业实施成长战略提供支持，财务管理的目标定位于可持续地价值创造，创造企业的财务管理呈现阶段性，并不完善财务结构。

(2)新创企业财务管理的新问题

新创企业财务管理的新问题主要表现为以下几个方面：首先，新创企业的融资能力差，导致资金短缺。新创企业从成立期到快速发展期，是对资金需求最强烈的一段时期。一方面，对大部分新创企业而言，是先天不足，开始之初就是资金短缺，同时还要面临着产品研发、市场推广等活动；另一方面，信用水平低，贷款成本高甚至贷不到款，还要面临市场风险造成的收入不稳定。由此，新创企业对资金的强烈需求与企业实际的融资能力产生差异。其次，新创企业的资产管理松散，财务控制能力差。对企业现金管理的随意、赊销方式的促销等，几乎是新创企业普遍存在的问题，同时还存在财务管理人员素质不高、数量少的问题。大学生创办企业之初，往往是自己决策、自己管理资金、自己花“自己”的钱，在资金本身有限的情况下，常常由于过度的自信或不愿意受阻于财务的约束等，导致企业的财务计划、决策、控制等功能丧失。或者，由于大学生创业者在进行投资决策时过分自信，加上投资绩效低，从而形成企业发展步履维艰之窘境。

(3)新创企业财务管理的新办法

越来越多的大学生开始自己的创业行程，越来越多的新创企业开始重视财务管理。新创企业财务管理的新办法包括：第一，在创业之初，不仅在形式上要有专业财务人员的岗位，而且要尊重财务人员的管理行为。企业可以根据实际情况，逐步增加财务人员或以咨询形式比较多地听取经验丰富的财务人员评估。第二，新创企业必须牢固确立现金管理使用的科学规范，必须保证有一定的现金来支撑日常运行。创业者要自觉遵守财务规定，不擅自借用现金，项目决策时要审时度势，万万不可以背离企业的战略管理或以投机的心态进行投资、盲目扩大企业规模。第三，建立评价企业财务状况的工作机制，实施财务比率分析。大学生要在新创企业过程中，在财务人员帮助下，认真建立企业的财务管理制度，坚持认真学习财务管理知识，带头执行，经常性研究、分析财务报表，关注国家、行业、同类企业经济发展趋势，合理避税，科学融资。同时，创业者要综合使用财务比率，如流动比率、杠杆比率、获利能力比率、存货周转期等，全面把握企业的财务状况，准确管理、科学发展企业。

【综合训练】

H公司招聘人才的疑惑

H公司是一家生产型企业，由私人投资兴办，成立于2008年。其公司负责人刘总正在为公司的人才引进问题烦恼。H公司成立8年多以来，业务量日益增长，市场逐渐扩大，逐步站稳了脚跟。前一段时间，公司新添加了一些新产品的制造业务，同时也增设了相应的新岗位，因此，人力资源部门的李经理向刘总提出了招聘的建议。这一建议得到了刘总的支持。公司发展到现在，业务得到了新的拓展，确实需要增加一些新的岗位，如新产品的制造部经理、技术主管等岗位，但现有的在职员工的知识素质、技能似乎还差一截。因此，李经理想利用此次机会招聘优秀的外部人才，为公司新产品的生产制造注入新的活力。他从人力资源部门抽取了一些工作人员，再加上一些重要部门的主管，构成了招聘小组，开始了招聘工作。此次招聘与以往不同的是，李经理认为公司要获取持久的竞争优势，并能够长久地发展，必须招聘一些知识层次较高、工作经验丰富、能力素质都很优秀的人才加入到公司中来。招聘后，新员工试用的效果并不尽如人意。许多新员工提出了换岗或者干脆主动放弃该工作机会，李经理对此困惑不已。此次新招进来的员工共六个，基本上都有两年以上制造业的工作经验，从学历看，其中有三个博士、两个硕士、一个本科生。他们都被安排在了新产品制造的各个岗位中，公司提供的薪水并不低，领导对他们的工作还是基本持满意态度，工作环境也还比较理想，因此，对于新员工提出辞职，李经理陷入了沉思。他找来部门主管，询问了新产品的制造情况，发现岗位设置不大合理，特别是岗位对任职者的需求和实际任职者的能力之间存在较大差异。新招的员工具有良好的专业背景，并且拥有相关工作经验，他们的能力要求超过了这些岗位对员工的技能要求。因此，许多人认为工作没有挑战性，工作成就感很难获得，于是提出了辞职的要求。李经理认为应该要好好认真思考一下这些问题了。（资料来源：百度文库）

【问题讨论】

(1)你认为H公司的人员招聘存在哪些问题？

(2)如果你是李经理,你应该如何思考和解决这些问题?

【思考题】

1.试分析最佳实践型企业如何保持持续发展优势。

2.试分析数据依赖型企业如何规避劣势。

3.试分析管理控制型企业如何解决员工流动性大的问题。

4.试分析传统中庸型企业是否可以打破传统模式。如果可以,如何打破?

5.试分析反向操作型企业是否需要规避自身劣势。如果不规避,会出现什么情况?

6.结合身边的案例分析新创企业的经营存在哪些风险,如何应对这些风险。

7.结合身边的案例分析新创企业如何进行有效的经营与管理。

【参考文献】

[1]王中强,陈工孟.创新思维与创业教育[M].北京:清华大学出版社,2017.

[2]刘艳彬.大学生创新创业教程[M].北京:中国时代经济出版社,2014.

[3]袁凤英.创新创业能力训练[M].北京:中国书籍出版社,2014.

[4]杨敏.创新与创业指导[M].杭州:浙江大学出版社,2012.

[5]陈劲,高建.创新与创业管理[M].北京:清华大学出版社,2016.

[6]李笑来.斯坦福大学创业成长课[M].天津:天津人民出版社,2016.

[7]汤锐华.大学生创新创业基础[M].北京:高等教育出版社,2016.

[8](日)大前研一.创新者的思考:发现创业与创意的源头[M].北京:机械工业出版社,2012.

[9]陈永奎.大学生创新创业基础教程[M].北京:经济管理出版社,2015.

[10]北京中科创大创业教育投资管理有限公司.中国高校创新创业教育发展蓝皮书(2016)[M].北京:机械工业出版社,2014.

[11]倪锋.创新创业概论[M].北京:高等教育出版社,2012.

[12]候文华.大学生创新创业教育教程[M].北京:科学出版社,2012.

[13]杨乐克.大学生创新与创业教程[M].北京:中国时代经济出版社,2014.

[14]刘艳彬,李兴森.大学生创新创业教程[M].北京:人民邮电出版社,2016.

[15]周苏,褚赟.创新创业:思维、方法与能力[M].北京:清华大学出版社,2017.

[16]全国大学生创新创业联盟."创青春"创课十讲[M].北京:清华大学出版社,2017.

[17]黄远征,陈劲,张有明.创新与创业基础教程[M].北京:清华大学出版社,2017.

[18]张溪,张富强.大学生创新创业教程[M].北京:人民邮电出版社,2015.

[19]陈忠卫.知行统一路:大学生创业案例与创新创业教育研究(2015—2016)[M].北京:经济管理出版社,2016.

[20]卫晓怡,吴芹.大学生创新创业实践简明教程[M].北京:首都经济贸易大学出版社,2017.

第四篇

艺术类大学生创新创业篇

第十六章

艺术教育与大学生创新创业教育

【学习目标】

1.了解艺术类大学生的专业素质。

2.了解艺术类大学生的创业素质。

3.理解艺术教育在大学生创新创业教育中的重要作用。

【学习指南】

1.通过对案例、资料的查找、阅读与分析，了解艺术类大学生的专业素质。

2.通过对艺术类大学生创新创业的调查与分析，了解艺术类大学生的创业素质，以利于改善其创业素质，有助于艺术类大学生发挥专业特长，成功创业。

3.通过对艺术教育的内容、途径与人才培养目标的分析，理解艺术教育对大学生的创新思维、运用知识解决实际问题等能力的提升，对大学生创新创业教育具有不可忽视的作用。

第一节　艺术类大学生专业素质分析

一、艺术类大学生专业素质

（一）文化素养

艺术类大学生重视专业知识的学习，而往往忽视理论基础课程。由于从小就开始进行专业知识的学习和专项技能的训练，一部分艺术类学生往往没能在文化知识的学习上投入很多的时间和精力，造成人文基础相对薄弱。进入高校之后，艺术类学生的专业情结有增无减，他们把自己的未来都寄托在专业学习水平上，愿意花很多的时间和精力去从事专业技能的训练,而对于一些文化课程的学习,他们常常仅限于课堂,其结果必然导致艺术专业学生与非艺术专业学生在文化素质上的差距进一步拉大。

(二)思维方式

艺术专业学生大多擅长于形象直观思维。但在视觉、听觉形象思维较发达的同时,因文化基础知识的相对薄弱和专业的特殊要求,艺术专业学生的抽象思维训练受到了一定程度的限制。由于艺术类学生学习的特殊性,要求他们思维活跃,具有较强的创新精神和创新能力,所以一般的艺术类学生思维都比较活跃,想法也都很新奇,不从众、不随大流、不墨守成规,并具有较强的独立性和创新意识。艺术专业学生需要向别人展示作品和才华,导致他们表现欲望强烈,由此形成个性鲜明、锋芒毕露的特点。

(三)情感色彩

艺术专业学生的情感世界比其他学生更加丰富多彩。科学以理服人,艺术以情动人。艺术是充满情感色彩的活动,不能打动心灵、不能激发情感的艺术作品绝不能算作好的作品。由于艺术本身特点的影响,艺术专业学生的情感生活相当丰富。在对许多事物和现象进行判断和选择时,艺术专业学生容易感情用事,缺乏理性的思考和理智的行动。

(四)实践能力

由于艺术类专业的特殊性,许多学生在初高中时就自己独立到外面生活,学习专业课、写生、参加各种考试等,较早接触社会。相对那些在学校学习的学生,他们的社会实践能力更强。但是由于较早地接触社会,他们容易受到社会上不良风气和习气的影响,会沾染一些不良的习惯,从而出现早熟的情况。

(五)自我意识

现在的学生大部分都是独生子女,从小养尊处优,家人都围着他们转,使他们事事以自我为中心,自我意识十分突出,而且作为艺术类学生,由于他们所接触的事物不同,认为有个性才能受到更多的关注,才能创造出更多独特的学习成果,所以一部分学生会以自我为中心、我行我素、集体观念比较缺乏、团队意识淡薄、责任感不足。

二、形成因素分析

客观地分析艺术专业学生的成长经历和环境,我们就会发现其"特殊性"的形成不是偶然的,而是社会、家庭、学校和学生自身等综合因素影响的结果。

（一）社会环境中价值取向的诱导

经济、社会的变革和转型对青年学生的影响和冲击是巨大的。当看到权利崇拜、金钱至上、自私欺诈等丑恶现象的时候，作为社会上敏感群体之一的艺术专业学生极易产生困惑，甚至把一股股暗流、支流看成是社会的主流，从而影响其正确人生观、价值观的形成。同时，西方文化中各种流派、思潮、表现手法及行为方式在他们的思维中激荡、融合，诱导其形成物欲、实用、开放的多元价值取向，导致集体活动难开展、班级向心力难形成等一系列问题。

（二）家校氛围中急功近利的心态

艺术专业学生中不乏真正热爱艺术、艺术天赋超群的优秀学生，但也有相当一部分是受功利心的驱使，把“艺术类”作为捷径而进入艺术领域的。素质教育是时代的强音，但升学率似乎更能引起学校和家庭的“共鸣”。无论是家庭还是普通中学，都会把选择报考艺术专业作为提高升学率的一种手段，急功近利的号角吹出了艺术考试和艺术教育的浮躁风气。轻视人文知识的学习与积累，忽略思想品德的教育与引导，“艺术专业”培养出了大批文化基础不牢固、专业技能不扎实的“短腿”人才。因而，对于学生中所呈现的重专业轻文化、重技能轻理论、重个体轻集体的状况也就不难理解了。

（三）个人观念中对艺术教育认识的偏差

艺术实践只有在个性化得到充分发展的前提下，才能谈及创新和突破，艺术教育才能培养和造就出一大批适应社会发展需要的艺术精英。但许多学生对艺术教育认识上存在误区：在个性、情感体验上得到培养的同时，却脱离了现实，突出了自我中心的倾向。学习方式、学习内容、学习过程和学习效果的个性化养成了艺术专业学生一切从个人才能的发挥、个人利益的获得、个人价值的实现来考虑问题的思维习惯和行为方式，滋生了以自我为中心的个人主义思想。同时，艺术的特殊要求使艺术专业学生具有明显的艺术气质和艺术才华，助长了其清高乃至傲慢个人风格的形成，增加了自负的心理，自觉或不自觉地形成了一种“我行我素”的个人自由主义。

第二节　艺术类大学生创业素质分析

艺术类大学生不仅具有新时期大学生的许多共性，而且具有鲜明的群体特征。目前，高校的创业教育模式，大都拘泥于如何将创业中的基本常识和基本素养教授给学生，至多在虚拟的环境中加以竞争和校验，而此种教育模式很难切实帮助艺术类大学生实现创业目标。因此，需要对艺术类大学生这一群体的特征进行研究分析，从而有针对性地对其进行培养,以更加适合艺术类大学生发挥专业特长,培养和保护他们的创新意识,以利于他们成功创业。

一、创业素质的内涵与构成

(一)创业素质的内涵

2002 年,南开大学张玉利教授研究强调"以前的经验"是一项相当重要的创业素质,有助于创业者识别机会,并有更多的能力提供相应的产品或服务,以便抓住机会。2003 年,我国《科学投资》杂志在研究了国内上千例创业者案例后提出了"中国成功创业者十大素质",它们分别是:欲望、忍耐、眼界、明势、敏感、人脉、谋略、胆量、与他人分享的愿望以及自我反省的能力。2008 年,张明林对大学生创业素质进行了针对性的研究,他认为,大学生的创业素质结构应包括创业意识与品质、创业知识和创业能力三个维度。2014 年,毛霞研究发现,创业能力对大学生的创业素质影响最大,其次是创业意识,创业知识对大学生的创业素质影响相对较小。通过对创业素质的含义进行总结,其是以一定的心理素质、一定的社会文化素质为基础,在创业实践过程中较为全面、稳定地表现出来并发挥作用的身心组织要素的总称,其受到环境与教育的双重影响。根据含义,创业素质形成的基础包括心理素质和社会文化素质两个方面,而这两个方面均受后天影响较大,后天的影响促使心理素质和社会文化素质重新进行排列和组合,也使得创业素质的形成受到影响。另外,人的心理素质和社会文化素质是以人的先天禀赋为基础才得以形成和发展,即人的先天禀赋会对创业素质的形成造成间接的影响。从教育视角出发,低阶教育是高阶教育的基础,每一层级的教育都应当受到足够的重视,层层递进,逐步形成高级素质。

(二)创业素质的构成

创业教育往往出现在大学阶段,这一阶段的大学生已经形成了较为稳定的素质水平,而创业教育则是对大学生进行进一步的开发和挖掘,以提高其素质水平。创业教育会对创业素质的形成产生一定的影响,此外,还应当考虑到环境因素的影响。创业主体在创业实践过程中不断地主动学习,不断地进行自我教育,其创业素质也将得到不断提高。因此,创业教育和创业实践活动都与创业素质的形成密切相关,创业主体的创业素质则在创业实践过程中发挥着稳定的作用。

通过对创业主体在创业实践过程中展现出来的各项素质进行归纳和总结,创业素质可细分为创业意识、创业心理品质、创业能力、创业知识四类素质。

1.创业意识

创业意识被称为动力系统,有了创业意识才有可能进行创业,可将创业意识分解为创业态度、创新意识、创业教育、家庭环境、创业氛围等要素。

2.创业能力

创业能力可以称为操作系统，是具体的创业实践行为能力，可分解为资源整合、团队管理、专业技术、人际技能、行业经验等能力。

3.创业心理品质

创业心理品质可以称为调节系统，是对创业者的心理素质要求，可以分解为独立性、敢为性、坚韧性、自控性、合作性等品质。

4.创业知识

创业知识是工具系统，是实施具体的创业实践行为所需要具备的知识，包括专业知识、经营管理知识、综合性知识。

这四类素质在创业实践过程中均有其独特的功能，不可相互替代。任一素质残缺不全，都将影响其他素质的形成，或影响其正常发挥效用，最终影响创业主体的创业进程。这四类素质相互独立存在的同时，还以一定的关系紧密联结在一起，形成一种稳定的结构，在这个结构中相互依赖、相互作用，共同助推创业实践活动的顺利进行。可以通过观察创业实践活动创建的企业、创造的岗位或产生的经济效益等指标来衡量创业主体的创业素质水平。

二、艺术类大学生的创业素质分析

通过对创业素质理论进行了解，设定指标，针对未进行创业实践的艺术专业大学生、处于创业实践初期的艺术专业大学生和创业实践取得一定成果的艺术专业大学生进行分类调查和统计分析，得到高职院校艺术专业大学生创业素质的短板。2017年，曹蕾采用李克特量表设计问卷对艺术专业大学生进行分类调研，采取电子问卷发放和纸质问卷发放相结合的方式，选取样本进行调研。调研选取艺术类院校、创客中心、产业园等场所有针对性地投放问卷，共收回有效问卷460份。其中，将仍处于创业孵化阶段或者工商登记注册未满2年，且获机构或个人股权投资不超过1轮次的认定为创业实践初期；工商登记注册2年以上，且获机构或个人股权投资2轮次以上，则判定为创业实践取得一定成果。调研得到的各项指标分值如下：

（一）未进行创业实践的艺术专业大学生

根据调查结果，未进行创业实践的艺术专业大学生的创业素质有以下特点：创业意识整体分值一般，但艺术专业大学生具有较强的创新意识，周围的创业氛围也较浓；各项创业心理品质水平较为均衡，处于中游水平；创业能力方面，专业技术能力和行业经验相对较高；创业知识方面，专业知识水平明显高于其他方面。

表 16-1　未进行创业实践的艺术专业大学生的创业素质分值

创业意识	指标	创业态度	创新意识	创业教育	家庭环境	创业氛围
	分值	2.75	3.98	3.25	3.13	3.97
创业心理品质	指标	独立性	敢为性	坚韧性	自控性	合作性
	分值	3.21	3.45	3.23	3.12	3.67
创业能力	指标	资源整合	团队管理	专业技术	人际技能	行业经验
	分析	3.25	3.13	3.82	3.56	3.72
创业知识	指标	专业知识	经营管理知识		综合性知识	
	分值	4.05	3.72		3.43	

(二)处于创业实践初期的艺术专业大学生

表 16-2　创业实践初期的艺术专业大学生的创业素质分值

创业意识	指标	创业态度	创新意识	创业教育	家庭环境	创业氛围
	分值	3.78	4.05	4.12	3.23	4.08
创业心理品质	指标	独立性	敢为性	坚韧性	自控性	合作性
	分值	4.14	3.85	3.71	3.69	4.06
创业能力	指标	资源整合	团队管理	专业技术	人际技能	行业经验
	分析	4.06	3.85	4.19	3.98	4.32
创业知识	指标	专业知识	经营管理知识		综合性知识	
	分值	4.56	3.87		3.98	

根据调查结果,处于创业实践初期的艺术专业大学生的创业素质有以下特点:创业意识普遍提高,其中,创新意识、创业教育、创业氛围等都达到较高水平;独立性、合作性等品质显著提升;创业能力方面,整体水平较高,尤以资源整合、专业技术、行业经验等能力较为突出;创业知识方面,专业知识水平显著提高,其他创业知识也有了相应提升。

（三）创业实践取得一定成果的艺术专业大学生

表 16-3　创业实践取得一定成果的艺术专业大学生的创业素质分值

创业意识	指标	创业态度	创新意识	创业教育	家庭环境	创业氛围
	分值	4.23	3.95	3.8	3.15	4.17
创业心理品质	指标	独立性	敢为性	坚韧性	自控性	合作性
	分值	3.84	4.29	4.16	3.87	3.99
创业能力	指标	资源整合	团队管理	专业技术	人际技能	行业经验
	分析	4.16	4.16	3.95	3.63	3.53
创业知识	指标	专业知识	经营管理知识		综合性知识	
	分值	4.69	4.13		4.08	

调查结果显示，创业实践取得一定成果的艺术专业大学生的创业素质有以下特点：创业者秉持着较高的创业态度，周围的创业氛围也十分浓厚；在创业过程中，敢为性、坚韧性等品质较为明显，资源整合能力、团队管理能力也较强；经过了一段时间的积累，创业者拥有较丰富的专业知识、经营管理知识、综合性知识。

三、结论

根据调查结果，可以将艺术专业大学生的创业素质特点总结如下：

1.创业意识：艺术专业大学生的创新意识与其他专业的大学生相比处在较高的水平，此时可以从创业态度与创业教育两个方面采取一定措施助推艺术专业大学生创业，其中，创业态度尤其重要，有助于维持创业者后期创业的稳定性。

2.创业心理品质：对于还未进行创业实践的艺术专业大学生，创业心理品质也很重要，尤其要培养学生的独立性。进入创业实践期后，敢为性、坚韧性及合作性就显得尤为重要。

3.创业能力：未进行创业实践的艺术专业大学生在学习阶段具备了一定的专业技术能力，此时，为助推其创业，需要考虑提升其资源整合能力，不断积累行业经验。当然，其专业技术能力更要过硬。进入创业实践期后，更要在资源整合能力及团队管理能力等方面补足。

4.创业知识：创业需要各方面的知识，艺术专业大学生在专业知识方面掌握得较好，后期也需要不断补充完善。在进行创业实践后，还需不断补充完善经营管理知识、综合性知识等，助力企业管理与运行。

根据调查结果，艺术专业大学生具备较高的创新意识，同时具备较强的专业技术能力，他们拥有得天独厚的创业优势，但创业素质不仅仅局限于这些方面。艺术类大学生想要成功创业，就需要全面改善其创业素质。根据调查结果，需要分阶段、系统地开展创业教育，有针对性地提升艺术专业大学生的创业素质，帮助他们利用其自身优势成功创业。通过以上措施，可缓解社会就业压力，同时助推我国文创行业蓬勃发展。

第三节 艺术教育在创新创业教育中的重要作用

作为素质教育的重要组成部分，艺术教育主要是通过艺术类实践活动以及艺术类相关课程得以开展。它可以培养学生们的动手能力、思维能力、团队协作能力以及创新能力等多种能力。在艺术教育中，强调通过艺术类实践活动及艺术类相关课程达到培养学生们的创造力以及挖掘学生们的潜在能力的最终目的。这是一个系统化进程，需要动员全体教育工作者树立意识，将工作渗透在点滴的教育中，潜移默化地感染学生。所以，在如今大力倡导创新创业教育的过程中，艺术教育的作用十分关键。

一、艺术教育的内涵与创新型人才培养的方法相吻合

艺术教育的内涵在于培养学生的人文素养，将科学教育的内容与艺术教育相结合，这也是培养创新型人才的重要方法。科学教育培养人们的逻辑思维，积累相关的理论知识，而艺术教育则释放人类的天性，让思想得以放飞，它不仅能帮助学生发现自我，更能挖掘才能，逐步培养学生的创新精神。如何将二者有机结合起来，将艺术教育与创新创业教育衔接好，可以在大学艺术教育中渗透创新创业教育的观念。而针对当今大学生创新创业意识淡薄这一现状，注重培养大学生的创新意识应为首要工作。在实际开展创新创业教育工作的过程中，应注意引导学生拓宽思路、立足当下、展望未来。将艺术教育作为先驱，在艺术教育中针对很多学生脑中固有的错误观念，例如国企才稳定、创业就是不务正业等，协调学生以及学生家长对“好工作”的定义及认知。大家都将目标锁定在所谓的“好工作”上，一方面加大了就业的竞争与压力，另一方面“好工作”也不一定适合所有人的发展，这无形中限制了很多发展的可能。对此，应给予学生全面的教育和引导，让他们从思想深处正确看待这一问题，引导他们从内而外地克服畏难情绪，理解只有具备创新意识与勇气并能付诸实践的人才才是新生的主力军。高校也可以通过树立典型并组织宣讲激发广大学生的内动力。与此同时，要不断完善人才评价的标准，将培养创新精神逐渐内化到大学精神中去，用第二校园的软实力进一步引导、鼓舞学生。而对于第二校园的建设，学校应努力构建积极、民主、活跃的创新创业氛围。在当今大学生的创业热潮中，很多学生都将目标定位在技术或专利上，学校可以在思路上进行适当引导，一方面要让学生深入理解科学文化知识，以创新创业为媒介将其转化为具有商业价值的实体；另一方面，

也要关注商业价值得以顺利实现背后的支撑与隐秘逻辑，即为满足人性的需要。这种思维启发我们将艺术作为实现目标的起点，因为只有艺术才是对人类情感与生活的最高形式映射。在此基础上，学校应全面开放创新创业平台，无论是从管理、政策还是场地、资金方面进行全方位的配套支持，不断深化学生们的创新创业活力，从而逐步构建一种积极向上、学生喜爱的氛围，为项目的实施提供软环境支撑。

二、艺术教育是一种创新思维方式的教育

艺术教育强调精神的自由、思想的独立、形式与内容的新颖。正因为一代代艺术家们的创造，才推动了各艺术门类的持续发展。艺术这一审美活动，可以激发人们的冲动、发展人们的能力并无限延展人们的想象力。这是一个创新的过程，更是其他教育所无法相比的。一方面，为加快艺术教育与创新创业教育相结合的步伐，应进一步加强导师队伍的构建。不可否认，在推动大学生创新创业的教育过程中，指导教师队伍是非常关键的一个环节，指导教师对团队的影响可谓是决定性的。这支导师队伍不仅要有理论导向，更要有艺术的思维。在已有基础上，我们应进一步加强对导师们的培训，有机地把艺术教育与创新创业教育结合起来，引导学生在具备一定的就业实力的基础上，进一步拓宽思路，加强对创业精神及相关能力的培养。与此同时，导师队伍也应进一步增强活力、重组结构、专兼结合。在当前“大众创业、万众创新”的大背景下，我们可以邀请一些创业成功者走进校园，亲身分享创业过程的艰辛以及创业成功的喜悦，现身说法，从实践者的角度教育引导学生。另一方面，创新创业教育与艺术教育相结合因其全面性、系统性与学习文化知识不同，学校也应注重对学生们通识艺术类课程、管理学相关知识的教育，开展相关的培训，以保证大学生创新创业活动得以全面有序地开展。

三、艺术教育有助于提升大学生运用知识解决问题的能力

艺术教育注重理论与实践相结合，可以培养学生运用知识解决问题的能力。任何一个艺术门类都是注重理论与实践相结合的，《庄子·天地篇》中讲到，“能有所艺者，技也”。艺术创作的过程与发现问题、提出问题并解决问题的过程高度吻合。任何一个熟练掌握一门艺术的人，必然都将前人经验以及理论自然地运用在实际中，这反映的思维方式对创新创业教育也提供了大力的支撑。所以，要对大学生的创新意识与思维加以引导与培养，除固有的鼓励学生参与各式各样的科研项目以外，应进一步与课外的实践类活动相结合。同时，应让学生明确，要想成为国家经济发展的新动力元素，就要明确国家与社会的需求，开展具有独创精神的高水平创业，努力搭建学科前沿类科创项目或者竞赛平台，以各大创新类竞赛为媒介，鼓励学生们将专业知识与课外实践相结合，将科研成果运用在实践中。只有进一步搭建相关的平台，才能不断促进学生创造力的开发，进而孵化出真正具有水平的、有自主知识产权的创业

项目。

综上所述，将艺术教育与创新创业教育二者有机结合，深入发掘二者的特点与内在联系，势必可以激发并释放出更多的创造力。社会迅猛发展，新媒体时代要求高校不断创新，在素质教育上把握时代特征，开发新颖的符合学生喜好的特色活动，把握好主题积极向上、学生易于接受、参与积极性高涨的整体原则。在经济发展新常态的背景引领以及万众创业的环境激发下，大学生创新创业工作已然成了高校人才培养的重要方向。只有不断地促进并完善大学生创新创业教育，将艺术教育与其真正融合，为学生们奠定良好的基础，才能有效地促进创新创业工作有条不紊地持续有效开展，这也是高等教育改革应当关注的重要方面。

【思考题】

1.我国艺术类大学生专业素质的特点具体表现为哪些方面？试分析这些专业素质形成的原因。

2.试述艺术类大学生创新创业素质主要由哪些方面构成。

3.试述艺术教育在创新创业教育中的重要作用。

第十七章

艺术类专业大学生创新创业概述

【学习目标】

1.了解现阶段艺术类专业大学生的就业状况。

2.了解艺术类专业大学生创业教育的重要性和必要性。

3.理解艺术类专业大学生创新创业的优势和劣势，有助于促进艺术类专业大学生创新创业发展。

4.理解艺术类专业大学生的创业现状与对策。

【学习指南】

1.通过对《中共中央关于深化文化体制改革推动社会主义文化大发展大繁荣若干重大问题的决定》等资料分析，了解我国文化改革发展，了解文艺人才的发展机遇。

2.通过对案例、资料的查找、阅读与分析，了解艺术类专业大学生现阶段的就业状况，凸显艺术类专业大学生创业教育的必要性。

3.通过对艺术类专业大学生创新创业优劣势的分析，以便更好开展艺术类专业大学生创新创业工作。

4.从创新创业困惑、创新创业学习需求等方面设计调研问卷，了解身边艺术类大学生在创新创业中遇到的问题和相关对策。

随着改革开放和社会主义市场经济的发展，我国高度重视文化产业的发展竞争力，《中共中央关于深化文化体制改革推动社会主义文化大发展大繁荣若干重大问题的决定》提出“推进文化科技创新”“要发挥文化和科技相互促进的作用，深入实施科技带动战略，增强自主创新能力”。[①] 2016 年 3 月，李克强总理在政府工作报告中再一次提出，要“推进文化改革发展”。由此可见，促进我国社会主义文化大繁荣大发

① 中共中央关于深化文化体制改革推动社会主义文化大发展大繁荣若干重大问题的决定.(2011-10-25)[2017-12-26].http://xcb.qdu.edu.cn/info/1012/1196.htm.

展，需要加强文化创造力，加快文化科技成果的转化。具体到高等教育领域，艺术类专业大学生就业涉及网络、影视、动漫、设计、传媒等领域，在我国文化大发展大繁荣的时代背景下，文艺人才有了更好的发展机遇。与此同时，社会对大学生就业能力的要求也随之提升。艺术类专业人才能否满足文化事业和文化产业大发展大繁荣的需求，值得相关人士深思。可见，加强艺术类专业大学生创新创业教育，对于加快我国科技文化创新成果转化，提高文化产业竞争力具有重要意义。

第一节　艺术类专业大学生现阶段就业状况

一、供求不平衡

随着社会的不断进步，人们越来越重视对子女艺术素养的培养，加之艺术类专业报考和招生的不断升温，艺术类专业成为学生走进高校的一条便捷之路。然而，看似坦途的艺术之路，在就业方面却不容乐观，艺术类专业大学生就业面较为狭窄等问题已成为难以回避的困境。其实，大学生就业难早已是现代社会不可避免的问题。相对于其他专业，音乐专业大学生就业率略低，基本原因在于人数过多。着眼全国各地艺术类院校，逐年增加的艺术专业试图吸收更多的生源，专业选择是即将步入象牙塔的学子需要做出的最为关键的判断，不慎或随意的选择有可能造成学子各方面的挫败。“学艺术类专业也许会就业难，但还是先让孩子上了大学再说。”很多家长秉持这种想法，使越来越多的学生为了考上大学而选择文化课分数要求较低的“艺考”。除艺术类专科学院外，一些综合类、理工类大学也筹建了艺术类专业。艺术类专业的扩招，让越来越多的艺术生看到进入大学的希望，这样势必形成艺术类学生基数大的情况。纯音乐专业的毕业生，因为所学的专业实用性相对较弱，就业面狭窄的现状更为凸显，企业需求的岗位相对较少。

毕业生渴望找到的工作与用人单位的需求往往存在着不匹配的情况。大部分毕业生只愿意选择与专业相关的企业、团体，使市场形成了供大于求的尴尬局面。音乐学科在中小学属于“副科”，中小学的师资要求是有限的，高校扩招导致艺术类专业在校生人数迅速增加，招生和培养规模已远远超出社会岗位的需求水平。况且，中小学的学生人数近年来已经走过高峰期，呈现逐年递减的趋势，因此对新教师的需求也随之递减，艺术类教师基本上处于饱和状态。据统计，2017 年全国高校毕业生总量达到 795 万人，比上年又增加 30 万人。面对大量的艺术类人才，再加上经济下行压力依然较大，对于艺术类毕业生来讲，毕业后的就业成为难题。

二、“精英情结”导致就业方向狭隘

从小被家长期望成为“天之骄子”的学生，一直被灌输“精英”式定位，过分强调自

身价值,忽视社会需要,自我认知与社会观念错位。在并不景气的就业现状下,对渴望走艺术家之路的毕业生来说,这条道路无比艰难。他们一方面希望能够坚持成为艺术家的初衷,但又难免在艺术性与商业性之间挣扎。另一方面,他们又渴望能够有一份稳定的工作,这不仅仅是他们基本物质生活的保障,更是希望得到社会认可的方式。此外,音乐专业毕业生在校期间需要交纳高昂的学费,势必对毕业后的薪资标准要求更高,一般用人单位给出的待遇条件往往不能满足他们的需求。

三、毕业生综合素质有待提高

一方面,高校的办学需要必要的条件支持,但一些音乐专业及课程设置有极大的盲目性,依然沿用传统的教育模式,教师知识结构难以跟上变化,导致教育质量下降,培养出的学生无法满足社会所需,与用人单位的需求脱节。艺术类专业人才培养过程中的"重专业、轻文化"观念对学生的影响,加之某些学生在校期间只注重艺术专业的学习而忽视综合素质的培养,尤其是忽视对文化知识的学习,课余时间也多用于参加艺术实践类活动,凝聚心神读书、增长才干的愿望不太强烈,客观上导致他们难以胜任除艺术之外的其他行业的工作。另一方面,参加各类机关、企事业单位招生考试,笔试成绩很难过关,很多学生被拒之门外。很多学生认为自己文化基础差,对通过这种文化考试缺乏自信,干脆不报名。艺术类专业学生的个人素养可谓参差不齐,艺考前"速成"的情况也偶有发生。考前的专业课突击训练,似乎成为一种普遍现象,也让一部分原本对某项艺术并不感兴趣的学生,为了走进高校而不得不开始突击训练,加之个别高校只看重招生数量和专业数量,让相当多的接受突击训练的学生顺利通过了考试,造成生源整体质量下降。

【小贴士】

艺术毕业生创业:专业是把双刃剑

一年一度的毕业季来临,这对于每一个大学生来说都是一个重要的人生转折点。即将离校的大学生们,有的忙着求职面试,有的选择在国内或国外继续深造。除此之外,"创业式就业"也成为毕业季中的一股热潮,越来越多的毕业生或单打独斗,或抱团取暖,力图在创业过程中成就一番事业,实现自己的人生理想。创业逐渐成为毕业生的一条主要出路。

第二节　艺术类专业大学生创新创业教育的重要性和必要性

一、重要性分析

为了适应产业结构的调整升级，就业人员的创新创业能力也必须得到提高，这样才能适应新时代的发展需要，包括综合素质、专业技能等也要进行不断更新和发展，才能跟得上时代发展的脚步。就业岗位对就业人员的要求越来越高，面临就业的大学生人数越来越多，这就导致了人才供求方面的不平衡，压缩到一定程度的就业岗位和不断扩大的就业队伍之间产生了不可避免的矛盾。因此，面对日益严峻的就业形势，为了能以足够的实力迎接挑战，艺术类专业大学生更应该提升自己的专业能力和创新创业能力，学会融会贯通和机智迎战。

据调查，艺术类专业大学生毕业后一般从事艺术培训等相关工作，或者受就业限制从事与本专业无关的职业。艺术类专业大学生创业教育旨在培养具有合理的知识结构、良好的理论实践整体素质以及宽广的文化视野，能较好地适应艺术行业各类工作，并具有创造性、开拓性以及创新性的复合型艺术类人才。① 因此，加强对艺术类专业大学生的创业教育，有利于艺术类专业大学生在充分利用自己专业特长的基础上，发挥创新意识和创新精神，在推动文化创新的基础上，拓宽就业创业途径，同时也减轻就业压力。

二、必要性分析

(一)“双创”时代下文化创意产业蓬勃发展的市场需求

当前国家正在加快发展文化产业，优化产业布局，提高规模化、集约化、专业化水平，推动文化产业成为国民经济支柱性产业。② 文化创意产业是文化产业的重要组成部分，在促进我国文化多样性和社会主义文化大繁荣等方面具有重要作用。比起其他发达国家的文化创意产业，我国的文化创意产业发展相对落后，其中，缺少创意创新型人才是制约文化创意产业发展的重要瓶颈。艺术类专业作为文化创意产业人才培养的主要相关专业，理应顺应当前文化发展需要，培养具有创新思维和创新能力的创意创新复合型人才。当前我国文化创意产业处于初步发展阶段，且未形成分工明确、运作成熟的产业链，加之文化创意产业是艺术类专业大学生的对口专业，这就使得文化创意产业为具有创新创业才能的艺术类专业大学生提供了广阔的发展空

① 周勇.工科院校艺术设计专业学生创业力培养探析[J].艺术百家，2014(3)：203-205.

② 中共中央宣传部.习近平总书记系列重要讲话读本[M].人民出版社，2016.

间。除此以外,新媒体作为传播媒介的出现,丰富了艺术类专业大学生的创业手段,降低了创业成本,提高了创业成功率,在一定程度上助推了艺术类专业大学生创新创业发展。

(二)高校构建专业化、合理化的创新创业型人才培养模式的需要

始于20世纪90年代末期的高等学校扩张,使得我国人才培养由“精英”教育逐步向“大众化”教育转变,由此高校毕业生的就业观也实现了由国家“统包统分”到“双向选择”、“自主择业”和“自主创业”的转变。在我国政府自上而下的推动下,我国高校创业教育兴起并迅速发展。以1997年清华大学开展的创业计划大赛为起点,伴随着高等教育大众化以及大学生自主创业的时代需要,我国高校从课程开发、教学模式以及师资培育等多方面践行创业教育改革。[①] 随着新高校扩招,艺术类专业的报考人数逐年增加,但艺术类专业教育以专业理论传授和专业实践教学为主,创业教育只是作为专业教学的“课外补充”,通常以选修课、座谈会或者报告会等形式展开。在艺术类专业教学方面,把艺术类专业人才培养目标简单地定位为技能型应用人才,从而局限了艺术类专业大学生的战略发展目标,也阻碍了我国高校全面进行创业教育改革发展的进程。2015年国务院办公厅发布了《关于深化高等学校创新创业教育改革的实施意见》,提出要深化高校创新创业教育改革,加强不同学科专业的融合,协同推进创新发展。加强对艺术类专业大学生的创业教育,对于完善创业教育体系的完整性,构建多样化、专业化的创业教育体系具有重要意义。

(三)满足艺术类专业大学生个性化发展的需要

艺术类大学生创业教育是大学生个性化发展的需求。艺术类专业的大学生有着一个显著的特点:他们都是一批热爱自由、思想活跃、追求个性、不墨守成规、勇于创新的学生。艺术类专业大学生在追求自由艺术的同时,也期望自己的个人价值得到实现,所以他们在大学学习期间,在不断努力学习专业知识的同时,也渴望能够进一步提升自己的综合实力以及社会实践能力。对于那些传统的工作岗位,每天都是“两点一线”的生活,艺术类大学生可能都不喜欢,反而是那种自由、没有人约束的创业工作更加适合他们,为此,很多艺术类大学生在毕业之后往往会选择自主创业。因此,对艺术类专业大学生进行创业教育是满足他们个性化发展的需要。

(四)解决艺术类专业大学生就业问题的需要

1.缓解国家就业难的问题。艺术类专业大学生自主创业可尽快解决自身的就业问题,而且自主创业的活力会形成带动就业的倍增规模作用。“海阔凭鱼跃,天高任

① 黄兆信,赵国靖,唐闻捷.众创时代高校创业教育的转型发展[J].教育研究,2015(7):34—39.

鸟飞",创业能力是一个人在社会实践中的自我生存、自我发展的能力。一个创业成功的毕业生不仅能够实现自我人生价值,而且能够创造出就业岗位,给他人提供就业机会。

2.培养毕业生的创新精神。大规模的自主创业会导致创新,创新能力决定着个人、企业、国家的发展,对国家的发展、国力的增强、企业的发展、个人能力的增强、个人在社会的发展有着重要的作用。青年学生是创新的活跃主体,如果他们失去创业的想法和冲劲,就会削弱社会的创新动力。

3.为社会发展做出更大的贡献。自主创业代替就业,一方面,大学生要想创业成功,就会根据社会发展需要,选择创业领域,培养自己的兴趣爱好。另一方面,大学生如果选择自主创业,就会不断学习,密切关注行业动态,做自己最感兴趣的事,并和自己志同道合的人一起做,这样既有利于更快提升自己的能力,尽快适应社会发展需要,并实现自我价值与社会价值融合,为社会发展创造出价值。

第三节　影响艺术类专业大学生创业的因素

一、市场的需求

1.社会艺术教育需求量大

知识经济主导的革命,导致普通百姓的消费结构发生了很大的变化。对于培养孩子的家庭而言,教育成本是一项必不可少的支出。想要买东西就必须要付钱,在接受教育的基础上,还需要投入一定的资金,并且每个家庭都将教育作为优先投资项目进行安排。通过有关调查发现,全国城镇居民的教育与文化消费已超过了总消费支出的速度,已经成了家庭消费中的主要消费。联合国《儿童权利公约》将 18 岁以下的人定义为儿童。我国儿童数量接近 4 亿人,加上刚刚放开二胎政策,这个数字还会增加。生活水平的提高、文化意识的提升,使大多城市家庭将接受艺术教育作为必选项,这在客观上提高了社会艺术教育的经济需求总量。与此同时,社会艺术教育培训机构的师资缺口巨大,我国甚至没有一个专门提供社会艺术教育师资供需对接的信息平台。机构和师资之间、机构和学生之间基本靠一些传统的形式,如发传单、打电话、朋友介绍进行推广。这种现状非常不利于盘活供需资源,形成健康业态。

2.高校招生政策促进艺术培训行业的发展

艺术特长生也是高等院校自主招生的一部分,每一年都会有很多成绩达到一定要求又具有艺术专业特长的学生被录取。艺术特长生在申请普通高校,并通过招生院校艺术水平测试,而且达到了高校招艺术特长学生的条件后,就能够在高考中享受降分录取的政策。除高考之外,小升初、中考都有艺术特长加分规定,进而激发了更多青少年投入艺术教育海洋的欲望。在艺考招生规模逐渐扩大的情况下,设立艺术专业的高等院校越来越多，报名考试的学生数量也逐渐增多。近些年来，“艺考热”逐渐受到人们的广泛关注，很多艺术高考培训机构随之出现，这也为艺术类专业大学生创业提供了很好的机遇。

二、个人及家庭观念

艺术类专业大学生创业大多是基于对所学专业知识的掌握，以及对于专业的兴趣爱好。他们希望毕业后继续从事相关工作，因此，在没有理想的就业单位可选择时，他们就会开启创业之路。

此外，大学生家庭成员对创业就业的观念也影响着大学生的就业创业选择。由于受传统观念的影响，中国的大学生大多从小依赖父母，父母也觉得自己辛苦挣钱就是为了给孩子创造更好的将来。因此，父母总会以家长式作风或者长辈的经验要求孩子该做什么不该做什么，他们往往希望子女毕业后能找一份稳定工作，有个“铁饭碗”，而认为创业是“瞎折腾”，不但会“浪费”青春，而且还可能会赔光老本。而学生也从小就养成这种依赖心理，从而缺乏主见及信心。当他们在自己的创业想法遭到家人反对的时候，他们会怀疑自己，会盲目地听从父母的意见，而没有真正用心去考虑自己的创业想法是否可操作，自己是否喜欢所谓的“铁饭碗”。因此，家长和朋友不支持，是导致创业想法被扼杀在摇篮中的主要原因。随着社会的发展以及国家“双创”政策的实施，很多艺术类专业大学生的家庭观念也逐渐发生转变，艺术类专业大学生自主创业现象逐渐增多。很多家庭开始把创业视为一种新的成才和成功的模式和理念，父母开始鼓励孩子勇于尝试和开拓，这逐渐成为艺术类专业大学生积极创业的基础。

三、社会因素

部分大学生能说服家人支持自己的创业梦，但是没有创业资金支持。投资公司在利益的驱使下，常常不愿意投资到大学生创办的小规模公司中，从而导致大学生自主创业成功率低。再加上社会普遍对大学生创办的小公司缺乏基本的信任，他们宁可相信大公司的综合实力，也不相信大学生自主创办的小公司的无限创新能力，不愿意把一些社会资源分享给具有潜力的小公司，由此导致创业这个温床在资金和资源分配上得不到应有的合理平台和公平竞争的机会。

四、学校教育

大多高校都要求学生如何在专业、技能、综合素质上提高自己，在这些方面也有了自己比较成熟的一套培养教育计划和方案。但是对大学生自主创业方面的教育太少，总是让学生按部就班地达到学校的要求而没有真正激发学生的创新意识，更别谈创业热情和创业潜质的激发。学校往往不愿意成为创业教育的“第一人”，没有完整的创业能力培养计划和方案，也没有对创业成功案例的分析和失败经验的总结。学生在没有任何经验的情况下进行创业，会觉得风险太大，成功的可能性很小，普遍缺乏创业的勇气。

五、政府政策

艺术类专业大学生的教育费用较高，大部分艺术类专业大学生家庭经济环境较好，甚至很多家庭在大学生创业时能够给予资金上的支持。大学生在创业时没有太大的经济压力，因此会更主动，更敢于冒险。教育成本投入与薪资收入之间的不对等是艺术类专业大学生选择创业的主要因素，且政府和学校都为大学生创业提供了很好的政策和条件。当前，我国多数艺术培训机构都属于民办性质。有关文件明确指出民办教育是推动教育改革的主要力量，明确了民办教育在整个教育教学行业中所占的位置，大力促进了民办艺术教育培训机构的可持续稳定发展。

第四节　艺术类专业大学生创新创业的优势与劣势

一、艺术类专业大学生创新创业的优势

（一）艺术类专业大学生本身富有创新精神

俗话说"台上一分钟，台下十年功"，艺术类大学生要想达到熟练掌握和运用专业技能的程度，就需要日复一日的练习，需要付出不同常人的努力。专业性是艺术类大学生的生存之道，其专业技能的高低直接影响了创业的启动与发展。然而，千篇一律的教学与训练却不利于艺术创新，这就需要艺术教育通过保持学生的个性、活跃的思维、丰富的情感来完成艺术的创新。艺术类大学生的专业性是创业的敲门砖，创新性则是创业成败的关键。只要有需求，就会有市场。随着社会经济的不断发展，越来越多的职业和行业出现在人们眼前。这些行业不同于以往已有的行业，其具备极大的创新精神，而且随着"90后"不断成熟，社会新常态的形成，这些行业也越来越受欢迎。例如，室内墙体设计师、MV制作工作者等，这些行业都非常适合艺术类专业大学毕业生，而且随着"90后"步入结婚生子组成家庭的阶段，这些行业也逐渐备受欢迎。而这些行业的创业者和从业者，大多数都是艺术类专业大学毕业生，其他专业的大学生很难进入这些行业或从事这些行业。这就是艺术类专业大学毕业生的一个创业优势，其在学校学习时就已经养成了自主创新的习惯，毕业之后这种习惯依然会延续下来。这就造成了很多行业只有艺术类专业大学生才能从事，而其他专业的大学毕业生不能从事的情况。这也是艺术类专业大学生自主创业的一个优势。

(二)创业成本低,具有灵活性

相对于其他行业来说,艺术类专业大学生自主创业所需要的成本较少,大部分只需几万元就足够了。因为艺术类专业大学生创业主要卖的是创意,而非商品,这就导致艺术类专业大学生创业时不存在压货等问题,其产品没有成本,只是大学生自己的创意而已。另外,从艺术类专业大学生创业需要的办公环境和设施上看,几乎没有什么硬性的要求,甚至在家有一台电脑即可。而开办实体店的艺术类大学生,只需要纸笔、颜料、布料等低成本器物。对于刚毕业的大学生来说,这种低成本的创业有很大优势。而且创业初期对于大量订单的要求不是很高,因为其成本低的缘故,只要有一定的订单,创业大学生就可以养活自己,不仅有饭吃,还能实现自己的创业梦想。而一些音乐与舞蹈专业大学生,其家庭经济条件相对阔绰,创办艺术培训工作室能得到家长一定的支持与帮助。对于得不到家庭支持的学生来说,通过在校期间的校外实践,也能为自己的创业积累原始的资本。

二、高校艺术类专业学生创新创业的劣势

(一)文化底蕴相对薄弱

大多数艺术类专业大学生的文化成绩均低于非艺术类专业大学生,他们的文化课学习能力相对较差,文化底蕴不强,创业过程中因不善于管理、经营可能导致创业失败。理论源于实践,实践需要理论的支撑。缺乏理论的指导会影响学生创造性、创新性的发挥。

(二)集体意识不强,缺乏团队合作精神

艺术类专业大学生的个性鲜明、自我意识强、集体意识淡薄。创业需要一支团队,成员们各司其职,具有较强的合作意识、集体精神。很多时候,一些艺术类专业大学生创业失败不是因为专业性的问题,而是因为其缺乏人际交往的技巧,过于自我而缺少合作精神。

【案例分享】

周洪亮的“版儿”木刻版画创业之路

2013 年,东北小伙周洪亮成为一名中央美术学院造型学院版画系 2013 级的研究生。有一件事情始终困扰着热爱版画的他:版画作为一种古老的艺术形式,也是中国传统文化的一部分,不论功能性还是艺术性,为什么离人们的生活越来越远?正是因为这样的想法,本科和研究生都是版画专业的周洪亮一直琢磨着如何推广版画。

一次偶然的机会，周洪亮把自己的想法告诉了老师赵乾宇和师哥李军，没想到三个人竟一拍即合，都觉得应该为版画做点什么。经过一段时间漫无边际的设想和天马行空的讨论，最终三个人回到现实，考虑财力、精力和能力，决定设计一款经济适用又不失专业水准的版画套件来作为他们创业的落脚点。

由于三个人都是版画人，要做的事情也和版画相关，于是三个人就取了版画的"版"字，而"Baner"提供了拟人化，最终三个人觉得"版儿"这个名字比较平易近人，又朗朗上口，容易被别人记住，所以就用"版儿"作为团队的名字。

回忆起创业初期的日子，周洪亮表示，最开始资金少、人少、精力少，既要完成学业，还要进行事业初期的创作工作，加班加点成了生活常态，每天 20 个小时以上的工作时间也是家常便饭。从最初的产品设计、生产、销售，到售后服务、微信公众号的维护、网站的搭建，这些工作都是由他们三个人来完成的。

他们把对版画的热爱转化为创业的前进力量，尽管很累，但他们对产品的要求极为苛刻。就拿"版儿"的木刻版画套件来说，从外包装的设计到套件的选择以及说明书内容的定版，三个人反复讨论，不断修改，注重产品细节的体现，力求产品的最优化体验。

周洪亮还记得那个时候，自己早上五六点从北京北五环的住所打车到南六环的工厂，自己租了机器去进行产品包装模具的冲压制作、封口包膜等一系列工序，但最初大家都认为要以推广为主，让更多的人认识、了解版画，同时亲手感受版画的魅力，所以每件产品基本是在成本价基础上加 20 元钱就销售了。"那时根本不知道产品销售里面还会产生材料的损耗、人工成本、售后成本、运输成本、推广成本等一系列成本。"周洪亮笑着说，所以最开始基本上是赔钱的状态。

可喜的是，周洪亮三人的努力得到了认可，第一批做出来的 200 多个木刻版画套件在微信公众号推出以后，很快就卖完了。国内的一些版画机构、画廊和一些美术培训机构也随后找到周洪亮希望能够进行合作，初步的成功给了三位创业者极大信心。

"人们常说创业是条不归路，现在项目不断地往前推进，工作量大，压力也大，各种杂七杂八的事情都涌过来，创业注定不是件舒服的事儿，不是吗?"周洪亮感慨道。

通过不断的摸索和学习，三位创业者为"版儿"找到了两条运营主线，分别是版画套件的销售推广和相关版画艺术衍生品的开发销售。目前"版儿"团队主要的工作重心在版画套件的销售与推广上。"版儿"的版画套件，从专业角度出发，为用户优化版画的制作工具和材料，从进口的专业级刻刀、木蘑菇、墨滚、皮纸到双色油墨和木刻版，这样一个小小的"版画魔法盒"，集合了制作木刻版画所使用的所有工具，为所有喜欢版画或对版画感兴趣的人们提供了一种便捷的体验方式。

谈到作为艺术生创业最大的优势和劣势，周洪亮的两个回答都是"专业"。作为中央美术学院的学生，周洪亮从本科到研究生期间，汲取着名校给予的养分，可以说，其本科、研究生期间对于版画专业的学习和研究，从理论到实践都是比较专业的。

“也正是由于专业的局限性，在我们的创业团队中缺少市场推广策划营销人才，做出来的东西不能更广更好地推出去。”周洪亮说。

周洪亮认为，从创业和学习这两个角度来说，其实他们都是在认真主动地去做自己想做的事情，觉得很有意义，在实践过程中就会很有动力、毅力。对于周洪亮来说，创业过程中所接触的人与事、学到的知识、积累的经验，对自己的生活和创作都是一种鼓励。创业以后，周洪亮的生活改变了，他发现自己的精力比以前更加旺盛，而且时间越来越不够用，需要处理的事情越来越多，需要学习的知识也越来越多。每天忙得热火朝天，周洪亮觉得很充实。也许，创业其实是另一种在继续着的“学业”，永无止境。

（摘自《中国文化报》2016 年 6 月 20 日刊发的《创业，也是继续着的“学业”》一文）

第五节　艺术类专业大学生的创业现状

一、艺术类专业大学生创业教育的隐性价值

艺术类专业大学生的家庭经济条件普遍较好，虽然他们的学习基础、学习习惯的养成等相对较弱，但在人际沟通能力、组织协调能力和创新能力等方面较有优势。所以，教育和引导艺术类专业大学生扬长避短，发挥其善于创新的长处，锻炼和培养他们的创业技能势在必行。

创新是一个民族的灵魂，高校是培养高素质劳动者的摇篮，创业教育也就成为创新型社会培养人才的重点所在。创业教育的强化不仅有利于创业和就业，还会推动国家发展内在驱动力的形成。

随着艺术类专业招生人数的逐年上升，供给高峰和就业压力的形成要求毕业生具有很强的创业技能。学校可以在研究艺术类专业的学科特点和学生特长的基础上，通过系统且有针对性地开展创业教育，使艺术类专业大学生根据本专业的情况进行职业拓展，使他们在就业环境中不仅成为求职者，而且成为为他人提供就业机会的创业者。

二、艺术类专业大学生创业教育的显性特征

（一）以艺术兼职为载体

艺术类专业大学生创业主要以兼职的形式开始。一方面，艺术类专业教师参与社会实践的机会非常多，他们往往会安排学生参与到实际的设计项目中；另一方面，由于艺术类行业的特殊性，其规模相对比较小，往往会根据项目的需求招聘一些兼职

人员,在校的艺术类专业大学生便成为他们的首选。

(二)以学校资源为依托

艺术类专业大学生创业、成长与发展往往与自己的学校有着千丝万缕的关系,尤其在人力资源和技术支持方面。首先,创业者主要来自于学校,学校也非常关注自己学生的创业动态,并且公司的兼职人员往往也来自于自己的学校;其次,若创业过程中遇到了技术难题,创业者也会主动寻求学校教师和同学的帮助。

(三)以地域文化为支撑

艺术类专业大学生创业需要良好、宽松的创业环境,除了经济的发展,还要依赖于文化建设的环境。例如,北京奥运会、上海世博会为京沪两地艺术类专业大学生创业提供了巨大的契机。同时,沿海地区经济的发展和文化大省的建设,也为艺术类专业大学生自主创业提供了有力的保障和机遇。

三、服务艺术类专业大学生创新创业的三种模式

(一)艺术工作坊模式

艺术学科有其特殊性,尽管大多数艺术类专业大学生在学习期间是单独上课、单独思考,但在具体开展工作时,往往需要团队协作。如舞蹈专业,集体舞的剧目要多于单人舞;音乐专业,集体项目也多于单人项目;电影、电视、戏剧更是需要团队协作。很多艺术院校大学生创新创业首选的就是工作坊模式,但工作坊的缺点是专注于艺术创作,缺乏足够的人手开展市场推广,而社会艺术教育机构恰恰在这方面拥有明显优势。据了解,国内艺术院校与社会艺术教育机构合作的工作坊早已遍地开花,如少儿舞蹈特色课程开发工作坊、陶艺工作坊、室内设计工作坊、纪录片工作坊等,并有不少成功的案例。

(二)产学研一体化模式

这是一种最为传统、最为普遍的高等院校学生创新创业模式。最初的"产学研一体化"中的"研"主要是通过高校的实验室,科研主体是教师,即通过产学互动、校企结合的形式,把教育与科研、行业生产等活动和资源有效整合起来,在促进科研成果转化的同时,实现高校的人才培养、科学研究和社会服务三大职能。这种模式有优点也有弊端。但因为这种模式较为成熟,近年来,很多高校都尝试将其接入大学生创新创业工作中,主要做法是通过设立创新创业基金,激发学生的聪明才智,促使其产出成果,然后与企业对接,实现成果转化。这种做法尽管成效甚微,但客观上激励了大学生创新创业的勇气和毅力。

对于艺术院校大学生来讲，这种产学研一体化模式具有更大的可操作性。如大连大学管弦乐团每年都会出国演出；山西艺术职业学院创作的舞剧《一把酸枣》《粉墨春秋》在国内获奖无数，还受邀赴20多个国家演出。艺术院校的产学研一体化模式一方面锻炼了队伍，另一方面也培养了人才，使学生开阔了研究视野，积累了创新创业的勇气和经验。

(三)“互联网＋”模式

2015年全国“两会”上，李克强总理在政府工作报告中首次提出了“互联网＋”行动计划。这一概念在政府工作报告中的解释是“推动移动互联网、云计算、大数据、物联网等与现代制造业结合，促进电子商务、工业互联网和互联网金融健康发展，引导互联网企业拓展国际市场”。随着互联网与社会生活、传统行业的不断交融，新的社会模式、新的行业正在不断出现。这种融合也已经渗透到了艺术教育领域。“互联网＋”模式是一种面向未来的、具有开放性和包容性的服务模式，客观上要求各数据接口同样开放。实际上，这种模式的成功实施，是在避免了信息损耗、利益损耗的基础上，实现各个信息点的利益最优化。对于这种模式，社会艺术教育机构和艺术院校就业部门都应该主动接纳并融入其中。

四、艺术类专业大学生创业的现状

(一)毕业生规模及结构

以中国美术学院和浙江传媒学院为例。中国美术学院创立于1928年，是国内学科最完备、规模最齐整的第一所国立高等美术院校。2016年，有毕业生的学院共16个，全日制普通高校毕业生2549人，其中博士研究生15人、硕士研究生281人、本科生1626人、专科生(高职)627人，男生816人、女生1733人。而建校30年的浙江传媒学院，有全日制普通高校毕业生3594人，其中硕士研究生53人、本科生3509人、专科生(高职)32人，男生1132人、女生2462人。在两所艺术类高校的毕业生中，以本科毕业生为主；从性别比例看，女生基本是男生人数的两倍之多，女生的就业形势较男生而言更加严峻。

(二)就业及创业比例

从2016年的数据来看，两所艺术类高校的自主创业人数比例相近，自主创业的人数基本占就业人数的2%～3%。中国美术学院2016年度的就业率为90.27%，其中博士研究生的就业率为100%，硕士研究生的就业率为99.29%，本科生的就业率为89.79%，专科生的就业率为87.24%；自主创业人数占毕业生总人数的2.79%；自由职业人数的比例为46.92%。而浙江传媒学院2016年度硕士毕业生为53人，其中就业人数为 42 人，就业率为 79.25%；本专科毕业生为 3541 人，其中就业人数 3340 人，就业率为 94.32%；自主创业人数 72 人，比例为 2.03%。从中国美术学院的大学生就业率中可以发现，由于专业的特殊性质，选择自由职业的毕业生比例非常高，远远高于自主创业的毕业生比例，这也是艺术类专业大学生的就业特点之一。

(三)创业学历规模

从 2016 年中国美术学院及浙江传媒学院两所艺术类高校的就业报告数据来看，自主创业人员基本集中在本科毕业生，浙江传媒学院 2016 年自主创业的 71 人全部来自本科毕业生。而从市场需求来看，社会目前对于艺术类高学历人才的需求很大。由于近年的“艺考热”导致艺术类高校出现了大批量的毕业生，市场相对饱和，很多寻求不到出路的毕业生干脆走上了自主创业的道路；相反，求职容易的高学历毕业生就很少寻求自主创业的机会来发展自己的职业生涯。这是高校艺术类专业毕业生中自主创业学历规模以本科学历为主的重要因素。

(四)创业投资规模

艺术类专业大学生由于专业本身的实用性和技术性等特点，在自主创业方面较普通高校大学生有很明显的优势。第一，很多艺术类专业大学生在校期间就成立了个人工作室，或者在校外艺术培训中心兼职授课，积累了很多创业资源，在走出校门后依靠自己的资源，成立了个人工作室、培训中心等小规模的创业实体。第二，由于专业的特殊性，艺术类专业大学生创业投资门槛很低，不需要依靠其他方式来解决创业资金问题。第三，在创业技术方面，通常因为艺术类专业的实用技术性很强，创业大学生可以不依靠外界太多资源就能解决相关问题。加上政府和高校对于大学生创业的优惠政策和帮助，越来越多的艺术类专业大学生乐意走上自主创业的道路。

【思考题】

1.试析艺术类专业大学生的就业特点。

2.试析艺术类专业大学生创新创业的优劣势。

3.试述艺术类专业大学生的创业特点及影响因素。

4.试析我国艺术类专业大学生的创业现状。

第十八章

艺术类大学生创业指南

【学习目标】

1.了解艺术类专业大学生在创业过程中如何找到客户，如何洞察客户的需求，如何快速地试错。

2.掌握艺术类专业大学生在创业过程中如何应对多变的商业环境，如何打造和谐团队以及如何合理分配利益。

【学习指南】

通过对案例、资料、视频的欣赏与分析，了解艺术类专业大学生创业的主要方式。

这是一个最好的时代，这是一个最坏的时代，这是一个创业的时代。如今，创业已成为人们谈论较多的话题之一，诸如沈南鹏、马云等创业成功的典范正激励着越来越多的人开始考虑创业，期望建立属于自己的事业。身处如此剧变的时代，虽然有太多的理由让人们义无反顾地选择创业，可又有那么多无形的障碍，让人们欲“创”还休。有的人创业是因为梦想的驱动，有的人是为了摆脱受牵制的地位，而有的人是为了保持创业的激情，甚至有的人把创业当作一种生活方式。无论是哪种理由让你走上了创业这条路，成功者往往只是少数人，更多的人面临的往往是创业的失败、生活的艰辛。创业确实是很多人的梦想，同时也让很多人实现了一生的理想，可是也让更多的人破产甚至“头破血流”。其实，创业的失败者往往只潜心于忙碌和奔波，而忽略了发现和挖掘自己的优势，因此减缓了成功的速度。艺术类专业大学生的创业方向主要是创办艺术培训机构、艺术教育机构、工作室等。随着互联网的应用，不少艺术类专业大学生也加入了微创业。那么，艺术类专业大学生应打好创业征程的“七把钥匙”，增大创业成功的概率，更好登上成功的巅峰。

第一节　如何找到你的客户

一、区分用户和客户

商业的本质就是找到一群客户，并发掘客户的需求，创造一种产品和服务满足他们的需求，获取比投入更高的回报。在市场经济时代中，商品足够丰富，竞争足够激烈，以客户为中心是必然的选择。和你发生价值交换的叫客户，也就是说，谁为你提供的产品和服务付钱，或者贡献一种可以对价的资源，他就是你的客户。只是使用和消费你的产品和服务，并不直接回馈你价值的就只能算是你的用户，而不是客户。例如，你创办了艺术培训机构，孩子们是你的用户，而孩子们的父母才是你的客户，因为父母帮小孩报名并交纳学费。

明确谁是你的客户，才能确定钱从哪里来，才能构建清晰的商业模式。任何商业背后的逻辑都是：你只有满足了出钱人的需求，你才有可能继续存在下去。对于公益组织来说，其满足了出资人、捐款人的需求，公益项目才可能持续发展。现实中很多客户的需求不易识别，也不是你每完成一单的销售时站出来买单，你就特别容易忽视他的存在，甚至完全忘记了他的需求。

二、客户定位和细分

客户的定位和细分可以从人口统计特征、行为方式和客户价值三个维度来进行。

1.人口统计特征

人口统计特征通常是硬指标，具备恒定性，一旦拥有便很少改变，是最容易把人群区隔开的。但是，区隔开不代表就一定能接触得到。例如，45 岁的女性也许到处都有，但你却无法在人群里随时抓到，把产品和服务信息直接传达给她们，所以还需要用一些行为指标来寻找她们。人口统计特征包括年龄、性别、收入、学历、就业状况、家庭成员、住址、身体状况等。

2.行为方式

行为方式属于软指标，不一定能用明确的数字来表述，且随着时间很容易改变，主要指一些行为特点，比如，通常在哪些网站购物，最近的采购清单，一周有几次会去餐厅吃饭，偏好什么口味，采购重要产品前会通过哪些渠道收集信息、会受谁的影响，支付习惯是怎样的等。人们的行为千奇百怪、千变万化，你需要辨别哪些可能与你的产品或者服务有关。即使你通过人口统计特征和行为方式圈定了一个客户群，也不意味着这是一个对你而言有价值的客户群。

3.客户价值

客户价值即客户从企业的产品和服务中得到的需求的满足。肖恩·米汉教授认为客户价值是客户从某种产品或服务中所能获得的总利益与在购买和拥有时所付出的总代价的比较，即 Vc＝Fc－Cc（Vc：客户价值；Fc：客户感知利得，Cc：客户感知成本）。客户价值是企业从与其具有长期稳定关系的并愿意为企业提供产品和服务，并承担合适价格的客户中获得的利润，也即顾客为企业的利润贡献。

总而言之，定位客户要“找得到”“配得上”“值得有”。

第二节 如何找到客户真正的需求

一、需求

需求本质上是指人们对现存的状态产生了不满，想要改变的冲动或者是向往另外一种状态，想要去实现它的冲动。你只有先看到需求，才有可能发现或者制造商机。需求往往产生于生活形态的变化。例如，高中生中学习成绩较差的人想进入大学学习，艺考是一条不错的途径，因此催生了很多艺考辅导机构。此外，需求也来源于比较。例如，同班同学去参加舞蹈兴趣班，作为女孩的家长本来没有某种需求，因为看到其他家长帮其女儿报名参加，其他同班女同学的家长也受他人影响而帮自己的女儿报名。

二、需求的类型

1.显性需求

显性需求是指消费者自己已经明确意识到需要什么，并且主动在寻找。例如，家长意识到自己的小孩偏肥胖，希望他能通过学习舞蹈控制形体和体重，也就有了帮小孩报名参加舞蹈兴趣班的需求。

2.隐性需求

有些需求并没有那么明显，甚至人们自己都没有意识到。例如，父母觉得小孩参加艺术培训是不错的选择，有助于小孩的身心健康。本来只是为了让孩子健康成长，有一天，当看到广告称孩子加入某艺术培训机构，日后有机会登上大舞台，还可以参加名校艺考时，有的父母立刻就让孩子加入了这间培训机构，因为它激发了父母本来就有的，但没有与培训机构联系在一起的需求——让孩子有机会登上更大的舞台。

3.关联需求

关联需求指的是当一种需求被满足之后，另外一种连带的需求就产生了。例如，当你买了洗衣机，就很可能需要晾衣架，买了晾衣架就很可能需要衣服撑子，或者防风的夹子以及电熨斗、烫衣板等。连带需求要从这种产品或者服务被使用的场景中去找。例如，一家舞蹈艺术培训机构，除了配备舞蹈教室、舞蹈教师外，连带需要的可能就是印有机构商标的舞蹈服装、鞋子以及书包等，同时在课程设置上可能也会包括音乐、舞蹈、书法、绘画专业等，以此提升场地运营效率，摊薄成本。

三、洞察客户需求

在创业初期，创业者如果有了一个产品和服务的锥形想法，也通过细分锁定了客户群，就要问自己以下两个问题：

1.我到底卖什么给他们

以穿衣服这件事为例，穿衣服的需求可以由低层次需求到高层次需求分为遮羞、保暖、遮阳、防护、防风、防水、吸汗、透气、方便穿脱、多功能、独特、优雅、特立独行、简朴自在等层次。同样，吃喝的需求也分为不同层次。首先是解决饥渴的需求，其次是安全卫生的需求，再次是便捷、快速、口味良好、营养健康、欢聚的氛围、风情体验、尊贵的彰显、有机环保的价值满足等的需求。出行方面，最基本的需求就是方便地、安全地从甲地到乙地，再往上的需求是快速到达以及乘坐舒适，最高的需求是乘坐的车辆或者舱位能彰显身份地位等。工作的最基本需求是养家糊口，接下来是培养能力、积累经验和资源、彰显身份等。工作的最高境界为追求自由，可以通过某种工作，追求人生的意义，帮助别人、改变世界。对产品的设计者而言，最富有挑战的一点在于，顾客并不总是严格按照需求层次从低往高走的。例如，年轻人中开始流行不遮体的衣服，如破洞牛仔裤，所追求的需求是个性的张扬以及自我的彰显。当然，穿衣的最高境界是超脱物质的形态束缚，走向朴素、至简的境界。

追求有机生活、低碳排放的人，会选择骑自行车出行，宁愿慢一些，也不那么舒适。还有一种特殊的情况，就是某些人直接跨越物质的、低层面的需求，进入高层面的、偏重精神层面的需求，甚至直达需求的顶端。宗教往往引导人们超越物质满足，尽快脱离各种不满足的痛苦，直接进入无欲无求的境界。

2.我提供的价值是必要的还是可有可无的

在当今时代，大多数新产品往往都不是必需的。那么，你需要怎样调整产品或者服务，让你的产品和服务有可能成为被强烈需求的？这个答案通常不会在办公室里得到，而是需要你去“卧底”“潜伏”，走到客户的生活中去，甚至要站在客户的角度，去亲身体验客户的生活状态以及使用产品和服务的过程。例如，你打算做一款与汽车相关的产品，就要从客户是如何解决生活中的交通问题、如何使用车辆入手。譬如，开车出行是否顺畅、费用是否高、停车是否方便、在路上有什么需要做但又不便操作的事情。

然后要观察和了解客户的需求。可围绕以下问题展开：客户在目前的状态下有什么特别想要的功能或者状态吗？有什么不想要不满意的事情吗？他们目前是用什么方式和手段去解决那些还不满意的点？如果你想传递的价值与客户的需求对上了，你向客户演示你的产品时，客户的反应是什么？强烈兴趣？一般兴趣？没有兴趣？为什么？如果客户的相关问题不解决，对他们的生活有什么样的影响？这个过程也是你验证产品的过程，重点不是把你的概念推销出去，而是通过和客户的交流找到客户的需求核心，同时调整你的产品和服务的卖点。在验证各种假定的过程中，证伪比证实更重要。大多数情况下都会证明你初始的想法过于想当然，或者与事实偏差很大。

四、汇聚客户，转化客户

商业运营的本质是汇聚人流，将其转化成客户，实现价值交换、变现。流量漏斗有助于实现客户引流。流量漏斗直观描述了三个过程：第一，从漏斗上方已经有的潜在客户中，逐渐筛选出采取购买行为的客户，完成产品和服务的价值交换、变现。第二，在客户转化的每一个环节上都通过客户本身的分享和扩散带来更多新的潜在客户。第三，让客户持续重复消费，为你创造持续的商业价值。

针对第一个筛选过程，创业者需要不断地问自己下面这些问题，并且找到尽可能确定的答案。

1.我的潜在客户在哪里？我应该到哪些地方去展示（包括线上和线下）？以什么方式展示？展示什么内容才能引起更多人的关注？

2.如何让看到我展示的人，对我的产品和服务发生兴趣，愿意更进一步了解？

3.如何呈现产品和服务，打出什么好处让潜在客户产生需求，有购买的欲望？

4.如何给潜在客户提供足够多的信息，让他们做出对你有偏好的评价？如果潜在客户向第三方寻求咨询意见，你之前是否对各路意见领袖传递过影响？在客户可能去寻找意见的平台上，你是否散布了足够的信息？

5.客户一旦决定购买产品或服务，你做好准备了吗？是否能够让客户很便利、安全地完成交易，并且迅速、完好地享受到产品和服务？

在第二个过程中，创业者要努力打造一个增长引擎让老客户的行为能够持续带来新客户。这种引擎叫做病毒式增长引擎。

一个客户使用产品，会传播给几个或者几百个人。比如，他购买了一个车载充电器，体验很好，在朋友圈或者微博上发文章，有300多人看过，其中有7个人去网上搜索，最后有1个人也买了同款的产品，这个传播系数就是1。如果有两个人采取购买行动，传播系数就是2。QQ、微信等应用都是这样快速感染式传播的。

第三个流程，是让潜在客户成为使用者，然后付款成为客户，这就是变现引擎。很多互联网产品有引流的能力，汇聚了很多用户，但却无法让流量变现，只能靠自己和投资人的钱维持运转。长此以往，现金流枯竭，创业就失败了。

所以，要建立一个机制，通过在产品和服务中设置价值差异，引导客户买单。商家转化客户的速度越快、数量越大，商家的现金流就越多、越充足。如果要降低获客成本，一项重要的工作是要加快转化客户的速度和数量，另外一项重要的工作是粘住客户，努力使他成为你的终身客户，反复消费。

第三节　如何低成本试错

一、精益创业的做法

创业首先要了解客户需求，定义客户需求。当然，这件事情变得越来越困难。过去的时代，物质匮乏、商业缺失，几乎一切需求都是显而易见的，剩下的问题只是如何生产足够多的产品去填补这些空白。在一个基本需求都被满足的时代，创业的机会在于你能立足于客户的角度，从现有的产品和服务中找到缺陷，设法弥补缺陷或者提供更好、更快、更方便、更便宜的产品或者服务。

今天的商业已经非常发达，在人们的大部分需求已经被充分满足的情况下，你就不得不创造新需求。在这个阶段，传统的市场细分、调研、提炼、定义产品、生产产品、营销推广的流程和节奏往往就不奏效了。因为，新产品和新需求的结合几乎在所有的环节上都是新的，可能都没有前车之鉴，任何一个环节的缺失或者不支持都会导致整个项目的失败。开拓新产品、新生意的前期投入越来越大，特别是那些产业链长的大众化产品，以及竞争激烈、变化节奏很快的互联网、高科技领域，一旦出现失误，就会让创业者没有回天之力，彻底失败。创业的过程就是不断面对不确定性，逐渐确定一些关键假设的真伪，逐步找到一个时间段内的相对确定的过程。这也是为什么新时代的创业不要求大家不犯错(因为这是不可能的)，而是希望大家早犯错，犯小错，低成本地犯错，快速迭代，找到正确的出路。

如何才能犯了错又不至于彻底失败呢？精益创业的理念给了我们很好的思路：确定目标客户—在小范围内实验—获得反馈—修改—产品迭代—获得核心认知—快速成长。

(1)确定目标客户：使用精益创业的流程时，有可能最终你需要重新设定目标客户，或者目标客户的需求点。

(2)在小范围内实验：做一个最小的可行产品模型。"最小"的意思是，不必把产品做到完美，比如先不用考虑产品的装饰，甚至不必做包装，只做与产品定位、关键卖点相关的功能和样式，客户拿到后就可以用，把不必要的成本都节省下来。初期的客户也是小范围的，主要是那些早期愿意冒险、尝鲜的天使客户。这些客户在特定的领域里很活跃，是某类产品的发烧友，经常在相关论坛发帖子，甚至就是博主或者吧主。他们也被称为意见领袖，他们对自己的这种社会身份很自豪，并不在意金钱的回报，愿意自己投入金钱去尝试一些新奇的东西，获得先于常人的优越感。这些人既可能是你新产品的热情的志愿推广者，也可能是用一记闷棍打得你措手不及的"杀手"，你一定要小心对待他们。

(3)获得反馈：不能只在办公室、实验室或者车间里想象客户的反馈，而是要走上街,走到客户那里,直接把产品送达客户,或者在网络上将产品直接推送给客户,看他们的反应,听他们的反馈,分析这些反馈。这个环节的关键是预先设计好需要被验证的参数,这些参数与你在细分市场和定义产品价值时的关键假设有关。

获得真实客户反馈的最有效方式是让客户用钱投票。在回答调查问卷的时候,客户非常容易口是心非,你问他好不好他都倾向于说好,因为从人们的心理上,肯定要比否定容易。只有当你要他先花钱买个样品时,他要付出代价了,才会表达自己真实的意愿。

因此,大众消费品用预售或者网络众筹的方式可以很好地测试市场反应。你还可以给产品或者服务设计几套不同的方案,定不同的价格,测试来自市场的选择情况。

如果你不得不用问卷的方式去了解客户的想法,一定要用开放的问题,让客户把自己的需求充分展现,你从中判断哪些对你有利,哪些可能完全否定了你的假设。比如,有几个大学生想把扑克牌做成校园风光版的,然后卖给即将毕业的大四同学。他们假设大学生都喜欢打牌,如果这副牌上都是校园风光的图片,就可以引发他们毕业后对学校的美好回忆。他们还提前做了市场调查,他们最想了解的是同学们是否能够接受这种扑克牌比市面上普通的扑克牌贵一元钱。超过 90% 的受访同学都说可以接受这个价格。但是,当几千副扑克牌印好送到学校后,却几乎无人问津。创业者百思不得其解,调查的时候不是都说可以买的吗?为什么又不买了呢?有人分析,可能是这些扑克牌质量差,也可能是因为学校除了几栋毫无特色的教学楼,并没有什么值得拍摄和纪念的风光,或者是因为这些扑克牌作为一种纪念品太便宜了。这些点都仅仅停留在怎么把产品做好上,而大学生为什么要用扑克牌做纪念品的假设没有得到测试和证实。你问同学们,我们做一副校园风光扑克牌做毕业纪念品好不好?相信大多数人都会说好。可是,如果你把问题修改成开放的,如果你们毕业的时候想拥有一个和学校相关联的纪念品,你们希望是什么类型的东西?也许受访同学即便说出 5 个答案也说不到扑克牌上去。这就说明你的基本假设有问题,也就不用问大家喜欢哪些风光内容或者卖多少钱合适了。

缺乏验证而选错道路还会带来一些隐性的成本,比如:资金耗尽无法翻身;在原有客户处失去信誉;团队士气低落,成员们纷纷离职;重新来过时间太长;失去融资机会;失去超越竞争者的时机等。

每一次验证的行为,都会收到客户的反馈,需要团队各个方面的人一起来分析,而不能客户说东你就向东改,客户说西你就向西走,要多问几个为什么。比如,客户说你的东西贵,这个“贵”是什么意思?是相对于他的收入太贵,还是相对于竞争产品太贵?还是他使用的频率太低,这个钱花得值不值?确定了真正的原因后,马上作修改,然后再验证,就这样循环往复,不断迭代,直到这个产品被客户充分认可后,马上完善产品的其他非关键部分,准备大批量生产和销售推广。定型后就要努力把产品质量、客户体验做到极致，趋近完美。

二、快速验证三步法

三步法工具，将帮助你极大提高创业的成功概率。

首先我们界定一下，什么叫创业失败。

创业失败：在资金烧完之前，没有探索出可持续的商业模式就是失败。所以，减少失败概率的基本逻辑是：减少每次验证的成本，加快验证速度。这将节约我们的资金和时间，让我们在窗口期关闭之前，活着掘金。

创业初期分为三大步，每完成一次验证，就近上一个台阶。创业初期最重要的是三大验证：客户标签验证、痛点验证和卖点验证。三大验证不是一气呵成，而是步步为营的，必须严格完成第一步，才能走下一步。每一步验证失败，就需要继续调整想法，再去验证。

验证不是闭门讨论，必须和真实客户互动，最终让客户掏钱，完成预购或者购买行为。毕竟出钱才是“真爱”。

第一步：客户标签验证

这一步的目标是验证细分客户关键标签的准确度和可用度。验证标准：成功约到 10 个以上目标客户做访谈。首先：拿出第一张便笺纸，先把预设的细分客户的文字描述填入表格中。

细分是清晰区隔出一群消费者，他们有明显的不同于其他消费者的特征。你可以从人口统计、行为特征、价值取向等三个维度贴上标签。验证的方式是：通过这些标签联系到现实中的真实客户，如果这些标签无法让你找到对应的客户，你或者需要调整你标签的陈述方式，看看是不是太过抽象和笼统。比如，“她们是热爱生活的人”，就不好找，但如果标签是“每周会锻炼三次，每月会和好朋友到郊外聚会一次的人”，就比较好找。如果表述没有问题，但还是无法在你的目标区域找到足够多的客户，那么你的客户细分可能就有问题。就算后面的产品或服务做出来，也是一把不能屠龙的屠龙刀。约到 10 名目标客户之后，需要设计访谈，把他们的关键需求记录下来。

第二步：痛点验证

这一步的目的是验证客户痛点的真实性。如果痛点不真实，就不能持续产生购买，形成收入。痛点验证的关键是：验证用户是否为痛点采取过行动。他说很想拥有一件时尚 T 恤，或者很喜欢你拿给他看的 T 恤，都还是态度，只有他说已经在网上搜过、比较过很多款 T 恤了，才算有过行动。客户真正调动资源、花费时间去解决的才是真实痛点。

痛点验证的标准是：10 位目标客户中真正采取行动的数量，例如可以设定为 6 人。如果真正采取行动的人数不足，就需要重新思考痛点或者客户标签是否有问题。

比如:有位创业者想推出一个减肥运动项目,他把客户标签设定为“写字楼里体型肥胖的白领”。当他去访谈体型肥胖客户,询问是否希望通过减肥获得更好的身材,对这款训练产品有怎样的态度时,得到的答案都是肯定和积极的,而且这些访谈对象表达出了很多减肥服务的需要,但其中的很多人并没有采取任何行动。当创业者把针对他们的运动健康产品推出来时,大部分被访谈的客户还是窝在沙发上,吃着垃圾食品,看着电视。最后,这位创业者的产品源源不断的买单者却大都是身材不错的人。

初创企业资源有限,力量微薄,要尽可能避免把成功的希望寄托在被你教育出来的客户身上,而是应该重点开发那些已经采取行动但是还没有得到满意结果的客户。在访谈中关注客户已经采取的行动,并怀着向客户学习的心态,便会从中得到惊喜。

一位主动行动的客户,常常是新产品、新服务的关注者,他们对这个领域的探索、思考常常比创业者更加深入,因为他们才是每天面对这些困扰的人,如果困扰足够大,就会逼迫着他们开始改变。比如:冬天开摩托车太冷,所以天天需要开摩托车上班的人采用了各种土办法挡风保暖,并期待着有价格合适、效果更好的产品出现,这才是你的机会。特别要注意那些活跃客户,他们不仅仅意识到问题,而且已经拿出钱财,想方设法去解决问题,而这样的痛点才是真实痛点,不是无病呻吟。

总之,听其言,观其行。

第三步:卖点验证

这一步是将产品预售给目标客户,测试他们是否真的愿意为此付费。这是关键性验证,许多初创企业都死于没有足够的客户。真正出发前,做这样的验证能够减少无谓的牺牲。

卖点是相对于痛点存在的。比如:

个人牙疼,有很多种方式处理,你推出的解决方案是什么?

他愿意买单吗?目前市场上已经有的解决方案是什么?有人买单吗?

你的新产品或者解决方案有什么独到之处?是更快,更便宜,还是更彻底?

把产品的卖点提炼出来,在产品没有生产之前预售,如果你认为产品很棒,但客户根本不愿意为此买单,你最好再自我检测和反思一下。

创业最大的陷阱是创立了一个美好想法,接着一群人竭尽全力花资金和时间把它完美地实现,然后却没人买!一次完美的失败,往往是初创者的灾难性结果,这样的壮烈牺牲常常不断上演。许多知名的大企业,最初的产品形态都不是现在的样子。

第四节　如何应对快速多变的商业环境

一、多变的商业环境

过去，商业很不发达，人们大多数的生活需求都无法得到满足，只要有人发现这些需求，敢于投入金钱、时间和精力，就可以有不错的回报。哪怕有竞争，自己的管理和经营能力以及意识都很粗糙，但在巨大的需求推动下，只要认真踏实去做的人基本都成功了。但是，今天的创业环境已经大大不同，人们一般的、显性的需求基本都被满足了，该有的产品和服务都有了，这对商家最大的挑战是：抢不到足够多的客户，或者现有的客户购买力不足，或者客户已经没有新需求了。

随着科技的发展，商业形态日趋成熟，信息的不对称越来越少，有想法和有资源的人很多，各种资源越来越容易聚集成团，想要在某个时点、某个领域建立起巨大的差异几乎不可能，甚至能有一点差异都很难。产品的生命周期、相关联的企业生命周期都越来越短。

这就意味着，今天的商业形态对创业者的要求更高了，你必须在天时、地利、人和方面都顺了，才有可能成功，而天时、地利、人和的要素始终在变化。

天时主要指的是各类宏观条件，是政府相关的产业政策。首先，你要清楚你所要从事的领域是在政府的支持清单上，还是在限制和管束的清单上。如果是在支持清单上，你可享受工商登记费用减免、税收减免、办公或生产用房租金补贴、免费入驻相关科技或者工业园区，获得服务支持，甚至可能得到政府直接的创业奖励。不过你一定要有长远意识，必须考虑政府不可能永远支持和补贴你，一旦政府的工作重点转移了，你的商业模式、盈利水平就不一定能继续支撑你的业务。有许多创业者的业务就随着政府补贴停止而停止。其次，相关科技手段的成熟度，以及使用这些科技成果或者专利的成本，也是非常重要的创业大环境。例如，今天在我们手机上预设的各种软硬件技术早已经超过了人类第一次把人送上月球的科技水平，而我们习以为常，甚至完全没有意识到这些集成的技术。例如，无线语音、视频传输、GPS定位、遥控、机身动态感应、触摸屏等。由此可见，创业所需要的基础设施的完备程度，使用这些基础设施的成本，也会决定你创业的成败。例如，互联网的带宽、网络速度、流量的价格。设想一下，没有3G，视频网站就无法生存；没有4G，网络直播也是不可能进行的；没有5G，VR的效果可能就大打折扣。如果你的产品需要运输，高速公路运输时的过路费成本，或者转换成快递的成本直接决定你的市场地理半径。你所在城市的薪酬成本、办公和生产的房租水平等也可能让你根本无法盈利。市场的规模、客户的成熟度、竞争的程度，这些外部条件往往不是你能够影响，不是以你的意志为转移的。

地利指的是你的个人或者你的团队的条件，包括你的能力和已经拥有或者可能拥有的各种资源。合伙人、员工都是创业的关键要素，你能构建的团队，不一定是最豪华的，但一定要是最合适的。

人和指的是你与其他利益相关者的互动情况。这些利益相关者，包括政府、投资人、企业周围社区、同行、供应商、客户、客户的客户等。

以上任何一个因素的变化都可能让你的创业更容易或者更困难，创业者要对这些因素进行预判，在设计商业模式和运营机制、汇聚资源的时候，一定要尽可能考虑周全，以免一个不小心就前功尽弃。

二、创业 SWOT 分析

SWOT 分析（有时候也叫 SPOT 分析，Problem 代替 Weekness）在商业运营和管理中已经是一个经典工具，给你提供了一个做战略和运营设计、规划的思维框架，让你内外观察，左右衡量，面面俱到，没有疏漏。对创业者来说，当你有了一个产品的想法，或者开始构建自己的商业模式的时候，都可以用这个工具把内外相关因素进行罗列和分析，帮助自己清醒地做判断。

S—Strength，优点、长处；W—Weekness，缺点、弱势。这两方面都是向内的分析内容，即对自己的能力、资源等方面给出评价。你可以试着在下面这些因素中给自己打分，也可以请投资人、顾问或懂经营的朋友给你打分，这样也许更客观。在企业的经营管理中，强弱都是相对的，取决于市场的竞争程度和客户的成熟度。所以，打分的参照点有两个，首先参照你的市场、客户对你的要求，然后给自己设定一个行业标杆，它也许是你的主要竞争者，给它也打一下分，和自己做个比较。

创业者需要对照分析的各类经营、竞争要素：

1.创始团队的创业意愿和投入度；

2.创业者的人际沟通、表达、联结能力（EQ）；

3.认知能力（IQ）；

4.在创业项目相关领域的经验；

5.已有客户资源；

6.在现有市场的影响力排名；

7.创业伙伴的背景和经历；

8.与产品相关的专业技术水平；

9.管理和运营经验；

10.与政府及社区的关系和资源。

上述要素只是举例，具体的比较项目可以根据自己的业务特点设定，并不是上述所有要素都需要比较，你也可以添加与产品密切相关的其他要素。比如，你的业务牵涉到物流，你就要分析你在物流资源方面是否有优势。有一点要注意，不同的业务对这些要素要求的权重不一样。

O—Opurtunity,机会、机遇。这是向外分析的内容,需要看看外部环境有哪些可能的机会。这些因素之所以能称为机会,是因为它们可以给你的关键经营要素带来明显的改善,或者能帮助你建立相对于同行的明显的竞争优势。这就需要你先明确哪些是你事业成功的关键资源。通常你可以从下面这些角度作分析:

1.经济环境,资金成本,投资意愿的变化;

2.政府政策的变化;

3.客户人群的流动,流行趋势;

4.新渠道产生,或者原有渠道消失,渠道模式改变;

5.新技术出现,原有技术被颠覆;

6.劳动力供给的变化。

一些环境和政策的变化会带来新的客户,或者刺激现有客户更大的需求,或者是全新的需求。例如,前几年,中国开放居民自由申请护照,这几年世界上许多国家开放对中国人的多次往返和长期有效签证,都极大地刺激了中国人出国旅游。这是旅游业的重大机会。

T—Threaten,威胁和风险。这也是一个向外分析的维度,你要看看哪些环境因素的变化会给你的创业构想或者已经有的业务带来威胁和风险,哪些正在发生的事情会削弱你曾经有的竞争优势,或者阻碍你获得关键的经营资源。你可以从以下几个方面去分析:

1.经济环境,资金成本,投资意愿的变化;

2.政府政策的变化;

3.客户人群的流动,流行趋势;

4.新渠道产生,或者原有渠道消失,渠道模式改变;

5.新技术出现,原有技术被颠覆;

6.劳动力供给的变化。

第五节　黄金搭档是如何炼成的

企业经营需要多种角色,在创业开始阶段,创业者几乎要扮演所有的角色,但绝大多数人不可能同时扮演好这些角色。在快速变化的商业环境中,各种事态等不及创业者自己完全成长和成熟起来。

最需要你花精力和心思去找的人是你的合伙人,合伙人和员工最大的区别就是,愿意和你共担风险。他也许不出钱投资,但是可以参与工作,即使不发工资他也愿意干这件事情,他是用自己的时间、精力、能力和资源投资。合伙人也可能是股东,但是不参与管理,他愿意用金钱投资这项事业,和你一起冒险。合伙人不需要多,甚至宁缺毋滥,要在创业的过程中慢慢找,因为合伙人很关键,你们能否取长补短、同舟共济，直接影响到创业的成败。创业伙伴应具有如下特质：能够互相理解，沟通容易；对外能产生影响，对内能规范管控；既有战略思维，又能使战术落地；既能理性做事，又能感性管人。我们曾经不断强调创业的艰难、创业面临的不确定性，这不仅仅是因为商业领域竞争激烈，创业过程中有太多的问题需要解决，更重要的是企业是个生命体，在它成长的不同阶段，它面临不同的挑战，有不同的工作重点，对管理团队特别是对创始人的能力有不同的要求。这就需要创始人与企业共同成长，甚至要成长得更快、更早，才有可能引领企业一直发展，否则，创始人很可能成为企业成长最大的瓶颈。

那么，企业成长到底会经历哪些阶段？创始人在各个阶段中到底需要扮演哪些角色呢？请看下面这张表。

表 18-1　企业成长阶段及其对应创始人扮演的角色

阶段	一	二	三	四	五
变革管理					革命者
模式确立				战略家	
盈利			运营专家		
团队建设		精神领袖			
市场开拓	销售大咖				
产品研发	技术专家				

企业创始人，要么逐一扮演且及时转换关键角色，要么提前在一个阶段来临之前找到合伙人来扮演这个关键角色。这些角色不是绝对的如此前后排序的，他们在时间点上也可能有重叠。比如，在创业初期，如果你的业务是主要靠一帮人来共同打造的，那么从一开始核心创始人就必须是一个能够激励和凝聚人心的领导者、精神领袖。

第六节　创业营销六步法

要做好营销，需要企业各个部门的全方位支持和协调。但营销又是有章可循的。下面介绍的就是创业营销六步法。这是一件企业需要长期做的事情，企业要在不断的循环中，改善产品和服务，提高与客户的沟通能力和效率。成熟企业可以从任何一个环节开始新一轮的循环，但我们特别强调，创业企业必须从观察了解客户需求出发启动这个六步循环。

第一步：观察分析。创业者应先直接接触一定数量的潜在客户，了解到客户的一些直观感受之后再做量化调查，借助客户移情图，让自己有同理心，能够站在客户的角度看问题和体会客户的感受。

第二步:品牌塑造。品牌塑造是一项系统的、长期的工程,品牌知名度、美誉度和忠诚度是品牌塑造的核心内容。大企业可以凭借雄厚的财力物力通过炒作、广告轰炸、大规模的公益和赞助活动等循序渐进地进行品牌塑造,通过建立品牌优势来刺激和吸引消费者的购买冲动。而发展中的中小企业的品牌塑造可以依照“三部曲”,一是提升终端表现力;二是通过品牌形象广告,提高产品品牌知名度;三是通过公关活动更好地提高品牌的亲和力,赢得消费者的好感和尊敬。

第三步:影响延伸。确定自己的品牌定位后,下一步就是持续的营销推广,以达到产品信息和品牌传播、吸引客户达到、巩固客户体验和促进顾客再次购买的目的。

其中,产品信息和品牌传播的方法包括:各类户外广告、在各类网络论坛发布宣传稿、委托专业的网络营销公司或利用事件营销。吸引客户到达的方法有电视购物、报纸杂志广告、小区和办公室的电梯和楼宇内的广告、在各种搜索引擎上购买关键词,或者做自己的网站的排名优化以及奖励现有客户介绍新客户等。巩固客户体验可以在包装上下功夫,可以通过微信公众号,也可以在线下的实体服务或者产品提供过程中通过员工与客户互动增加客户黏性等。此外,可以通过会员制、消费积分、定期推送信息等方式促进客户再次购买产品。

第四步:呈现利益。价值是直接与客户的需求相对应的,这种需求可能是客户意识到的,你说出来了才产生共鸣,也可能是客户没有意识到的,被你挖掘出来了。这才是最终能打动客户的点,因为客户要买的永远是利益而不是功能。

第五步:客户心理。客户的心理活动都会呈现在他的言行举止中,当你和客户面对面或者在网络上开始互动时,准确把握他的心理活动和心理类型,才能有的放矢地做出回应。因此,应该高度重视客户的心理活动,并且能够以同理心去互动。

第六步:积累数据。积累客户数据的本质是,以客户为中心,设置和积累经营数据,用数据量化客户的行为,用数据描述和规划你的运营行为,通过分析这些数据,找到客户行为规律,分析你的成本结构和经营行为的结果和效率。在现今这个时代,获得客户的成本越来越高,所以重视每一个客户,充分挖掘他们的价值就变得很重要。很多创业者无法盈利,从财务角度看大多是因为你获得一个客户的成本总是超过这个客户为你创造的价值。

第七节　创业团队如何分配利益

创业项目提出人即为创始人,创始人在寻找合伙人时要有分配股权的勇气和胸怀。为了项目更顺利地发展,单打独斗的时代早已一去不复返,目前的创业更需要抱团取暖,所以创始人能否站在更高的点上看待股权分配问题至关重要。初创企业容易走两个极端,一个是创始人独拿所有股份,一个是创业团队成员之间平均分配股份。所以，建议企业初创早期至少拿20%～30%做一个股票池，以备未来新的成员进入，或者作为鼓励老成员之用。把投资人、创业者、员工、团队真正从股权利益一致起来，从理念统一起来，这样的团队才是最有机会的团队。

那么，股权分配的原则是什么？创业团队划分责、权、利的原则是什么？我们应该明确责、权、利划分的七大法则。

一、责权利一致、对等的原则

创业者要认识到，在你给核心员工或者合伙人分配职位的时候，你就要考虑给予他们相应的权力，这样他们才能尽职去做事。权力对应的是责任，然后是风险，承担多大的职位就要负多大的责任，同时要准备承担相应比例的风险。而其他合伙人或者员工在要职权和股权的时候，先不要想自己未来能得到多少，反而要先算自己打算亏多少，算清楚一旦本钱亏光了，你还愿意再从家里拿多少来填补，因为这才是95%的创业企业在前三年都要遇到的情况。所以，分配的股份最好是大家都拿真金白银来买，即使企业启动并不需要很多钱，也要大家把钱拿出来，放在一起，这才算是玩真的。尽量不要送干股，即使送干股，也一定要算清楚是怎么计算价值的，要让得到的人明白这个价值，这样他才会珍惜，对其他股东才是公平合理的交代。

二、团队必须有“老大”原则

股份平均、职权平等都是不可取的，因为这最容易导致创业团队走到分崩离析的境地。创业团队一定要有一名明确的领导者，做最后拍板的人，也是承担底线责任的人。如果有董事长，又有总经理（或者CEO），就一定要说清楚是谁负责任，企业不大的时候最好一个人兼任着，名头少一点为好。一定不能凡事都大伙商量着来，要有人拍板做决定。创业团队至少要有一个总是睡不着觉的人，这样才能保证内部运行的效率、对外合作的清晰，投资人也更愿意看到这样的格局。

三、志同道合原则

创业合伙人一定要志同道合，否则，越早分手越好。合伙人之间一定要沟通底层的东西，比如价值观、未来的理想、对企业发展道路的看法、对利益的期待等。初创企业三个月就应该有一次沟通，成长中的企业半年到一年要有一次沟通，以统一认知。

四、当面吵架原则

出现了问题和分歧，要把问题摆在桌面上谈。很多时候，问题都源于误解了对方或者误听了周围的信息，说出来，问题自然就解决了。衡量一支团队是否健康的标志是，团队成员能否当面吵架，甚至拍桌子，吵完之后，明天继续合作干活，后天还可以吵。当大家都不当面吵架，只在背后嘀咕的时候，这支团队基本就完了。创业初期，当面吵架是效率最高的沟通，以后企业稳定成熟了，组织复杂了，就不能用这种简单粗暴的方式沟通了。

五、股权分段释放原则

股权在企业不同的发展阶段有不同的意义，要搞清楚这一点再决定分配方案。股权不能一次分光，在分股的时候就要把回收机制讲好。比如，有人中途离职，股权怎么办？是原价回收，还是以当时的价值收回？可否向外部转让？这些都要说清楚。否则，有人离职后，不配合企业的股权调整，不签字，就非常麻烦。股权的工商登记和变更是件非常麻烦和严谨的事情。所以，在预计到可能会有很多变化的时候，主要创始股东可以和其他零散股东签订代持协议。

在企业初创阶段，股权的意义是共同投入，共担风险；在企业成长阶段，股权可以吸引关键人才加入；在企业发展和成熟阶段，股权与真实的利益有关，因为可以分到真金白银，股权才可以起到激励的效果。在企业成熟阶段，股权主要是以期权的形式发放，主要目的是留住关键员工。

六、股东尽量少原则

只有少数类型的企业才需要员工持股。这种企业主要是靠员工的智慧和经验以及员工带来的市场资源运转的，员工大多是独立项目负责人。比如咨询公司、培训公司、律师行、会计师事务所，这些企业也叫合伙制企业。

那些注定要靠融资驱动的企业，例如各类互联网背景的企业，往后企业的股权结构还将发生很多变化。如果你还想一直掌控企业的话，千万不要轻易划分股权，让股权过于分散，这会给后面的融资带来很多麻烦和困难。作为创始人，如果心里真的想等企业做大以后把权益分一部分给骨干，也觉得大家会相信你，那么就要提前和大家说清楚，把你持有的股权留出一块，等将来再分。

七、利益的事情早说原则

如果企业股权注定是要分，就不如早分，因为这时候还看不到太多利益，大家心态都比较平，容易分，但一定不能分光，要留出给后面进来的关键人员的份额。总之，把人家已经拿到手的，哪怕是虚的财富再收回来，总是不太容易的。相反，如果你不打算分股权，也要和大家早一点说清楚，不要让大家有想法，到时候拿不到股权就会反目。当然，你也要做好一切都自己扛的准备，不要指望大家都用创业者心态和你一起拼，人家只是打工而已，能尽职尽责也就行了。

【案例分享】

宁波市江东区四明艺术培训学校的创办和发展历程

俞刚彦，2010 年毕业于油画系，现为宁波市江东区四明艺术培训学校副校长。他于 2009 年 4 月自筹资金 50 万元，租用教学场地 300 余平方米，在宁波市江东区创办四明艺术培训学校，先期开设美术、书法两大类艺术培训项目，面向全社会招生。2009 年 4 月，该校正式向宁波市江东区教育局提交办学申请。教育局相关部门的负责人对该校的硬件设施(教学场地、教学设备)，软件设施(校长聘用、师资配备、财务设置、招生计划)等进行了严格的检查，并在通过检查后的 10 个工作日内对该校的办学申请予以核准。此后该校又历经税务、民政、统计、消防等政府部门的备案、检查，均获得核准。宁波市江东区四明艺术培训学校于 2009 年 6 月正式成立。

该校开设软笔书法和硬笔书法两类书法班级，累计培训美术和书法两大类学员 600 余人次，取得了初步的经济效益。同时该校十分重视社会公益事业的开展，已经连续开办了两届面向宁波市社区的“四明艺术培训学校暑期艺术兴趣班”，设有基础美术、动漫美术和书法三类班级，累计在 24 个社区教学，培训学员 100 余人，取得了良好的社会效益和声誉，受到了区教育局领导的表扬。此外，该校作为发展民办培训学校拓展其社会影响力的有益经验，在 2010 年底的区民办培训学校工作总结会议中被推荐给全区的培训学校。

该校在开展社会公益事业的过程中也总结出了“益公才能利己”的学校发展新思路，并在 2011 年把社会公益事业与学校发展联系得更加紧密和深入。

俞刚彦的一些创业心得如下：(1)自虐般的勤奋。(2)事无大小认真对待，苛求完美。(3)自我克制，良好控制情绪。(4)凡事多讲主观，少讲客观。(5)善于学习，向一切好的经验和教训学习。(6)善于寻找机会，发现机会，创造机会。(7)律己带动律他(想要别人做到什么，首先自己做到什么)。(8)利他才能利己(只有别人有利可图，自己的利才可图，并图得长久)。(9)坚持笨拙的大智慧，恰用巧妙的小聪明。

【综合训练】

艺术类大学生创业项目案例分析

当提到创业案例的时候，大家第一时间想到的往往是成功案例，宣传的创业经验也多是成功的。但对于首次创业的大学生来说，失败案例或许能够给他们提供更多的经验和教训。但是对失败案例的总结可以说是少之又少，忽略了失败是成功之母的道理。

(一)失败案例分析

宋某在校期间学的是美术,曾是班里的优等生,而且有着较为优越的家庭条件。在毕业后,宋某没有选择就业,而是选择了自主创业,开了一家水果超市。因为宋某本人有着较强的个人能力,且对自主创业有着浓厚的兴趣,家里又能给他提供一定的创业资金,且其父亲从事进出口水果生意,能够为他提供稳定的进货渠道,因此他在家附近开始了他的创业生涯。但是,情况却不容乐观。在开店之前,宋某没有对地理位置、租金、仓储物流等问题进行细致的分析和考察,导致在水果店刚开起来不久就遭遇了危机,店内客流量大幅减少,商品积压日趋严重,使宋某不得不重新考虑自己水果店的发展之路。

问题:从宋某创业失败的案例中,我们可以得到哪些启示?

(二)成功案例分析

周某是摄影专业的应届毕业生,擅长拍人像写真,在毕业后和几个同样热爱摄影的朋友一起创立了一间摄影工作室。在工作室成立之前,他们对该行业的市场状况进行了调研,掌握了供需信息。他们中有人辅修了美容化妆,有人考取了会计从业资格证书,这为工作室的运营创造了基本的发展条件。加上他们性格开朗,善于交友和媒体运营,工作室得到了很快的发展,虽然说利润并不是很高,但是一直呈现出向上的发展势头。

问题:从周某创业成功的案例中,我们可以得到哪些启示?

【思考题】

1.到底谁是你的客户?为什么要细分客户?细分客户的方式有哪些变化?细分客户要掌握哪些原则?

2.如何进行快速低成本试错?

3.影响创业能否成功进行的内外部关键因素有哪些?

4.合伙人是什么?为什么而合?为什么会散?

【参考文献】

[1]陈园园.国外大学实践教学模式研究——以国外五所大学为例[J].淮北师范大学学报,2013(5):33-35.

[2]万力勇,康翠萍."互联网+"创客教育:构建高校创新创业教育新生态[J].教育发展研究,2016(7):59-64.

[3]陈楚瑞."互联网+"视域下高校多元化创新创业教育模式构建探析[J].广东第二师范学院学报,2016(8):37-43.

[4]耿晓改,伍玉彬.艺术设计专业创新创业教育现状调查研究[J].美术教育研究,2015(10):136-138.

[5]赵军，杨克岩."互联网+"环境下创新创业信息平台构建研究——以大学生创新创业教育为例[J].情报科学，2016(5)：59-63.

[6]曹蕾.高职院校艺术设计类大学生创业素质调查研究[J].市场周刊，2017(12)：131-132.

[7]柳晓夫."互联网+"大学生创新创业大赛的思考与探索[J].广东交通职业技术学院学报，2015(12)：121-124.

[8]陈美玲.论"互联网+"背景下艺术类专业的创新创业教育[J].南方论刊，2017(5)：103-105.

[9]苏益南，朱永跃，陈永清.高校大学生创业素质的灰色模糊综合评价[J].技术经济与管理研究，2010(02)：60-62.

[10]严桥桥.创业教育对大学生创业意向的影响研究[D].华中师范大学，2015.

[11]寇宇.创业型人才的素质结构及培养途径探讨[J].经济研究导刊，2015(02)：97-98.

[12]刘占军，甄心恒.民办艺术本科高校创新创业人才培养模式研究[J].湖北函授大学学报，2017(06)：3-4-48.

[13]李英杰，张红兵.社会艺术教育：创新创业新天地[J].艺术教育，2016(6)：46-47.

[14]吴巍.艺术类专业大学生创业解析及创业教育模式初探[J].现代交际，2016(14)：233-234.

[15]王丽梅，王鹊梅.艺术类专业大学生创业就业指导新途径与新方法探索研究[J].企业改革与管理，2015(15)：213-214.

[16]张艳.构建艺术专业大学生个性化创业教育体系[J].山东省农业管理干部学院学报，2013(3)：174-175.

[17]虞岚.艺术类大学生创就业的优势、瓶颈与突破[J].法制与社会，2011(29)：189-190.